中文社会科学引文索引(CSSCI)来源集刊

RENMIN

人大法律评论

UNIVERSITY

《人大法律评论》编辑委员会·组编

LAW

2023年第1辑·总第37辑

REVIEW

法律出版社
LAW PRESS·CHINA
北京

图书在版编目（CIP）数据

人大法律评论. 2023年. 第1辑：总第37辑 / 《人大法律评论》编辑委员会组编. -- 北京：法律出版社，2025. -- ISBN 978-7-5244-0483-5

Ⅰ. D9-53

中国国家版本馆 CIP 数据核字第 202560ML09 号

人大法律评论（2023年第1辑·总第37辑）
RENDA FALÜ PINGLUN
（2023 NIAN DI-1 JI · ZONG DI-37 JI）

《人大法律评论》编辑委员会　组编

策划编辑 沈小英　毛镜澄
责任编辑 毛镜澄
装帧设计 李　瞻

出版发行 法律出版社
编辑统筹 法治与经济出版分社
责任校对 杨锦华
责任印制 吕亚莉
经　　销 新华书店

开本 710毫米×1000毫米　1/16
印张 25.25　　**字数** 438千
版本 2025年1月第1版
印次 2025年1月第1次印刷
印刷 河北虎彩印刷有限公司

地址：北京市丰台区莲花池西里7号（100073）
网址：www.lawpress.com.cn
投稿邮箱：info@lawpress.com.cn
举报盗版邮箱：jbwq@lawpress.com.cn

销售电话：010-83938349
客服电话：010-83938350
咨询电话：010-63939796

书号：ISBN 978-7-5244-0483-5　　**定价**：156.00元

凡购买本社图书，如有印装错误，我社负责退换。电话：010-83938349

《人大法律评论》编辑委员会

卷首语

在交叉领域中再寻觅“龙头法”

人类百千年来所建构的市场体系可以被化约为一系列制度，而由政府、社会和学界持之以恒地精心创设与修复，方能呼应波兰尼的恒言：自由放任是被精心设计而造就的。针对市场的各类理论衍生出各种制度，而正是在各类制度的竞合与碰撞之间，利益需要彼此衡量、价值需要比较位阶，着眼问题导向、扎根大地的切实关怀推动了制度的交叉研究。

随着市场经济秩序被建构并不断自我调整，社会期待明确“经济宪法”以统摄政府与市场关系。传统论断中，反垄断法（反托拉斯法）是“自由企业的大宪章”“经济自由的宪法”，占据最主体性的地位。然而在其之外，其他部门法亦不遑多让，经典之言莫过于“财政法是经济法的龙头法”的经典譬喻。回首审视，公司法作为市场主体的骨架，金融法、证券法作为市场流动的血液，破产法作为市场主体死亡与新生的龙尾，不同的法犹如龙头、龙身、龙尾各个部位，交相辉映为一条名为“经济法”的龙。然而，这条龙并不僵化，自始即不断从外界的多个维度中汲取养分以壮大自身。其他法领域的养分自不待言，诸如经济学、财政学、金融学等多个其他一级学科的知识亦被纳入其中，共同塑造了当前人们眼中所谓的“经济法”。无论是在一级学科之间还是在法学的子学科之间，经济法天然就是交叉领域研究形塑的造物，正是在这种交叉的领域之中，经济法方才成为“经济法”。

鉴于此，《人大法律评论》的首个交叉学科专题“锚定”了经济法，这是《人大法律评论》开启交叉学科研究的首次宝贵探索。命题虽定，然而在议题的设置中仍然面临诸多疑虑：“交叉”一词具体表意为何？是研究对象的交织，理论的交错，还是研究视域的碰撞，抑或是研究范式的竞合？在涉及诸多被冠以“领域法学”研究之名的法学命题时，到底亟须到达何种高度，才能被视为满足法学子学科交叉的基准要求?为了回答上述问题,《人大法律评论》迈出重要一步,在 2022 年 7 月成功举办了“锚定:经济法的交叉学科研究”夏季年会,并在年会的基础之上聚焦交叉问题,编纂了这一辑,尝试锚定分析命题,结合多维视野汲取养分,以探索一种“不畏浮云遮望眼”的交叉研究路途。

在这种思维的引领下,本辑收录了 9 篇专题文章。诸位作者所聚焦的问题已然落入交叉领域之内,行文中亦注重法律制度、部门法理论、法学与其他学科理论之间的交叉比对与制度融合。如此,希望能在交叉研究中彰显法律的独特生命力。民商交叉问题不啻为法学界的“哥德巴赫猜想”,刘俊海一文梳理了民商合一主义与民商分立主义的百年争论史,提出了和而不同、良性互动的民商共治论,并在此背景下对我国《公司法》之修订进行了系统论述,可视为民法思维与商法思维交叉的综论;缪因知、吴高臣、樊纪伟则分别着眼表决权代理、对赌协议、夫妻公司法人格否认等具体议题,探索了民法思维与商法思维的交叉与分野。在破产法领域,尊重传统民商事实体法与破产程序特殊性之间的平衡一直是其核心命题,妥当的利益平衡至关重要。王欣新、范志勇、孙宝玲的论文聚焦破产撤销权、诚信债务人的识别和重整计划可行性审查等前沿问题,总结实践经验与深挖基础理论并重,从解释论和立法论两个维度回应破产法律制度的现代化。在财政法领域,叶金育和杨复卫针对部颁税法规则的税法法源地位和社会保险国家财政责任问题,在程序和实体之间为我国财税规范的细化提出了兼具深度与创造力的理论设想。

专题之外,本辑收录的其余几篇论文在行文间也均体现出不同理论间交叉思辨的浓厚印记。王明远、曹炜在前文已然总结环境公益诉讼中行政权与司法权关系的基础上,深入分析论证我国环境公益诉讼的发展方向,从理论和制度两个层面为环境公益诉讼制度提供系统性构想。段厚省从法哲学的视角重新审视了程序法与实体法的关系,系统论证了程序法的主体性地位,为纠正重实体轻程序的观念提供了充分的理论支持。王健基于最低生活保障权的法理演进,论述了我国社会救助具体立法应当如何回应宪法期待的设想。盛嘉骏对认为刑罚制定应兼顾报应和一般预防的并合论观点提出了质疑,相对创造性地论述了应得理论下法定刑配置的规范方法。本辑的“青鹰”计划收录了吕斌的《论债权让与限制特约的效力》一文,文章就债权让与限制特约效力的具体内容进行精细化阐释,提出我国法上特约效力构造起点的应然选择以及非金钱债权场合特约效力的理论构成。

本辑标志《人大法律评论》聚焦交叉学科命题相关研究的启始，后续《人大法律评论》亦会在这一领域继续深入探索。对此，特别感谢中国人民大学法学院、法律出版社、本评论作者和读者一贯以来的支持和厚爱。本辑能够推出，也尤为感谢指导老师侯猛教授、王旭教授在运作、专题设置和学术风格上的指导和引领，以及法律出版社法治与经济分社长沈小英编审和毛镜澄责任编辑对《人大法律评论》的理解和大力支持。

2024 年 3 月于明德楼

【"青鹰"专栏】

专题:经济法的交叉学科研究

论和而不同的民商法二元框架体系下的新《公司法》解释与改革路径*

刘俊海**

内容摘要：

2023年《公司法》的第六次修订旨在推动其现代化、市场化、诚信化、普惠化、精准化、电子化、数字化与全球化。公司法修改无法脱离民商合一主义与民商分立主义的百年之争。民商之争的聚焦点是立法技术，而非规范内容。立法路径选择更多取决于各国的政治体制、经济基础、历史传统、民族文化、商事习惯、法律思维与立法偏好。民商分立与合一模式都曾在我国付诸实践，都在促进与规范商业发展方面发挥了积极作用。2020年《民法典》传承了民商合一传统，但也有局限性。建议采取和而不同、良性互动的民商共治论。建议循序渐进、积极稳妥地编纂《商法典》。建议扭转"去商法化"现象，确保商法规范的优先适用。商人自治法在法源体系中处于基础性地位，且与商法良性互动，公平竞争。商人自治法优先于民法而适用，且并不必然永远劣后于成文商法。2023年《公司法》确认的九项核心原则是对民法基本原则的继承与发展。应当推出精准度和可操作性更高的制度创新，以确保新《公司法》与《民法典》无缝对接、相辅相成。

关键词：

民商分立　民商合一　《公司法》修改　商人自治法　一般法　特别法

---

* 本文系全国人大常委会法工委2019年度重点课题"公司法修改研究"与国家市场监管总局2020年度重点课题"法治化营商环境中的市场主体法律问题研究"的阶段性研究成果。

** 中国人民大学法学院教授。

引 言

在我国,民商合一主义与民商分立主义之争是老话题,也是新话题。我国的民商关系之辩自清末维新变法开始迄今已逾一个世纪。无独有偶。2024 年是 2023 年《公司法》的开局实施之年,也恰逢 1904 年《钦定大清商律》颁布 120 周年。2020 年颁布的《民法典》虽然传承了民国时期的民商合一传统,但以实际立法过程证实了民商合一的成果有限性与技术局限性。因此,在后《民法典》时代,理性看待民商百年之辩对编纂《商法典》的启示,构建民法与商法之间和而不同、协同共治、良性互动的重要合作伙伴关系,确保商法规范与商人自治法优于民法而适用,界定《公司法》的修改方向与路径,有助于推动商法体系的现代化、增强我国《公司法》的全球竞争力,鼓励商人(含公司与股东)自治创新,加强产权平等保护,弘扬股权文化与企业家精神,树立股东中心主义价值观,提振投资信心,鼓励投资兴业,维护交易安全,降低交易成本,持续优化营商环境,构建新型亲清政商关系,促进经济高质量发展。

一、我国民商合一与民商分立百年之辩的历史兴替

(一)1904 年《钦定大清商律》引领的民商分立主义

我国封建社会"重农抑商""商为四民之末"的传统观念根深蒂固,商人友好型的商法传统和文化匮乏。即使富可敌国的商人也经常沦为权力尤其是皇权的牺牲品。这种歧视商业与商人的文化糟粕严重抑制了天朝大国的经济活力,阻碍了民富国强的历史进程。偶有胡雪岩之类的"红顶"商人昙花一现,但终难摆脱盛极而衰、家破人亡的周期率。

鸦片战争后,不少朝野人士认为富国强兵、抵御洋货入侵的唯一途径在于师夷长技以制夷,要大力振兴中国工商业,而振兴工商业的关键在于出台重商主义的商法典。因此,出台民商分立主义基础上的商法典是朝野共识。1901 年 1 月,清廷颁布变法令,提出"参酌西方政要",以达"天下富强"。

1901 年 3 月,杨儒奏请朝廷制订商律,"彼有商学而我不讲,彼有商会而我不兴,彼且有公司以集资,国家为保护,故中国商货出口不敌进口,互市以来,彼愈富而我愈贫","亟应订商务之律,设商务之局,遍询商家之疾苦不便而善谋补

救,博访商家之盈虚利弊而为主持”。[1]

同年6月,两江总督刘坤一、湖广总督张之洞在第3次会奏变法事宜时联名要求效法欧美商律,以提升华商竞争力,“互市以来,大宗生意全系洋商,华商不过坐贾零贩。推原其故,盖由中外懋迁,机器制造,均非一、二人之财力所能。所有洋行,皆势力雄厚,集千百家而为公司者;欧美商律,最为详明,其国家又多方护持,是以商务日兴。中国素轻商贾,不讲商律,於是市井之徒,苟图私利,彼此相欺,巧者亏逃,拙者受累,以故视集股为畏途,遂不能与洋人争衡。况凡遇商务讼案,华欠洋商,则领事任意需索,洋欠华商,则领事每多偏袒,於是华商或附洋行股分,略分余利,或雇无赖流氓为护符,假冒洋行。若再不急加维持,势必至华商尽为洋商之役而后已。必中国定有商律,则华商有恃无恐,贩运之大公司可成,制造之大工厂可设,假冒之洋行可杜”,“十年以后,华商即可自立,骎骎乎并可与洋商相角矣”。[2]

商约大臣、工部尚书吕海寰建议清廷“通饬各督抚体察各省情形,统筹全局,订明东西通行法律,由法律以审定商律,由商律以措施商政”,“诚以修订全国律例,乃更定商律之提纲,更定商律为收回治外法权之要领。然非参考各国通律,斟酌尽善,恐外人不能遵守。拟请饬下外务部刑部商部博采欧美律例,从速酌拟条款并通”。[3]

李鸿章从政治高度出发,也赞同起草商人本位的商法典:“泰西各邦,皆有商律专以保护商人,盖国用出于税,税出于商,必应尽力维持,以为立国之本。”[4]

在朝野上下期盼商律、借鉴外国经验的强烈呼声下,光绪二十八年二月初五(1902年3月14日),清廷致电两江总督刘坤一、湖广总督张之洞发布上谕,对商律起草作出统一安排:“为治之道,尤贵因时制宜,今昔情势不同,非参酌适中,不能推行尽善。况近来地利日兴,商务日广。如矿律、路律、商律等类,皆应

---

[1] 中国社会科学院近代史研究所近代史资料编译室编:《杨儒庚辛存稿》,中国社会科学出版社1980年版,第201页。

[2] 朱寿朋编:《光绪朝东华录》(四),中华书局1958年版,第4763页。

[3] 《商约大臣工部尚书吕奏请速订东西通行律例以保主权而开商埠片》,载《东方杂志》第2卷第6号。

[4] 《钦差商务大臣李谢恩折》,载《江南商务报》第3期。

妥议专条。着各出使大臣,查取各国通行律例,咨送外务部。并着责成袁世凯、刘坤一、张之洞,慎选熟悉中西律例者,保送数员来京,听候简派,开馆编纂,请旨审定颁发。总期切实平允,中外通行,用示变通宜民之至意。"[5]

1903 年 4 月,清廷谕称,"通商惠工,为古今经国之要政。自积习相沿,视工商为末务,国计民生,日益贫弱,未始不因乎此。亟应变通尽利,加意讲求","著派载振、袁世凯、伍廷芳先订商律,作为则例。俟商律编成奏定后,即行特简大员,开办商部。其应如何提倡工艺,鼓舞商情,一切事宜,均著载振等悉心妥议,请旨施行,总期扫除官习,联络一气,不得有丝毫隔阂,致启弊端,保护维持,尤应不遗余力"。[6]

1903 年 12 月,《商律》起草完毕。上奏后定名为《钦定大清商律》,于 1904 年(光绪二十九年)1 月 21 日颁布。《钦定大清商律》由《商人通例》(9 条)和《公司律》(11 节,131 条)组成,充分吸纳了当时两大法系的制度精华,重视培育商人阶层,开启了重商敬商的社会风气,扭转了贱商、抑商、轻商、贬商、辱商的传统封建思维方式,鼓励男女平等经商,破除了重刑轻民的法律传统,堪称中国商法之嚆矢。虽立法技术粗糙,商业界意见征求不充分,内容简单粗陋,但瑕不掩瑜。《商人通例》言简意赅地规定了商人的定义、商事能力、商号和商业账簿,以法律形式确认了商人与商事行为的合法性。

为取缔破产者之诈伪倒骗,清廷还于 1906 年颁布了《破产律》,以补《钦定大清商律》之缺憾。《破产律》分为呈报破产、选举董事、债主会议、清算账目、处分财产、有心倒骗、清偿展限、呈请销案、附则等 9 节,共 69 条。

《钦定大清商律》是两大法系有机融合的产物。《公司律》以英国《1856 年股份公司法》《1862 年公司法》与日本《1899 年商法典》为蓝本,在体例和内容上均大量借鉴外国立法例。其中 3/5 的条文仿自以德国为师的日本《商法典》;2/5 的条文仿自英国。对英国法的借鉴与伍廷芳的贡献有关。他曾在英国学习法律,是在英国取得律师资格的首位华人。他于 1896 ~ 1902 年任清政府驻美国大使。他的英国教育与美国任职履历使他在起草《商律》时左右逢源,充分借鉴了西方法律经验。

《钦定大清商律》的出台早于《大清民律草案》(完成于 1911 年),确立了民

---

[5] 朱寿朋编:《光绪朝东华录》(五),中华书局 1958 年版,第 4388 页。

[6] 朱寿朋编:《光绪朝东华录》(五),中华书局 1958 年版,第 5013 ~ 5014 页。

商分立主义的立法格局。此后，清廷民商分立的法典化计划更加清晰。6位宪政编查馆大臣（奕劻、载沣、世续、张之洞、鹿传霖、袁世凯）以及两位资政院总裁（溥伦与孙家鼐）于光绪三十四年八月初一（1908年8月27日）向清廷呈交《会奏编辑宪法大纲议院选举各法暨筹备各事折》，提出了分四步走、逐渐出台并实施民商二典等法律的路线图与时间表：1908年编订民律、商律、刑事民事诉讼律等法典（修订法律大臣办）；1911年核订民律、商律、刑事民事诉讼律等法典（宪政编查馆办）；1913年颁布新定民律、商律、刑事民事诉讼律等法典（宪政编查馆、修订法律大臣同办）；1915年实行民律、商律、民事刑事诉讼律等法典。

为何光绪帝及其文武百官在《钦定大清商律》出台前念兹在兹、无日或忘的只有商律，而无民律？原因有二：一是清廷对我国传统民律较满意与自信，恰如光绪帝所言，“中国律例汉唐以来，代有增改。我朝大清律例一书，折衷至当，备极精详”；二是当时清朝法律中最缺乏的、富民强国最急需的是商法，舍此无他。但是，1908年八大臣《会奏编辑宪法大纲议院选举各法暨筹备各事折》对固有民律的改革与法典化也作了周密安排，而且将“民律”“商律”一视同仁，进而明确了民商分立主义的立法路径。

清廷在起草商律之初就采取民商分立的态度既有偶然性，更有必然性，但非盲目性所能解释。民商分立是朝野上下都有共识的重商强国的“商战策略”选择。认为清廷有意抵制民律法典化的看法并不客观，只不过传统民律现代化的迫切性莫若商律而已。对处于风雨飘摇状态的清廷而言，若民律首先出台能挽救其命运，其当然也不会不识时务。政权显然比民律更重要。实际上，在《钦定大清商律》出台后，清廷很快就将民律编纂纳入立法日程。民商分立更非简单机械地照搬照抄外国法的继受论所能解释，因为中国本土商事习惯受到了商会与农工商部的一致推崇，而一味强调与日本《商法典》接轨的《志田案》遭到冷落并非没有缘由。实际上，清廷体制内对民商分立与民商合一也有过激烈的争论。对此，沈家本与朱福诜的对立观点暂容后述。

（二）《钦定大清商律》出台后至清朝覆亡前清廷内部的民商分立与民商合一之争

《钦定大清商律》出台后，在继续编纂民法典与商法典的过程中仍存在民商分立与民商合一之争，但民商分立一直占主导地位。

民政部在1906年至光绪三十三年（1907年）10月27日修订法律馆正式开馆前起草的《编纂民法之理由》就主张民商分立：“本草案虽规定私法上之关系，

然关于商事者,则让诸商法,不规定于本草案中。原来民商二大法典之并存,多数之立法例虽亦如此,其学理上果正当与否,现尚为未决之问题。惟在中国,民商二法典使之并存于世,实际上颇为便利也。"[7]

但对民商分立也有反对之声。光绪三十三年(1907年)11月22日,翰林院侍读学士朱福诜上《奏慎重私法编别选聘起草客员折》,质疑民商分立主义。主要理由是,"亚洲民族程度去英美稍远,而于德法为近。中国居亚洲上腴,较其层级与同洲之日本正复类似。日本明治二十九年始,敕法学博士梅谦次郎等修正民法,三十一年复修正商法,次第颁行法典,内容皆尚德法而绌英美,此中国所最宜取法";"日本修订民商法时,梅谦次郎曾提议合编,以改约期近,急欲颁行而不果。中国编纂法典之期后于各国,而所采主义学说不妨集各国之大成,为民商法之合编"。[8] 朱福诜的观点主要以梅谦次郎的理论为据:"明治二十三年所发布之商法,其规定动与民法之规定相复,甚且有相抵触者,新民法力补此等缺点。以民法之规定为原则,可适用于商事,商法所揭全属商事特殊之规定。故欲决商事之法律问题,仅仅研究商法之规定未为足也,同时必参观民法之规定焉。"[9]

1908年,沈家本反驳该观点时指出:"查,自法国于民法外特编商法法典,各国从而效之,均别商法与民法各自为编。诚以民法系关于私法之原则,一切人民均可适用。商法系关于商事之特别例,惟商人始能适用。民法所不列者,如公司、保险、汇票、运送、海商等类,则特于商法中规定之。即民法所有而对于商人有须特别施行者,如商事保证、契约、利息等类,亦于商法中另行规定。凡所

[7] 《编纂民法之理由》(草稿),《修订法律馆全宗(524-10-1)》第7档,中国第一历史档案馆藏档案。转引自,张生:《〈大清民律草案〉的编纂:资料的缺失、存疑的问题与推断》,载《中国优秀传统法文化与国家治理学术研讨会暨庆祝研究院(所/中心)成立三十周年论文集(上)(下)会议论文集》,载中国法律数字图书馆官网,http://chinalawlib.org.cn/LunwenShow.aspx? CID=20081224141525500170&AID=20140506135606913384&FID=20081224141145450128。

[8] 《修订法律大臣沈家本等奏议复〈朱福诜奏慎重私法编别选聘起草客员〉折》,载《政治官报》光绪三十四年十月十五日,第373号。

[9] [日]梅谦次郎:《日本民法要义》(总则编),孟森译述,上海商务印书馆1922年版,第1页。

以保护商人之信用，而补助商业之发达，皆非民法之所能从同。合编之说似未可行。"[10]

就聘请外国起草客员一事，沈家本派修订法律馆提调、大理院推事董康前赴日本详细访察。该员："在日本将及半载，深悉梅谦次郎为日本国政府随时顾问，必不可少之人，断非能轻易聘用。访有日本法学博士志田钾太郎为商法专家，名誉甚著。经臣等公同商酌，聘充臣馆调查员。电请出使日本国大臣胡惟德妥定合同，约其来京。此外，另订旧在京师之日本法学博士冈田朝太郎、小河滋次郎、法学士松冈义正，分任刑法、民法、刑民诉讼法调查事件，以备参考。"[11]

光绪帝最终采纳了沈家本的民商分立观点，驳回了朱福诜的民商分立观点："翰林院侍读学士朱福诜奏，慎重私法编别，请聘日本法学博士梅谦次郎为民商法起草员，下修订法律馆议。寻奏。查欧洲法学统系，约分法德英三派。日本初尚法派，近尚德派，自当择善而从。惟合编之说，似不可用。至聘用起草员一节，已商请日本志田钾太郎等分任调查，以备参考。"[12]

(三)推行民商分立的志田钾太郎《大清商律草案》(《志田案》)

光绪三十四年八月(1908 年 9 月)，修订法律馆分别邀请日本学者松冈义正与志田钾太郎帮助编纂民商律草案，体现了海纳百川的立法度量，也彰显了民商分立主义的决心。志田钾太郎虽从理论上认同民商合一，但从务实角度出发，主张中国采取民商分立主义，"中国与外国立约，外国收回领事裁判权以中国有完全法典时为限"，"若有民法典而无商法典，则法典仍不完全，适足为外人之口实"，"故中国之不可无商法典，实政策上不得不然也"。[13]

志田钾太郎协助起草的《大清商律草案》(又称《志田案》)自宣统元年(1909 年)起陆续脱稿。除票据法外，《志田案》的其余部分均以日本 1899 年《商法典》为蓝本。《志田案》共分 5 编：(1)总则。下分法例、商业、商业登记、

---

〔10〕《修订法律大臣沈家本等奏议复〈朱福诜奏慎重私法编别选聘起草客员〉折》，载《政治官报》光绪三十四年十月十五日，第 373 号。

〔11〕《修订法律大臣沈家本等奏议复〈朱福诜奏慎重私法编别选聘起草客员〉折》，载《政治官报》光绪三十四年十月十五日，第 373 号。

〔12〕《清实录光绪朝实录》，实录卷五八三，光绪三十三年，丁未，十一月。

〔13〕何勤华、李秀清：《外国法与中国法——20 世纪中国移植外国法反思》，中国政法大学出版社 2003 年版，第 241 页。

商号、营业所、商业账簿、商业使用人、商业学徒、代办商等9章,计103条。(2)商行为。下分通则、买卖、行销营业、承揽运送业、运送营业、损害保险营业、生命保险营业等8章,计236条。(3)公司律。分6编16章,计312条。第1编总则;第2编合名公司;第3编合资公司;第4编股份公司;第5编股份合资公司;第6编罚则。(4)票据法。分3编15章,计94条。第1编总则;第2编汇票;第3编期票。(5)海船律。分6编11章,计263条。第1编总则;第2编海船关系人;第3编海船契约;第4编海损;第5编海难之救助;第6编海船债权之担保。

《志田案》洋洋洒洒,合计1008条。草案体系严密,内容具体,是典型的学院派法典。遗憾的是,由于立法速度加快,修订法律馆未能及时将调查结果汇总给志田钾太郎,致使《志田案》没有充分吸收、消化或参考地方政府与商业界调查汇总的商事习惯。因此,该草案不少内容脱离了当时中国国情尤其是固有的商事习惯。《志田案》的工作量较大,因而费时较长,直至1911年辛亥革命爆发之时尚未全部收笔成稿。即使已完成的相关编章也未经修订法律馆审核,因而在清廷覆亡前未及颁行。当然,《志田案》对商法史研究仍有一定学术价值。

(四)清末商人自编《商法总则草案》与《公司律草案》对民商分立主义的坚守

为推动民法典与商法典编撰,确保国外商法制度与中国本土商事习惯的有机融合、避免舶来品制度水土不服,修订法律馆于1907年下半年开始在全国展开了大规模民商事习惯调查。作为修订法律大臣的沈家本非常重视民商事习惯调查。他请求清廷奏准派明于法律之员前往各省调查。奏折获批后,他与各员协商时指出:民律为各律之主法,关系至重;商律为全国经济所系,尤非斟酌中外情形不足以固主权,而保利益。应派之调查员须于调查省份之民情风俗习惯利病素有见地者,始克收效。他决定从本馆及法部大理院司员中,择其通晓法律、明干耐劳之人,资遣回籍,责成调查,以期有裨实际。[14] 这次大规模民商事习惯调查得到了各地支持。山东省调查局认为:"但欲编订商法,亦非咄嗟所能立办。查各国商法多采用商习惯法,以商事委曲繁变,非专其业者不能深知。今欲编订商法,自非调查各地习惯不足以为立法之根据,此馆章调查商事习惯之所由来也。"[15] 各地商事调查的成果很丰硕,"商事习惯调查报告文件"涉及

---

〔14〕 参见《调查民商律拟专用本省人》,载《申报》1910年3月10日,第4版。

〔15〕 《山东调查局商事习惯报告书目录》,中国社会科学院法学所图书馆馆藏。

广东、直隶、江苏、浙江、福建等11省共计53册(其中广东占28册)。[16]

清廷自上而下的民商事习惯调查还激活了自下而上的商人群体的自发性商事习惯调查,唤醒了被压抑千年的商人的自治自强意识,启蒙了商业界自定商法的民主立法思想,开启了清末商事立法改革的风气之先。例如,上海预备立宪公会、上海商务总会、上海商学公会自1907年至1909年联合召开了两次全国商法讨论大会。在1907年10月14日与15日召开第一次大会之前,上海商务总会就阐明了大会的基调与议题,“我中国商人沉沉冥冥,为无法之商也久矣。中国法律之疎阔不独商事为然。商人与外国人贸易,外国商人有法律,中国商人无法律,尤直接受其影响。相形之下,情见势绌,因是以失败者不知凡几。无法之害,视他社会尤烈。此可为我商界同声一哭者也。我商人积数十年之经历,亦艰苦备尝矣。其中颠顿狼狈,时起时仆,侥得侥失,通盘计算,幸胜之日少,而败溃之日多。此何以故？此惟无法律之故。近者预备立宪公会致书于敝会及商学公会,极言商法必须商人协议,亟宜讨论”,“洋商谓我华商道德独厚,惜法律不具,不足以维持之故,兴业最难。政府一定公司律,再定破产律,虽奉文施行而皆未有效力卒之。信用不立,道德有时而穷,规则荡然。事业何由而盛？长此颓废,吾商业其终不竞乎？今预备立宪公会既首创此议,敝会即商请预备立宪公会担任此事,由预备立宪公会招集学问之士潜心讨究,以求合乎各国法理,令适用于国际贸易。复由敝会与商学公招集商界公举代表与之协议,以求合乎中国商业之习惯,令可施行。独是中国商人习惯千头万绪,决非上海一隅所能尽。以侨商言,则有外洋各埠。以通商口岸言,则有沿江沿海各埠。以普通商情言,则有内地各省府厅州县。凡设立商会之处,皆有机关,皆可公举代表,莅沪协议”。[17]

随着讨论的深入与思想的活跃,商业界不再满足于为《大清商律草案》建言献计、提供商事习惯作为修法镜鉴,而是昂首阔步地提出了雄心勃勃的商人自编商法的利益诉求,并推出了详尽的立法草案及其理由书。商业界根据“比较各国、参酌习惯”的原则,形成了《商法总则草案》《商法总则调查案理由书》《公司律草案》《公司律调查案理由书》等一系列丰硕成果。这些文件定稿后由孟昭

---

〔16〕 参见胡旭晟:《20世纪前期中国之民商事习惯调查及其意义》,载《湘潭大学学报(哲学社会科学版)》1999年第2期。

〔17〕 《大集各省商会代表来沪讨论商法》,载《申报》1907年8月24日,第4版。

常与秦瑞玠专门赴京,呈递法律馆。法律馆馆员答复:“此时虽不能据为定本,日后修订商律终当采择。”农工商部亦遂随声附和。[18] 商人自编商法运动得到了清廷认可。这次空前绝后的、旨在彻底打通国际惯例与中国商习的商法自编运动足以彪炳史册。

(五)坚持民商分立主义的《改订大清商律草案》的无果而终

农工商部对商人自编的《商法总则草案》与《公司律草案》如获至宝,遂以这两份立法草案为蓝本予以修改,易名为《改订大清商律草案》。农工商部在宣统二年十一月二日(1911年1月2日)呈报的奏折中就该修律过程作了详细汇报,“臣部于本年五月三十日具奏商法编订需时,拟就前订公司律重加修订,作为暂行章程一折,奉旨依议钦此。八月十一日具奏拟订保险、运输规则,请旨交议折内声明,商业虽有区别,而主要不外乎商人与公司二者,必先定商律总则、公司二编,而后商行为有所附丽等语各在案。近数月间臣等督饬司员赶速办理,谨将办理大要为我皇上缕晰陈之”,“至光绪二十九年奏定商律商人通例、公司二编,学者於通例之简略、商人定义之狭隘、公司分类之不明确、公司变更之无方法,不无异议。故此次於总则编规定商人及商人能力、商业注册、商号、商业账簿、并雇佣代理商各章;于公司编则分无限公司,两合公司、股份有限公司、股份两合公司四种,於其成立、变更、解散,分别订定,博取东西各国成例,而统之以总纲,终之以罚则。正核办间,适获上海商务总会、学会暨预备立宪公会及商会百余所公呈送到《商法调查案》一书,臣等细心查核,系该会等专聘通晓商律之士,调查各埠习惯,参酌法理编纂而成,於施行实际不无裨益。当即逐条考校,参互研求,故其采择亦为独多。计总则分七章七十三条,公司分六章二百四十九条,业经抄送宪政编查馆查核在案”,“相应缮具清单,请旨交下资政院会议定夺”。[19]

目前所见《改订大清商律草案》印本包括:总则编(商人、商人能力、商业注册、商号、商业账簿、商业使用人、代理商)七章,计86条;公司编(总纲、无限公司、两合公司、股份有限公司、股份两合公司、罚例)六章,计281条。该印本中的367条比奏折所说的322条多出45条的主因是,该案在起草和送审过程中曾数易其稿。与《志田案》相比,《改订大清商律草案》更接地气,更符合中国商人

[18] 《呈递商法调查案续详北京》,载《申报》1910年1月27日,第5版。

[19] 中国第一历史档案馆:清档案,录副奏折,宣统二年54—68号。

群体的诉求。

但遗憾的是,《改订大清商律草案》送宪政编查馆审核后呈送资政院审议,但在资政院两次常年会上均议而未决。1910年11月2日,农工商部请旨将《改订大清商律草案》交资政院会议。11月20日,资政院将其列入第26次会议议事日表第一项。经初读程序后,《改订大清商律草案》交付法典股审查。法典股员会12月1日逐条议决《总则编》(7章73条),12月8日审查《公司编》(6章249条)。11月29日,资政院奏请延长10日会期议决大清新刑律、修改商律等议案。《改订大清商律草案》被列入12月9日第38次会议议事日表,先由股员长报告,然后由议员初读。因赞成新刑律草案的部分议员缺席,议员罗杰建议先讨论商律,后讨论刑律。因支持者甚少,12月10日未审议《改订大清商律草案》。按资政院议事规则,《改订大清商律草案》继续由1911年8月20日召开的资政院第二次常年会审议,但9月2日第一次开议时未审议该草案,9月6日第三次开议时初读了《改订大清商律总则》《公司编法律案》。议长请政府特派员说明主旨,特派员声明上年提出此案时已说明主旨。议员众呼无疑义,因而未讨论,议长宣告将两份草案交付法典股审查。[20] 由于总则与分则相配,《改订大清商律总则》的名称意味着,清廷"系拟有完全法典之计划"。

但因宣统帝1911年12月25日正式逊位,《改订大清商律草案》未及资政院法典股审查完毕、资政院议决而中道废弃。该草案在清朝覆亡前未及资政院议决的原因很多。资政院法典股由议员兼任,而法案审查工作繁重就当然是原因之一。难怪议员兼法典股股员汪荣宝抱怨"所有法律案全付法律股审查,事务过繁,恐力不逮,请设特任股员",但这一提议遭其他议员反对。[21] 因此,资政院法典股立法能力不足、资政院立法任务繁重、其他议案耗费时间过长、议员内部纷争、军机处与资政院之间的权斗等一系列偶然因素似乎都是《改订大清商律草案》胎死腹中的主因。殊不知,真正的主因是当时清廷气数已尽,辛亥革

〔20〕 参见史洪智:《议案博弈:资政院常年会与〈改订大清商律草案〉》,载《河南大学学报(社会科学版)》2015年第1期。

〔21〕 《资政院第三次会议纪略》,渤海寿臣辑:《辛亥革命始末记》,载沈云龙主编:《近代中国史料丛刊》(第42辑),台北,文海出版社1969年版,第1180页。(直接引用部分位于《辛亥革命始末记》一册第1180页,《资政院第三次会议纪略》位于该册第1179页,引用内容全部范围是1179～1181页。)

命的隆隆炮声已经吞没了资政院内的议员声嘶力竭的辩论声。此时,再完善的商法草案也难以挽救清廷大厦于将倾。

(六)民国北京政府(北洋政府)对民商分立主义的继承

清末的民商分立主义被民国北京政府完整继承。为扭转民初“法律不备”的现状,袁世凯于1912年4月29日在参议院开院礼上指出,“商律与度量权衡亦应迅速妥订实行”。[22] 1912年5月14日,他命令工商部加速商律编定时指出:“商律为发达商业之权舆,而度量权衡又为工商业日用所必需。仰工商总长从速调查中国开矿办法及商事习惯,参考各国矿章、商法,草拟民国矿律、商律。并挈比古今中外度量权衡制度,筹订划一办法。俟经国务会议同意后,呈由本大总统分别办理。”[23]农商总长张謇认为,《改订大清商律草案》内容完备,符合迫切立法需要,遂邀原起草员来京,复加审视,修正十余条,并建议袁世凯将其更名为《商人通例》与《公司条例》,作为农工商部条例予以颁行。因《公司条例》未经立法程序,仅由农工商部拟定后呈大总统颁行,无法命名为“法”,只能屈尊命名为“条例”。

1914年1月13日,袁世凯以总统令公布了《公司条例》。条例由总纲、无限公司、两合公司、股份有限公司、股份两合公司、罚例与附则组成,合计151条。总统令中附了一段批示:“一月十三日前经国务院呈称:大政方针内应办各事所适用之法律,立待筹施,不容再缓;请准先行拟订,作为现行条例,提前颁布,业经照准在案。兹据国务总理熊希龄、农商总长张謇呈称:前清农工商部采取各商会所编之商法调查案,复加修订,定为商律草案,较之前清通行之商律增多二百余条,颇为完备。今拟将公司律之一部,改称公司条例,作为现行条例之一,凡二百五十一条,请先行颁布。其施行细则及商人通例、商事条例等诸关系法规,仍由农商部拟订,呈请颁布。等语。查公司条例系目前切要之需,应即颁布。其施行细则及商人通例、商事条例等案,即由农商部赶速拟订,呈请颁布。所有前清旧商律,即于新条例施行之日废止。此令。”

1914年3月2日,袁世凯以总统令公布了《商人通例》,由商人、商人能力、商业注册、商号、商业账簿、商业使用人(经理人、伙友、劳务者)及商业学徒、代

---

〔22〕 参见《在参议院开院礼上演说词》,载《袁世凯全集》,河南大学出版社2013年版,第752页。

〔23〕 《大总统府秘书厅交工商部拟订矿律商律等文》,载《政府公报》,1912(14)。

理商七章组成，合计 73 条。《商人通例》实乃《改订大清商律总则》之化身。1914 年 7 月 19 日，袁世凯以总统令公布了《商人通例施行细则》(14 条)、《公司条例施行细则》(18 条)、《商业注册规则令》(9 条)与《公司注册规则令》(9 条)。以上 6 部商事法律均自 1914 年 9 月 1 日起施行。这些商法规范延续了参酌本国商事习惯与参考各国经验的立法方针，而且以现代眼光来看，其立法技术之精密也值得肯定。例如，《公司条例》及《公司条例施行细则》规定的退股、优先股、股东失权等内容都很具体，有很强的可操作性。

(七)民国南京政府时期的民商合一主义

民国政府定都南京后，立法院于 1929 年 1 月召开的第 9 次会议依然沿袭了清末民初的民商分立主义："训政开始，各种法规均待成立，权轻重而审缓急，应先行起草民法、商法、土地法、自治法、劳工法五种。"1929 年 4 月 15 日，立法院院长兼中央政治会议委员胡汉民在提出民商法立法计划时依然指出："一切重要的法典，如民法、商法之类，都得尽今年一年内通通弄好。"[24]

但此后不久，胡汉民的民商分立思路发生了逆转。该转变肇端于 1929 年 5 月他与立法院副院长林森提出的立法报告《编订民商统一法典，以符本党全民精神》。该报告提请中央政治会议审议后，该会第 180 次会议指定胡汉民、戴传贤、王宠惠 3 位委员审查。审查完成的《民商法统一提案审查报告书》提交中央政治会议议决。1929 年 6 月，中央政治会议第 183 次会议通过决议，决定编订民商统一法典。立法院遵照该项决议，审议通过了《民商法统一提案审查报告书》。[25]

1929 年 6 月 5 日送立法院的《编订民商法统一法典案》阐述了应订民商合一(统一)法典的八大理由：(1)历史关系。商法之于民法以外成为特别法典者，实始于法皇路易十四，维时承阶级制度之后，商人鉴于他种阶级，各有其身份法。亦遂组织团体，成为商人阶级。而商法法典，渐亦相因而成。此商法法典，别订于民法法典之外者，乃因于历史上商人之特殊阶级也。我国自汉初弛商贾之律后，四民同受治于一法，买卖钱债，并无民商之分。清末虽有分订民法

[24] 胡汉民：《新民法的新精神》，载中国国民党中央委员会党史委员会出版编辑：《胡汉民先生文集》，中央文物供应社 1978 年版，第 381 页。

[25] 参见张生：《民国民法典的制定：复合立法机构的组织与运作》，载《比较法研究》2015 年第 3 期。

法典及商法法典之议,民国成立以来,亦沿其说。而实则商人,本无特殊之阶级,亦何可故为歧视耶。(2)社会进步。反对民商统一者曰:商法所定,重在进步,民法所定,多属固定,此在昔日之陈迹,容或有之。不知凡法典应修改者,皆应取进步主义。立法者认为应修改,即修改,与民商合一与否无关。例如,英国民商合一,而公司法施行后,亦有数次之修改。而德国为民商分立之国,乃商法之改变,远不如英国,于此可见进步与否,并不在民商之合一与否也。是以各国学者,盛倡民商合一之论,其最著者,如意国之维域提氏(Viyonte)、法国之他赖氏(Thaller)、德国之典尔伯氏(Dernberg),皆有相当之理由。(3)世界交通。反对民商统一者曰:商法具有国际性,民法则否。此亦狃于旧见之说也。民商合一对于商事法规应趋于大同与否,立法者尽可酌量规定,并不因合一而失立法之运用,且民商划分之国,其法典关于本国之特别规定者,亦不一而足也。(4)各国立法趋势。意大利为商业发达最早之国,而其国之学者,主张民商合一为最力,英美商业今实称雄于世界,而两国均无特别商法法典,瑞士亦无之。俄国 1893 年民法第一草案、1896 年民法第二草案、1906 年民法第三草案、1907 年民法第四草案均包商法在内。似此潮流,再加以学者之鼓吹提倡,则民商合一已成为世界立法之新趋势,我国何可独与相反。(5)人民平等。人民在法律上本应平等,若因职业之异或行为之不同,即与普通民法之外特订法典,不特职业之种类繁多不能遍及,且于平等之原则不合。(6)编订标准。昔时各国商法以人为标准,即凡商人所为者均入于商法,《德国 1897 年商法》亦然。法国大革命之后以为不应为一部分之人专订法典,故其商法以行为为标准。即凡商行为,均入于商法典。然何种行为系商行为,在事实上有时颇不易分。我国如亦编订商法法典,则标准亦殊难定。(7)编订体例。各国商法内容极不一致。日本商法分为总则、会社、商行为、票据、海商五编,德国商法无票据,法国则以破产法及商事裁判所组织法订入商法法典,体例分歧较大。可知商法应规定之事项原无一定范围,而划分独立之法典亦自取烦扰。再法典应订有总则,亦取其纲举目张,足以贯串全体也。而关于商法,则不能以总则贯串其全体。(8)商法与民法之关系。在有商法法典之国,其商法仅系民法之特别法,而最重要之买卖契约,仍多规定于民法,而民法上之营利社团法人仍须准用商法,则除有特别情形,如银行交易所之类外,民法商法牵合之处甚多,亦何取乎两法并立耶?且民商划分,如一方为商人,一方非商人,适用上亦感困难,因民商法相关联之处甚多,而非一般人所能意料者。要之,各国民商法典近时趋势,凡民商划一之国鲜有主张由合而分者。其他民商划分之国,其学者主张由分而合者则甚多。其所以至今尚未实行者,盖因旧制历年已久,而理论实力一时之间,尚未能推翻之耳,而趋向则已大定也。且在无特别商法法典之国(如英美等)不过无欧洲大陆所谓之商法法典,而实则关于商人之各种法规灿然具备。是民商合一与否,与商业之发达并无关系。

虽然《编订民商法统一法典案》的8项理由并不周密严谨,但民商合一是指导民国政府民商立法的重要原则。1929年12月26日颁布的《公司法》就遵循了这一原则。对民商合一原则,学界仁智互见。李宜琛对民商合一持保留态度,认为应当维持商法独立性,认为民法主要为普通一般社会生活的原则性规定,商法主要为特殊社会生活的技术性规定。[26] 也有学者的立场前后摇摆。法国学者爱斯嘉拉(Escarra)撰文《中国私法之修订》支持民商合一,但在接受北洋政府聘请起草商法典时以历史关系论为据,支持民商分立。[27] 国内学者王去非承认"我国现行私法制度采民商统一主义"。[28] 他否定商律的独立存在价值,但承认"学理上之商律自当永久存在,形式虽归解体,实质断断不至与之俱亡也",并在嗣后起草了《商业法草案》及其理由书公布于众。[29] 日本学者田中耕太郎、铃木竹雄在为我妻荣所著《中国民法债编总则论》一书作序时驳斥了《编订民商法统一法典案》所列8项理由。由于该书出版时间处于日本加紧侵华阶段,这些反驳观点自然引起了中国学者的强烈抗议。张国威撰文《民商两法分合之史的观察及研究》,捍卫民商合一主义。[30] 国内学者从维护民族尊严的大局出发,在抗日战争期间对国民政府的民商合一立法格局保持着隐忍与包容,是可以理解的。当然,随着抗日战争曙光的临近,国内学者开始反思民商合

---

〔26〕 参见李宜琛:《民法总则》,中国方正出版社2004年版,第5页。

〔27〕 参见[法]爱斯嘉拉:《关于修订中国商法法典之报告》,载《钱业月报》第5卷第2号,并载于《法学季刊》1925年第2卷第3期。转引自王健编:《西法东渐——外国人与中国法的近代变革》,中国政法大学出版社2001年版,第473页。

〔28〕 参见王去非:《商法原论》,1931年自版发行,第15页。

〔29〕 聂卫锋:《中国民商立法体例历史考——从晚清到民国的立法政策与学说争论》,载《政法论坛》2014年第1期。

〔30〕 参见聂卫锋:《中国民商立法体例历史考——从晚清到民国的立法政策与学说争论》,载《政法论坛》2014年第1期。

一之弊与民商分立之利。

二、民商合一与民商分立的百年之辩对后《民法典》时代编纂《商法典》的启示

(一)民商合一与民商分立之争的聚焦点:立法技术,抑或是规范内容之争

民法与商法都是独立的法律部门或领域。无论是民商合一,抑或民商分立,主要围绕立法技术(而非法律部门的独立性)而展开。民法与商法是两个不同的法域。民法与商法都有其独特的调整对象与调整方法,因而不能相互否定与排斥。民商分立主义固然承认商法部门的独立地位,而民商合一主义也不否定商法的独立价值。毕竟,孪生姐妹也是二人,并非一人。"民商合一"仅侧重法典编纂技术,而非针对实体内容而言。

民商合分之争的焦点仅在于,商法规范内容究竟是更适合通过与《民法典》并驾齐驱的《商法典》予以系统全面规定,还是通过《民法典》的单行特别法予以表达。民商合一与民商分立的立法路径选择作为立法技术与形式之争并无绝对的是非黑白之别。关键是哪种立法技术与立法形式更受到各国立法者尤其是商人群体与社会公众的偏好与青睐,更能提高本国商人与企业的核心竞争力、促进本国经济发展。因此,民商合一与民商分立的立法路径选择不存在放之四海而皆准的普适性标准答案,而是更多取决于各国的政治体制、经济基础、国际竞争力、历史传统、民族文化、商事习惯、法律思维与立法偏好。

(二)国家竞争力与民商合一或分立之间的逻辑联系

国家的全球竞争力与民商合一或民商分立缺乏必然逻辑联系。不能简单地认为民商合一国家是经济强国,而民商分立国家是经济弱国。民商合一或分立并非法律制度竞争力的试金石。最具核心竞争力的法律都必须加强私人产权保护、弘扬契约精神、鼓励商人创新、提倡自由竞争、保障多赢共享。七国集团中既有民商分立国家(德国、法国、日本),也有民商合一国家(意大利),更有既无《民法典》也无《商法典》的英美法系国家(美国、英国与加拿大)。当然,作为普通法海洋孤岛的美国《路易斯安那州民法典》与加拿大《魁北克省民法典》继受了以法国法为代表的大陆法系传统,且能与奉行英美法系传统的姊妹州(省)和谐相处,也是两大法系相互融合、和谐共处的亮丽风景线。

美国统一州法委员会为提高跨州交易的法律统一性而在1953年制定了

《统一商法典》(UCC),之后不断更新改版,但未同步推出与之比肩而立的《统一民法典》。该法典在规范内容上包括货物买卖、货物租赁、流通票据、银行存款和收款、资金转账、信用证、所有权凭证、投资证券与担保交易等内容。为促进各州公司法的统一,美国律师协会于1950年出版了《模范商事公司法》,该样板法以1935年《伊利诺州商事公司法》为蓝本,历经多次改版。《统一商法典》与《模范商事公司法》作为样板法为美国多数州采纳,只不过采纳程度不同而已。美国诸州除了路易斯安那州之外没有《民法典》,但制定法与判例法的功能主义思路满足了民事主体与商事主体的不同制度需求。总之,英美法系普遍没有成文的《民法典》也未阻止英美法系国家成长为世界经济强国。

(三)民商分立模式与民商合一模式在我国历史上的立法尝试

民商分立模式与民商合一模式都曾在我国不同历史阶段付诸立法实践,都在促进与规范商业发展方面发挥了积极的历史作用,促进了生产力的发展,推动了民族的经济发展与社会进步。从20世纪初清末民初的马车时代与闭关锁国时代一直持续到本世纪的数字化与全球化时代,诸子百家围绕民商合一与民商分立之争的宏论灿若星辰,引起了政治家与商人群体的极大兴趣,也为我国现代商法改革提供了宝贵经验与知识营养。从光绪帝1904年颁布的《钦定大清商律》到袁世凯1914年签署的《商人通例》与《公司条例》都体现了民商分立主义。而1929年民国南京政府立法院通过的《编订民商法统一法典案》则改采民商合一主义。以包容、平和的心态看待这两种立法模式产生的历史背景与功过是非,有助于为我国当前的立法模式选择预留转圜空间。但即使我们当代法学家穿越回到100年前积贫积弱的旧中国,也未必能比当时的祖辈更有作为。但2020年《民法典》的出台并未终结民商分立主义与民商合一主义之争。

(四)2020年《民法典》在追求民商合一目标方面的有限性

我国2020年颁布的《民法典》继承了民商合一传统。从实体内容和立法技术的双重维度来看,最理想、最纯粹的民商合一立法成果当推民商法典或私法典,但最理想的立法目标往往最不现实。在既无现成既存《商法典》框架的束缚与羁绊又无其他立法历史包袱的情况下,立法者本可大刀阔斧地纵情挥洒民商合一的立法智慧,推出民商彻底统一的民商法典。但鉴于商事关系具有高度的专业性、复杂性、技术性与全球性,鉴于民商法的公因式提取以舍弃商法规范的特殊性为代价,鉴于法律规范的精准性与普适性不可兼得,立法者被迫非常谨慎地采取非常有限的民商合一编纂技术,不得不在提纯民商事法律规范时予以放弃,舍弃商事关系的诸多核心制度需求,致使公司法、证券法、票据法、信托法、商业银行法、海商法、保险法与电子商务法等重要商事规范未能入典。

结果是,《民法典》无法接纳商事领域的商事主体与商事行为的大多数内容,但在某些商事领域(如商事买卖、融资租赁、运输与仓储、间接代理)提纯了民商事通用规则,部分地实现了民商法律规则的合一。作为数字化时代与信息文明时代核心产权的知识产权与大数据权益未能在《民法典》中体现。既然绝大多数商事法律关系无法被《民法典》一网打尽,就应放弃绝对民商合一主义的神话。因此,对《民法典》的民商合一立法技术不宜作过于夸张的大而全解释。必须充分肯定的是,立法者在实现民商合一的道路上已经鞠躬尽瘁,竭尽立法智慧。《民法典》采取的民商合一立法技术的有限性与局限性无关立法者的专业性与勤勉度,而关乎商事关系的无限性与开放性。

(五)民商二法和而不同、协同共治的合作伙伴关系

《民法典》在民商合一方面的局限性既印证了商法作为法律部门或领域的独立性,也凸显了民商二法和而不同、协同共治的重要合作伙伴关系。民法与商法是既严格区别又相互关联的两大重要法域。建议超越偏激或极端的民商分立论或民商合一论,采取和而不同、良性互动的民商共治论。为保持我国商事法律规范的统一性与周密性,既要凸显民法规则的一般法地位,也要重视商法规则的优先适用。基于理性的法律逻辑,既要反对以商代民的大商法主义,也要反对以民代商的大民法主义。鉴于商事法律是《民法典》的特别法,《民法典》第 11 条强调,“其他法律对民事关系有特别规定的,依照其规定”。这意味着,凡商法有特别规定的,一律优先适用,裁判者不应直接穿越适用民法规范。特别规定包括特别原则及其统率下的制度、习惯和法理。因此,当商法对特定事项有规定,而《民法典》无规定时,应适用商法。两法对特定事项均有规定但相抵触时,更应优先适用商法。

(六)《商法典》的编纂蓝图

《民法典》的编纂开辟了《商法典》编纂的可能性,也为商法典编纂积累了宝贵的立法经验。《民法典》不是大而全的民商统一法典,并非调整各类商事关系尤其是公司法律关系的“一本通”,因而没有必要,也不会否定商法的法典化可能。随着跨世纪民商关系之辩中凝聚的法理共识的日渐增多、《民法典》的颁行、新发展理念的落实、新发展格局的构建、社会主义市场经济体制的完善、全国统一大市场的建设、供给侧结构性改革的推进、现代化经济体系的建设、两个

“毫不动摇”方针的坚持、中国特色现代企业制度的完善、国有企业改革的深化、非公有制经济的壮大、混合所有制经济的发展、新型亲清政商关系的构建、法治化营商环境的改善、《外商投资法》的出台、内外资企业立法的并轨、更高水平开放型经济新体制的建设、经济全球化与数字化进程的加快、百年不遇之大变局的出现、后疫情时代新挑战的来临,后《民法典》时代的商事立法模式走向法典化统一化可谓水到渠成,恰逢其时。

据统计,截至 2024 年 9 月底,我国实有民营经济主体总量达 18,086.48 万户,占经营主体总量的 96.37%,同比增长 3.93%,10 余年间增长超 4 倍。其中,民营企业 5554.23 万户,同比增长 6.02%;个体工商户 12,532.25 万户,同比增长 3.03%。前三季度,民营企业发展稳中有进,展现出强大的韧性,全国新设民营企业 619.1 万户。[31] 这些商主体不同于普通民事主体,需要在商事登记、缴纳增值税、承担惩罚性赔偿责任等环节履行有别于普通民事主体的法律义务与责任。他们对商法制度需求真实而迫切。建议以全面实施 2023 年《公司法》为契机,抓紧研究起草商法典。《公司法》可作为商法典第二编。除总则编,其余可设证券、期货、信托、保险、资产管理、票据、非票据资金支付、海商、电子商务、交易所、消费者、国际商事与仲裁等编。

若立法者认为商法典编纂过于仓促,也可充分借鉴民法法典化进程中的原《民法通则》—原《民法总则》—《民法典》三部曲,循序渐进推出商法通则、商法总则、商法典。2021 年《市场主体登记管理条例》的本来名称为商事主体登记管理条例,但出于更接地气、更贴近民众诉求的立法效果考虑,国务院常务会议在审议该法规时将其易名。该法规及其实施经验有望成为商法典编纂的重要制度创新试验田。

但遗憾的是,国内商法学者近年来的研究成果主要聚焦商事关系不同于民事关系的特殊性上,而对于不同商事关系之间的一般性研究不够。因此,作为《商法典》编纂的理论储备,建议商法学界既要善于提取商事关系不同于民事关系的特殊性,更要努力在纷繁复杂的商业实践与商事习惯中提纯出诸多商事关系的一般性与公因式。若无法对不同商主体、商行为与商事关系之间的内在逻辑与共同特点予以精准提纯,就无法确立商法典的核心价值与基本原则,难以

---

[31] 国家市场监管总局:《我国实有民营经济主体超 1.8 亿户》,载《人民日报》2024 年 11 月 10 日,第 1 版。

起草出普适于各类商主体与商行为的商法总则条款,也无法保持分则制度之间、分则与总则之间的相互支撑与无缝对接。

三、扭转“去商法化”现象的法理对策:商法规范的优先适用原则

(一)“去商法化”现象

在司法与仲裁实践中,存在“去商法化”“轻商法化”现象。有些裁判者倾向援引民法规范(如合同法与侵权法)裁判案件,而拒绝或者怠于寻求商法规范。例如,在涉及目标公司对赌的纠纷案件中,一些法院在确认目标公司对赌条款无效时往往只援引原《合同法》或《民法典》的法律规范,而很少涉及《公司法》。即使在无法回避《公司法》时,又往往断言《公司法》中的规范是任意性规范或倡导性规范。即使难以回避强制性商法规范时,又轻易断言该规范为管理性规范。现仅以对 2023 年《公司法》第 15 条(2005 年《公司法》第 16 条)的效力性规范的误解与误用为例予以说明。

法定代表人越权滥保在 2005 年《公司法》施行后屡禁不止,不少公司因代人受过而债台高筑,濒临破产,因而引发了学界的深入研究。〔32〕 而公司对外担保制度在实践中被束之高阁的根源在于其效力性规范地位被长期冻结、虚化。有人将其误解为任意性或倡导性规定。〔33〕 有人将其误解为强制性规定中的管理性规范〔34〕。有人则反对将 2005 年《公司法》第 16 条理解为效力性强制性规定或管理性强制性规定,再依据原《合同法》第 52 条第 5 项认定担保合同效力。在中国裁判文书网随机搜索的 56 份公司对外担保合同裁判文书(自 2013 年 1

---

〔32〕 参见徐海燕:《公司法定代表人越权签署的担保合同的效力》,载《法学》2007 年第 9 期。

〔33〕 参见胡旭东:《公司担保规则的司法续造——基于 145 份判决书的实证分析》,载梁慧星主编:《民商法论丛》第 50 卷,法律出版社 2012 年版,第 70 页。

〔34〕 参见赵德勇、宋刚:《关于公司对外担保的法律问题》,载《理论探索》2007 年第 2 期。

月至2019年12月)中,[35]有85.3%判令公司对法定代表人越权担保行为负担保责任。

持管理性规范说的判例认为,法定代表人越权担保合同有效。最高人民法院在熊某辉、杨某诉姚某、姚某1、金德源公司等股权转让纠纷上诉案中指出:"《公司法》第16条所规定的公司对外担保须经股东会决议是公司对内的程序性规定,并不涉及公司以外第三人的审查义务。公司是否召开股东会以及是否形成决议,是公司内部控制程序,不能约束与公司进行交易的第三人。"[36]最高人民法院在中原银行开州路支行诉安投集团公司等金融借款合同纠纷再审案中认为,2005年《公司法》第16条第1款的"立法本意在于限制公司主体行为,防止公司的实际控制人或者高级管理人员损害公司、小股东或其他债权人的利益,不属于效力性强制性规范,不能仅以违反该规定为由否定担保合同的效力"[37]。

一些裁判者在公司法与合同法交叉的商事案件中只援引原《合同法》而弃《公司法》于一隅,动辄以契约之名扭曲公司法核心价值,以非理性的法定代表人签字代替理性的公司民主意志,以合同法律关系否定公司法律关系。结果,要么否认公司法中存在的强制性规定尤其是效力性规范,要么将其贬为调整公司内部家务事的"家法",谪于裁判依据之外。这种重合同法、轻公司法、去公司法、边缘化公司法的思维定式直接导致公司法基本制度(如公司民主决议、中小股东保护、公司资本与股利分配等制度)被冻结或悬空,亟待拨乱反正。公司法案件的公正裁判既需要合同法(行为法、交易法)思维,更离不开公司法(组织法、企业法)思维。除轻公司法的现象外,也存在对其他商法规范的忽视或者冷待。

(二)"去商法化"现象的认识论根源

从裁判者的认识论来看,去商法化现象有诸多缘由。首先,有些裁判者误以为民法规范比商法规范思想更解放,对行为自由的包容度更大。这显然是一种误解。殊不知,商法也温柔,商法也笃信私法自治。因此,许多商法规范亦为

〔35〕 参见最高人民法院民事审判第二庭编著:《〈全国法院民商事审判工作会议纪要〉理解与适用》,人民法院出版社2019年版,第74页。

〔36〕 最高人民法院民事判决书,(2017)最高法民终610号。

〔37〕 最高人民法院民事裁定书,(2017)最高法民申370号。

任意性规范或倡导性规范,而且这些规范往往比民法规范更精准、更公平。例如,与《民法典》第 932 条规定的委任契约中的受托人义务相比,《信托法》为受托人设定的信托义务规范系统缜密,遍布于整部《信托法》规范体系,渗透于信托活动从"摇篮到坟墓"的全生命周期,远非《民法典》合同编第 23 章(第 919 条至第 936 条)的 18 个法律条款所能比拟。因此,在对股权代持协议的性质存有争议时,裁判者应尽量将其认定为股权信托关系。[38]

其次,有些裁判者深感寻求商法规范比寻求民法规范更不易。的确,民法规范的检索过程较容易,在《民法典》出台后尤为如是。而商法规范的检索较烦琐,部分原因是商法尚未法典化,部分原因是商法规范散见于法律条文、司法解释与商事习惯,而对商事习惯的理解又会仁智互见。对于商事习惯与潜规则的甄别,更是容易受不同利益集团的误导与干扰。其实,对于商事案件只能优先适用商法规范,商法规范检索也并非难于上青天。随着中国裁判文书网的开通、商法学研究的大发展大繁荣,商法规范检索难的技术难题在慢慢化解。

最后,自旧中国形成的民商合一的立法传统被有些裁判者误以为"民商合一"意味着商法不是独立法律部门,因而引用民法规范裁判商事案件名正言顺。殊不知,"民商合一"主义并不意味着以民代商。因此,以民事关系取代商事关系、以民事行为取代商事行为、以民事主体取代商事主体、以民法逻辑取代商法逻辑缺乏依据。

(三)扭转"去商法化"现象的法理对策:以契约关系的三分法为例

首先,要凸显商法的特别法地位,切实扭转"轻商法化"的裁判思维。民事关系与商事关系均为平等主体之间的私法关系。二者既有共性,也有个性。基于商事关系的特殊性,商法规范当然应当优先适用。

其次,商事交易案件的裁判要弘扬契约精神、产权保护与自由竞争精神。就契约精神的裁判思维而言,裁判者应善于在法律关系多元化与分层化的私法关系中认真甄别 3 类不同的契约关系:第一类是商事主体与商事主体之间的契约关系(B2B);第二类是商事主体与消费者之间的契约关系(B2C);第三类是民事主体与民事主体之间的契约关系(C2C)。契约精神对不同契约主体有不同的实体法与程序法层面的裁判要求。以上三分法不仅适用于线上契约,也适

---

〔38〕 参见刘俊海:《论股权代持的法律性质和效力》,载《河北大学学报(哲学社会科学版)》2021 年第 5 期。

用于线下契约。对于信息对称、博弈地位对等、谈判实力相当的商事主体之间(B2B)的契约纠纷来说,法官应当充分尊重契约自由,更多强调“谁主张,谁举证”的证据规则。其目的是促成商事交易,加速商事流转,维护交易安全。[39] 对于商事主体与消费者之间(B2C)的契约纠纷来说,法官在实体法上应当充分尊重契约正义。[40] 在程序法上,法官要用够用足用好法律与司法解释规定的举证责任倒置规则,尽量让处于信息优势地位的商家承担自证清白的举证责任。其目的就是通过对消费者的适度倾斜,实现消费者与商家的实质平等地位。对于非商事主体的民事主体之间(C2C)的契约纠纷来说,法官不但要更多关注契约自由与契约正义,且应更多探求与尊重缔约双方的内心真意。其目的是滋养公序良俗,尊重民事习惯,让裁判结果在合乎社会与社区中公认的人情世故与伦理规范的基础上更接地气,实现国法天理人情的最大限度的合一。

最后,对涉及商事组织尤其是公司企业的案件裁判,要充分考虑传统契约制度被滥用的外溢风险。例如,为保护公司免受灭顶之灾,公司与外部股东签署的对赌条款以及公司为对赌义务提供担保的条款均属无效。又如,为保护公司生命,公司法定代表人越权签署的对外担保合同无效,除非公司决议予以追认或存在表见代表的例外情形。再如,裁判者在公司解散、破产案件及设立无效案件中要审慎而积极地行使自由裁量权,尽量维持公司生命,增强公司免疫力与竞争力。对可解散可不解散的公司,坚决不解散。对可破产清算,也可破产重整的公司,坚决鼓励重整。少破产多和解,少清算多重整,少解散多兼并,要成为统一的裁判理念。基于公司生存权发展权原则,解散公司时应导入冷静期制度,允许两造自愿终止公司解散程序。法院只要在不解散公司的诸种备选方案中依次找到和缓有效、多赢共享、皆大欢喜的最大利益公约数,就应弃用解散公司之“猛药”。除重组控制权结构、损害赔偿、强制分红、公司分立、转股、退股等替代方案外,增资扩股、调整股权结构、引入中立股东、改变控制权格局和变更实际控制人等调解方案都可考虑。

---

〔39〕 参见徐海燕、刘俊海:《论商事纠纷的裁判理念》,载《法学杂志》2010 年第 9 期。

〔40〕 参见徐海燕:《商家最终解释权条款的法律探析》,载《人民司法》2006 年第 12 期。

四、处于商法与《民法典》缓冲地带的商人自治法优位原则

(一)商人自治法的正当性

商人自治法是商人群体自下而上、由内及外制定的内生性软法,包括但不限于契约(含公司上市协议)、公司章程、章程性自治文件(如公司治理大纲)、股东会决议、公司规章制度、全体股东签署的会议纪要、行业协会(商会)的自律规则(如行业协会制定的高于法定标准的行业自律性产品或服务标准、全国工商联出台的民营企业法治建设及反贿赂指南)、市场交易平台的自律规则(如电子商务平台的交易规则、证券交易所与期货交易所等交易所的交易规则)与丰富多彩的商事习惯等。商人自治法具有正当性与合法性。

首先,商人自治法源于商事主体的自治性与营利性。自治性是营利法人的本质属性之一。[41] 公权力主体与私权利主体遵循不同的法律原则和规则。基于人民主权思想,对法治政府而言,法无授权不可为,法定职责必须为,违法作为必问责;对私主体和人民而言,法无禁止皆可为。法律许可者,可为之;法律禁止者,不可为之;法律既未许可,也未禁止者,仍可为之。背后的法律逻辑是,人民通过立法程序将部分权利授予政府代理人民行使,至于没有授予的剩余权利和自由仍操诸人民之手。《民法典》第5条强调的自愿原则就是私法自治原则。为逐利,商主体比民事主体更要弘扬理性自治精神。商法的首要功能就是积极确认、充分尊重、有效保护和全面激活商人自治机能。商人自治程度是检验商法现代化的"试金石"。没有商人自治,就没有真正的商人制度。商人自治程度越高,商法越有竞争力;反之亦然。

其次,商人自治法契合我国传统优秀文化。全球化时代的国家竞争是科技、军事和经济的硬实力比拼,也是制度、文化和教育的软实力角逐。党的十九大报告强调:"深入挖掘中华优秀传统文化蕴含的思想观念、人文精神、道德规范,结合时代要求继承创新,让中华文化展现出永久魅力和时代风采。"道家的道法自然思想孕育着自治元素。老子曰,"为无为,则无不为";[42] "人法地,地

---

〔41〕 参见刘俊海:《中国加入世贸组织后公司法的修改前瞻》,载《中国法学》2002年第6期。

〔42〕 北京师范大学古代文学研究所编订:《老子》,第3章,第3页。

法天,天法道,道法自然”;[43]“道常无名。朴虽小,天下莫能臣。侯王若能守之,万物将自宾。天地相合,以降甘露,民莫之令而自均”;[44]“道常无为而无不为,侯王若能守之,万物将自化。”[45]“道法自然”是老子哲学思想中非同寻常的论题。[46] 通说将其解为5个层次:“道法自然”,是自因的“道”之自然;“辅万物之自然”,是自在的“万物”之自然;“希言自然”,是无为的“圣人”之自然;“百姓皆谓我自然”,是自为的“百姓”之自然;而“莫之命而常自然”,则是道之玄德“恒使万物自己而然”的“自然”。[47] 理性自治当属“自然”的范畴。佛教伦理强调责任、提倡平等、推崇智慧、鼓励奉献、张扬自由。缘起性空的世界观、[48]中道的方法论、众生皆有佛性的平等思想、无我的人生观、五戒十善的行为规则、善因善果的人生法则、普度众生的责任担当都是有机统一的。其中,缘起法“可谓全部佛法的基本原理、佛教义理之纲宗,被视作佛陀之法身”。[49] 这些思想蕴含对自治的完美演绎。儒家强调仁义礼智信、温良恭俭让的自律思想,也承认理性自由。孔子“七十而从心所欲,不逾矩”的自白展示了将自由与自律熔为一炉的高尚境界。既能恪守修身律己的美德,又能随心所欲而不循规蹈矩,遂为人生修炼的至善境界。孔子还强调为政者“无为而治”:“无为而治者,其舜也与！夫何为哉？恭己正南面而已矣。”[50]因其强调当政者修己,遂有学者认为该观点终系于修己一元论。儒释道互融互补,[51]共同构成了中华文化发展

---

〔43〕 北京师范大学古代文学研究所编订:《老子》,第25章,第21页。

〔44〕 北京师范大学古代文学研究所编订:《老子》,第32章,第27页。

〔45〕 北京师范大学古代文学研究所编订:《老子》,第40章,第33页。

〔46〕 参见王中江:《道与事物的自然:老子“道法自然”实义考论》,载《哲学研究》2010年第8期。

〔47〕 参见罗祥相:《论老子“自然”思想的逻辑展开》,载《哲学研究》2020年第2期。

〔48〕 参见李远杰:《佛教的伦理价值》,载《宗教学研究》1999年第1期。

〔49〕 佛曰:《缘起与性起》,载《法音》1992年第4期;李革新:《再论海德格尔的存在之“无”与佛教的缘起性空——兼与张志伟教授商榷》,载《世界哲学》2020年第2期。

〔50〕 北京师范大学古代文学研究所编订:《论语》,第126页。

〔51〕 参见陈洪杏:《孔子“无为而治”说辨微》,载《哲学研究》2015年第7期。

的三大主脉。近代思想家郑观应认为:“儒道同理、释道同理、三教合一不外一理。”[52] 文景之治传承“无为而治”的儒道共法,倡导轻徭薄赋,与民休息,重农富民,轻刑慎罚。虽然政治女强人窦太后推崇黄老之学,但文景之治是在刘邦、陆贾奠定的儒家文治思想基础上,在儒家设计的汉廷礼乐制度和以《经》博士为主体的学官教化系统中推行的。故文景之治的政治思想实为儒道双席位制。[53] 以儒释道为代表的优秀传统文化孕育着商人自治基因,从不同角度滋养着商人理性自治。

最后,西方主流哲学家也强调自由和自律的自治平衡。例如,康德在 18 世纪提出的道德哲学以绝对义务和道德个体自治为核心。[54] 他在《道德形而上学之奠基》中提出了五大道德公式:(1)普遍法则公式:你要仅按照你同时能够愿意其成为一条普遍法则的那个准则去行动。(2)自然法则公式:你要如此行动,如同你行动的准则应当通过你的意志成为普遍的自然法则。(3)人性公式:你要如此行动,把无论是你的人格中的人性,抑或是任何其他人的人格中的人性,在任何时候都同时当作目的,而绝不能只是将其当作手段。(4)自治公式:只这样去行动,该意志能够通过其准则把自己同时视为普遍立法者。(5)目的王国公式:你要按照一个只是可能的目的王国之普遍立法成员的那些准则而行动。[55] 这个“目的王国”实质上就是由自由平等的理性存在者所组成的“道德共和国”。康德继承了文艺复兴的人文主义传统,将人视作最高目的,将自由视为人的本质存在状态,将人的价值尊严建立于实践理性原则之上。他既强调人的理性存在,凸显人的自由本质,倡导理性自觉和自律,也关注人的理性存在的

[52] 马平安:《郑观应对儒释道三教的诠释与整合》,载《世界宗教研究》2020 年第 3 期。

[53] 参见罗义俊:《文景之治与儒家思想》,载《杭州师范大学学报(社会科学版)》2014 年第 1 期。

[54] 参见马凤阳:《黑格尔社会伦理思想探析》,载《道德与文明》2016 年第 3 期。

[55] Immaneul Kant, Grundlegung zur Metaphysik der Sitten, Kants Werke, Band Ⅳ. Berlin: Walter de Gruyter 1968, p. 421 –438. 转引自杨云飞:《论康德对罗尔斯正义理论的影响——兼谈哲学史对于当代哲学研究的启发意义》,载《武汉大学学报(人文科学版)》2013 年第 2 期;杨云飞:《康德目的王国理念新解》,载《武汉大学学报(人文科学版)》2015 年第 4 期。

有限性，主张对个人任性予以强制约束和他律。黑格尔的伦理思想以批判康德道德理论而著称，主张区分道德法和伦理法，认为道德不是形而上学的假设，而需要在伦理生活中获得实现。[56] 二人都赞同理性自治，但黑格尔试图在康德伦理思想的基础上使道德走出主观性的应当，把伦理价值与社会和历史现实联系起来。[57] 康德和黑格尔的伦理思想对西方商人自治实践产生了重要影响。

（二）商人自治法在商法法源体系中的基础性地位

若将外生型商法喻为“硬法”，内生型商法堪称“软法”。“软法”其实不软。契约应予严守，乃因其为缔约方间的神圣法律。同理，具有契约属性的商人自治法也是商人应遵守的法律规范，是商法体系的核心组成部分。回顾历史，我国自改革开放以来一直重视自上而下的外生制度变迁。展望未来，我国应在《民法典》与成文商法的“四梁八柱”业已建立的情况下，鼓励自下而上的内生制度变革。

“一把钥匙开一把锁”，商人群体享有自治立法权，是自身规则的最佳立法者。量身定制且历经市场经济千锤百炼的商人自治法淋漓尽致地体现了市场机制和私法自治的本质要求，可满足各行各业商人们的个性化制度需求。商人自治权的分散化、多元化和去中心化有助于弥补成文商法或商法典的盲区，缓解法典化的僵硬化作用。凡商人自治法能自主调整的商事关系，都应尊重和凸显商人自治法的基础性地位，保持成文立法的谦抑性和补充性。

（三）商人自治法与公司法典的良性互动与公平竞争

商人自治法与成文商法和而不同，相辅相成，同频共振，都要以不同方式践行自由平等、公正法治、诚实友善的核心价值观。鉴于商人自治法和外生法各有利弊，立法者应秉持求同存异、兴利除弊、活而有序的包容理念，促进两大规范体系的互敬互补、互联互通、互鉴互竞、互促互动。既要持续推进商法的统一化和法典化，也要预防法典化过程中的极端中心化与简单化；既要预先统一划定商法的强制性底线规则，也要鼓励商人自治法百花齐放。不能以商人自治法否定成文商法，也不能以成文商法抑制商人自治法的成长。

流水不腐，户枢不蠹。在全球化和数字化时代，制度竞争已成为常态。商

---

〔56〕 参见李海星：《主体自由：康德道德法则的价值底蕴》，载《社会科学家》2009 年第 8 期。

〔57〕 参见 A. W. 伍德、李金鑫：《黑格尔对道德的批判》，载《世界哲学》2013 年第 3 期。

人之间、立法者之间、商人和立法者之间都有制度竞争。若成文商法完美无缺,能满足各类商人全部法律生活的制度需求,商人自会放弃自治法的标新立异。若成文商法百密一疏,商人自治法必会悄然而至,润物无声。制度创造力强大的商人不必东施效颦地照抄行政机关(含登记机关)推荐的章程范本与契约文本,而应独辟蹊径推出自身真正需要的自治法。制度竞争有助于推动制度变革,提高制度活性,解放生产力,促进社会进步。

美国仅有联邦层面的证券法和证券交易法,但没有联邦层面的统一公司法典。《模范商事公司法》本身并非参众两院通过的法律,而是美国律师协会商事法分会公司法委员会(Corporate Laws Committee of the Business Law Section of the American Bar Association)出版的、供各州采用的立法模板。美国 50 个州之间的公司法竞争催生了特拉华州领跑全美注册公司数量之最的奇迹。美国学界对州际公司法竞争褒贬不一。有学者斥其为逐底竞争或争下游竞争(race to the bottom),理由是公司法冠军剥夺了无力选择公司注册地点的中小股东权利;有学者赞其为逐高竞争或争上游的竞争(race to the top),理由是:资本市场的定价功能完全能够反映和体现不同公司法选择的效果,特拉华州公司法夺冠的理由恰恰是其能促进股东利益最大化。笔者赞同争上游说。[58]

公司法学者往往注意到美国诸州公司法之间的激烈制度竞争,而经常忽略公司章程的争奇斗艳也是美国公司法的活力之源。如截至 2020 年 12 月,277 家美国上市公司采取的差异化表决权架构既有 AB 双重股权结构,也有 ABC 三重股权架构。有些公司 ABC 架构中的大类又细分为不同小类,如 A 系列一股一票,B 系列内部分别是一股十票与一股十分之一票,C 系列均无表决权。[59]对学者经常忽视的这一重要事实,立法者不可不察。

我国《立法法》第 11 条要求民事基本制度和基本经济制度只能制定法律,虽排除了地方性法规之间的商法制度竞争,但为成文商法与商人自治法之间、商人自治法之间的制度竞争预留了空间。因此,这两类制度竞争值得期待。近年来,地方政府为优化营商环境而竞相构建新型亲清政商关系。此种竞争对公

---

〔58〕 See Kraakman et al., *The Anatomy of Corporate Law: A Comparative and Functional Approach*, Oxford University Press, 2017, p. 20 – 21.

〔59〕 Council of Institutional Investors, *Dual Class Companies List*, https://www.cii.org/files/Formatted%20Dual%20Class%20List%2012 – 14 – 20.pdf.

司注册地点、营业场所的选择也产生了重大影响。但严格说来，此类地方性竞争不属于商法层面的制度竞争，而主要属于行政法层面的政商关系竞争。

(四)应予优先适用的商人自治法

鉴于商事法律是《民法典》的特别法，《民法典》第11条强调“其他法律对民事关系有特别规定的，依照其规定”。这意味着凡是《公司法》有特别规定的，一律优先适用，裁判者不应直接穿越适用民法规范。而特别规定包括特别原则及其统率下的制度、习惯和法理。[60] 该条款中的“其他法律”是广义的，既包括国家公权力自上而下制定的硬性商法（如法律、法规、部门规章与司法解释），也包括商人自治法。

我国《民法典》第10条提及了习惯的裁判规范功能：“处理民事纠纷，应当依照法律；法律没有规定的，可以适用习惯，但是不得违背公序良俗。”但未区分民事习惯与商事习惯。

由于法典难以兼顾精准性与普适性的双重目标，法典化终究是遗憾的艺术。为弘扬商人理性自治精神，若成文商法未作规定或规定不明，应优先寻求并适用商人自治法。只有在竭尽商人自治法的规范资源之后，才能补充适用《民法典》。例如，公司债权人保护的规范适用优先序依次为《公司法》、商人自治法和《民法典》。为弘扬私法自治文化、激活市场无形之手在资源配置中的基础性功能，建议纠正裁判者在寻求裁判依据时由《公司法》直接跨入《民法典》的规范穿越现象。[61]

推而广之，调整商事关系的准据法优先序依次为成文商法、商人自治法和《民法典》。易言之，在援引《民法典》裁判纠纷前必须竭尽商人自治法的法源。而商人自治法包括商事习惯与商事法理在内。若商事习惯不同于民事习惯，应以商事习惯为准；若商事法理不同于民事法理，应以商事法理为准。裁判者只有在竭尽全部商法资源而依然无法找到妥当的裁判依据时，才能例外回归《民法典》。因此，建议告别目前某些裁判者在未竭尽商人自治法资源的情况下轻易启动民法规定的裁判思维。

---

〔60〕 参见刘俊海：《论公司法与民法典的良性互动关系》，载《法学论坛》2021年第2期。

〔61〕 参见刘俊海：《债权人友好型〈公司法〉理念和制度重塑》，载《国家检察官学院学报》2022年第3期。

当然,商人自治法也并不必然永远劣后于成文商法。若成文商法中的规范为任意性或倡导性规范,而争讼两造商人以明示或默示方法选择商人自治法,则裁判者仍应优先适用自治法。对此,日本《民法典》第 91 条规定了异于任意性规定的习惯的地位:“在不关乎公共秩序的法律规定与习惯不同的场合,若能确认法律行为当事人有意遵守该习惯,则该习惯应当优先适用。”该立法例充分尊重意思自治原则,可资镜鉴。

五、《公司法》与《民法典》良性互动的修改路径:核心价值、特别规则与无缝衔接

(一)公司法四大核心原则对民法基本原则的继承与发展

公司法是商法的核心,因而与《民法典》存在良性互动关系。[62] 任何法律皆应有其灵魂与核心原则。画龙点睛、凝结哲学思想与法律智慧的法律原则有助于凝聚社会共识,宣示核心价值,确定价值顺位,阐明法治思维,构建法律逻辑,指明立法目标,奠定立法基调,构建法律条文,支撑规范体系,提高立法质量,统领法律解释,统一裁判思维,预防同案异判,厚植法律信仰,提高全球竞争力,堪称法律之灵魂、法律之基因。因此,核心法律原则是商人事先筹划行为模式、商业模式和合规计划的指南针,是裁判者解释法律条文、弥补法律漏洞的“尚方宝剑”,更是约束自由裁量权、实现公正裁判的“北斗星”。而缺乏基本原则的公司法是群龙无首、一盘散沙的枯燥条文而已,缺乏逻辑的一贯性、体系的严密性和解释的稳定性,宛如无序堆积的一麻袋土豆,难以被信仰和敬畏。因此,无论是信奉判例法传统的英美法系,还是致力推动法典化的大陆法系,都在探索公司法的基本原则。

我国 2023 年《公司法》第 1 条明确的立法宗旨是:“规范公司的组织和行为,保护公司、股东、职工和债权人的合法权益,完善中国特色现代企业制度,弘扬企业家精神,维护社会经济秩序,促进社会主义市场经济的发展”。为规范公司、保护权益、维护秩序和促进发展,该法确认九大核心原则:一是尊重与保障公司生存权与发展权、促进公司可持续发展;二是弘扬股权文化、鼓励投资兴

---

〔62〕 参见刘俊海:《论公司法与民法典的良性互动关系》,载《法学论坛》2021 年第 2 期。

业；三是强化交易安全、化解金融风险；四是保护职工权益，构建和谐劳资关系；五是赋能公司社会责任、促进经济高质量发展；六是完善中国特色现代企业制度，增强制度全球竞争力；七是弘扬企业家精神，鼓励企业创新创造创优；八是鼓励企业理性自治，提升企业善治水平；九是落实"两个毫不动摇"方针，优化民营经济发展生态环境。[63] 其中，公司的生存权和发展权原则居于九大原则之首。[64]

1986 年原《民法通则》第 3 条和第 4 条分别规定了平等、自愿、公平、等价有偿和诚实信用等 5 项基本原则。《民法典》与时俱进地传承与发展了上述原则，从第 4 条至第 9 条分别规定了平等、自愿、公平、诚信、公序良俗和绿色的原则。其主要变化是删除了等价有偿原则，增加了公序良俗和绿色原则。笔者认为，关怀弱势群体和禁止权利滥用也具备民法基本原则的本质属性。以上原则以及法人治理理念（如股东会与董事会作为权力机构与执行机构的地位）等均普适于公司法律关系，是对公司法的加持。反之，公司法九大核心原则是对民法基本原则的继承与发展。

（二）新《公司法》对《民法典》的突破创新

公司是最典型、最核心的营利法人。《民法典》中的法人尤其是营利法人的制度设计主要源于对公司法理念与规则的提纯。例如，第 76 条规定的营利法人的定义及类型，第 80 条至第 82 条规定的营利法人治理机构，第 83 条规定的揭开营利法人面纱制度，第 84 条规定的关联交易制度，第 86 条规定的营利法人社会责任都源于公司法的理论与实践。由于《公司法》的发展为《民法典》编纂贡献了制度增量，《民法典》萃取与提炼的法人规则与《公司法》规则基本一致。但因法人制度提纯时必须忍痛割爱、舍弃公司制度中的某些细节，因而 2023 年《公司法》守正创新，立足国情，洋为中用，推出了一系列全方位的制度创新。为落实新《公司法》的核心原则与制度设计，与之配套的法律规范体系与公司自治法也应推出精准度和可操作性更高的体制机制创新。

其一，股东会中心主义治理体系获得传承与发展。

《民法典》第 80 条规定："营利法人应当设权力机构。权力机构行使修改法

[63] 参见刘俊海：《论新〈公司法〉的溯及力：对最高人民法院司法解释的诠释》，载《地方立法研究》2024 年第 5 期。

[64] 参见刘俊海：《论公司生存权和发展权原则——兼议〈公司法〉修改》，载《清华法学》2022 年第 2 期。

人章程,选举或者更换执行机构、监督机构成员,以及法人章程规定的其他职权。”《民法典》将股东会视为权力机构有助于夯实股东主权思想。至于股东会的召集和表决等程序性规则,则语焉不详。因此,公司股东会的运行必须遵守《公司法》的详细规定。新《公司法》践行了股东中心主义价值观,继承和发展了股东会中心主义立法传统,否定了董事会中心主义或管理层中心主义等内部控制人理论,确保公司最终控制权牢牢掌握在股东手里。[65] 2023 年《公司法》第 58 条重申,“股东会是公司的权力机构”;第 59 条明确了 9 项股东会职权,强调“股东会可以授权董事会对发行公司债券作出决议”;第 67 条指出,“公司章程对董事会职权的限制不得对抗善意相对人”。这意味着,若董事和高管值得信赖,股东们自可通过修改章程或作出股东会决议的形式授予董事会或管理层更多经营决策权,并适时收回或变更授权。因此,监管者和裁判者无权越俎代庖、违背股东意志而强制推行董事会中心主义或管理层中心主义治理规则。

马车时代和蒸汽机时代的交通和通信条件严重制约了公众股东通过股东会参与公司治理的意愿和能力,也滋生了董事会和管理层反客为主的内部人控制现象。而数字化时代的来临为股东中心主义勃兴提供了难得的历史机遇,为足不出户的公众股东在手机移动端参加股东大会并行使知情权、提案权、质询权、辩论权和表决权插上了“金色翅膀”。鉴于此,2023 年《公司法》第 24 条允许公司股东会、董事会、监事会召开会议和表决采用电子通信方式,除非公司章程另有规定。要鼓励上市公司运用大数据、人工智能、云计算和区块链等现代技术手段激励公众股东积极参与股东大会民主决策程序,自觉推行股东大会的普惠化和草根化改革。

鉴于嗣后监督和事先决策对提升公司决策质量具有同等重要意义,2023 年《公司法》第 25 条至第 27 条充实了股东大会决议效力瑕疵的司法救济。建议最高人民法院以司法解释完善股东大会决议效力瑕疵之诉的裁判规则,降低原

---

[65] 参见刘俊海:《坚持与发展股东中心主义治理模式》,载《中国社会科学报》2023 年 9 月 5 日,第 4 版;刘俊海:《论股东会中心主义治理模式的勃兴:评〈公司法(修订草案)〉中股东会的权力机构地位》,载《法学杂志》2023 年第 5 期;刘俊海:《股东中心主义的再认识》,载《政法论坛》2021 年第 5 期;刘俊海:《论上市公司治理的股东中心主义价值观》,载《甘肃社会科学》2021 年第 6 期。

告股东维权门槛,创新预防股东滥诉的风险识别机制,导入以大数据大分析为支撑的原告滥讼筛查机制,取消让公众股东望而却步的费用担保规则。没有程序正义,就无法确保结果和实体正义。而要确保股东会决策的程序正义,必须严格限定显著轻微的会议瑕疵范围。因此,不能对忽略不计的轻微瑕疵(如会议室没有打开空调、发言麦克风有回音)吹毛求疵,而应采取合理容错规则。但要警惕该规则的滥用。

其二,董事会运行规则既有守正,更有创新。

《民法典》第 81 条规定:"营利法人应当设执行机构。执行机构行使召集权力机构会议,决定法人的经营计划和投资方案,决定法人内部管理机构的设置,以及法人章程规定的其他职权。执行机构为董事会或者执行董事的,董事长、执行董事或者经理按照法人章程的规定担任法定代表人;未设董事会或者执行董事的,法人章程规定的主要负责人为其执行机构和法定代表人"。该条款有两个制度来源。其中,第 2 款是对 2018 年《公司法》第 46 条所列 11 项董事会职权的摘要;第 3 款主要是对 2018 年《公司法》第 13 条"公司法定代表人依照公司章程的规定,由董事长、执行董事或者经理担任"的复述。

遗憾的是,2018 年《公司法》第 13 条对法定代表人的确定过于僵硬。改革实践也已突破这一僵化条文。目前华为公司的法定代表人既非董事长,也非 CEO,而是专职法定代表人。鉴于大型甚至巨型公司的董事长、执行董事或经理均无法事必躬亲地担任法定代表人职务,2023 年《公司法》第 10 条第 1 款扩大了出任法定代表人的范围:"公司的法定代表人按照公司章程的规定,由代表公司执行公司事务的董事或者经理担任。"鉴于该条款为倡导性规范,公司有权自主选择董事长、执行董事或经理之外的人士担任法定代表人,允许章程设立专职化法定代表人岗位,并视需要设立两位以上的多元化法定代表人。[66]

为落实《民法典》的执行机构说,2023 年《公司法》第 67 条与第 120 条要求公司设董事会,删除了"董事会对股东会负责"一句话,明确了董事会的 11 项法定职权。但在仔细研究与咀嚼之后,读者会发现董事会的职权主要围绕股东中心主义的价值观和股东会中心主义的治理体系而展开,包括但不限于"召集股东会会议,并向股东会报告工作;执行股东会的决议;制订公司的利润分配方案

[66] 参见刘俊海:《新〈公司法〉的设计理念与框架建议》,载《法学杂志》2021 年第 2 期。

和弥补亏损方案;制订公司增加或者减少注册资本以及发行公司债券的方案;制订公司合并、分立、解散或者变更公司形式的方案;公司章程或者股东会授予的其他职权。"股东对董事会既可授权,也可限权。因此,公司章程与股东会决议完全可以限制董事会的职权,只不过该等限制不得对抗善意相对人而已。总而言之,董事会仍系股东会的"执行机构",董事会依然要对股东会负责。首先,执行机构必须直接贯彻落实权力机构的决策。其次,执行机构的决策权要敬畏权力机构的决策权。恰因如此,2023年《公司法》并未采行董事会中心主义的治理规则。[67]

其三,鼓励公司监督模式的多元化与自治化改革。

《民法典》第82条规定:"营利法人设监事会或者监事等监督机构的,监督机构依法行使检查法人财务,监督执行机构成员、高级管理人员执行法人职务的行为,以及法人章程规定的其他职权"。该条款是对2018年《公司法》第53条所列监事会职权的简述。该条款并未把监督机构确定为法定必设机构。这意味着,立法者在未来修改《公司法》时有意允许公司自治选择不设立监事会或监事岗位。《民法典》监事会制度的细微变化并非偶然,隐含着立法者对现实生活中监事会监督乏力、沦为"橡皮图章""花瓶"现象的无奈,释放了允许公司自由选择单层制与双层制的善意,透露了化解独立董事与监事会叠床架屋的规则冲突的尝试。这为《公司法》大刀阔斧地推行公司治理机构的自主选择模式,允许公司自由选择量身定制的治理机构消除了法律障碍。

因此,2023年《公司法修订草案》第69条明确允许在董事会中设审计委员会的有限公司不设监事会或监事,第121条允许设审计委员会且其成员过半数为非执行董事的股份公司不设监事会或者监事。公司虽不设监事会或者监事,并不意味着公司缺乏监督机制。相反,公司不设监事会或监事的主要理由是董事会内部的审计委员会的监督功能比监事会或监事更有效而已。无论是董事会外部的监事会,还是董事会内部的审计委员会,都是监督机构,都是公司良治不可或缺的保障,都是遏制董事高管贪婪和懈怠的人性弱点的照妖镜与苦口良药。当然,究竟审计委员会和监事会孰优孰劣,立法者无法、无力也不宜厚此薄

〔67〕 参见刘俊海:《论董事会中心主义神话破灭后的董事会角色定位:兼评〈公司法(修订草案二审稿)〉》,载《财经法学》2023年第4期。

彼,只能留待公司与其股东们的理性博弈与慎重选择。[68]

其四,股东滥用权利的侵权责任包括揭开公司面纱的构成要件应优先适用《公司法》。

为维护交易安全,《民法典》第83条规定:"营利法人的出资人不得滥用出资人权利损害法人或者其他出资人的利益;滥用出资人权利造成法人或者其他出资人损失的,应当依法承担民事责任。营利法人的出资人不得滥用法人独立地位和出资人有限责任损害法人债权人的利益;滥用法人独立地位和出资人有限责任,逃避债务,严重损害法人债权人的利益的,应当对法人债务承担连带责任。"该条款脱胎于2018年《公司法》第20条,除将"公司"改为"法人"、"股东"改为"出资人"外,未作实质性文字修改。

为兴利除弊、维护交易安全、规范揭开公司面纱的裁判行为,督促控股股东(含一人股东)见贤思齐,2023年《公司法》第23条传承与发展了2018年《公司法》第20条第3款与第63条,主要变化有三:一是将2018年《公司法》第20条第3款晋级为2023年《公司法》第23条第1款,纳入总则条款,普适于一人有限公司与一人股份公司;二是在第2款增设了合并揭开公司集团面纱的规则;三是将2018年《公司法》第20条第3款植入2023年《公司法》第23条第1款,进而形成了配套、彼此衔接地揭开公司面纱的规范群。

鉴于新《公司法》已于2024年7月1日正式实施;鉴于揭开一人公司面纱的证据规则与揭开股东多元化公司面纱的证据规则之间的适用顺位以及夫妻公司是否一人公司等问题仍在解释论上聚讼纷纭,有必要在提炼裁判经验、深化法理研究的基础上,对揭开一人公司面纱案件中股东自证清白规则的底层逻辑、证明标准与适用范围凝聚更多共识。[69]

鉴于追究股东滥用权利的侵权责任的构成要件和配套制度(如股权的内容和边界、公司治理制度和资本制度)均在《公司法》之中有规定,《公司法》自应优先适用。为确保制度可诉可裁,降低公司治理风险,建议将滥用情形概括为

---

〔68〕 参见刘俊海:《论基于理性自治的公司监督模式创新——兼评〈公司法(修订草案)〉中监事会与董事会审计委员会"二选一"模式》,载《中国社会科学院大学学报》2023年第4期。

〔69〕 参见刘俊海:《论揭开一人公司面纱案件中的股东自证清白规则:底层逻辑、证明标准与适用范围》,载《人民司法》2024年第5期。

股权资本显著不足、股东与公司人格的高度混同;并将机构、人员、资产、财务与业务五大人格要素列举为认定人格混同的关键因素。为尊重契约自由、鼓励投资兴业,裁判者在契约案件中应审慎揭开公司面纱,以督促债权人在尽职调查、采取担保手段、缔约履约等环节善尽合理注意义务,预先制定风控预案。裁判者举棋不定时,尽量不揭开公司面纱。基于侵权受害人友好型理念,裁判者在侵权案件中要积极揭开公司面纱,充分保护受害人权益。公司面纱可揭可不揭的,坚决揭开。

蒙面控制人常借傀儡股东之名滥用法人资格,而2023年《公司法》第23条第1款对实控人语焉不详。为倒逼控制股东与实控人慎独自律,建议扩大责任人范围,将实控人与隐名控制股东一网打尽。

2018年《公司法》第20条第3款仅聚焦公司面纱背后的股东,遗漏了人格混同的姊妹公司等关联公司。为维护交易安全、倒逼公司集团善治,2023年《公司法》第23条第2款导入了合并(整体)揭开公司集团面纱制度:“股东利用其控制的两个以上公司实施前款规定行为的,各公司应当对任一公司的债务承担连带责任。”此为该条第1款的加强版,直击公司集团治理软肋,堪称核爆级债权人保护制度,是对国际公司法现代化的重大贡献。但该条款拘泥于纵向揭开公司面纱的传统思维,并将承担连带责任的主体限于股东控制的公司,而不包括股东背后的实控人(如隐名控制股东),更忽略了被滥用人格的多家公司之间错综复杂的股权关系,因而仍有漏洞。为有效约束公司人格滥用情形,建议司法解释与法院判例完善纵横交错的整体打包规则,覆盖股东背后的实控人。

2023年《公司法》第23条第2款传承了2018年《公司法》第63条规定的一人公司法人资格滥用推定制度,并将其从一人有限公司推广到一人股份公司:“只有一个股东的公司,股东不能证明公司财产独立于股东自己的财产的,应当对公司债务承担连带责任。”一人股东自证清白的举证责任倒置规则具有正当性与公平性,有助于降低债权人举证负担,规范一人股东的控制权,促进一人公司可持续健康发展。揭开一人公司面纱的特殊规则与揭开普通公司面纱的一般规则之间无缝对接,良性互动。被告一人股东自证清白的证据类型具有多元化,包括财务会计报告、会计凭证与会计账簿、审计报告以及其他替代化的证据类型。一人股东自证清白的证据要强调靶向聚焦,原告债权人质证意见要有的放矢,裁判者对双方当事人举证证据的证明标准要精准识别。

其五,关联交易损害赔偿责任优先适用《公司法》。

为维护公司法人财产的安全性,《民法典》第84条重申了2018年《公司法》第21条规定的关联交易制度:"营利法人的控股出资人、实际控制人、董事、监事、高级管理人员不得利用其关联关系损害法人的利益;利用关联关系造成法人损失的,应当承担赔偿责任。"

公司法中的关联关系人的内涵丰富,外延广泛,盘根错节,不胜枚举。根据新《公司法》第265条之规定,关联关系是指"公司控股股东、实际控制人、董事、监事、高级管理人员与其直接或者间接控制的企业之间的关系,以及可能导致公司利益转移的其他关系。但是,国家控股的企业之间不仅因为同受国家控股而具有关联关系。"据此,关联关系人大致上可以分为5类:第一类是握有股东控制权的控股股东、实际控制人(以下简称双控人);第二类是对公司负有诚信勤勉义务的代理人,包括董事、监事与高管(以下简称董监高)等5种关键主体;第三类是上述5类关键主体的近亲属;第四类是前述两类主体直接或者间接控制的企业;第五类是可能导致公司利益转移的其他关系人(如上述主体的合伙人、合作伙伴等利害关系人)。[70]

2023年《公司法》第22条亦明文禁止双控人、董监高利用其关联关系损害公司利益;否则,对公司遭受的损失承担赔偿责任。依据反对解释,倘若关联交易遵循公司法或章程之规定、履行公司合法决策程序(包括事先批准与事后追认),敢于披露于阳光之下、诚心接受公司与全体股东监督,关联交易行为的效力就应受到尊重。从文义解释来看,《公司法》第22条保护的受害权利人是公司,而非股东。

与《公司法》第22条反面禁止的除弊思路相呼应,《公司法》第182条着眼于正面规制,因势利导,兴利开源。该条要求董监高直接或者间接与本公司订立合同或进行交易时将关联事项向董事会或股东会报告,并按照章程规定经董事会或股东会决议通过。董监高近亲属,董监高或其近亲属直接或间接控制的企业,以及与董监高有其他关联关系的关联人与公司订立合同或者进行交易时亦适用前款规定。该条款的底层设计逻辑在于《公司法》第180条规定的董监高的忠实义务。鉴于该条款要求事实董事(不担任董事但实际执行公司事务的

〔70〕 参见刘俊海:《论关联交易的法律规制:公司法、侵权法与合同法的三重维度》,载《人民司法》2024年第24期。

双控人)对公司负有忠实与勤勉义务,事实董事亦应遵循该规则。

《民法典》第 84 条与第 132 条,《公司法》第 21 条、第 22 条、第 139 条与第 182 条共同组成了关联交易的规范群。这些法律规范互为犄角,相互支撑,是法院裁判关联交易纠纷案件的主要法律依据。因此,对关联交易纠纷的价值评判标准并不拘泥于合同法,还应包括尤其是公司治理规则。

不公允关联交易不仅直接损害公司利益,也间接损害股东利益。我国公司治理生态环境虽不断优化,不公允关联交易仍在野蛮生长。裁判者不难识别侵占挪用,但难以识别披着契约外衣的不公允关联交易。关联交易本是中性概念。对价公允、信息透明和程序严谨是判断天使或魔鬼的三大试金石。若对价不公允,纵使信息透明、程序严谨,仍属侵权。为兴利除弊,全面规制关联交易与控制权,建议在解释论上明确控制权人在行使控制权时对公司和全体股东(尤其是弱势股东)负有忠实和勤勉的信托义务。

不当关联交易对弱势股东所受的间接损害通常系公司利益损失传导和反射的结果。公司损害(股东间接损害)的救济途径是公司直接诉讼或股东代表诉讼。公司救济应遵循公司内部救济优先规则和股东代表诉讼居次规则。在公司拒绝或怠于维权时,弱势股东可提起股东代表诉讼。为激励弱势股东维护公司利益,建议赋予胜诉原告基于持股比例的胜诉利益分取请求权,并确定胜诉股东预付的合理诉讼费用由败诉方(而非公司)承担。

不过,控制权人有时直接侵害股东利益。以下 3 种情形中的股东损害亦应被识别为股东直接损害:控制权人掏空公司核心资产,导致公司沦为经营和治理形骸化的僵尸公司;控制权人侵害公司权益后恶意以低价受让股权;公司损害和股东损害、股东直接损害和间接损害实在无法区分。

倘若控制人与董监高及其关联方滥用关联关系、损害公司利益,则受害公司有权寻求相应的司法救济,包括但不限于公司法路径、证券法路径、侵权法路径与合同法路径。关联交易合同的无效和可撤销制度旨在未雨绸缪,及时消灭虽已签署但尚未履行完毕的无效合同或者可撤销合同。而不当关联交易的损害赔偿责任制度旨在填平财产损害,铲除不当得利,确保公司挽损止亏。但合同法与侵权法的救济思路并非泾渭分明,而是水乳交融,存在竞合。为降低维权成本、提高维权收益,确保维权收益高于维权成本,因关联交易行为而遭受损害的公司可自由选择合同法救济或者侵权法救济。公司治理会失灵,司法权不失灵。

其六,公司的债权人保护优先适用《公司法》。

基于一般法与特别法的关系,公司法对债权人的特别保护条款优先适用,《民法典》保护债权人的一般原则和具体制度普适于各类公司。《民法典》对债权人提供一般保护、外部保护,而《公司法》对公司债权人提供精准保护、内部保护。公司法的独特思路是把债权人友好型的法治基因植入公司细胞,融入公司法制度设计体系,渗透于公司"从摇篮到坟墓"的全生命周期。与债权人保护相关的制度包括发起人连带责任、公司资本规则、股东瑕疵或抽逃出资责任、股权质押、股东退股、股权转让、股份回购、公司治理、公司分红、揭开公司面纱、股东债权居次清偿、公司合并分立、公司破产和公司解散清算等。保护交易安全既要挖掘债法"富矿",更需筑牢公司法安全网。

鉴于保护债权人的立法宗旨未在2018年《公司法》的具体制度中未得到充分体现和精准阐释,2023年《公司法》采取了债权人友好型理念,鼎新革旧地在《民法典》之外推出了债权人保护的制度增量,并着眼于运用债权人友好型的立法理念提升法律规范的系统性、逻辑性、协同性和精准性。[71]

就有限公司而言,新《公司法》运用务实灵活的法律策略,夯实资本信用。其一,第47条增设了五年实缴出资的天花板规则,并授权法律、法规与国务院决定在特殊行业另定短于五年的出资期限。其二,第54条确认了出资义务加速到期规则。其三,第88条明确了股权转让链条中出资责任在前后手之间的配置规则。其四,第51条课以董事催缴出资义务与怠于催缴时对公司的赔偿责任。其五,第52条规定了未缴纳出资的股东的失权制度。其六,第251条规定了公司未依法公示有关实缴出资信息或不如实公示有关实缴出资信息的罚款。其七,第252条规定了股东虚假出资、未交付或未按期交付出资的罚款。

就股份公司而言,新《公司法》运用严格划一的法律手段,落实注册资本实缴制。股东不实缴出资,公司就不得成立。第96条、第98条、第99条、第100条、第101条、第103条与第104条组成的规范群搭建了完整严密的股份公司注册资本实缴制。因此,全体股份公司(含中小公司甚至一人股份公司)的发起人与认股人都有义务在公司成立之前及时足额实缴其认缴股份所对应的出资款项。这与有限公司依然推行的注册资本认缴制形成了强烈制度反差。

---

〔71〕 参见刘俊海:《债权人友好型〈公司法〉理念和制度重塑》,载《国家检察官学院学报》2022年第3期。

瑕不掩瑜。债权人保护规范仍存在一定程度的碎片化和孤岛化现象。例如,瑕疵出资股东的责任规范与股权资本显著不足导致的揭开公司面纱规范之间的交叉和竞合如何处理,立法者语焉不详。又如,公司普通清算程序与破产程序的无缝对接以及公司董事高管信托义务的权利人由股东向债权人的转变,在《公司法》和《企业破产法》中均无制度接口。因此,债权人友好型的公司法现代化永远在路上。

(三)新《公司法》与《民法典》的良性互动与协同共治

市场是复杂多变的世界。因此,《公司法》与《民法典》都不是包医公司疑难法律问题的"神丹妙药"。每个制度板块均有其独特功能。公司法律关系主体和内容的复杂性和多元性决定了立法者应始终确保新《公司法》与《民法典》无缝对接、相辅相成,避免无谓的制度对立或割裂。

其一,要推动公司章程制度、公司决议制度、法定代表人制度和外部民事法律行为制度等制度板块之间的互联互通。《民法典》第 61 条定义的法定代表人之所以"法定"的逻辑前提是,法定代表人须遵循法律或章程规定,获得法人合法有效充分授权。否则,法定代表人就没有资格代表法人向相对人作出或接受意思表示,法人也不承受越权代表后果(权利、义务、责任和风险)。而公司法人授权的主要形式在于公司章程、股东会决议或董事会决议。倘若没有公司章程或公司决议的授权,法定代表人就没有代表权,法定代表人擅自越权与相对人缔结的合同对公司就没有拘束力,除非相对人为善意。公司内部决议权(决策权)是本,对外代表权是末,不能相互割裂、本末倒置。最高人民法院 2019 年 11 月 14 日公布的《全国法院民商事审判工作会议纪要》(《九民纪要》)第 17 条也承认:"担保行为不是法定代表人所能单独决定的事项,而必须以公司股东(大)会、董事会等公司机关的决议作为授权的基础和来源。"就公司法定代表人越权签署的重大合同(包括担保、投资、借款等合同)纠纷而言,既要适用公司法有关公司章程和公司决议的效力规则,也要适用《民法典》总则编中的法定代表人制度、民事法律行为制度和合同编。

2023 年《公司法》充实了公司信息披露制度。新《公司法》第 2 章"公司登记"不再区分登记与备案,亦未提及"备案",旨在强制推行登记与备案的统一化、一体化。第 32 条规定公司登记机关将 6 类公司登记事项(名称;住所;注册资本;经营范围;法定代表人的姓名;有限责任公司股东、股份有限公司发起人的姓名或者名称)通过国家企业信用信息公示系统向社会公示。当然,由于公司登记事项仅有6类,且未设置兜底条款,登记信息的数量与质量有待充实。

为增强注册资本透明度、降低尽调成本、提高交易效率、消除登记备案双重标准诱发的规则套利与道德风险,建议胎动中的《公司登记注册办法》化繁为简、裁弯取直,统一使用"登记"取代"备案"或"注册",将全部备案信息转为登记信息,实现公司登记事项与备案事项的大融合,终结二元分置格局。

既然章程登记或备案于登记机关、具有公示平台,阅读交易伙伴章程便成为理性债权人的自我保护手段,也是关注公司内部弱势股东的利他之举。拒绝或怠于阅读公司章程的债权人并非理性善意相对人。为强化公司自治法的公示公信效力,2023年《公司法》第10条第2款规定,"公司章程或者股东会对法定代表人职权的限制,不得对抗善意相对人。"举一反三。笔者认为,对该条款以及该法中的相关条款可作如下解释:公司章程或股东会、董事会决议对法定代表人、经理、董事、监事、高管与代理人职权的限制,不得对抗善意相对人,但公司章程或股东会、董事会决议通过统一的企业信息公示系统或者其他信息披露手段向社会公示或者向特定相对人告知的除外。

其二,建议推动公司印章制度和法定代表人制度、代理制度之间的良性互动。《民法典》九次提及"盖章",但未规定"印章"制度。《民法典》第490条第1款规定:"当事人采用合同书形式订立合同的,自当事人均签名、盖章或者按指印时合同成立。"但这并不意味着,缔约方在相对人以公司名义盖章之前没有义务审查相对人的主体资格。相反,诚实、善良、理性的商人与公司签署巨额合同前,理应在尽调活动中恪尽合理注意义务,严格遵守"四看"规则:看章、看人、看决议、看章程。缔约方应及时索要并审慎审查相对方的章程、授权决议、公章、法定代表人名章或签名等印信资料的真实性、合法性、关联性与充分性。若经合理审慎审查,确信相关授权文件与印章不存在虚假或违法等瑕疵,就有充分理由相信行为人有代表权或代理权,并与之签约。只要被代表公司的抗辩事由不足以推翻相对人之善意,就应当认定相对人为善意。但根深蒂固的公章万能论在现实中依然有市场。这恰恰是合同无效风险的重要根源。有些裁判者也仅凭公司公章就认定法定代表人越权签署的合同有效。其实,公司公章并不必然代表公司的真实意思表示。公司的真实意思表示体现为章程和股东会(董事会)决议。《九民纪要》第41条也否定公章万能论:"人民法院在审理案件时,应当主要审查签约人于盖章之时有无代表权或者代理权,从而根据代表或者代理的相关规则来确定合同的效力。"签约人是否享有代表权或代理权的关键事实比公章真假及其备案与否的琐碎细节更重要。

至于签约人是否享有代表权或代理权,仍要回归公司法中的章程制度、公司决议制度和《民法典》中的法定代表人制度与代理制度(包括无权代理和表见代理制度)。若公司法定代表人、高管和员工在惯常代理权限范围内采购小额的商品和服务,相对人自然不必兴师动众地索要授权委托书;即使被越权代表或代理的公司拒绝追认该债务,相对人也可直接要求越权行为人履行付款义务。建议公司章程规定印章的刻制与保管规则。

其三,建议推动公司法与合同法的同频共振。

作为组织法与团体法的公司法,与作为行为法和交易法的合同法存在互动关系。要重视合同相对性与闭锁型公司的人合性之间的互动关系。

就股权转让合同的解释、效力、履行和违约责任而言,其既要适用 2023 年《公司法》的特别规定(如第 84 条规定的股东优先购买权制度),也要适用《民法典》合同编甚至总则编中的民事法律行为制度。就企业自有股的公益捐赠纠纷而言,要适用《民法典》合同编中的赠与合同规则,也要适用《公司法》中有关股东资格归属、企业自有股与职工股的区别、职工代表大会和职工持股理事会的授权决议等规则。就股权让与担保合同与股权转让合同的区别而言,既要适用《公司法》有关股权变更登记的效力规则和股东参与公司治理的规则,也要适用《民法典》合同编中有关无名合同和合同解释的规则。就公司法定代表人越权签署的担保合同的效力而言,既要适用《公司法》中的对外担保决议制度,也要适用《民法典》合同编中的表见代表规则,并准用总则编有关无权代理后果的制度设计。建议新《公司法》明确公司对外担保制度蕴含着公司生存权与发展权、公司良治、股权文化、契约精神与信托义务等公序良俗,相关规范为效力性规范。

其四,建议推动公司法和物权法的良性互动。

《民法典》5 处提及"股权"。股权不是物权,但股权质权是担保物权。就股权质权人的权利而言,其既适用《公司法》中的股东权利条款,也适用《民法典》第 443 条有关股权出质的规定,更要考虑股权质押规则的制度"盲区"。[72] 就股东实物出资产权过户的瑕疵责任而言,既要适用《公司法》中的股东出资义务

〔72〕 参见徐海燕:《论有限公司股权质押效力规则的反思及其重构》,载《中国法学》2011 年第 3 期。

条款,也要适用《民法典》物权编有关物权变动的规定。就土地承包经营权人以土地经营权投资入股的纠纷而言,既要适用《公司法》有关股东出资的规则,也要适用《民法典》物权编第11章有关土地承包经营权的规定。参酌《民法典》第215条有关合同效力与物权变动区分的"物债两分原则",没有办理股权变更登记,也不影响股权转让合同或股权质押合同的效力。为提高股权质押透明度、加大股权质权保护力度、尊重和保护第三人的知情权和选择权、预防股权质押争讼,建议《公司法》正本清源地厘清股权质押标的内涵,扭转"出质股权数额就是股东出资额或股份数量"的错误思维定式,重构法定股权质押登记信息模板,升级改版出质股权度量衡,充实并整合公司法定登记事项与公示事项,统一将各类公司出质股权的类别属性、股权比例和股东认缴及实缴出资额等信息确定为股权出质的法定必要登记信息。[73]

其五,建议推动公司法和侵权责任法的无缝对接。

就关联交易损害赔偿而言,其既要适用2023年《公司法》第22条的关联交易损害赔偿规则,也要补充适用《民法典》侵权责任编中的共同侵权责任条款。就关联交易中权益受损的前股东而言,关联交易损害赔偿既适用《公司法》第21条第1款和第2款禁止股东滥用权利损害其他股东利益的规则,也可单独适用或同时补充适用《民法典》侵权责任编中的广谱性法律规范。

就行使查账权的小股东因董事和高管未依法制作或保存账簿资料而提起的损害赔偿之诉,既适用2023年《公司法》第57条与第110条有关股东知情权、第180条和第189条有关董事高管诚信义务的规定和第152条有关股东直接诉讼的规定,也适用《民法典》侵权责任编的一般规定和损害赔偿规则。

控制股东侵害小股东优先认购权的损害赔偿案件,既适用《公司法》第1184条的优先认缴出资权条款,也补充适用《民法典》第1184条有关财产损失的市场价格计算规则。有权利,必有义务;有侵害,必有救济;谁受损,谁有诉权。前股东就其遭受的直接损害而享有的诉权不应被剥夺或限制。有些裁判文书判令控制股东赔偿前股东遭受的实际损失(包括持股期间被剥夺或贬损的

---

〔73〕 参见刘俊海:《论资本公积转增股本前后的出质股权守恒定律》,载《现代法学》2022年第3期;刘俊海:《论有限责任公司股权出质的度量衡:股东出资额,抑或股权比例》,载《上海政法学院学报》2021年第6期。

股东权益和在出让股权环节少收取的股权转让款)。有些裁判文书则持反对观点。[74] 主要反对理由是,原告在起诉时须具备股东资格,否则不再享有相应的股东权利及诉权,对其诉请无法律上的利害关系,不符合法定起诉条件。此说值得商榷。建议新《公司法》对权益受损的现股东与前股东(原股东)提供一体法律保护。

其六,建议推动公司法和家庭法(包括婚姻法与继承法)的良性互动。婚姻法领域的夫妻进入公司法领域就是股东或实际控制人。2020 年,当当网的创始股东李某庆与俞某争夺公司公章的新闻上了热搜榜。要明确公司控制权和公章的归属、明确公司法定代表人,必须适用《公司法》有关股东会和董事会的规则;而要确定股东会决议的效力,必须明确李某庆与俞某的持股比例,这就需要适用《民法典》婚姻家庭编第 1062 条有关夫妻共同财产、第 1065 条有关夫妻约定各自所有财产的规则,并同时理顺公司登记的持股比例和夫妻约定持股比例之间的效力关系。[75]

夫妻股东的对外债务既要适用《公司法》有关公司登记机关登记的股东资料、股东名册和取得股权的基础证据的规则,也要适用《民法典》第 1064 条有关夫妻共同债务的规则。

因夫妻离婚纠纷引发的公司治理僵局既要适用《公司法》第 182 条的司法强制解散公司规则,也要适用《民法典》婚姻家庭编中的离婚规则。

在外部股东要求创始股东暨被继承人履行股份回购和收益补偿义务的"对赌条款"纠纷中,要确定继承人的股份回购和收益补偿义务,必须同时适用《公司法》有关股东资格继承和股权转让的规则、《民法典》合同编及继承编中有关财产和债务继承的规则。

只有促进公司法与家事法的无缝对接,才能催生崭新的诚信、民主、理性、共享的家族公司生态环境,才能终结家族公司频频上演的武力争权夺印的公司治理闹剧。虽然 2023 年《公司法》未对夫妻公司、家庭公司的特殊法律地位、家庭成员共有股权的分割与股权继承作出更精准的规定,但公司自治法(包括公

〔74〕 吉林省高级人民法院(2020)吉民终字第 435 号民事判决书;最高人民法院(2021)最高法民申 5448 号民事裁定书。

〔75〕 参见刘俊海:《从公司法思维审视家族企业控制权之争》,载《方圆》2020 年第 9 期。

司章程与公司治理大纲)与家庭自治法(家庭成员协议与家庭治理大纲)对此作出公平合理的约定或规定。立法权会失灵,自治权不应失灵。

六、结　　论

我国2023年《公司法》第六次全面修订的历史使命就是在坚持与发展公司的营利性、法人性、自治性、社团性、资合性与社会性的基础上,致力推动我国公司法的现代化、市场化、诚信化、普惠化、精准化、电子化、数字化与全球化,促进公司可持续健康发展,增强公司核心竞争力,弘扬股权文化,维护交易安全,促进共同富裕。从长远看,公司法学界还面临两项重大改革课题:一是推进公司法的法典化。此乃公司法现代化的必由之路,而其核心是从碎片化走向体系化。[76] 二是以公司法为骨干法与四梁八柱,循序渐进地推进商法的体系化与法典化。

民商合一与民商分立在我国百年之辩的历史兴替表明,民商合一与民商分立之争的聚焦点是立法技术,而非规范内容。民商分立主义固然承认商法部门的独立地位,而民商合一主义也不否定商法的独立价值。民商合一与民商分立的立法路径选择不存在放之四海而皆准的普适性标准答案,而是更多取决于各国的政治体制、经济基础、国际竞争力、历史传统、民族文化、商事习惯、法律思维与立法偏好。国家的全球竞争力与民商合一或民商分立缺乏必然逻辑联系。关键是要加强私人产权保护、弘扬契约精神、鼓励商人创新、保障多赢共享。民商分立模式与民商合一模式都曾在我国不同历史阶段付诸立法实践,都在促进与规范商业发展方面发挥了积极历史作用。

我国2020年颁布的《民法典》传承了民国时期的民商合一传统,但以实际立法过程证实了民商合一的成果有限性与技术局限性。《民法典》不是大而全的民商统一法典,并非调整各类商事关系尤其是公司法律关系的"一本通",因而没有必要,也不可能否定商法的法典化可能。绝大多数商事法律关系无法被《民法典》一网打尽。这意味着民商合一主义神话并不可行。建议超越偏激或极端的民商分立或民商合一论,采取和而不同、良性互动的民商共治论。为保

〔76〕 参见刘俊海:《论〈公司法〉的法典化:由碎片化走向体系化的思考》,载《法律科学》2024年第1期。

持我国商事法律规范的统一性与周密性,既要凸显民法规则的一般法地位,也要重视商法规则的优先适用。《民法典》的编纂史开辟了商法典编纂的可能性,也为商法典编纂积累了宝贵的立法经验。商法典编纂也要稳中求进,积极稳妥。

鉴于民法与商法之间的一般法与特别法地位,建议扭转“去商法化”现象,确保商法规范的优先适用原则。民事关系与商事关系均为平等主体之间的私法关系。二者既有共性,也有个性。基于商事关系的特殊性,商法规范当然应当优先适用。商人自治法在商法法源体系中处于基础性地位。商人自治法与商法之间良性互动,公平竞争。处于商法与《民法典》缓冲地带的商人自治法处于优先适用的地位。商人自治法也并不必然永远劣后于成文商法。若成文商法中的规范为任意性或倡导性规范,而争讼两造商人以明示或默示方法选择商人自治法,则裁判者仍应优先适用自治法。

2023年《公司法》确认的9项核心原则是对民法八项基本原则的继承与发展。为确保新《公司法》落地生根,建议配套法律规范(包括司法解释与公司自治法)推出精准度和可操作性更高的制度创新。股东会制度、董事会制度、监事会制度、股东滥用权利的侵权责任制度、揭开公司面纱制度、关联交易损害赔偿制度与公司债权人保护制度等方面的制度创新既仰赖自上而下的外生法改革,更亟待自下而上的内生法成长。《公司法》的这些制度优先适用,《民法典》的一般原则和具体制度则提供一般保护与补充性保护。公司法律关系主体和内容的复杂性和多元性决定了立法者、裁判者与其他公司法用户都有义务确保新《公司法》与《民法典》的无缝对接与同频共振,包括但不限于:公司章程制度、公司决议制度、法定代表人制度和外部民事法律行为制度等制度板块之间的互联互通;公司印章制度和法定代表人制度、代理制度之间的良性互动;公司法与合同法的兼容并用;公司法和物权法的良性互动;公司法与侵权责任法的无缝对接;公司法和家庭法(包括婚姻法与继承法)的良性互动。

On the Revision Path of Company Law under the Dual Harmonious But Different Framework of Civil and Commercial Law

Liu Junhai

Abstract: The sixth revision of China's "Company Law" in 2023 aimed to promote its modernization, marketization, integrity, inclusiveness, precision, digitization and globalization. The revision of the Company Law cannot be separated from the century-old debate between civil-business integration and separation. The focus of debate is legislative technology rather than normative content. The choice of legislative path depends more on the political system, economic foundation, historical tradition, national culture, business habits, legal thinking and legislative preference of each country. Both models have been put into practice in China, and both have played an active role in promoting and regulating commercial development. 2020 "Civil Code" inherits the tradition of civil and commercial integration, but it also has limitations. It is recommended to adopt the theory of civil and commercial co-governance with harmony in diversity and interaction. It is recommended that the Commercial Code be introduced in a gradual, proactive and prudent way. It is suggested to reverse the phenomenon of "de-commercial law" and ensure the priority application of commercial law norms. The merchant autonomy law is the cornerstone of the sources of business law system, and it competes and interacts positively with commercial law. The merchant autonomy law takes precedence over the Civil Law, and is not necessarily always inferior to written commercial law. It is recommended that the Company Law recognize four core principles, which are the succession and development of the basic principles of civil law. It is suggested that the "Company Law" introduce system innovations with higher precision and operability, and ensure that the new "Company Law" and the Civil Code are seamlessly connected and complement each other.

Key words: Separation of civil law and commercial law; Integration of civil law and commercial law; Revision of company law; Merchant autonomy law; General law; Special law

“与公司对赌”有效性的司法观念变迁与正当性检视

缪因知*

内容摘要：

2017年以来，多个高级别司法判决逐步改变了2012年最高人民法院世恒案判决对私募股权投资者“与公司对赌”的协议无效的司法认知。到2019年《九民纪要》出台，此类协议趋于全面合法化。对赌协议在我国盛行，具有商业正当性基础。法院运用整体思维，认可“与公司对赌”符合公司利益，尊重协议有效性，体现了对商事自治的尊重，属于司法认知的进步。以法理审视司法意见可见：以往认定“与公司对赌”协议无效的司法认知，属于对资本维持原则的机械套用，在法律适用上缺乏足以认定无效性的强制性规范的支持，在交易实质上夸大了履行对赌协议的不公平性，在交易程序上忽视了公司治理程序的制约功能，在交易后果上缺乏对公司和债权人利害得失的细致的公司财务状况分析。“与公司对赌”协议有效性被确认后，不同对赌目标、对赌方式下可能的履行障碍问题仍有待司法探索。此类判断对其他类型的公司合同纠纷、其他类型的合同纠纷的审判的影响也值得观察。

关键词：

世恒案/海富案　瀚霖案/强某延案　扬州锻压案/华工案　对赌协议　私募股权投资

一、选题说明

私募股权投资领域的对赌协议（又称估值调整协议）一向是商事融资合同

---

* 南京大学法学院教授、南京大学资产管理产品法律研究基地研究员。

中创新最多、争议也最大的领域之一,其法律本质是股东通过协议来创造收回投资资金的可能性,从而调整风险分配格局。[1] 根据2019年11月颁布的《全国法院民商事审判工作会议纪要》(以下简称《九民纪要》)的规定,对赌协议是指“投资方与融资方在达成股权性融资协议时,为解决交易双方对目标公司未来发展的不确定性、信息不对称以及代理成本而设计的包含了股权回购、金钱补偿等对未来目标公司的估值进行调整的协议”。

2012年最高人民法院再审的苏州海富公司诉世恒有色资源公司案判决塑造了“与老股东对赌有效,与公司对赌无效”的基本认知,即投资者可以与投资目标公司的老股东对赌,要求他们在无法实现业绩承诺或上市承诺时提供补偿,而不能令目标公司本身补偿。其主要理由是新老股东之间的对赌、补偿、回购协议不损害他人利益,而入股者与公司对赌,意味着“投资可以取得相对固定的收益,该收益脱离了世恒公司的经营业绩,损害了公司利益和公司债权人利益”[2]。

2012年后,尽管主流司法意见采纳了世恒案的观点,实务界投资人士仍然屡屡尝试令公司承担对赌义务。随着市场环境和司法观念的变迁,2017年的新方向案和2018年的瀚霖案意味着“与老股东对赌,公司可以担保”的观点被最高人民法院接受。2019年江苏省高级人民法院再审的扬州锻压案又标志“与公司直接对赌”有效的司法观念形成。

本文将回顾这一司法认知演变的过程,并从分析“与公司对赌”的正当性,指出传统否认此类协议的司法观念在法律适用和经济分析上的粗糙之处。具体而言,本文第二部分将说明对赌关系的要素与商业正当性基础,即当事人为何需要、为何能够实施这类其实具有“中国特色”的交易安排,这也是支持“与公司对赌”协议的法理这一“上层建筑”的“经济基础”。第三部分分析相关“新趋势”判决的理路,指出法院逐渐开始合理地运用整体思维看待对赌协议,得出了

---

〔1〕 参见蔡元庆、黄海燕:《股东协议治理:缘起、困境与规范进路》,载《财经法学》2019年第2期。

〔2〕 最高人民法院民事判决书,(2012)民提字第11号。本文的案例命名方式以被投资的目标公司为关键词,这是基于特殊性考虑。因为同一个私募股权投资者(原告)可能会涉及多个不同诉讼,而每一起对赌协议的目标公司是唯一的。美国同类著名判例的简称如Thought Works案也是如此。

公司为股东回购义务之担保亦有利于公司的结论。第四部分检视"与公司对赌"无效的观点之法理。该种观点以债权人保护为出发点,在法律层面过度引申了可用于认定合同无效的法律规范,在交易的实质层面对股东侵害债权人利益的能力和动因均作了过高估计,在交易程序层面对股东会等内部公司治理机制和外部法律制约机制的能力作了过低估计,在交易的履行后果层面机械采用了资本维持原则,而非精细的财务分析,具有一定的僵化性。第五部分结合新《公司法》,探讨了"与公司对赌"协议有效性被确认后,不同对赌目标、对赌方式下可能的履行障碍问题及其司法解决。"与公司对赌"有效化对其他公司合同类型、对其他合同的无效性认定的司法认知的延伸价值也值得观察。

二、对赌关系的要素与商业正当性基础

股权"可以溢价或贬值,是一种浮动性价值权利,其本质含有一定的对赌性",股权制度本身就奉行"以容忍对赌为本质特征的商业道德"。[3] 私募投资、并购重组等中的"对赌"思维并非无中生有,而恰恰衍生于股权固有的波动性和对赌性。而且对赌式股权克服了公司对"无须还本"的股权融资的天然偏好和相应的道德风险,[4] 重新对公司适度施加了到期还本付息的自由现金流(free cash flow)债权融资式约束。

本文所讨论的对赌法律关系的核心是,基于未来的特定的约定条件成就或未成就,而产生对私募股权投资者注入资金及相应收益的返还义务。需要注意的是,这些被注入或返还的资金的大部分起初往往并不进入注册资本,而是作为资本溢价进入无投票权的公积金,这也对双方的权利义务之平衡产生了影响。

对赌在主体上分为要求老股东承担对赌义务和公司承担对赌义务两类。其中,又有老股东承担对赌义务、公司对老股东承担保证义务的中间形式,即形式上公司并非对赌义务人,而实质却是对赌义务人。要求公司参与对赌,一方

〔3〕 参见范健:《公司法改革中的泛民法化风险——兼谈〈民法总则〉颁布后的〈公司法〉修订》,载《环球法律评论》2019 年第 4 期。

〔4〕 参见胡晓珂:《风险投资领域"对赌协议"的可执行性研究》,载《证券市场导报》2011 年 9 月。

面是为了增加责任主体;另一方面则由于目标公司是投资资金的直接受让方,可能比老股东具备更大的责任承担能力。

对赌的客体即对赌条件通常是若干年内实现上市或若干年的公司业绩表现。业绩一般体现为利润,在特定行业也可能包括若干年内获得关键产品的生产批文、专利,或特定管理者持续在位等非财务性指标。

对赌实现方式一般分为投资者即新股东要求老股东溢价回购股权(以上市为对赌目标的,一般采用此类方式),或要求对赌义务人支付补偿金,这对投资者的财务意义相同,追求的效果均是投资者收回投资本金,并实现一定的收益,收益率通常是预先约定的固定数额。这种对赌实现方式对目标公司而言,具有"返还资金"的惩罚性质。但在美国较多、在中国较少的对赌情况还包括奖励性质的:当业绩等承诺达到较高目标时,投资者向老股东无偿出让股权或追加支付资金(如盈利能力支付计划,earnout)。[5]

所以,完整的对赌架构是两两对称的4种结果:老股东溢价回购股权、[6]老股东折价受让股权、老股东向新股东支付补偿金、新股东向老股东支付追加款,能兼容入股价值被高估和被低估的双向情形。这也证明了其内在的公平性。我国盛行惩罚型的两种对赌实现方式,在很大程度上是由市场现实局势决定的。

根据熟悉美国创业投资行业与法律的学者张巍考证,对赌或者说估值调整协议并非舶来品。在美国硅谷,投资界罕见估值调整(value adjustment mechanism)之类的表述或安排,投资者的回赎期也通常在5年以上,普遍长于中国创投业的2~3年。[7] 日本也只有在经营顺利时,追加投资款的"earn out"机制。[8]

对赌协议在法律制度上是一种"应对信息不对称与激励问题的新方

---

〔5〕 Ronald J. Gilson, *Value Creation By Business Lawyers: Legal Skills and Asset Pricing*, 94 Yale Law Journal 239 (1984).

〔6〕 也存在老股东对赌失败后,折价出售股权甚至控制权的形式。

〔7〕 参见张巍:《资本的规则》,中国法制出版社2017年版,第7页。

〔8〕 2024年9月7日在东京大学举办的中日高端企业法制研讨会上,日本一桥大学教授得津晶教授对本人再次确认了日本最新法制。

案"[9],其在国内的盛行有商业基础方面的多方面因素。就是否应当归咎于投资者的角度而言,我们可以将之分为负面、中性和正面的因素。

从投资者角度来看,较负面的因素是投资者对创投业调查能力不足,缺乏基于投资对象风险识别的定价能力,故而需要事后"水落石出"之际的结果来对事前的估值进行调整。不客气地说,这是一种"懒人模式",即本应作为剩余风险承担人的股权投资者具有盲目性,仍然要依靠"准债权"模式来降低风险。

从投资者角度来看,导致对赌协议盛行的较中性的因素是我国金融业较不发达、创业投资资金有限,故而资金实力较雄厚的私募投资者有较大的谈判议价空间。如果投资目标公司不能获得无须对赌的入股资金,就只能接受必须对赌的入股条件。换言之,此时接受"可进可退"的对赌式股权投资,可能是投资目标公司从市场上获得的最好的结果。

从投资者角度来看,导致对赌协议盛行的较为正面的商务因素是我国市场经济和法制尚待建设,创业投资中的财务造假、技术造假、失信行为等信息不对称和管理者代理成本的负面影响较严重,[10]但法律责任追究机制不健全。与此同时,政策变动风险大,公司发展受制于诸多不可测的宏观因素(如证券公开发行审核力度松紧的反复变化),整体投资风险高于成熟市场经济国家。

较正面的法律因素是我国的资本法律不发达,诸多更为精妙的金融法律制度设计难以落实,如美国式的分期注入资本(staged financing)、债权 + 认购权证、调整优先股转换价格、调低估值的棘轮保护、将公司强制整体出售的领售权、以资本公积金转增股份等方式调整私募投资者与创始人团队之间股权比例。如李有星教授等言,"对赌协议实际上成了投资者应对不利法制环境、保护自己投资的一种契约工具"[11]。

---

[9] 李安安:《股债融合论:公司法贯通式改革的一个解释框架》,载《环球法律评论》2019 年第 4 期。

[10] 如第三部分提及的山东翰霖生物技术有限公司吸收了 20 多个私募投资者的资金,经营失败后,有媒体称为对赌骗局。

[11] 李有星、冯泽良:《对赌协议的中国制度环境思考》,载《浙江大学学报(人文社会科学版)》2014 年第 1 期。

特别是,我国非公众公司不能发行优先股,[12]又实行以"一股一权"为原则的制度。一方面,投资者不能在经营目标未实现时"触发"更高的投票权;另一方面,公司创立者亦必须面对外部投资注入与投票权稀释、危及创业者控制权的伴生效应。[13] 因此,在实践中,很多私募入股安排的资本金并不进入股本,而是进入资本公积金。如后引案例中,强某延投入了3000万元,只获得了相当于400万元、不到0.9%的股权。这保障了创业者/老股东的控制权,却令新股东的股权与获取成本不匹配,在公司治理中处于孱弱的地位,故而新股东要求在公司治理架构外另行设置退出保障,以实现对管理层的监督和激励,降低代理成本。

这些因素的综合作用力意味着投融资双方在缔约前很难就股权的价值达成永久合意。双方达成交易的内在激励最终造就了中国式对赌协议的当前面貌。

2012年世恒案判决后,老股东承担对赌义务的有效性不再有法律争议,直接要求公司承担义务的做法则相当罕见,但多有令老股东承担义务、公司承担连带担保义务的做法。2017年前,此类尝试多数是失败的。[14]

三、"新趋势"判决的论证法理:基于公司利益的整体思维认定

(一)认可"与公司对赌"的先声

最高人民法院转向前,主张"与公司对赌有效"的观念不无先声。商事仲裁

---

[12] 有学者主张,以优先股制度改革最终吸纳对赌。参见盛学军、吴飞飞:《中国式对赌:异化与归正——基于契约法与组织法的双重考察》,载蔡建春、卢文道主编:《证券法苑》第29卷,法律出版社2020年版,第230页。

[13] 《公司法》第42条(新《公司法》第65条)虽然允许有限责任公司股东不按照出资比例行使表决权,但这必须通过公司章程规定来实现,实施成本及法律风险较高。当公司引入新股东并试图限制其表决权时,不能未经其同意、提前在章程中限制其表决权,必须在新股东入股后,召集新老股东修改章程。即便新股东在入股前承诺接受限制表决权,却在此时反悔、拒绝同意章程再对它的表决权予以限制,在法律上其他股东亦无权强制其履行该承诺、无权通过决议修改章程来限制另一部分股东的表决权。

[14] 参见赵宇:《私募股权投资中对赌协议的效力裁判研究》,载陈洁主编:《商法界论集》第2卷,法律出版社2018年版,第178~185页。

方面,2014 年中国国际经济贸易仲裁委员会即有此类有效裁决。[15] 刘某诉张某1等股权转让纠纷案中,新股东按约定有权要求公司或老股东回购股权。虽然该案最终只起诉了老股东,但一审判决指出不能如期上市即需回购的约定之目的在于降低投资风险,吸引投资者,系“当事人自主安排、调控风险及经营激励的自由意志”“真实、自愿的意思表示,不违反公司法规定,不涉及公司资产的减少”“应属合法有效”“实质上是一种民间借贷”,2018 年山东省泰安市中级人民法院二审亦认为此等约定有效。[16]

(二)最高人民法院2017年新方向案判决:公司担保对赌义务时的程序问题浮现

新方向案判决标志最高人民法院开始认可公司为股东担保对赌义务的实质合理性,争议只在于担保程序之上。

此案一审法院判决公司承担连带责任。四川省高级人民法院二审指出新股东未对“公司法定代表人作出的该项意思表示是否经过股东会决议尽到基本的形式审查义务,其不应属于善意的相对人”,该代表行为不发生法律效力。

最高人民法院再审则认为:公司不是回购义务主体,故此等约定不产生回购本公司股权或抽逃资本等法律后果;双方把履约连带责任理解为连带担保责任,并未加重公司承担连带偿付责任的负担。投资者“未能尽到要求目标公司提交股东会决议的合理注意义务,导致担保条款无效”,存在过错,但公司章程对此规定不明,法定代表人又越权订约,对担保约定无效亦有过错,故在老股东

[15] A公司(富汇创投基金)与目标公司B(泰瑞制药公司)及其唯一股东C签订了增资协议,对赌条件为利润目标。仲裁庭认定对赌协议有效,B未完成承诺业绩时,B及C应进行业绩补偿并回购股权。目标公司在承担现金补偿义务后,仍有数千万元的利润足以维持公司日常运营偿付需要,“不会影响公司的稳定性”[中国国际经济贸易仲裁委员会(2014)中国贸仲京裁字第0056号仲裁裁决书]。参见李子薇:《对赌协议的法律属性及其效力探析》,载缪因知主编:《中财法律评论》第7卷,知识产权出版社有限责任公司2015年版,第43页。

[16] 参见山东省泰安市中级人民法院民事判决书,(2017)鲁09民终2927号。类似的还有叶某某等诉泉州建江汽车配件制造有限公司股权转让纠纷案,福建省高级人民法院,(2016)闽民终第2014号民事判决书。

不能履行回购义务时,目标公司承担债务人不能清偿部分1/2的赔偿责任。[17]

可见,三级法院已经默认公司承担担保义务的正当性,但把有效性判断的重心放置在股东会需通过决议的程序层面。此前此后,最高人民法院的一些裁判认可债权人无义务审查公司担保行为是否符合"对内的程序性规定"如股东会决议。[18] 可见,在对赌事项上,新方向案判决对股东身份的债权人施加了相对较重的注意义务。

更有意思的是,从该案具体案情来看,法院本可以以投资者未在约定期限内提出回购请求,而作出对对赌义务人有利的结论,法院却直接认为"预期投资目的未能实现,应有权要求依约进行股权回购",表现了对投资者有意的大力支持。[19]

(三)最高人民法院2018年瀚霖案:从实质和程序角度双重认可了公司担保对赌义务

本案一审、二审法院均认为公司担保无效。然而,最高人民法院2018年再

〔17〕 通联资本管理有限公司诉成都新方向科技发展有限公司等案,最高人民法院(2017)最高法民再258号民事判决书。2000年《关于适用〈中华人民共和国担保法〉若干问题的解释》(已失效)规定,主合同有效而担保合同无效,债权人、担保人有过错的,担保人承担民事责任的部分,不应超过债务人不能清偿部分的1/2。本案公司承担了最高限度的清偿责任。

〔18〕 如沈阳金盾公司等诉杨某某案,最高人民法院(2016)最高法民再24号民事判决书(公司在大股东欠据的担保人处加盖公章和法定代表人私章,"即便该行为未经股东会决议,亦不应被认定无效")。类似裁判,参见最高人民法院民事判决书,(2014)民一终字第270号;最高人民法院民事判决书,(2015)民一终字第72号;最高人民法院民事判决书,(2016)最高法民再194号;最高人民法院民事裁定书,(2016)最高法民申1007号;最高人民法院民事裁定书,(2017)最高法民申2032号;最高人民法院民事裁定书,(2019)最高法民申6084号。

〔19〕 后来在"合肥中航新能源公司、杭州武林置业公司等案"中,最高人民法院明确把公司担保股东对赌义务的情形视同公司自身承担对赌义务,认为中航公司为股东担保对赌中的金钱补偿义务的,法院应当依照《公司法》第35条"公司成立后,股东不得抽逃出资"和第166条利润分配的强制性规定进行审查。一审法院没有审理中航公司是否完成减资程序、是否存在足够利润,即以其"所承担的是保证责任而非股权回购责任,中航公司的责任承担无须以其完成减资为前提"为由,判决其承担连带保证责任,属于认定基本事实不清,适用法律不当,(2020)最高法民终762号民事判决书。

审判决认定公司担保有效,须承担赔偿连带责任,3000 万元投资中作为溢价投资的部分(2600 万元)可以返还给投资者。[20]

在程序事项上,最高人民法院指出,相关协议已"披露瀚霖公司在增资前已通过股东会决议,各方代表已获得授权签署增资协议及相关交易文件。强某延有理由相信瀚霖公司为曹某波回购股权提供担保的事宜经过了公司股东会决议同意",论证结论重心在于投资者的主观合理信赖而非已验证股东会决议的客观事实。

在实质事项上,最高人民法院明确指出,即使"并未对担保事项进行股东会决议,但是该担保行为有利于瀚霖公司的自身经营发展需要,并未损害公司及公司中小股东权益""公司为他人、为股东、为实际控制人提供了经济担保,对公司和债权人有其积极的一面。强某延高溢价增资入股瀚霖公司,瀚霖公司是最大的获益方,由瀚霖公司提供回购担保也合情合理"。不存在构成《公司法》第 20 条(新《公司法》第 21 条)"损害公司债权人利益"或第 35 条(新《公司法》第 53 条)的"抽逃出资"或其他足以导致合同无效的强制性规范。可见,尽管本案事实层面中,瀚霖公司确实未能反证未通过担保决议,但即便公司如新方向案那般未有效通过担保协议,法院仍然很可能认定担保有效。

"有利于公司"的实质认定结论的得出是由于法院运用了整体思维考察了商业背景,对对赌协议给予了充分的理解和尊重,指出"增资扩股、股权回购、公司担保本身属于链条型的整体投资模式"[21],故而公平合法。从公共政策角度来看,这具有在宏观经济承压的背景下,鼓励创业投资的作用。

(四)江苏省高级人民法院 2019 年扬锻案判决:认可了公司直接参与对赌协议

允许公司为老股东的对赌义务做担保,与公司直接履行对赌义务存在区别。尽管从投资者(新股东)的主体角度看,公司成为附履行条件的直接债务人与成为连带保证人,均是负担了或然债务,并无大的实质区别,均可能符合"有利于公司"的实质判断和股东会合法决议的程序要求。然而如下文第四(二)部

---

[20] 强某延诉曹某波、翰霖公司案,最高人民法院(2016)最高法民再 128 号民事判决书,下文瀚霖案判决均专指最高人民法院对本案的再审判决。

[21] 强某延诉曹某波、翰霖公司案,最高人民法院(2016)最高法民再 128 号民事判决书。

分所述,公司履行担保后,可以通过追偿实现资产的"填补";而单纯作为债务人,属于资产的单向流出,义务更重。

2019 年华工公司诉扬州锻压公司等案[22]处理了公司本身成为对赌债务人的问题。一审判决认为,脱离经营业绩、不承担经营风险而当然获得约定收益,破坏法人财产独立性,故回购约定无效。二审判决也认为这一约定有悖于资本维持原则。[23]

但江苏省高级人民法院再审认为:公司法并不禁止有限责任公司以法定程序回购股份,这不损害股东及债权人利益、不违反资本维持原则。相关回购条款系当事人真实意思表示。约定 8% 的年回报率并不明显高于同期企业融资成本,"不存在脱离目标公司正常经营下所应负担的经营成本及所能获得的经营业绩的企业正常经营规律"。

该案的一个特殊之处在于:江苏华工企业投资有限公司入股时,扬州锻压机床集团有限公司改制为股份有限公司并修改公司章程,其列举的收购股权的事由沿用了《公司法》第 142 条(新《公司法》第 162 条)的规定,包含了"减少公司注册资本"。再审判决遂认为:法律和章程规定的这一事由可以适用,无须事先明确规定减资事由。由此,回购义务事由的文义表达方式要求被大幅放松,任何符合其他合法要件的回购约定均可以在减少资本的结果性事由下得到解释。

不少人主张对公司减资设置实质性条件。然而,即便《公司法》第 142 条(新《公司法》第 162 条)将回购理由和回购结果(减资)混排的方式存在不足,在法条未修改前,司法者有权认为至少在章程支持时,我国接近于无条件减资主义。毕竟,《公司法》第 177 条(新《公司法》第 224 条)已通过提前清偿义务,为减资的公司设置了较重负担,将之与较松的减资事由匹配,并无不当。这实际上可以视为要求公司、股东和债权人围绕减资程序展开博弈。[24]

最终,江苏省高级人民法院判决扬锻公司向华工公司支付回购款及逾期利息,作为法院不便强制执行股东大会决议本身的替代。法院还认为,尽管公司

---

[22] 江苏省高级人民法院民事判决书,(2019)苏民再 62 号。

[23] 江苏省扬州市中级人民法院民事判决书,(2017)苏 10 民终 2380 号。

[24] 参见周游:《对赌协议纠纷处理中"履行可能性"问题之省思》,载蒋锋、卢文道主编:《证券法苑》第 28 卷,法律出版社 2020 年版,第 215 页。

需要一定的时间作出股东大会决议、制定回购方案、完成工商登记变更等才能实现回购,但这是公司违约所致,故而在计算赔偿金额时也不再给公司的这些准备活动以时间。

尽管这不是最高人民法院判决,但我们可以合理推断其已对最高人民法院的立场有所预期。事实上,瀚霖案判决从根本上否定了对赌式出资的投资者“获得固定收益”“规避风险”“不当减少公司资产”的事实性大前提,已经为扬锻案判决的实体公正提供了正当性基础。

(五)《九民纪要》对“与公司对赌”有效性的成文化界定

瀚霖案判决后,最高人民法院对股债混合关系表达了诸多灵活性立场。例如《最高人民法院民事审判庭第二庭法官会议纪要》即指出在“明股实债”关系中,最终取得固定回报的投资人即便曾经参与经营管理、派驻董事或财务人员、控制公章财务章等,也可被认为是“股转债”,[25] 即“可进可退”。2019 年最高人民法院《关于适用〈中华人民共和国公司法〉若干问题的规定(五)》第 5 条对股东之间通过减资、受让股份等方式协商解决纠纷表现出鼓励立场。

2019 年 11 月公布的《九民纪要》虽然未曾像其征求意见稿第 10 条那样高度吸收翰霖案判决的立场,而是强调了防抽逃出资的原则,但在第 5 条明确规定:投资方与目标公司订立的“对赌协议”在不存在法定无效事由的情况下,目标公司仅以存在股权回购或者金钱补偿约定为由,主张“对赌协议”无效的,法院不予支持。

可见,司法机关在 3 年之内迅速拓展了对赌协议下股东对公司的债权之有效性认定的法律空间。这种权利成为一种确定的债权,在要求履行时不需要对赌对方以股东身份提出、经由股东会等公司治理机构讨论和决议。

四、“与公司对赌”的法理正当性检视:以债权人利益保护的争论为中心

上述“新趋势”判决和《九民纪要》在实证法上树立了重要的新规则,但这并不自然意味着其体现的司法意旨就必然正确。事实上,已有学者表示了异

---

〔25〕《最高人民法院民二庭第 5 次法官会议纪要》,载贺小荣主编:《最高人民法院民事审判庭第二庭法官会议纪要——追寻裁判背后的法理》,人民法院出版社 2018 年版,第 64 ~ 65 页。

议。故评估这些司法观点的允当性,仍然有必要。本部分将对照分析相关判决的法理以及反对公司承担对赌义务的学说为何不能成立。

反对允许公司承担对赌担保义务的主要理由不在于这损害了公司利益或其他股东利益,而在于这可能损害债权人利益。最高人民法院翻转瀚霖案判决时也未有涉及债权人利益的论述。然而,为了保护债权人利益而不得与公司对赌,不应该是一个空洞的命题,也并不应导致对赌担保协议的无效。

本部分将从否认合同效力之法律规范的适用、对赌交易安排的实质性利弊、程序性制约以及交易履行后果4个有所重叠又相对独立的视角展开分析。

(一)法律规范层面:认定"与公司对赌的协议无效"之适格强制性规范并不存在

并无明确的法律、行政法规禁止股东与公司对赌。所以法院要认定此类协议无效,必须援引其他法律规范进行推导,并引致认定合同无效的民法一般性条款,才能得出结论。但这个推导过程本身是难以成立的。

一般认为,能被法院适用于与公司对赌的协议之无效性判定的法律规范最多只有《公司法》第20条第1款[26]、第35条(新《公司法》第21条、第53条)及原《合同法》第52条第5项(《民法典》第153条)"违反法律、行政法规的强制性规定"。然而,这些抽象化的法条并非指向特定类型合同的效力性规范,而只是对股东施加了一种概括性消极义务。最高人民法院2009年7月《关于当前形势下审理民商事合同纠纷案件若干问题的指导意见》规定,如果强制性规定规制的是合同本身,则应当认定其为无效;若规制的是某种合同履行行为,则应慎重把握。

因此,直接以《公司法》第20条、第35条(新《公司法》第21条、第53条)作为否定对赌协议效力的判决存在大小前提的双重论证谬误。

从大前提来看,违反了这两条的行为也许可以引发损害赔偿责任,但不一定能导向相关资金给付合同无效。《公司法》中"使用了'应当'、'必须'等指示性语词的法规并非一定是强制性规范"[27]。就算是强制性规范,《公司法》第20

[26] 世恒案还涉及规定净利润根据合营各方注册资本的比例进行分配的原《中外合资经营企业法》第8条。

[27] 蒋大兴:《公司法的观念与解释 · Ⅱ · 裁判思维 &解释伦理》,法律出版社2009年版,第30~31页。

条、第35条(新《公司法》第21条、第53条)也很难说是效力性强制规范。[28]民法理论认为,“基于对私法自治的尊重,在强制性质的民事规范是否具有特殊公共政策目的不甚明确的时候,即应朝单纯自治规范的方向去解释,法官应避免假设有特殊公共政策目的的存在,或对合目的性作扩大解释,而斫伤了自治机制,换言之,就是‘有疑义,从自治’”[29]。或者说,除非基于体系思维和利益衡量,必须将强制性规范认定为效力性强制规范则才能实现其规范目的时,那才应当如此行事。[30]《公司法》第20条、第35条(新《公司法》第21条、第53条)的情形显然不符合此标准。司法机关将对赌协议效力评价与债权人保护规范捆绑,其实令公司法逾越了对合同自治应有的规范边界。[31]抽逃出资规则本身是一种应当淡化甚至取消的规则,不能代替对具体情形导致的公司清偿能力的分析,其最多保留作为宣示性条款,而不应发挥裁判规范的作用。[32]

从小前提来看,与公司对赌的协议损害公司利益或抽逃出资之结论本身也应该是被论证出来的结论,而非直接用于论证合同“违反法律、行政法规的强制性规定”的前提性判断。

就一般问题而言,《公司法》第20条(新《公司法》第21条)的股东滥用权力条款更宜作为对控股股东的事后侵权责任追究,而不适用于非控股股东权益的事前否认。[33]就具体问题而言,以世恒案判决为代表的论述指出这种“投资可以取得相对固定的收益”,违反了股东收益应当与公司业绩、利润关联的基本

〔28〕 2009年7月最高人民法院《关于当前形势下审理民商事合同纠纷案件若干问题的指导意见》第15条规定,违反管理性强制规定的,人民法院应当根据具体情形认定其效力。

〔29〕 苏永钦:《私法自治中的国家强制——从功能法的角度看民事规范的类型与立法释法反向》,载《民法总则论文选萃》,中国法制出版社2004年版,第227页。

〔30〕 参见刘凯湘、夏小雄:《论违反强制性规范的合同效力——历史考察与原因分析》,载《中国法学》2011年第1期。

〔31〕 参见张志坡:《论优先股的发行》,载《法律科学(西北政法大学学报)》2015年第2期。

〔32〕 参见王军:《抽逃出资规则及公司分配制度的系统性改造》,载《法学研究》2021年第5期。

〔33〕 参见唐英:《甘肃“对赌协议案”判决之评析——以法律方法的运用为视角》,载《法学论坛》2015年第1期。

法律规则。但实际上,这些投资者未必获得固定收益,获得固定收益也未必损害债权人利益。

对赌型私募投资者的财务目标绝非收取债权式的固定收益,而是比股权收益更激进,〔34〕其收益随着公司业绩变化而呈大幅变化的动态数值。在公司实现对赌目标时,可能直接收益为零。例如,世恒公司年利润达标即实现3000万元时,投资者海富公司能获得的补偿为0,但此时其作为持股不足4%的小股东,并无特别途径获取"固定收益",且存在被控股股东侵害的风险。认为对赌协议令其"无论业绩、均取得固定收益",是割裂地看待"对赌目标未实现、资金收回"这一特定情境结果所致。

即便公司未实现对赌目标,以世恒案为代表的对赌协议中,入股者在目标公司实现利润为0的极端情况下也只是约定收回本金,谈不上有收益。此外,对赌协议以转让股权方式履行时,入股者将放弃股权,亦不存在又要获取固定收益,又要保留获取未来剩余利益的"通吃"可能性。要求对方履行对赌协议的股东的法律地位接近于可转换为股权的债券持有人在放弃转换为股权时的状态,只不过我国金融管制程度较严,有限责任公司难以发行可转换为股权的债券,就只能以对赌协议来搭建、模拟这一法律安排。

世恒案判决以后诸多认定与公司对赌的协议无效的司法裁判除了沿用世恒案判决"取得固定收益"的理由外,更有以结论作理由、以论点为论据的色彩,不足为训,包括认为这种协议侵犯了公司的财产权,亦侵犯了公司外部债权人基于公示登记而对公司资本状况享有的信赖利益〔35〕,"侵害了该公司其他股东的利益"〔36〕"股东可以不承担公司经营风险而即当然获得约定收益,损害了公司、公司其他股东和公司债权人的权益"〔37〕、"背离公司法治理精神,最终使股东规避公司不能上市带来的风险"〔38〕"实质上系抽回出资"〔39〕;"从债权人有权

〔34〕 参见李睿鉴、陈若英:《对私募投资中"对赌协议"的法经济学思考——兼评我国首例司法判决》,载《广东商学院学报》2012年第6期。

〔35〕 参见福建省福州市中级人民法院民事判决书,(2015)榕民初字第249号。

〔36〕 湖南省高级人民法院民事判决书,(2017)湘民终245号。

〔37〕 江苏省扬州市中级人民法院民事判决书,(2014)扬商初字第00079号。

〔38〕 福建省厦门市湖里区人民法院民事判决书,(2016)闽0206民初298号。

〔39〕 江苏省常州市中级人民法院民事判决书,(2017)苏04民终3295号。

获得支付的资本中攫取财富""不当减少公司资产";〔40〕"承担连带责任的诉讼请求,没有法律依据"〔41〕等。

此外,从另一个角度看,公司资金逆向流往股东是基础债权合同的履行行为。由此引发的争议最多只能构成履行障碍,而不能追溯影响到合同效力的评价阶段。〔42〕

故从总体上,论证公司担保股东对赌义务的协议之无效性的已有司法努力的结果是粗糙的、欠缺说理性的,这从根本上使我们怀疑这种司法进路的法理正当性基础、怀疑其是否不当干预了私法自治。

世恒案以来的学界研究对否定公司担保股东对赌义务之协议效力的司法立场也多有批评,如潘林称,世恒案为金融创新中司法干预契约自治的重要负面样本。〔43〕

(二)交易实质层面:公司参与对赌的整体安排有利于公司与债权人

不迟于 2017 年,最高人民法院裁判仍然强调,"如果公司为股东之间的股权转让提供担保,就会出现受让股权的股东不能支付股权转让款时,由公司先向转让股权的股东支付转让款,导致公司利益及公司其他债权人的利益受损,形成股东以股权转让的方式变相抽回出资的情形,有违《公司法》关于不得抽逃出资的规定"〔44〕。然而,如第二部分所述,对赌协议不同于单纯的股权转让,其产生具有商业基础方面的正当性。孤立地看,业绩或上市承诺未能实现时的资金回收环节固然对公司不利,但回购或补偿义务是前期的出资行为得以实现的前提,整体交易安排对公司、其他股东、债权人仍然是有利的,是公司趋利避害后的选择。从法律经济学视角来看,若债权人在私募投资者入股前可以选择表态,亦会认为接受对赌条件的入股有利于其利益。这亦是司法事后评估时应有的基准。例如,彭冰指出:"对赌协议的贡献在于将交易双方不能达

〔40〕 福建省厦门市中级人民法院民事判决书,(2014)厦民初字第 137 号。

〔41〕 北京市海淀区人民法院民事判决书,(2015)海民(商)初字第 34474 号。

〔42〕 参见潘林:《重新认识"合同"与"公司"——基于"对赌协议"类案的中美比较研究》,载《中外法学》2017 年第 1 期。

〔43〕 参见潘林:《"对赌协议第一案"的法律经济学分析》,载《法制与社会发展》2014 年第 4 期。

〔44〕 郭某某等诉郑某某等案,最高人民法院(2017)最高法民申 3671 号民事裁定书。

成一致的不确定事件暂时搁置,留待该不确定性消失后,双方再重新结算。因为这种结构性安排,使得达成股权交易的可能性大增,从总体上增加了社会福利。"[45]

如第二部分所述,对赌关系的变现形式,并非只有为出资方无对价地保留资金退出的机会。我国近年盛行"资金退出"型的对赌,可能恰恰是由于发生过诸多"资金不退出"型的惨烈案例,才使其他老股东选择了可以保住公司控股权的"资金退出型"对赌。例如,太子奶、俏江南、永乐电器等知名企业的易主危机均是由于老股东对赌失败后,新股东按照对赌协议获取了公司控制权(按照约定,这些老股东若对赌成功,多也可以从新股东处折价受让股权)。易言之,私募股权投资者并非只是不愿意承担风险的"放债人","退出型"对赌安排是新老股东的合意。

在"退出型"对赌中,投资者即便提供的是附条件收回的、准债权性质的资金,这些资金也有其时间价值,被投资公司可借此实现发展、盈利或上市。2019年扬锻案判决还进一步指出,此类股东所负担的义务"还包括激励完善公司治理结构以及以公司上市为目标的资本运作等",可谓"既出钱,又出力"。

由此可见,对赌式出资仍然是一种公平交易,而且由被投资方占据了信息优势和决定交易走向及结果的主动权,我们不宜把对赌协议视为纯凭运气或其他外部不可控事件的射幸合同,也不能把公司在特定条件成就后对股东的支付行为割裂地视为损害公司利益或抽逃资本。[46]

退一步讲,若认为对赌目标不能实现后的资金收回的关键条款无效,就应该判定整个交易无效,从而产生返还财产的结果或重新定性的结果(如世恒案二审判决认为应定性为借贷),而非认定出资约定部分有效、退资约定部分无效,或认为"达到了预期目标,合同就有效,没有达到,合同就无效"。[47]

---

〔45〕 彭冰:《"对赌协议"第一案分析》,载《北京仲裁》2012年第3辑,中国法制出版社2012年版,第192页。

〔46〕 有观点根本否认对赌协议中股东身份的意义,认为只存在合同维度。参见陶修明:《投资对赌协议纠纷裁判处理的定性和定量问题分析》,载《北京仲裁》2020年第1辑,中国法制出版社2020年版,第49页。

〔47〕 最高人民法院即批评了这种认识。参见最高人民法院民事审判第二庭编著:《〈全国法院民商事审判工作会议纪要〉理解与适用》,人民法院出版社2019年版,第115页。

商事实践发展出来的对赌式出资关系意味着,当事人通过谈判实现对新式融资工具的契约式代替,这反映了创业投资企业的独特需求和生态模式,接纳这种博弈均衡关系进入法律制度,体现了公司法的“适应性效率”。[48] 在概念推演上,对赌契约和传统法律范畴的“新酒旧瓶”的紧张关系需要法学理论创新,即传统的股债二分法律关系如何合理处理商事新实践中的这种附条件入股的融资形式。研究界已经对对赌协议中投资者收回资金权之正当性提出了新的理论解释范式。

从投资者权利的角度来看,所谓“与公司对赌”指私募股权投资者面对不确定的现金流,获得了一种卖出期权(put option),即可以放弃投资并取得现金补偿。[49] 股权投资与卖出期权形成了组合,公司担任期权交易对手方。行使这种权利,可以令投资对价向投资对象的实际价值回归(在现金补偿的情形下更为明显),行使的基础则是“带有射幸性的股权投资价格附条件变更条款”,故不应被视为利润分配。[50] 若将之视为“借贷”,本质上是以有名合同规则强行“解释”当事人意思。[51] 尽管返还本金数高于利润数,可能构成抽逃出资,但双方可以通过补充协议探索有效的履约方式,填补这一合同漏洞。[52]

从资金归属角度来看,现行的记账方式导致投资款在估值调整时刻来临之前已经成为公司的资产、不可退出。[53] 然而,可认为价格调整条款使私募股权投资中的股权不完全适用公司法,投资溢价款在被投资企业业绩承诺兑现前是

---

[48] 参见于莹、潘林:《适应性效率理论与公司法的适应性——以创业投资为样本的研究》,载《吉林大学社会科学报》2013 年第 6 期。

[49] 参见符望:《对 PE 估值调整协议效力的再思考——从甘肃世恒“愿赌不服输”案看估值调整协议的“赌”与“疏”》,载黄红元、徐明主编:《证券法苑》第 8 卷,法律出版社 2013 年版,第 348 页。

[50] 参见唐英:《甘肃“对赌协议案”判决之评析:以法律方法的运用为视角》,载《法学论坛》2015 年第 1 期。

[51] 参见许德风:《公司融资语境下股与债的界分》,载《法学研究》2019 年第 2 期。

[52] 参见唐英:《甘肃“对赌协议案”判决之评析——以法律方法的运用为视角》,载《法学论坛》2015 年第 1 期。

[53] 参见季境:《股权交易创新与传统财产法理论反思》,载《华东政法大学学报》2019 年第 4 期。

归属于投资人的财产,不应依财务制度或财务惯例决定其法律上的归属。[54]

还有观点提出,对存在收回可能性的资金,可以根据实际情况在会计处理上探索重新作出界定的方案,如不纳入资本公积金,而是计为负债,通过资本弱化的方式,有效向债权人提示风险。这些洞见均从实质性角度为对赌式出资关系的正当性提供了合理解释。

(三)交易程序层面:公司治理程序和法律监督机制可以保障对赌协议的实质正当性

上述理论从公平交易的实质角度论述了私募股权投资者基于双方意思自治和谈判、依据约定的对赌条件收回投资的法理正当性。与此同时,公司治理程序亦可以有效防范、制约此类协议对公司及债权人利益不正当的影响。公司并非利益相关人之间纯粹的合同联结点和博弈场,[55]而是具有自主的利益、意志和治理程序。

在公司自行签订对赌协议的情形下,协议的利弊对公司的影响较直接,公司正常的缔约与治理流程将发挥作用。在实践中更多、争议也更多的是公司为老股东履行对赌义务承担连带担保责任的情形。由于其对公司的影响似乎是间接的、不确定的,而往往成为公司治理中的一个"漏洞"与风险高发点。长期以来,公司为股东提供担保亦是法制关注的一项重点。

显而易见的是,在担保程序合法的情况[参见《公司法》第16条(新《公司法》第15条)设定的要求]下,公司为股东甲向外部人乙提供债务的连带责任担保,是有效的。那么,就公司资产的角度而言,公司通过更严格的法律程序(非关联股东表决通过),为股东甲向股东丙提供等额债务的连带责任担保,同样应该合法有效。易言之,公司为他人担保债务的最终资金流向不同,不会对公司资产及债权人利益产生不同的影响。

此间唯一令人疑虑之处在于:作为内部人,股东甲、丙是否会恶意串通、通过制造虚假债务来令公司承担责任、损害公司利益?但这个问题并不具有显著的危害性。

---

[54] 参见季境:《私募股权投资中股权价格调整条款法律问题探究》,载《法学杂志》2014年第4期。

[55] 参见李诗鸿:《公司契约理论新发展及其缺陷的反思》,载《华东政法大学学报》2014年第6期。

一是股东甲、丙之间的债务源于丙对公司的真实注资,这从源头上消除了虚假债权的可能性。由于对赌协议预设的、内在的出资“条件性”,除非资金收回时的回报率畸高、收回条件又极易满足,一般很难构成恶意转移公司资产或掏空公司。

二是《公司法》第16条(新《公司法》第15条)第2款、第3款下的程序性控制,即令甲、丙以外的出席股东会的其他股东所持表决权的过半数通过,这个要求已然严于公司为非股东提供担保的情形。

三是对赌下的股权回购需要以减少注册资本的形式进行。《公司法》第177条有相应的债权人保护措施,如公告、担保等。现金补偿亦受到禁止抽逃出资、利润分配约束等债权人保护规则的保护。

四是公司为股东甲向丙承担担保责任后,仍然具有对主债务人的债权,资产本身未减少。公司以现金资产履行担保义务后,等额的资产转化为了公司对原债务人的债务。丙从公司获得的支付,并不构成抽逃资本,因为等额的财产会以甲对公司的债务的形式来填补,公司资产负债表资产项目下的“现金”减少而“应收款项”增加,保持公司总财产不变的资本维持要求依然满足。待甲向公司补偿其已经履行的担保义务后,丙原有的股东出资将会被甲的现金出资完全“补足”。在万晨投资案再审裁定中,最高人民法院即认可了广西壮族自治区高级人民法院的担保有效结论,认为此类担保“不会导致公司财产的必然减少”。[56]

所以,在程序合法时,两名具有货物买卖关系的股东可以令公司为一方股东向另一方提供担保;在程序合法时,两名具有股权转让关系的股东亦可以令公司为一方股东向另一方提供担保。公司对外承担的支付义务有的可能是违法无效的,但这种无效性的判定应遵循合同法的一般规则,而不应与支付义务的对象是否为股东的身份因素产生直接关联。

五是即便股东利用内部人身份、恶意令公司对自身提供担保,或推动公司签订与执行对赌协议、“掏空”公司财产时,内部公司治理机制、外部法律监督机制包括破产法、刑法均能用于应对这种侵害行为。公司不只是合同的连接体,

[56] 参见最高人民法院民事裁定书,(2016)最高法民申2970号。

而且是基于决议行为等支撑的一个组织体。[57] 对赌协议裁判需要克服视公司为"股东财产延伸"的思维误区,尊重公司机构基于社团程序的意志而作出的决断。[58]

事前,在公司治理的常态下,由于公司利益构成因子的复杂性,[59]董事、高级管理人员须以高度忠实和勤勉义务行事,保证交易的合法性、不损害公司的基本利益。以美国为代表的法律模式已经展示了日益严密的受信义务体系和日渐宽松的资本规则之间的平衡关系。[60] 例如,在涉及优先股股东要求公司履行回购义务时,美国公司法的近年前沿判例要求董事会以公司整体发展利益为第一位,丧失独立性的董事会若决定过度清偿债务、导致公司丧失正常经营能力、损害普通股股东利益,可能涉嫌违反忠实义务。[61] 以德国为代表的大陆法系也日益强调董事会的守法义务,包括对股东决议的合法性的监督。[62]

非关联股东也可通过表决程序等对公司交易予以内部控制,并寄希望于在公司重大决策中日益重要的中介机构发挥"看门人"作用。在公司陷入资不抵债前,部分股东恶意损害公司利益时,受损的主体正是其他股东而非债权人。

董事会代表公司,是公司的中枢执行机关,也对缺位于日常公司治理的债权人承担保护职责。[63] 债权人权益并非简单处于任人宰割的状态,而是受到了整体公司治理制度的保护。甚至进一步地,可以为了债权人利益而探索表决

[57] 参见陈醇:《从公司合同说到组织说:法律行为视角下的公司与公司法》,载《财经法学》2020 年第 6 期。

[58] 参见邓峰:《代议制的公司——中国公司治理中的权力和责任》,北京大学出版社 2015 年版,第 27、42、55、168、180 页。

[59] 参见沈晖:《公司利益的构成因子》,载《财经法学》2016 年第 5 期。

[60] 参见邓峰:《资本约束制度的进化和机制设计——以中美公司法的比较为核心》,载《中国法学》2009 年第 1 期。

[61] 参见张毅、楼笑含:《从 ODN 案看美国董事信义义务的新动向》,载《财经法学》2018 年第 1 期。

[62] 参见陈霄:《论经营判断规则在我国的引入及相关问题——以德国的立法和实践经验为参考》,载《财经法学》2015 年第 4 期。

[63] 参见陈洁:《董事对公司债权人的责任》,载邹海林、陈洁主编:《公司资本制度的现代化》,社会科学文献出版社 2014 年版,第 154 页。

权信托制度,[64]由信托受托人综合考量公司利益相关人员的利益来决定是否同意公司与股东对赌。

事后,其他股东可以依法提起股东会董事会决议撤销之诉、股东代位诉讼,法院可以实施实质性审查,包括根据原《合同法》第 52 条第 2 项和《民法典》第 154 条认定合同无效。债权人也可以依据禁止欺诈性财产转移规则维权,[65]依法主张对相关交易的撤销权,在公司资产不足时依法主张股东出资加速到期、刺破公司面纱、追究相关人员侵权责任甚至刑事责任的方式等。

因此,在公司治理和法律监督机制的重重设防之下,抽象的对赌式出资协议本身不会造成对公司的损害。只有证明了上述治理和监督机制的失灵或实质性的不公平的存在,才能为宣告一项对赌协议的无效提供理由。

(四)交易后果层面:财务清偿能力分析不足以在定性上阻却对投资者的履行义务

除质疑新股东在对赌协议中“进退两得”外,还有一种更具深度的学说从公司承担义务的结果入手,强调这是公司和股东之间的资本性交易,[66]背离了资本维持原则对债权人的保护。其中,除了不足为训的教条式反对外,一种重要学说以美国《修订示范商事公司法》第 1. 40(6)条、第 6. 40(c)条分配(distribution)规则和被称为“美国世恒案”的 SV Investment Partners v. Thought Works 案等判例法为法理支撑,提出了较精细的分析框架:公司无论基于何种法律关系而为股东提供担保或转移现金、财产给股东,即便符合其他交易规则和治理规则(如非关联股东过半数表决同意),仍然实为对股东的分配或变相分配。当公司溢余(surplus,净资产减去股本)为负时,即便公司净资产(资产减去负债)为正,若支付会导致公司丧失对正常营业的债务之清偿能力,公司亦不得再向股东支付。此时,公司对股东的支付义务并非无效,而是受制于资本维持

〔64〕 参见陈雪萍:《程序正义视阈下公司决议规则优化之路径》,载《法商研究》2019 年第 1 期。

〔65〕 《企业破产法》第 31 条下可撤销的“无偿转让财产”行为本身不包括清偿债务,故原则上不应该适用于公司履行对赌义务。同条“以明显不合理的价格进行交易”也不应该包括预定交易条件、交易价格的对赌交易。

〔66〕 参见刘燕:《重构“禁止抽逃出资”规则的公司法理基础》,载《中国法学》2015 年第 4 期。

原则而不能履行,或只能按比例履行,未履行部分必须待公司恢复清偿能力后再逐步支付。[67]《九民纪要》第5条亦采纳了此等观点而规定:目标公司没有利润或者虽有利润但不足以补偿投资方的,人民法院应当驳回或者部分支持其诉讼请求。

此种美式学说具有双面性。一方面,这种学说将重心从抽象资本维持原则所秉持的静态资本信用转移到了动态的、基于公司现金流和偿债能力的资产信用之上,[68]提高了容忍公司对赌义务履行的可能性。20世纪后期以来世界上发生了废除最低资本制度的历史性潮流,2013年我国《公司法》亦采纳了注册资本制。各国的普遍情形是,基于资本信用的债权人保护的法理基础已然被显著侵蚀。[69]"保护债权人"在公司资本制度中的优先地位,已经受到了怀疑。[70]

任何正常经营的商事公司均会不断产生债权债务,已实缴的资本也会恒常地处于频繁的形态变换(如用资金购买设备)和价值变化中。[71]在公司尚有资本以外的其他资产/所有者权益时,对外支付不与公司资本产生必然的关联。[72]债权人受到保护的程度并不会因为公司支付对象是否为股东而变得

〔67〕 参见刘燕:《对赌协议与公司法资本管制:美国实践及其启示》,载《环球法律评论》2016年第3期。该文重点讨论的美国Thought Works案判决中,公司在向优先股股东赎回股权的义务生效后,仍可根据每年的"合法可用资金"而逐步支付,以保障公司运营。该文主张一个精细的司法对公司财务事实发现的过程。

〔68〕 参见黄辉:《公司资本制度改革的正当性:基于债权人保护功能的法经济学分析》,载《中国法学》2015年第6期。

〔69〕 参见夏小雄:《公司资本制改革的比较法分析》,载邹海林、陈洁主编:《公司资本制度的现代化》,社会科学文献出版社2014年版,第232~250页。

〔70〕 参见白牧蓉、张嘉鑫:《〈公司法〉修订中的资本制度路径思辨——以委托代理理论构建我国授权资本制》,载《财经法学》2021年第4期。

〔71〕 因此,即便是抽回出资,也不损害该股东出资前的公司债权人的利益。

〔72〕 有研究者详细分析了十几种不同的回购/减资情形,指出注册资本减少不必然等于净资产/责任资产减少。参见陈铭宇:《论公司回购减资中债权人保护规则的完善》,载蔡建春、卢文道主编:《证券法苑》第32卷,法律出版社2021年版,第250~260页。股本科目实际上很容易在账面上合法操纵,以实现注册资本不减少的目的。参见陈铭宇:《论公司回购减资中债权人保护规则的完善》,载蔡建春、卢文道主编:《证券法苑》第32卷,法律出版社2021年版,第261页。

不同。在实践中,债权人如银行主要考虑公司的资产负债率、现金流、盈利能力、净资产等动态指标,并不看重公司的注册资本。〔73〕 公司资产少于负债时,可能仍然具有良好的信用和融资能力来从容应对债务;公司资产多于负债时,也可能由于资产变现的流动性低而一时不能偿付。除资本、资产以外,治理结构、信息披露制度、控股股东及董事等的受信义务等因素均可能决定公司的信用程度。〔74〕

此外,股东基于其风险资本提供者和剩余索取权人的法律地位,可被视为特殊的次级债权人。为防止向股东债权人的支付导致日后无法向普通债权人支付,故制度上亦可以"预警线前移":当公司溢余为负时,即应暂停向具有股东身份的债权人支付。香港特别行政区《公司条例》第205条等新近立法例均采纳了此等思路。

另一方面,试图以清偿/偿付能力的动态标准约束对赌协议履行的复杂规则,可能会导致法制运行成本的提高。

一是从整体制度看,运用清偿能力标准的配套制度环境是民间会计职业团体主导的模式、高度发达的资本市场和司法机构。这与中国的现实大相径庭,简单移植反而会最大化地削弱债权人保护。〔75〕

二是从对赌交易的特殊性的事前角度看,美国19世纪以来规制公司分配的法律规则已然较发达和清晰,可以令当事人形成明确的预期。Thought Works案协议以及更一般的美国风险投资协会起草的示范合同事前明确约定了优先股股东赎回权的行使受制于公司留存营运资金/合法可用资金/可分配资金的需要。〔76〕 在对分配更严格的加利福尼亚州法中,〔77〕示范合同也会作出额外的警示。这构成了投资者权利受限制的合理预期。法院在考察公司合法可用资

〔73〕 参见彭冰:《现行公司资本制度检讨》,载《华东政法学院学报》2005年第1期。

〔74〕 参见王坤:《公司信用重释》,载《政法论坛》2012年第3期。

〔75〕 参见刘燕、王秋豪:《公司资本流出与债权人利益保护——法律路径与选择》,载《财经法学》2020年第6期。

〔76〕 参见刘燕:《对赌协议与公司法资本管制:美国实践及其启示》,载《环球法律评论》2016年第3期。

〔77〕 加利福尼亚州只允许符合流动资产不低于流动负债125%等财务标准的公司实施分红或回购,比特拉华州等多数州公司法严格。

金余额时是基于"有效合同的履行可能性"的动态的、具体化的个案情境。

在中国法制中,相关法律背景不明显,司法机构的能力也欠佳,多以粗糙含糊的教条说理方式否认合同效力。不愿意履行对赌担保义务的公司若不能就公司合理的清偿能力充分举证,并接受精细司法的利益衡量审查,则两相权衡,不如概括认可对赌合同的效力,令双方的约定占据主导。在实务中,公司应当合理预见到对赌合同带来的支付风险而早做筹划,包括因为回购股权、减资而触发《公司法》第177条(新《公司法》第224条)下的债务清偿或担保义务,例如,可以与债权人有效沟通,说服他们无须要求提前清偿债务;老股东也可以代替公司收购股权,从而减少减资程序的繁冗。

因此,对履行对赌义务所引发的分配行为的审查,应当宽于对普通的利润分配、股权回购的审查。如前文所述,对赌债权不是"股东贷款",而是"有条件地成为股东并出资",不应割裂地看待股东的事前入股与事后补偿/赎回。尽管在一般情形下可以要求向股东(变相)分配不能损害公司的正常营运,但在"不承诺对赌,就不会发生投资"的情境下,应当注意事后的限制会导致个案事前的投资目的落空,并使得其他未来案例中的投资均不再发生。

总之,主张以清偿能力标准约束与公司对赌案例,是在资本规则优化的宏观制度背景下的一种具有前瞻性的视角,但真正要形成明确、可操作的、细化的财源限制规则,并非易事。在美国,在运用上述原则时也出现了法官的商业判断逐渐让位于公司董事会的商业判断的情形,从而令规则适用预期变得更复杂。[78]

在当前的中国,法院对公司清偿能力作出初步的定性判断,就已然达标了。如判令公司履行回购义务的2019年扬锻案判决分析了目标公司获得的实益与履行回购的能力,指出注资后,"其资产得以增长,而且在事实上持续对股东分红,其债务承担能力相较于投资方注资之前得到明显提高。目标公司在持续正常经营,参考华工公司在目标公司所占股权比例及目标公司历年分红情况",约定"回购款项的支付不会导致目标公司资产的减损,亦不会损害目标公司对其他债务人的清偿能力,不会因该义务的履行构成对其他债权人债权实现的障碍"。甚至我们还能合理猜测原告很可能会举证被告其他的财务数据,法官是

---

〔78〕 参见刘燕:《"对赌协议"的裁判路径及政策选择——基于PE/VC与公司对赌场景的分析》,载《法学研究》2020年第2期。

合理心证后才认定公司有清偿能力的,不一定只限于判决书上所说。判决书之所以未展开,可能只是一个司法习惯问题,毕竟扬锻案判决对企业财务能力的分析意识已经超越了国内大多数的判决。下一步的发展方向可以是在司法过程中纳入更细致的会计考察来更量化说明公司继续作为持续经营实体的动态价值(而不只是静态的清算价值)与此项偿债金额的对比,以及税负等相关因素,并适当借助会计师作为专家证人进入诉讼。

只有在基于个案特定事实的"公司会因履行对赌义务而丧失清偿能力、现实性地损害其他债权人的合法权益"之大前提建立后,才可暂时阻却其履行义务。司法者无权也不宜概括性地否认此等协议的效力或可履行性。

五、新《公司法》下"与公司对赌"纠纷的判决前景与延伸意义

前文已经阐述了以公司资产和利润水平来判断公司对赌义务可履行性的路径所可能带来的不确定性与高成本。亦有研究者主张:由董事会或法院判断对赌协议的可履行性均不合理,法院应当直接判定协议的履行,无须顾虑债务人破产的风险。[79] 但是,我们应需注意到在现实的法律制度环境中,《九民纪要》基于保护实体企业的政策立场,[80]采纳了不同的考察路径。我们也有必要在此现实制度前提下,继续考察不同类型对赌协议的履行前景。

(一)各类"与公司对赌"协议的未来判决前景

按照的司法判决的新趋势,对赌义务的有效主体已经同时纳入了老股东和目标公司,但在客体和方式上还有一些疑问。

从对赌客体上看,上市承诺和业绩承诺均属于对公司未来表现的承诺。相比之下,上市承诺的实现结果"非生即死",缺乏中间过渡地带,又受证监会首次公开发行(IPO)审核政策松紧的宏观变化的影响,具有更高的不可测性(如扬

---

[79] 参见山茂峰:《论公司对赌义务履行的绝对性——以反思"九民纪要"第5条为线索》,载《财经法学》2022年第3期。

[80] 但是,《九民纪要》的立场在很大程度上是由于将此视为"金融压榨实体经济",而反对"打一个官司,死一个企业",故主张投资方应当承担部分风险。参见最高人民法院民事审判第二庭编著:《〈全国法院民商事审判工作会议纪要〉理解与适用》,人民法院出版社2019年版,第119页。

锻公司如期上市失败的重要原因是证监会长期暂停审核 IPO)。公司老股东/管理层对业绩承诺能予以可控度更高的量化评估,若担心业绩承诺实现难度大、可以要求降低业绩承诺指标。从投资者角度看,经营者通过财务手段操纵业绩承诺的风险也更大。因此,较之为基于上市承诺的对赌协议提供担保,公司为基于业绩承诺的对赌协议提供担保的风险更小、在事前更可控。尽管新方向案、瀚霖案、扬锻案乃至下文提及的财神岛案的特定类型事实只涉及如期上市承诺,但在判决法理的指导下,公司以合法程序为基于业绩承诺的对赌协议提供担保,获得司法认可的确定性很大。

从对赌方式上看,新方向案、瀚霖案、扬锻案的特定类型事实均是回购投资者股权,其判决结论可否扩展到世恒案那样的现金补偿型对赌,存在一定的不确定性。在实务中,对赌纠纷发生时,项目公司一般已然遭遇上市失败或业绩疲软,股权价值急剧降低,现金流亦不足,回购股权还是现金补偿方式的财务效果相差不大。回购股权、减资的方式会触发《公司法》第 177 条下公司对债权人提前清偿债务或提供担保的义务,或于双方关系破裂的背景下,在股东大会表决减资时遭遇其他股东的反对、拖延,增加退出难度。例如,若不启动减资的违约责任较轻,只是每日少量罚息,则公司选择拖延不返还投资款,未尝不符合经济理性。

相比之下,现金补偿的可执行性较强,法院可以通过直接扣划款项的方式来令公司承担责任。但现金补偿时不要求收回入股者持有的股权,股权仍然有价值反弹的可能性(尽管可能性不大),有"既收回本金和固定收益,又保留未来剩余利益索取权"之嫌。在回购股权模式下,公司承担担保义务后,老股东至少增加了股权财产,向公司已承担的担保责任予以补偿的形式可能性更大。现金补偿模式在公司无可用资本公积金时,会导致直接侵蚀股本,仍然有抽逃资本的嫌疑。

《九民纪要》第 5 条在法定资本制的框架下,明确区分了回购股权和现金补偿的情形,并强调了防抽逃出资的框架,规定:投资方请求目标公司回购股权的,法院不实质介入,而是依据《公司法》第 35 条(新《公司法》第 53 条)关于"股东不得抽逃出资"或者第 142 条进行程序审查,规定目标公司未完成减资程序的,法院应当驳回股东的诉讼请求。《公司法》第 142 条(新《公司法》第 162 条)系关于股份公司股份回购的规定。一般认为,《九民纪要》如此措辞的意思是有限责任公司也适用先减资再回购的规则。

(二)对其他类型的公司合同效力判定的意义

作为最高人民法院的判决,瀚霖案判决不仅针对“公司担保对赌协议”的特定类型纠纷作出了有效性判断,还在方法论上强调了“合同无效的判定严格遵循法定主义”,指出否定担保条款效力的裁判理由应当符合合同无效的法定情形。

换言之,最高人民法院并非只是基于本案关系的实质利害分析而得出了结论,其逻辑推理结构实际上是:(1)已成立的合同首先应推定为有效;(2)认定合同无效,应当先认定涉诉合同符合法定无效情形;(3)涉诉合同不具有前述法定无效情形。所以,其判决结论和理路对其他类型的合同效力案件可能具有指导价值。

瀚霖案判决的得出,是由于法院在事实小前提上已然认定公司参与对赌协议的类型事实“有利于公司”、不损害公司或债权人利益、不违反《公司法》,故而无须再考察违反《公司法》第 20 条、第 35 条(新《公司法》第 21 条、第 53 条),是否构成“违反法律、行政法规的强制性规定”或“损害第三人利益”等导致合同无效的法律大前提。

与此同时,由于《公司法》第 20 条、第 35 条(新《公司法》第 21 条、第 53 条)本身的抽象性,对赌协议纠纷中当事人试图援引这两条来主张合同无效的法律空间被收窄,对赌协议以外的其他类型的公司纠纷当事人类似尝试的成功可能性也会降低。

(三)对其他类型的合同效力判定的意义

合同无效的认定一直是实务中争议的一个重点难点,特别是复杂的商事合同。[81] 法院在认定合同无效时,经常并无可适用的直接的效力性强制规范,而需要援引其他法律规范;而法院错误地援引低层级规范来否认合同效力的判决,并不鲜见。[82] 如第四(一)部分所列举,此前法院在否定公司担保对赌协议的效力时,大多援引了原《合同法》第 52 条的合同无效条款,但最高人民法院瀚霖案判决可谓变相指出之前这种援引是空洞、泛化、不正确的。该判决对合同

[81] 参见缪因知:《证券交易场外配资合同及其强平约定的效力认定》,载《法学》2017 年第 5 期。

[82] 参见缪因知:《国有股转让协议审批要求对合同效力之影响——以“史上最大股权纠纷”为例》,载《中外法学》2015 年第 5 期。

无效法定主义的有意提炼,表达了对总括性的合同自由的尊重,亦可能表达了从严认定合同无效的意旨。这个判决逻辑对其他领域的合同的有效性的判定也可能会产生指导价值。

六、结　　论

本文讨论了2017年以来关于“与公司对赌”的协议有效性的高层次司法判决构成的“新趋势”及其法理意旨。这些判决为商事主体的私人选择、私人缔约提供了更大的法律空间,限制了司法者基于模糊的法理来否认民事契约效力的可能性。

公司法应该给私人行动预留足够空间,允许他们自由地塑造符合自己利益的行动结构。[83] 即便是对于股权更为标准化的股份有限公司,学界也已经开始强调“由公司根据自身的融资需求和对目标投资者群体的偏好进行分析之后,按照一定的程序预先设计好具有特定权利构造的股份类型”[84],如日益成熟的双层股权制度。[85] 有限责任公司的股权“定制性”可以更强,基于法律经济学的考量,法官更应当尊重股东基于协议的权利义务分配;[86] 在基于债权人权益而介入股东协议、股东与公司的协议时,结论应当建立在动态资本结构的具体财务状况分析,而非简单静态的教条之上。

从法律适用上看,司法者不应无视与公司的对赌协议产生的商业背景和身处的立体性的法律制约,不应空洞地援引判定合同无效的抽象法律规范来否认具体的、鲜活的、产生于反复商事博弈实践中的复杂关系。在近年强调“优化营

〔83〕 参见蔡立东:《公司自治论》,北京大学出版社2006年版,第252页。

〔84〕 汪青松:《股份公司股东权利多元化配置的域外借鉴与制度建构》,载《比较法研究》2015年第1期。

〔85〕 参见沈朝晖:《双层股权结构的“日落条款”》,载《环球法律评论》2020年第2期;樊健、朱锐:《科创板上市公司双层股权结构中的日落条款》,载《财经法学》2021年第3期;翁小川、胡晶晶:《上市公司双层股权的法定落日条款研究》,载《南大法学》2021年第5期。

〔86〕 参见王真真:《股东协议的科斯法律经济学分析——以上海米蓝贸易公司案为例》,载《财经法学》2019年第2期。类似观点,参见周游:《股权的利益结构及其分离实现机理》,载《北方法学》2018年第3期。

商环境”、更加重视投资的政策基调下,这种司法新趋势的出现或许并非偶然。在提及对赌协议时,《九民纪要》指出“审理好公司纠纷案件,对于保护交易安全和投资安全,激发经济活力,增强投资创业信心,具有重要意义”,就对赌协议,“既要坚持鼓励投资方对实体企业特别是科技创新企业投资原则,从而在一定程度上缓解企业融资难问题,又要贯彻资本维持原则和保护债权人合法权益原则,依法平衡投资方、公司债权人、公司之间的利益”,这种司法裁判价值尺度的开放性更有利于一种全面性的把握。

从交易的实质公平性看,对赌协议整体有利于被投资公司,具有链条型连续交易的内在逻辑和权利义务平衡,不应被割裂地理解。投融资双方的首要愿望和努力方向亦在于实现对赌的业绩条件。在业绩条件未成就时收回资金,只是用资方的表现欠佳、投资方在共赢的“第一志愿”无法实现时的“第二志愿”。这种双方利益的一致性是估值调整协议与“永恒零和”的普通赌博关系产生了明显不同,而应与保险等其他合法金融交易模式类比,入股对赌协议应属有效,且可以履行。

从交易的程序正当性看,内部公司治理和外部法律监督机制对具体对赌协议控制和防风险作用应被重视。损害其他股东或债权人权益的实质性行为,可以通过董事会、股东会的监督,与单独的侵权之诉来实现司法辨识和救济,而非一概否认入股对赌协议的效力。

从交易的履行后果看,我们应摒弃笼统的资本维持原则的适用,交易对公司资本/资产产生的变动效果是否造成公司必要留存资金不足、债权人利益受损,以及是否足以暂时阻却合同履行,应得到更为具体化的分析。但债务人的履行障碍,不构成判定债务合同无效的理由。

融资合同本身是“商事合同中最具创新性的类型”[87]。保障投资者以合同为基础退出公司的司法环境对私募业发展至关重要。[88] 从长远看,回应新型

[87] 杨姗:《新型商事合同效力认定的裁判思维——以融资合同为中心》,载《法学》2017 年第 2 期。

[88] 参见沈伟:《中国公司法真的能“孵化”私募投资吗?——一个基于比较法语境的法经济学分析》,载《当代法学》2014 年第 3 期。

股权和债权融资工具的需求是公司立法现代化的一项重要内容,[89]司法者"超越商事交易裁判中的普通民法逻辑"[90],信赖具体公司董事会平衡各方利益作出对赌等决策的能力,在商事合同创新面前审慎节制,将对金融和实业的协调共生,产生更大的裨益。

Judicial Ideology Evolution and Justification Analysis for Validity of Value Adjustment Agreements by Target Companies

Miao Yinzhi

Abstract: Since 2017, a number of high level judicial judgments have reshaped the rule set by the 2012 Shiheng judgment on the validity of value adjustment mechanism (VAMs) contracts in private equity investment. By 2019, the validity of such agreements seemed to be recognized. The prevalence of valuation adjustment agreements in China has a foundation of commercial legitimacy. Courts apply a holistic thinking approach, recognizing that "betting with the company" aligns with the company's interests, respecting the validity of the agreement, reflecting respect for commercial autonomy, and representing progress in judicial cognition. Examining judicial opinions from legal theoretic perspectives reveals that previous judicial cognition, which deemed "betting with the company" agreements invalid, was a mechanical application of the capital maintenance principle. It lacked support from mandatory legal norms sufficient to declare invalidity in legal application. It exaggerated the unfairness of fulfilling VAMs in the transactions, overlooked the disciplinary function of corporate governance procedures in transaction processes, and lacked a detailed financial analysis of the company's and creditors' interests in the result of transactions. After the validity of "betting with the company" agreements is confirmed, issues of

[89] 参见夏小雄:《公司法现代化:制度改革、体系再造与精神重塑》,载《北方法学》2019年第4期。

[90] 蒋大兴:《超越商事交易裁判中的"普通民法逻辑"》,载《国家检察官学院学报》2021年第2期。

potential enforcement obstacles under different VAM targets and methods still await judicial exploration. The impact of such judgments on other types of corporate contract disputes and other types of contract disputes in trials is also worth observing.

Key words: Shiheng Judgment; Hanlin judgment; Yangduan judgment; Value adjustment contract; Private equity investment

表决权代理：民法规范的商事适用*

吴高臣**

内容摘要：

我国公司立法未就表决权代理作出详细规定，根据一般法与特别法的适用规则，表决权代理原则上可以适用《民法典》民事代理的相关规定。同时，必须关注团体法与个人法在法律适用上的差异。从股东会决议性质为特殊的单方法律行为分析，表决权代理并非民事代理，因此表决权代理不应直接适用民事代理规范，而应慎重考量、充分说理、变通适用。民事代理之代理权一般规则基本适用于表决权代理；自己代理和双方代理限制规则基本不适用于表决权代理；代理人民事责任制度难以为表决权代理之被代理人提供救济，被代理人应更多依托其与代理人之间基础关系寻求救济，同时应健全代理人行政责任和刑事责任制度。

关键词：

表决权代理　民事代理　股东会决议　自己代理　双方代理

一、问题的提出

借助表决权制度，股东就股东会议案作出意思表示，从而实现其参与公司决策、监督公司管理层乃至控制公司的目的。因此，表决权具有重要的制度价值。除亲自行使表决权外，股东行使表决权的主要方式包括表决权代理、表决权信托和表决权限制协议。根据代理人取得代理权方式的不同，表决权代理分

---

* 本文系北京市社会科学基金项目、北京市教育委员会社科计划重点项目“国家特殊管理股的法律规制——以北京试点企业为研究样本”（项目编号：SZ201810028013）的研究成果。

** 首都师范大学政法学院教授。

为表决权个别代理和表决权征集。一般而言,表决权个别代理,是指股东主动委托相对人代为行使表决权的情形;表决权征集,是指符合条件的相对人主动征集股东的表决权,股东被动接受而委托该相对人代为行使表决权的情形。学界对表决权征集、表决权信托和表决权限制协议研究颇多,对表决权个别代理研究极少。表决权个别代理是民法上代理制度在公司法领域的具体运用。[1] 实践中,因为表决权代理并非普通的民事代理围绕表决权个别代理产生的纠纷直接适用民法代理制度解决并不妥当。本文以表决权个别代理为研究对象,为行文方便,以下皆以表决权代理指称表决权个别代理。表决权代理制度涉及股东会决议形成机制,而股东会决议属于特殊的单方法律行为,参与表决的股东并非股东会决议的当事人。[2] 表决权的共益权性质决定了股东行使表决权不仅是为了自己利益也是为了公司利益,这就直接导致代理人代理行使表决权的行为不应仅视为个人行为,不应仅适用民法代理制度。一方面,代理人应当尊重股东意愿,按照约定行使表决权,遵循民法代理权行使的一般规则;另一方面,代理人行使表决权关乎公司治理,应当遵循公司法的股东会决议制度,这就使得民法代理的相关规则不完全适用于表决权代理。

二、表决权代理的民法溯源

(一)表决权代理并非民事代理

在表决权代理过程中,代理人基于特定股东的授权,以被代理人的名义就股东会审议事项作出意思表示。实践中,表决权代理主要适用于以下情形:一是股东将表决权委托给受让人作为转让股权的过渡性安排;二是股东基于特定目的将表决权委托给相对人。无论何种情形,代理人均主要在股东会审议议案过程中行使代理权,而股东会决议的性质对于表决权代理具有重要影响。关于

---

〔1〕 参见梁上上:《股东表决权:公司所有与公司控制的连接点》,载《中国法学》2005年第3期。

〔2〕 参见吴高臣:《论股东大会决议的性质》,载《首都师范大学学报(社会科学版)》2014年第6期。

股东会决议的性质,学者主要有“股东会意思说”[3]、“公司意思说”[4]、“意思形成说”[5]、“法律行为说”等不同观点。“法律行为说”是股东会决议性质的传统学说和基本观点。决议究竟属于何种民事法律行为,学者的观点并不一致,主要有“共同行为说”和单独类型的“法律行为说”。2017 年原《民法总则》第 134 条(2020 年《民法典》第 134 条)将决议纳入民事法律行为,但同时指出其成立要件与通常的民事法律行为的不同之处。决议属于单独类型的“法律行为说”成为民法学界的主流观点。[6] 但是,这并没有使对决议性质的认识形成统一观点,学界尤其关注决议的特殊性。即使持“共同行为说”的学者也指出了决议与通常的共同行为的区别:社员的意思表示不是向其他社员为之,而是向社团为之。[7] 拉伦茨主张,将决议从合同中分离出来,因为决议以多数决方式作出,不但对参与决议的人具有约束力,对该团体和全体成员也具有约束力,并且决议并不调整参与决议的人们个人之间的关系,其中包含了团体自治原则和区分原则。[8] 梅迪库斯则全面概括了决议和单方法律行为、双方法律行为、多方法律行为的不同之处:(1)若干项意思表示不仅内容相互一致,而且其所用的语句也完全一致;(2)在决议,意思表示并不是针对其他发出表示的成员,而是针对有关意思形成机构的;(3)决议对那些没有对决议表示同意的人也能产生约束力。[9] 其实,社员大会的表决行为等共同行为在形式上类似合同,而在实

[3] 参见李志刚:《公司股东大会决议问题研究——团体法的视角》,中国法制出版社 2012 年版,第 51 ~ 55 页。

[4] 参见梅慎实:《现代公司治理结构规范运作论》(修订版),中国法制出版社 2003 年版,第 326 ~ 327 页。

[5] 陈醇:《意思形成与意思表示的区别:决议的独立性初探》,载《比较法研究》2008 年第 6 期。

[6] 参见王利明:《民法总则研究》(第 3 版),中国人民大学出版社 2018 年版,第 495 ~ 496 页;黄薇主编:《中华人民共和国民法典释义》,法律出版社 2020 年版,第 266 页。

[7] 参见王泽鉴:《民法总则》,中国政法大学出版社 2001 年版,第 261 页。

[8] 关于团体自治原则和区分原则的详细论述,参见吴高臣:《团体法的基本原则研究》,载《法学杂志》2017 年第 1 期。

[9] 参见[德]迪特尔 · 梅迪库斯:《德国民法总论》,邵建东译,法律出版社 2000 年版,第 165 ~ 167 页。

质上却与单方行为接近。[10] 那么,决议是否为具有特殊性的单方法律行为?基尔克从团体法角度出发秉持该种观点。[11] 各国公司立法亦有所体现。《日本公司法》第310条第1款规定:“股东可通过代理人行使其表决权。此时,该股东或者代理人须向股份公司提交证明代理权的书面文件。”我国《上市公司股东大会规则》(2022年修订)(以下简称《股东大会规则》)第24条规定,代理人出席股东大会应当提交股东授权委托书和个人有效身份证件。虽未明确代理人须向公司提交授权委托书,但在实践中均由代理人向公司而不是其他股东提交,公司亦会核实授权委托书的真实性。[12] 这也印证了公司是表决权代理之相对人。质言之,决议系股东会会议体作出,因而股东会决议属于单方法律行为。按照商法学界的主流观点,按照议事方式和表决程序作出的决议,依法成立。代理人在股东会会议表决程序中以被代理人的名义行使表决权,该等意思表示若与其他股东的意思表示形成多数决,则决议成立。问题在于决议属于股东会的单方法律行为,代理人的意思表示属于股东众多意思表示所形成的股东会意思表示的组成部分。从团体法角度观察,代理人表示连同其他众多股东的个体意思表示,当然不是股东会意思表示。从法律后果观察,无论代理人以被代理人名义对议案投了赞成、反对还是弃权票,只要股东会决议生效,该决议除对作为当事人的公司具有约束力外,对作为非当事人的股东、董事、监事、高级管理人员都具有约束力。上述分析表明,表决权代理的法律后果虽然约束但并非归属于被代理人,与民事代理法律后果的归属存在明显不同。

民事代理,是指代理人以被代理人名义同第三人实施民事法律行为而法律效果直接归属于被代理人的行为。[13] 据此,民事代理是当事人意思自治的扩

---

〔10〕 参见张俊浩主编:《民法学原理》(修订版),中国政法大学出版社1997年版,第214页。

〔11〕 参见[德]基尔克:《社团的理论》,1887年版,第135页以下。转引自[法]莱翁·狄骥:《宪法论》,钱克新译,商务印书馆1959年版,第292页。

〔12〕 参见中科云网科技集团股份有限公司关于收到肖某先生寄来〈授权委托书〉的公告,载东方财富网,https://pdf.dfcfw.com/pdf/H2_AN201702230359445572_1.pdf。

〔13〕 参见王利明:《民法总则研究》(第3版),中国人民大学出版社2018年版,第598页;梁慧星:《民法总论》(第5版),法律出版社2017年版,第221页。

张和补充,[14]是代理人在代理权限内以被代理人的名义同第三人实施民事法律行为,由此产生的法律效果完全归属于被代理人。这就意味着民事代理存在三方当事人,即代理人、被代理人和第三人。被代理人和代理人之间为授权关系,代理人基于授权而获得以被代理人名义与第三人实施民事法律行为的资格。[15] 代理人与第三人为代理行为表示关系,代理人以被代理人的名义向第三人进行意思表示或者接受意思表示。这种意思表示在委托代理中符合被代理人的期望,或者说,被代理人的主观愿望借助代理人的意思表示予以实现。被代理人与第三人之间为法律效果归属关系,虽然代理人在代理权限内独立进行意思表示或者接受意思表示,但代理人并非该民事法律行为的当事人,被代理人是该民事法律行为的当事人,代理行为所形成的权利义务责任由被代理人承受。表决权代理并不完全符合民事代理的特征。第一,表决权代理并非都为了被代理人的利益。如前所述,表决权代理主要有两种情形:在股东将表决权委托给受让人作为股权转让过渡性安排的情形,表决权代理是保证受让人在股权过户之前即取得股东权利的措施,显然这一安排是为了受让人也就是代理人的利益;在股东基于特定目的将表决权委托给相对人的情形,通常是为了股东自己的利益,当然也可能是为了股东与相对人的共同利益,特别是股东与相对人就公司事项采取一致行动的场合。从制度目的观察,民事代理旨在实现被代理人的利益,表决权代理显然有所不同。第二,表决权代理中代理人意思表示具有特殊性。代理人代为行使表决权,虽有意思表示,但该意思表示并非向其他股东发出,而是向作为公司意思机关的股东会会议体发出,旨在形成公司意思——股东会决议。参与表决的股东(包括代理人)意思表示独立性为多数决原则所吸收,形成单一的集体意思——股东会决议。除非公司章程规定股东会决议需要全票通过,否则不能因为其中某一股东的意思表示瑕疵,主张撤销决议,只能撤销个别股东的意思表示。只有被撤销的个别股东的意思表示影响议

---

〔14〕 参见梁慧星:《民法总论》(第5版),法律出版社2017年版,第221~222页。

〔15〕 关于代理权的性质,学界认识并不一致,主要有"否认说""权力说""权利说""能力说""资格说"等观点。参见王利明:《民法总则研究》(第3版),中国人民大学出版社2018年版,第621~624页;梁慧星:《民法总论》(第5版),法律出版社2017年版,第232~235页。

决定足数时,该撤销才会影响决议的成立。[16] 这与民事代理中代理人意思表示瑕疵直接影响民事法律行为效力的情形存在明显不同。第三,表决权代理的后果对被代理人具有约束力,但并非代理效果归属关系。一旦股东会决议发生效力,即使并非股东所期望的甚至与股东期望的结果完全相反,作为被代理人的股东也应当遵守股东会决议。对于不参加股东会的股东,股东会决议也同样具有约束力。因此,股东会决议对股东的约束力并非民事代理之法律效果归属关系。既然表决权代理与民事代理存在诸多不同,则应充分重视表决权代理的特殊性,不宜将其直接归入民事代理。

(二)表决权代理可以适用民事代理规则

我国《公司法》没有规定表决权代理的详细规则,仅在《公司法》第 106 条对股份有限公司股东的表决权代理作出了一般规定,“股东可以委托代理人出席股东大会会议,代理人应当向公司提交股东授权委托书,并在授权范围内行使表决权”。2022 年 12 月 30 日公布的《公司法(修订草案二次审议稿)》第 118 条基本延续了该规定。至于代理人的义务责任则付诸阙如。《上市公司章程指引》(2022 年修订)(以下简称《章程指引》)第 33 条、第 36 条、第 60 条至第 64 条对表决权代理作出了相对细致的规定。问题在于《章程指引》仅仅系规范性文件,上市公司必须遵守吗?鉴于证券市场的特殊性,证券监管需要快速反应,《证券法》第 169 条授予了证监会相对宽泛的立法权,即“国务院证券监督管理机构在对证券市场实施监督管理中履行下列职责:(一)依法制定有关证券市场监督管理的规章、规则,并依法进行审批、核准、注册,办理备案……”《章程指引》是上市公司监管法规体系的组成部分,证监会依法可以将其作为执法依据。上市公司虽然可以根据公司情况调整相关条款,但原则上应当依据该指引制订公司章程。即便如此,《章程指引》关于代理人义务责任的规定依然存在缺漏,特别是缺少代理人忠实义务的规定。

如何解决表决权代理的法律适用问题?《民法典》与《公司法》是一般法与商事特别法的关系,处理与公司有关的纠纷优先适用《公司法》。《公司法》缺乏具体规定的,《民法典》作为私法的一般性规则,发挥着补充适用和漏洞填补的功能。《民法典》第 10 条引入了法律漏洞的填补条款,即“处理民事纠纷,应

---

〔16〕 参见吴高臣:《论股东大会决议的性质》,载《首都师范大学学报(社会科学版)》2014 年第 6 期。

当依照法律;法律没有规定的,可以适用习惯,但是不得违背公序良俗"。该条款在学理上也被称为法源条款,为法官裁判案件确立了法律渊源的范围和适用顺序。同时,《民法典》第 11 条还规定了特别法优先的规则,即"其他法律对民事关系有特别规定的,依照其规定"。《民法典》这两条规定是指导公司纠纷案件的法律适用与法律漏洞填补的基本规则。据此,表决权代理事宜优先适用《公司法》,《公司法》缺乏规定的则适用民法一般规则。而《民法典》总则编对代理制度作出了全面规定,因而表决权代理虽然不属于民事代理,但其原则上可以适用民事代理规则,不过应当根据团体法规则以及表决权代理的特点进行合理调整。

三、表决权代理之代理权一般规则

民事代理的代理人应当在代理权限内以被代理人的名义实施代理行为。这是代理的基本规范,表决权代理亦应遵循。代理权行使的一般规则包括以下内容。

(一)代理人必须在代理权限内行使代理权

就民事代理而言,代理人应当严格按照授权事项、授权范围、授权期限实施代理行为。代理人超越代理权或者代理权终止后仍然实施代理行为,构成无权代理,原则上对被代理人不发生效力。表决权代理之代理人亦应当依据授权进行代理行为。除《公司法》第 106 条的原则规定外,《章程指引》第 62 条对代理出席股东会的授权委托书内容作出了具体规定,要求明确授权事项——代理人是否具有表决权、授权范围——代理人对列入股东会议程的每一审议事项的投票指示、授权期限。在实践中,表决权代理中概括代理的情形并不少见。如何理解概括代理存在争议。关于概括代理,《民法典》并无规定。学者认为:代理权范围未作限定时,应认定为概括代理;[17] 如果是特别代理应当准确说明代理的具体事项。[18] 问题在于,民事诉讼代理中关于概括代理和特别代理的规定与上述认识并不一致。《民事诉讼法》第 62 条第 2 款规定:"授权委托书必须记

〔17〕 参见梁慧星:《民法总论》(第 5 版),法律出版社 2017 年版,第 227 页。

〔18〕 参见王利明:《民法总则研究》(第 3 版),中国人民大学出版社 2018 年版,第 626 页。

明委托事项和权限。诉讼代理人代为承认、放弃、变更诉讼请求,进行和解,提起反诉或者上诉,必须有委托人的特别授权。”据此,民事诉讼代理人获得特别授权,方可全权负责处理被代理人的诉讼事务,代为承认、放弃、变更诉讼请求,进行和解,提起反诉或者上诉。最高人民法院《关于适用〈中华人民共和国民事诉讼法〉的解释》第 89 条第 1 款规定,“……授权委托书仅写‘全权代理’而无具体授权的,诉讼代理人无权代为承认、放弃、变更诉讼请求,进行和解,提出反诉或者提起上诉”。因此,《民事诉讼法》第 62 条的特别授权实质上是指概括授权。虽然民事诉讼代理并非民事代理,但基本原理原则上是一致的,对被代理人利益具有重要影响的事项原则上应当明确授权。《章程指引》第 63 条的规定似乎也印证了这一点,“委托书应当注明如果股东不作具体指示,股东代理人是否可以按自己的意思表决”。问题在于,表决权代理并非民事代理,而属于商法上的代理。关于概括授权的认定应当充分考虑商事实践的特点。一般而言,作为投资者、商主体,股东对自身利益具有较充分的认识,其作出表决权授权亦经过深思熟虑。因此,应当充分尊重当事人的意思自治,承认股东对表决权作出特别授权的效力,同样承认股东对表决权作出概括授权的效力。2017 年 2 月 6 日,中科云网时任控股股东孟某出具股东权利授权委托书,授权受托人请求、召集、主持、参加股东大会并行使相应的表决权,委托人不再就每次股东大会作出具体授权委托。[19] 这一授权应当理解为概括授权,即在授权期间,受托人有权就中科云网股东大会的所有审议事项行使表决权。鉴于委托人并未就特定股东大会审议事项作出明确表决指示,而且事实上授权当时中科云网也未召开股东大会,因此受托人在中科云网召开股东大会时有权按照自己的意思行使表决权。

《公司法》等相关立法对表决权代理之无权代理并无具体规定,关于无权代理应当适用《民法典》的规定,即该代理行为对被代理人不发生效力。与该表决权代理相关的股东会决议的效力,则需要在剔除无权代理之表决权后确认是否达到议事定足数和议决定足数。详言之,如果无权代理之表决权不影响议事定足数和议决定足数,则无权代理不影响决议的成立与效力;如果无权代理之表决权影响了议事定足数和/或议决定足数,则无权代理影响决议的成立。无权

---

〔19〕 参见中科云网科技集团股份有限公司关于收到肖某先生寄来〈授权委托书〉的公告,载东方财富网,https://pdf.dfcfw.com/pdf/H2_AN201702230359445572_1.pdf。

代理发生后，《民法典》第 171 条赋予被代理人以追认权，被代理人追认无权代理行为的，该代理行为对被代理人发生法律效力。表决权代理中是否也适用追认制度，涉及股东会决议形成的特点。股东包括代理人行使表决权之意思表示的相对人是股东会会议体而非其他股东，而该会议体仅在股东会会议期间存在，因此被代理人的追认必须在股东会会议闭会之前向公司作出。

（二）代理人必须亲自行使代理权

代理关系具有浓厚的人身属性，被代理人基于对代理人的信任而授权。代理人应当亲自从事代理行为，以自己的知识、技能等为被代理人服务。代理人在从事代理行为过程中，为被代理人利益需要转委托其他人代为处理的，应当取得被代理人的事先同意或者事后追认。只有在紧急情况下，代理人出于被代理人利益考量可以自行转委托其他人，但事后应当及时告知被代理人。表决权代理同样基于股东对代理人的信赖，因此代理人应当亲自行使代理权。从实践角度观察，谨慎的被代理人往往在授权委托书中明确说明代理人是否可以转委托其他人。2015 年 12 月 19 日中科云网时任控股股东孟某向陆某林出具股东权利授权委托书，允许受托人陆某林在代理权限内转授权给第三方一次。[20]而 2017 年 2 月 6 日中科云网时任控股股东孟某向肖某出具股东权利授权委托书，受托人肖某在代理权限内不得转授权给第三方。[21]

（三）代理人必须尽到忠实义务和勤勉义务

代理制度是为了被代理人的利益而存在的，因此代理人在履行代理权过程中必须维护被代理人的利益，不得利用其代理人身份损害被代理人的利益。同时，代理人必须积极行使代理权，认真履行代理职责，尽到善良管理人的注意义务。根据《民法典》第 164 条第 1 款的规定，代理人不履行或者不完全履行职责，造成被代理人损害的，应当承担民事责任。表决权代理中代理人同样应当履行忠实义务和合理注意义务，谨慎认真地行使代理权，全面了解与表决权代理相关的信息，特别是股东会会议相关资料，在股东会审议事项关乎被代理人重大利益时应当及时报告被代理人。代理人违反忠实义务和勤勉义务，应当承

〔20〕 参见中科云网科技集团股份有限公司关于收到陆某林先生送达相关授权委托文件的公告，载东方财富网，https://pdf.dfcfw.com/pdf/H2_AN201702230359053502_1.pdf。

〔21〕 参见中科云网科技集团股份有限公司关于收到肖某先生寄来〈授权委托书〉的公告，载东方财富网，https://pdf.dfcfw.com/pdf/H2_AN201702230359445572_1.pdf。

担相应的法律责任。具体情形容后详述。

四、表决权代理之代理权限制规则

在实践中,代理人违反忠实义务损害被代理人利益的典型情形就是自己代理和双方代理。为此,我国《民法典》第168条明确禁止自己代理和双方代理,“代理人不得以被代理人的名义与自己实施民事法律行为,但是被代理人同意或者追认的除外。代理人不得以被代理人的名义与自己同时代理的其他人实施民事法律行为,但是被代理的双方同意或者追认的除外”。由此可见,代理人违反忠实义务,我国采取了无权代理的处理规则,除非得到被代理人的事先同意或者事后追认,该代理行为无效。那么,表决权代理中是否可以直接适用该规范呢?

(一)自己代理规则的适用

就表决权代理而言,代理人代理被代理人行使其对股东会审议事项的表决权,该意思表示针对股东会会议体作出。如果依法形成股东会决议,该决议是公司的单方法律行为,原则上并不会在股东和公司之间形成具体的民事法律行为。民法法人的设立、运作、存续和终止贯彻结社自由、成员自决和财产自由处分,法人只是将个人意思固化或抽象为法人意思,其原初发力者和最终决定者仍是个人。[22] 这一论断触及公司的本质,即公司人格和股东人格的关系。通常而言,法律承认公司人格,公司与股东保持各自独立地位,但在特定情形之下,法律事实上否定公司独立人格,要求公司人格背后的股东承担特定义务。汉密尔顿指出,各种理论,如“拟制说”“实在说”“特许说”“契约说”等,都有助于解释公司,但都不完全正确,也不完全错误,都应当占据一席之地。[23] 关于法人的本质,我国立法采取了“法人实在说”。但法人实在说无法妥当解释为何

---

〔22〕 民法法人与国家机关、公立机构、公法法人等公共实体存在显著差别,包括所有私法法人。参见方流芳:《“法人”进入当代中国法律,意义何在?》,载《中国法律评论》2019年第6期。

〔23〕 参见[美]罗伯特·W.汉密尔顿:《公司法》(第4版),法律出版社1999年版,第5页。

要限制关联交易。[24] 王涌主张，经过法人拟制说改造的“法人实在说”，或者是经过法人实在说改造过的“法人拟制说”。它的中心理论是：法人是法律拟制或建构的，否则无法成为法律上的主体，但一经拟制或建构，法人就实在地存在着，其主体性质具有稳定性，即使超越目的范围，它的主体性质也依然存在。[25] 其实，现行公司法已经就何种情形坚持公司人格独立性以及何种情形关注股东与公司人格的关系作出了相对清晰的选择。股东会审议事项并非皆会导致公司与股东之间直接或者间接形成特定的具体民事法律关系。一般而言，导致公司与股东之间形成特定的具体民事法律关系的审议事项对股东个体利益具有更直接的影响，需要特别关注。可以导致公司与特定股东之间形成具体民事法律关系的审议事项包括关联交易、增加或者减少注册资本、选择管理者。

对于关联交易事项，法律法规、自治规则作出了相对全面细致的规定，禁止股东或者实际控制人利用关联关系损害公司利益。《公司法》第 216 条第 4 项规定：“关联关系，是指公司控股股东、实际控制人、董事、监事、高级管理人员与其直接或者间接控制的企业之间的关系，以及可能导致公司利益转移的其他关系。但是，国家控股的企业之间不仅因为同受国家控股而具有关联关系。”公司及其控股子公司与具有关联关系的人发生交易则属于关联交易。根据《公司法》第 16 条的规定，公司为股东或者实际控制人提供担保，应当经股东会决议，该决议由出席股东会会议的其他股东所持表决权过半数通过，该股东或者实际控制人回避表决。公司为控股股东、实际控制人提供担保属于关联交易并无异议，对非控股股东提供担保是否属于关联交易则存在争议。在实践中，对关联关系的认定采取实质重于形式的原则，只要因行为人与公司之间存在可能导致公司利益转移的控制、共同控制或者重大影响关系，则应认定为关联关系。[26] 从这种意义上说，公司为股东或者实际控制人提供担保原则上均属于关联交

---

〔24〕 参见刘道远：《关联交易本质论反思及其重塑》，载《政法论坛》2007 年第 6 期；邓峰：《普通公司法》，中国人民大学出版社 2009 年版，第 57 页。

〔25〕 参见王涌：《私权的分析与建构：民法的分析法学基础》，北京大学出版社 2020 年版，第 156 ~ 157 页。

〔26〕 参见《企业会计准则——关联方关系及其交易的披露》（已废止）。

易,但不能一概而论。[27] 中国证监会关于上市公司担保的规范也遵循了这一思路。《上市公司监管指引第 8 号——上市公司资金往来、对外担保的监管要求》(以下简称《监管指引第 8 号》)第 9 条规定,上市公司对股东、实际控制人及其关联方提供的担保,应经董事会审议通过后提交股东大会审议,股东大会在审议为股东、实际控制人及其关联方提供的担保议案时,该股东或者受该实际控制人支配的股东,不得参与该项表决,该项表决由出席股东大会的其他股东所持表决权的半数以上通过。该指引第 10 条对关联担保提出了进一步的规制要求,上市公司为控股股东、实际控制人及其关联方提供担保的,控股股东、实际控制人及其关联方应当提供反担保。由此可见,该指引并非将为股东、实际控制人及其关联方提供担保作为一类进行监管,而是分成为非控股股东提供担保和为控股股东、实际控制人及其关联方提供担保两类分别进行监管。分类监管也是对上市公司违法违规担保的回应。因为上市公司违法违规担保主要发生在上市公司与其控股股东、实际控制人及其关联方之间。当然,仅从公司治理结构观察,这两类担保履行的内部审议程序相同,无论是非控股股东还是控股股东、实际控制人及其关联方均不得参与公司审议事项表决。

除关联担保外,我国《公司法》对有限责任公司的其他关联交易未作出具体规定,该等关联交易应当依据《公司法》第 21 条的一般规定进行规范;至于股份有限公司的关联交易,《公司法》第 104 条和第 121 条对内部审议程序和权限予以明确。而《上市公司信息披露管理办法》、交易所上市规则等均对上市公司关联交易的概念、种类、审议程序、信息披露等作出了具体规定。上市公司的关联交易,是指上市公司或者其控股子公司等其他主体与上市公司关联人之间发生的转移资源或者义务的事项。[28] 《股东大会规则》第 31 条第 1 款规定:"股东

---

[27] 有学者认为,《公司法》第 16 条第 2 款、第 3 款规范的为股东、实际控制人提供的担保均为关联担保。参见曾大鹏:《公司关联担保三大类型的效力解释》,载《法律科学(西北政法大学学报)》2020 年第 6 期。

[28] 参见《上市公司信息披露管理办法》第 62 条、《上海证券交易所股票上市规则》(2023 年 2 月第十六次修订)第 6.3.2 条、《深圳证券交易所股票上市规则》(2023 年 2 月第十三次修订)第 6.3.2 条、《上海证券交易所科创板股票上市规则》(2020 年 12 月第二次修订)第 7.2.2 条、《深圳证券交易所创业板股票上市规则》(2023 年 2 月第七次修订)第 7.2.1 条、《北京证券交易所股票上市规则(试行)》第 7.2.1 条。

与股东大会拟审议事项有关联关系时,应当回避表决,其所持有表决权的股份不计入出席股东大会有表决权的股份总数。"而证券交易所规则作出了更严格、细致的规定,上市公司股东大会审议关联交易事项时,关联股东应当回避表决,也不得代理其他股东行使表决权。[29]

上述关于股份有限公司关联交易的规定特别是审议程序的规定表明,虽然关联交易决议为公司决议,但与其他决议规则有所不同。此种情形下,关联股东拥有两种身份——公司股东和公司交易相对人。为了避免股东单方面决定交易,损害其他股东和债权人利益,公司法更关注站在公司背后的关联股东而不是公司的独立人格,作为公司权力机构的股东大会会议体被"还原"为股东个体,这样一来,关联股东与股东大会会议体的关系演变为关联股东与其他股东的关系,禁止关联股东参与表决就是理所当然的选择。此时的关联股东当然不能代理其他股东对关联交易事项进行审议,否则就是自己代理。从这种意义上说,我国证监会和证券交易所对上市公司关联交易采取了穿透式监管,打破了团体法规则。除关联交易外,司法实践中有法院在有限责任公司股东除名审议事项中类推适用关联股东回避制度,引发争议与反思。对于表决权回避制定灵活性与确定性兼具的法律规范,[30]本文赞同。

对增加或者减少注册资本、选择管理者等审议事项,虽然与关联交易事项类似,可以导致公司与特定股东之间形成具体民事法律关系,但法律法规、自治规则等并未要求股东予以回避。《公司法》对有限责任公司关联交易并无具体规定,而是交给公司章程予以规范。而公司章程对关联交易作出规定的并不常见。依据《公司法》第216条的规定,公司控股股东、实际控制人、董事、监事、高级管理人员对公司增资才可能构成关联交易。在《公司法》和公司章程均对关联交易决策程序作出规定的情形下,无论增资行为是否构成关联交易,也只须遵守增资的决策程序。在实践中,有限责任公司股东通常在股东会会议之前已

---

[29] 参见《上海证券交易所股票上市规则》(2023年2月第十六次修订)第6.3.9条、《深圳证券交易所股票上市规则》(2023年2月第十三次修订)第6.3.9条、《上海证券交易所科创板股票上市规则》(2020年12月第二次修订)第7.2.10条、《深圳证券交易所创业板股票上市规则》(2023年2月第七次修订)第7.2.10条。

[30] 参见安晋城:《股东表决权排除的类推适用——兼评宋某祥诉万禹公司除名决议效力案》,载《法学杂志》2021年第7期。

经就增资事宜进行了沟通,基本形成一致意见,而且股东增资的情形较常见。因此,股东通常不将增资行为视为关联交易,依据增加或者减少注册资本事项要求履行公司内部审议程序。有限责任公司股东因增资决议引发纠纷,通常依据《公司法》第 20 条规定的损害股东权益为由提起诉讼,法院亦据此进行裁判。[31] 当然,亦有股东因公司增资未经董事会审议而径行由股东会审议而主张增资决议无效的案例。在这些案件中,原告股东并未主张股东会增资决议关联股东回避。[32] 股份有限公司增资行为是否属于关联交易,需要依据关联交易的相关规定予以判断。通常而言,上市公司向股东实施定向增资行为构成关联交易,需要遵守关联交易的审议程序。[33] 上市公司公开发行股票并不构成关联交易。至于公司管理者,有限责任公司可以采取选举、推选、委派等形式产生,但无论采取何种形式,管理者的产生均不构成关联交易;股份有限公司通常采取股东大会选举方式,选举管理者亦不构成关联交易。上述分析表明,我国立法原则上尊重股东会决议为公司行为的团体法基本法理,股东对增加或者减少注册资本、选择管理者等审议事项表决,属于向股东会会议体而非向其他股东进行意思表示,股东会决议属于公司行为。在此种情形下,纵然特定股东为公司增加或者减少注册资本的投资者(关联交易除外)、管理者候选人,但并不

---

[31] 参见广东盛乐房地产投资有限公司与广州市番禺南星有限公司、广州市番禺大来木制品有限公司等损害股东利益责任纠纷案,广东省广州市中级人民法院(2017)粤 01 民初 456 号民事判决书、广东省高级人民法院(2019)粤民终 285 号民事判决书、最高人民法院(2020)最高法民申 2611 号民事裁定书;安徽省皖英矿业投资管理有限公司与安徽开发矿业有限公司公司决议效力确认纠纷案,安徽省霍邱县人民法院(2019)皖 1522 民初 1340 号民事判决书;郑某波与安徽迪维罗环保制品有限公司公司决议效力确认纠纷案,安徽省宣城市宣州区人民法院(2021)皖 1802 民初 1565 号民事判决书;沈某、葛某如等与南通市华诚流体机械有限公司公司决议效力确认纠纷案,江苏省南通市通州区人民法院(2019)苏 0612 民初 3059 号民事判决书;上海成瑞投资有限公司与内蒙古珠江投资有限公司公司决议效力确认纠纷案,内蒙古自治区鄂尔多斯市中级人民法院(2019)内 06 民终 2207 号民事判决书。

[32] 参见上海成瑞投资有限公司与内蒙古珠江投资有限公司公司决议效力确认纠纷案,内蒙古自治区鄂尔多斯市中级人民法院(2019)内 06 民终 2207 号民事判决书。

[33] 参见《科大讯飞股份有限公司 2021 年度非公开发行股票预案》,载东方财富网,https://pdf.dfcfw.com/pdf/H2_AN202101181451916315_1.pdf? 1611001137000.pdf。

是股东会决议的当事人，其代理其他股东对该等审议事项进行表决亦不构成自己代理。

举重以明轻。既然可以导致公司与特定股东之间形成具体民事法律关系的审议事项，允许特定股东代理其他股东表决而不构成自己代理，那么特定股东在公司股东会审议其他事项时代理其他股东表决当然也不构成自己代理。

（二）双方代理规则的适用

民事代理原则上禁止双方代理，表决权代理是否遵循该原则？这同样需要从决议的性质和特点出发进行分析。股东会决议为特殊的单方法律行为，股东并非向其他股东而是向股东会会议体作出意思表示。除非代理人与股东之间存在关联关系，代理人可以代理多位股东行使表决权。多位被代理人就股东会审议事项的意思表示完全一致，代理人之表决权代理当然不构成双方代理；即使多位被代理人就股东会审议事项的意思表示恰好相反，因其意思表示的对象不是其他股东而是股东会会议体，代理人之表决权代理也不构成双方代理。因此，表决权代理不存在双方代理现象。

五、表决权代理之代理人责任

代理人在代理期限内依据代理授权就股东会审议事项进行意思表示，则完成了代理行为，其直接后果就是被代理人依法行使了表决权，不得在本次股东会会议就特定审议事项再次要求行使表决权。而股东会决议能否成立或者生效则取决于决议的成立与生效条件。如果代理人未按照代理期限和代理权限的要求代理行使表决权，是否应当承担民事责任？

（一）代理人不适当履行职责的民事责任

《民法典》第164条第1款规定：“代理人不履行或者不完全履行职责，造成被代理人损害的，应当承担民事责任。”在民事代理中，代理人代为实施民事法律行为，其违反职责造成被代理人损害易于判断。但在表决权代理中，代理人不按照代理期限和代理权限的要求行使表决权，并不必然导致股东会决议成立与否乃至生效与否。即使股东会决议生效也未必直接给被代理人造成损害或者带来收益。在此种情形，被代理人欲证明代理人的行为造成其损害颇为不易。从这种意义上说，《民法典》第164条第1款难以为表决权代理中的被代理人提供救济。那么，被代理人如何寻求救济？被代理人之所以向代理人授权，是因为双方之间存在基础关系。股东基于股权转让协议将表决权委托给受让人,授权行为的基础关系是股权转让协议;股东基于特定目的将表决权委托给相对人,授权行为的基础关系可能是委托合同关系,也可能是雇佣合同等其他法律关系。代理人违反代理职责的行为同时也构成了对基础关系约定的违反。只要当事人在基础关系中对违约责任作出了明确约定,被代理人可以依据基础关系寻求救济。如果当事人在基础关系中对违约责任约定不明,被代理人依据合同关系寻求救济同样存在损失举证的难题。因此,表决权代理中当事人应当在基础关系中对违约责任作出明确约定。

(二)代理人恶意串通行使表决权的民事责任

《民法典》第 164 条第 2 款规定:“代理人和相对人恶意串通,损害被代理人合法权益的,代理人和相对人应当承担连带责任。”该规定与《民法典》第 154 条关于恶意串通的规定保持一致,旨在保护行为人之外的“第三人”的合法权益。此种恶意串通的代理行为因违背公序良俗原则而无效,代理人和相对人因共同侵权承担连带责任。[34] 在德国,此种恶意串通行为还可能追究刑事责任。[35] 在表决权代理中,代理人作出意思表示的对象是股东会会议体,代理人不可能与之恶意串通。但是,代理人可以与参与股东会会议的其他股东恶意串通行使表决权,这种恶意串通行为直接破坏了公司民主决策机制,代理人及其他股东行使表决权的意思表示应当认定为无效。与代理人不适当履行代理职责的情况相类似,被代理人难以证明恶意串通给其造成的损失,通常无法提起损害赔偿之诉,还得借助代理授权的基础关系要求代理人承担民事责任。鉴于恶意串通行为的严重违法性,代理人可能还要承担公法责任。《股东大会规则》第 22 条规定:“董事会和其他召集人应当采取必要措施,保证股东大会的正常秩序。对于干扰股东大会、寻衅滋事和侵犯股东合法权益的行为,应当采取措施加以制止并及时报告有关部门查处。”代理人恶意串通行使表决权应当属于侵犯股

---

〔34〕 参见王利明:《民法总则研究》(第 3 版),中国人民大学出版社 2018 年版,第 655 页。

〔35〕 参见[德]迪特尔 · 梅迪库斯:《德国民法总论》,邵建东译,法律出版社 2000 年版,第 728 页。

东合法权益的行为,股东大会召集人知悉后应当制止并报告有关部门查处。[36]问题在于,该规定还不够细致。我国《全国人民代表大会和地方各级人民代表大会选举法》关于破坏选举的法律责任的设计值得借鉴。该法第 58 条规定:"为保障选民和代表自由行使选举权和被选举权,对有下列行为之一,破坏选举,违反治安管理规定的,依法给予治安管理处罚;构成犯罪的,依法追究刑事责任……(二)以暴力、威胁、欺骗或者其他非法手段妨害选民和代表自由行使选举权和被选举权的……国家工作人员有前款所列行为的,还应当由监察机关给予政务处分或者由所在机关、单位给予处分。以本条第一款所列违法行为当选的,其当选无效。"因此,建议我国公司立法对代理人恶意串通行使表决权等违法行使表决权的行为科以行政责任乃至刑事责任。

至于相关股东会决议的成立和效力则应当在剔除代理人和恶意串通的其他股东所持的表决权数进行计算确定。从团体法角度观察,股东会决议是特殊的单方法律行为,只有当恶意串通当事人所持的表决权数影响到议决定足数,才会影响股东会决议的成立和效力。因此,并不能因代理人和其他股东的恶意串通行为而直接认定股东会决议不成立或者不生效。

六、结　论

我国公司立法并未对表决权代理作出详细规定,《民法典》对民事代理作出了全面细致的规定。根据一般法与特别法的适用规则,表决权代理缺乏明确规定的情形下,可以适用民事代理的相关规定。由于股东会决议的特殊性,表决权代理与民事代理存在明显不同,在适用民事代理相关规定过程中,必须秉持团体法思维,在慎重考虑股东会决议的性质、公司人格与股东人格的关系等因素的基础上变通适用。详言之,民事代理之代理权一般规则基本适用于表决权代理;自己代理和双方代理限制规则基本不适用于表决权代理;代理人民事责任制度难以为表决权代理之被代理人提供救济,被代理人应更多依托其与代理人之间基础关系寻求救济。为了更好地督促代理人履行忠实义务,应健全代理

---

〔36〕 就法理而言,我国将维持会议秩序的权力赋予股东大会召集人有所不妥,召集人的职责就是召集会议,主持人才是会议的现场组织者,建议证监会修订该规定以赋予股东大会主持人维护会场秩序的权力。

人行政责任乃至刑事责任制度。总之,只有充分认识公司法的团体法特征,才能将民事代理规则更妥帖地适用于表决权代理,才能更加合理地塑造代理人和被代理人之间的关系。

Voting Agency: Civil Law Norms Application in Commercial Affairs

Wu Gaochen

Abstract: Chinese company legislation does not make detailed provisions on voting agency. According to the applicable rules of general law and special law, voting agency can apply the relevant provisions of civil agency in the civil code in principle. Meanwhile, it should be concerned the differences in the application between group law and individual law. From the perspective of special unilateral legal acts of the resolution of the shareholders' meeting, voting agency is not a civil agency. Therefore, the norms of civil agency are not directly applicable to voting agency. It should be applied flexibly after careful consideration and full reasoning. The general rules of civil agency are basically applicable to voting agency. The restriction rules of self agency and bilateral agency are basically not applicable to voting agency. The civil liability system of the agent is difficult to provide relief for the principal of the voting agent. The principal should rely more on the basic relationship between the agent and the agent to seek relief. At the same time, the agent's administrative liability and criminal liability system should be improved.

Key words: Voting agency; Civil agency; Resolution of shareholders' meeting; Self agency; Bilateral agency

民商法思维下夫妻公司适用法人格否认的路径差异与破解*

——以我国司法实践分歧为视角

樊纪伟**

内容摘要：

司法实践中，夫妻公司适用法人格否认存在两种截然不同的路径。一是将夫妻公司视为一人公司或者参照一人公司规则，由股东承担股东个人财产独立于公司财产的证明责任；二是不将夫妻公司视为一人公司，由公司债权人对公司人格混同承担举证责任。两种路径源于对夫妻公司定性时的不同思维理念——民法思维与商法思维。对夫妻公司法人格的认定应遵循商事组织法理念，不宜将其视为一人公司。但考虑夫妻间特殊的人身关系与财产关系，以及保护公司债权人利益的需要，对夫妻公司适用法人格否认制度时，可在举证上适度有利于债权人，即债权人一旦有初步证据表明股东与公司之间财产混同，则财产独立的证明责任就应移转给夫妻股东。

关键词：

商法思维　夫妻公司　一人公司　公司法人格否认

对法律报以虔诚敬畏之情，并在此基础上构筑逻辑和政策。[1]

——伯尔曼

---

* 本文系2017年度国家社会科学重点项目“社会主义核心价值观与我国商事立法完善”（项目编号：17VHJ001）的阶段性成果。

** 天津财经大学法学院副教授。

〔1〕［美］哈罗德·J. 伯尔曼：《法律与宗教》，梁治平译，商务印书馆2012年版，第29页。

一、问题的提出

由夫妻双方出资、股东仅为夫妻两人的有限责任公司,一般被称为夫妻公司。这类公司既可能是夫妻两人以未分割夫妻共同财产出资,也可能是夫妻两人分别以个人财产出资。司法实践中,前者引发的纠纷更加突出,争议往往集中于此,即以未分割夫妻共同财产出资设立的夫妻公司是否应视为一人公司。[2] 2023 年 12 月 29 日第十四届全国人大常委会通过修订后的《公司法》第 23 条第 3 款规定,一人公司的股东不能证明公司财产独立于股东自己的财产的,应对公司债务承担连带责任。该条承继了原《公司法》第 63 条的同时,将适用范围进一步扩大到全部一人公司(包括一人股份有限公司和一人有限责任公司)。在夫妻公司适用法人格否认制度时,是否将其视为一人公司,表面上看是举证责任分配问题,实则关系夫妻公司、夫妻股东与公司债权人之间利益衡平问题。这一问题,在新《公司法》中仍未得到解决。

《公司法》第 23 条第 3 款对一人公司适用法人格否认时在财产独立的举证规则上进行了特殊安排。这是因为一人公司极易出现财产混同,[3]需要在举证规则上弥补一人公司财产与股东自己财产难以严格分离带给公司债权人的风险。[4] 此外,一人公司缺少其他股东的监督制约,更容易发生一人股东滥用公司法人地位和股东有限责任的情形,[5]给公司或公司债权人带来更大的利益损害风险。从笔者实证研究的结果看,夫妻公司适用法人格否认在司法实践中有两种截然不同路径:一是将夫妻公司认定为一人公司,从而适用《公司法》第 23 条第 3 款的举证规则;二是不将夫妻公司视为一人公司,从而排除《公司法》第 23 条第 3 款对夫妻公司的适用。在夫妻公司适用法人格否认制度时,是

[2] 如无特别说明,下文所称夫妻公司均指以未分割夫妻共同财产出资设立的、股东仅为夫妻两人的有限责任公司。

[3] 参见李建伟:《公司法学》(第 5 版),中国人民大学出版社 2022 年版,第 400 页。

[4] 参见范健、王健文:《公司法》(第 4 版),法律出版社 2015 年版,第 224 页。

[5] 参见李建伟:《公司法学》(第 5 版),中国人民大学出版社 2022 年版,第 399 页。《公司法》也强制要求一人公司在每一会计年度终了时编制财务会计报告,并经会计师事务所审计。参见施天涛:《公司法论》(第 4 版),法律出版社 2018 年版,第 74 页。

否将其视为一人公司，影响举证责任的法定配置，进而影响到夫妻股东对公司债务实体责任的承担，对公司债权人和夫妻股东都具有重要意义。

有观点认为，将夫妻公司视为一人公司是源于夫妻股东出资的财产系夫妻共同财产的“同一所有权”理念，即以夫妻共同财产出资的夫妻公司就认定为一人公司。[6] 一方面，这种“同一财源”的标准，过度强调由财产出资所形成的公司股权的财产属性，在夫妻公司属性认定上凸显了婚姻家庭法优位于公司法适用的倾向。[7] 在公司实践中，上述观点无疑给夫妻公司的运营与风险管理带来极大不确定性。另一方面，尽管夫妻公司的两名股东之间具有特殊的人身关系并适用夫妻财产共有制度，但公司登记并未将股东身份关系作为登记事项，[8]这使交易相对人难以辨识夫妻公司，给交易相对人带来更大交易成本。要判断夫妻公司是否为一人公司，必须回应如下问题：一是如何准确理解夫妻公司与一人公司关系，以及司法实践对夫妻公司认定的现状如何。二是在判断夫妻公司是否为一人公司时，如何在民法思维与商法思维的解释路径中作出选择，哪一种解释路径在衡平公司、股东及公司债权人各方利益时最优。针对上述问题，本文在对夫妻公司适用法人格否认的实证研究基础上，尝试探讨夫妻公司适用法人格否认时的民法路径与商法路径的优劣，以期就夫妻公司是否认定为一人公司提供些许的建议。

二、夫妻公司与一人公司的再认识：共性与差异

我国《公司法》要求在公司登记事项中登记股东的姓名或名称，并通过国家

---

〔6〕 参见最高人民法院民事判决书，(2019)最高民再第372号。

〔7〕 参见周游：《股权利益分离视角下夫妻股权共有与继承问题省思》，载《法学》2021年第1期。

〔8〕 《市场主体登记管理条例》第8条规定，公司的登记事项包括：(1)名称；(2)主体类型；(3)经营范围；(4)住所或者主要经营场所；(5)注册资本或者出资额；(6)法定代表人、执行事务合伙人或者负责人姓名；(7)有限责任公司股东、股份有限公司发起人的姓名或者名称。

企业信用信息系统向社会公示。[9] 故从公司登记信息上,交易相对人能够较容易地辨认出一人公司。对于夫妻公司,虽然从公司章程、股东人数等方面看,其并非一人公司,但从公司治理结构上看,夫妻公司仍具有诸多一人公司的特征。

(一)夫妻公司与一人公司的共性

在夫妻共同财产制度下,夫妻各方在婚姻关系存续期间取得的公司股权往往被认为属于夫妻共有。[10] 公司资本源于夫妻共同财产的外观以及夫妻特殊的人身关系使得夫妻公司具有一人公司的诸多特点。

首先,夫妻公司的所有权与经营权难以分离。夫妻公司与一人公司往往都是规模不大的中小型企业,为了降低经营成本,作为出资者的股东往往亲力亲为,亲自管理所投资的公司。夫妻公司的经营管理层就是夫妻双方或者一方,造成其经营模式上的"家企不分",从而导致夫妻公司与一人公司一样存在着所有权与经营权"两权合一"现象。

其次,夫妻公司的资本来自夫妻共同财产,系单一所有权。出资于夫妻公司的夫妻共同财产源于同一财产权,受单一所有权支配。从所有权单一性上看,与一人公司相同,这使夫妻公司的投资主体在利益上具有高度趋同性。

最后,夫妻公司的公司治理制衡机制弱化。夫妻公司存在两名自然人股东,尽管与一人公司不同,能够以召开股东会的形式履行股东会职责。但由于两名自然人股东具有夫妻身份关系,其在财产关系及人身关系上具有紧密的联系,难以形成有效的相互监督制约的公司治理机制。

(二)一人公司与夫妻公司的差异

尽管一人公司与夫妻公司存有诸多共性,但不可否认,由于公司法人格独立于股东人格,在股东登记外观、公司治理机制等方面,夫妻公司与一人公司仍存有诸多差异。

首先,在股东登记外观上,夫妻公司存在两名股东。尽管该两名股东具有

---

〔9〕《公司法》第 32 条规定:"公司登记事项包括:(一)名称;(二)住所;(三)注册资本;(四)经营范围;(五)法定代表人的姓名;(六)有限责任公司股东、股份有限公司发起人的姓名或者名称。公司登记机关应当将前款规定的公司登记事项通过国家企业信用信息公示系统向社会公示。"

〔10〕参见刘俊海:《股份有限公司股东权的保护》,法律出版社 2004 年版,第 177 页。

特定身份关系,但商事组织法并不排斥特定身份关系的成员成立商事组织;相反,某些商事主体的人合性特征更加强调成员之间所具有的某种关联。这显然区别于出资人唯一的一人公司。虽然受财产法理论的影响,夫妻共同财产投资形成的股权,从形式上看似乎是单一出资来源而往往被认为形成股权共有关系,[11]但股权共有的观念忽视了法人财产独立原理所蕴含的投资人财产出资后公司成为该财产唯一所有人的公司法理念,也混淆了公司法上股东资格与股权财产价值的边界。

其次,公司治理机制上,夫妻公司的股东会并不缺位,而一人公司并不存在传统意义上的股东会,该一人公司的股东可自行决定行使股东会职权的时间、地点和议题。[12] 此外,夫妻公司由于存在两名股东,故股东之间具有相互监督的可能;而一人公司虽需设执行董事和监事,但其任免完全由该一人股东决定,极易使公司内部监督机制形同虚设。一人公司由于内部监督机制缺失,更易出现财产混同的现象,故一人公司适用法人格否认时,将证明公司财产独立的举证责任置于该一人公司的股东。这是考虑到一人公司财产混同普遍存在的现实特点,为倾斜性保护一人公司的债权人而做出的制度应对。[13]

三、我国夫妻公司适用法人格否认的实践脉络展开

(一)夫妻公司适用法人格否认的司法实践发展

1.2005 年之前否定夫妻公司独立法人格的司法实践

在 2005 年《公司法》修订之前,我国并不承认一人公司。尽管公司登记机关允许夫妻出资设立公司,但根据原国家工商行政管理总局《关于公司登记管

---

〔11〕 由于公司资本源于夫妻共同财产,从形式上看似乎是单一的出资来源,因而作为夫妻共有财产的股权被称为“夫妻共有股权”。相关的文献,参见王涌、旷涵潇:《夫妻共有股权行使的困境及其应对——兼论商法与婚姻法的关系》,载《法学评论》2020 年第 1 期;楼秋然、陈华舒:《夫妻共有股权的行使》,载《人民司法》2021 年第 7 期。

〔12〕 参见刘俊海:《现代公司法》(下)(第 3 版),法律出版社 2015 年版,第 1045 页。

〔13〕 参见朱慈蕴:《公司法人格否认:从法条跃入实践》,载《清华法学》2007 年第 2 期。

理中的几个具体问题的答复意见》(以下简称《公司登记答复意见》)的规定,[14]夫妻公司设立时必须向公司登记机关提交夫妻共同财产分割证明,并以个人财产向公司出资。据此,对于夫妻以未分割财产投资所设立的公司,人民法院往往以影响公司财产独立性为由,否定夫妻公司的独立法人格。例如,在广汉市万达城市信用社与广汉市拓新有限公司、陈某循、刘某琴抵押借款合同纠纷案中,法院认为,公司两位股东系夫妻关系,"依夫妻财产制,两位股东的财产构成不可分割的整体,以单一主体设立有限责任公司违反《公司法》有关有限责任公司设立条件的规定",故夫妻两人应对夫妻公司的债务承担无限责任。[15] 同样,在南京东南图文有限责任公司(以下简称东南公司)诉刘某返还公司财产纠纷案中,法院认为,"东南公司在股东变更为仅有夫妻两人,且未对夫妻财产作出相应分割时,股东在公司的财产实际是夫妻共同财产,东南公司已不具有严格意义上的有限责任公司的性质,东南公司已不具有法人人格"[16]。

有学者认为,对以未分割的夫妻共同财产出资设立的夫妻公司,在涉及夫妻公司的债务纠纷时,司法实践已形成一种比较流行、普遍性的裁判思维,即通过否定此类夫妻公司的法人格来保护公司债权人利益。[17]

2. 2005 年之后夫妻公司性质认定的司法实践

为解决公司实践中大量存在的实质意义上的一人公司问题,将其纳入公司法调整,2005 年修改后的《公司法》承认了一人公司的合法地位。[18] 2006 年

---

〔14〕 原国家工商行政管理总局《关于公司登记管理中的几个具体问题的答复意见》(〔1995〕第 303 号,2006 年已废止)第 5 条规定:"家庭成员共同出资设立有限公司,必须以各自拥有的财产作为注册资本并各自承担相应的责任。登记时需提交财产分割的书面证明或协议。"

〔15〕 四川省广汉市人民法院民事判决书(1999)广汉经初字第 716 号,参见最高人民法院民事审判庭编:《民事审判指导与参考》(总第 4 卷),法律出版社 2000 年版,第 315 ~ 318 页。

〔16〕 李仁军:《公司规定仅为夫妻两人时——如何界定公司性质》,载《人民法院报》2002 年 6 月 6 日,第 3 版。

〔17〕 参见蒋大兴:《公司法的观念与解释 · Ⅱ · 裁判思维 & 解释伦理》,法律出版社 2009 年版,第 288 页。

〔18〕 参见范健、王健文:《公司法》(第 4 版),法律出版社 2015 年版,第 220 页。

《公司登记答复意见》被废止，司法机关也不再因夫妻公司设立时以未分割的夫妻共同财产出资而否定其独立法人格。但是，对夫妻公司设立时是否必须分割夫妻共同财产以及以未分割夫妻财产出资所设公司的法律后果等问题，立法上依然未能予以解决，理论界与实务界也出现了激烈争议，主要有以下3种不同观点。

第一种观点为"非单一投资主体说"。该说认为：夫妻以共同财产出资设立的夫妻公司并非单一主体投资设立，并不必然损害公司法人财产的独立性，不能仅据此否认公司法人格的独立性；夫妻以未分割夫妻共同财产出资设立公司时，只会产生夫妻共有股权的结果；强制要求夫妻在出资设立公司时分割夫妻共同财产并不符合夫妻共同财产制的立法精神，也会造成社会公平贬值、婚姻自由损害。[19] 无论夫妻在投资设立公司时有无订立财产分割协议，都不会影响到夫妻的股东身份和公司资本构成，也不应以夫妻公司由夫妻共同财产出资设立而认定其为一人公司。在司法实践中，这一观点得到了不少法院的支持。例如，在西安天虹电气有限公司、青海力腾新能源投资有限公司建设工程施工合同纠纷案中，法院认为，夫妻出资设立夫妻公司，股东并非一人且均已全面履行出资义务，在无证据证明股东财产与公司财产发生混同时，股东不应对公司债务承担连带清偿责任。[20] 又如，重庆国际复合材料有限公司与李某爱、马某花等与公司有关的纠纷案中，李某爱与马某花持有裕鑫玻璃公司100%股权，法院认为，"虽然李某爱、马某花系夫妻，但仍是两个不同的民事法律主体，裕鑫玻璃公司不属于一人公司"[21]。再如，洋浦中和运海运有限公司、深圳市万港物流发展有限公司申请执行人执行异议之诉案中，法院明确指出，"夫妻财产的共同共有与公司财产的独立性系不同法律制度的内容，夫妻双方将财产投入到公司后即受到公司法的约束，公司财产的独立性并不因股东的夫妻身份而受到影响"[22]，从而否认将夫妻公司视为一人公司。

第二种观点为"单一投资主体说"。该说认为，对以夫妻共同财产投资设立的夫妻公司，投资主体尽管在形式上表现为两人，但投资入股的财产属于夫妻

---

〔19〕 参见蒋大兴：《公司法的观念与解释·Ⅱ·裁判思维&解释伦理》，法律出版社2009年版，第335页。

〔20〕 参见最高人民法院民事判决书，(2018)最高法民终1184号。

〔21〕 重庆市高级人民法院民事判决书，(2018)渝民终384号。

〔22〕 广西壮族自治区高级人民法院民事判决书，(2018)桂民终124号。

共同共有,共享一个所有权,故夫妻共同财产形成的夫妻公司股权的所有权实质上是单一的,“从共同共有的客体角度看,夫妻公司仅有一个股权,夫妻双方是该单一股权的共同共有人,故夫妻双方作为一个不可分离的权利主体,实质上就成为该公司的唯一股东”[23]。司法实践中,此种观点也有很多法院支持。例如,在高某霞、宁夏金特嘉工贸有限公司合同纠纷案中,再审法院尽管没有明确将未向工商登记机关提交分割财产证明而设立的夫妻公司认定为一人公司,但从股东一方不能证明公司财产独立于股东自己的财产应对公司债务承担共同付款责任的表述中,[24]我们能看出再审法院实质上将此类夫妻公司视为一人公司。又如,在武汉猫人制衣有限公司与江西青曼瑞服饰有限公司、熊某平、沈某霞执行异议之诉案中,最高人民法院认为,夫妻在婚姻关系存续期间设立公司时未提交财产分割的书面证明或协议,夫妻公司的全部股权实质源于同一财产权,并为一个所有权共同享有和支配,其股权主体具有利益的一致性和实质的单一性,夫妻公司资产归夫妻共同共有,双方利益具有高度一致性,难以形成有效内部监督,故此类夫妻公司与一人有限责任公司在主体构成和规范适用上具有高度相似性,应认定为实质意义上的一人公司。[25]

第三种观点为“财产混同说”。该说主张,对于夫妻公司,如果不能证明夫妻股东已向登记机关提交夫妻财产分割证明或协议,则表明夫妻共同财产包括收益与所经营公司的财产出现了混同。此时,应由夫妻股东承担证明公司财产独立于公司财产的举证责任;夫妻股东不能举证证明公司财产独立于夫妻共同财产的,夫妻股东与公司之间出现财产混同,夫妻股东应对公司债务承担连带

---

〔23〕 王惠玲:《一人公司的法人人格否认之诉》,载《人民司法》2009 年第 1 期;丁亮华:《夫妻公司之设立及其人格否认》,载北京市高级人民法院编:《公司法新型疑难案例判解》,法律出版社 2006 年版,第 20 页。

〔24〕 最高人民法院民事裁定书,(2020)最高法民申 1515 号。

〔25〕 最高人民法院民事判决书,(2019)最高法民再 372 号。最高人民法院认为,青曼瑞公司由熊某平、沈某霞夫妻二人在婚姻关系存续期间设立,公司资产归熊某平、沈某霞共同共有,双方利益具有高度一致性,亦难以形成有效的内部监督。熊某平、沈某霞均实际参与公司的管理经营,夫妻其他共同财产与青曼瑞公司财产亦容易混同,从而损害债权人利益……青曼瑞公司与一人有限责任公司在主体构成和规范适用上具有高度相似性,二审法院认定青曼瑞公司系实质意义上的一人有限责任公司并无不当。

责任。此种观点避开了对夫妻公司是否为一人公司的判断，以夫妻股东未向登记机关提交财产分割证明或协议的事实作为认定公司与夫妻股东之间存在财产混同的初步证明，从而将证明公司财产独立于夫妻共同财产的责任转嫁给夫妻股东一方。例如，临海市皇冠彩印厂与宁海县欧亿电器有限公司、刘某平等定作合同纠纷案的再审法院即采此种观点。[26]

（二）我国夫妻公司适用法人格否认的实证展开

为了客观反映我国司法实务界对夫妻公司是否认定为一人公司的分歧情况，笔者以“一人公司”+“夫妻公司”作为关键词，在中国裁判文书网中进行了检索，共获得相关法院裁判文书248篇。[27] 经过筛选，涉及夫妻公司是否被认定为一人公司的裁判文书共146份。从检索结果看，最早的样本为广东省汕头市中级人民法院2012年5月18日作出的（2012）汕中法民四终字第21号民事判决书，[28]最晚的样本为安徽省淮北市中级人民法院2020年11月25日作出的（2020）皖06民终1155号民事判决书。从图1可以看出，146份样本中，有80份样本在夫妻公司适用法人格否认时将其认定为一人公司或者参照适用一人公司的规定，占54.79%；有66份样本否认将夫妻公司认定为一人公司，占45.21%。这反映出，对夫妻公司适用法人格否认制度时是否将其认定为一人公司的问题，司法实务界存在着非常大的分歧。

从图2可以看出，2014～2020年实务界在夫妻公司性质认定问题上的大体趋势，即在涉及夫妻公司适用法人格否认制度的案件总体数量增长的同时，将夫妻公司认定为一人公司或参照适用一人公司规定的案件数量也逐年增多，并呈现出多于将夫妻公司视为非一人公司案件数量的样态。这说明，一方面，在夫妻公司适用法人格否认时是否将其认定为一人公司的问题上，司法实务界长期存在分歧；另一方面，将夫妻公司认定为一人公司或参照适用一人公司规定的裁判思路，正在得到司法实务界越来越多的认同。

---

〔26〕 浙江省临海市人民法院民事判决书，（2015）台临商再字第1号。

〔27〕 检索时间为2020年12月25日。

〔28〕 该案经历了再审程序，在（2014）汕中法审监民再字第1号民事判决书中，再审法院维持了二审判决。

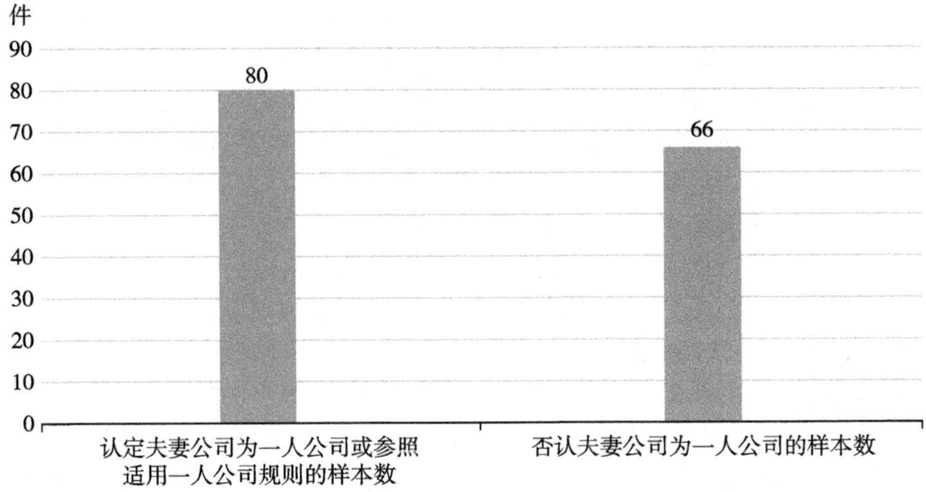

图 1　样本中不同认定的案件数量

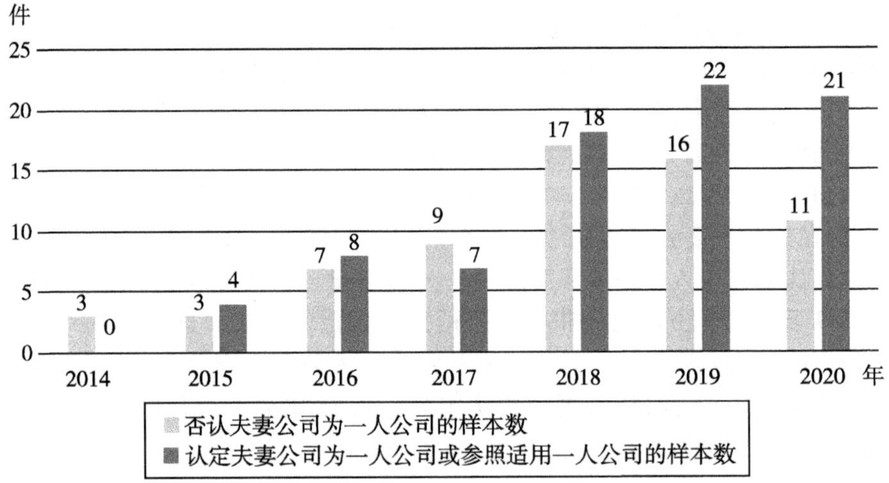

图 2　夫妻公司适用法人格否认时性质认定情况

人民法院将夫妻公司认定为一人公司或参照适用一人公司规定的直接目的在于将证明股东财产独立于公司财产的举证责任交由股东。一旦夫妻股东无法举证证明,则夫妻股东对公司的债务承担连带责任。司法实践中,人民法院趋向于把夫妻公司直接定性为实质上的一人公司。图 3 表明,在 80 件将夫妻公司视为一人公司或参照适用一人公司规定的样本中,有 57 件样本是将夫妻公司直接认定为一人公司,占比近 71.3%,而仅有 23 件样本将夫妻公司参照适用一人公司规定。

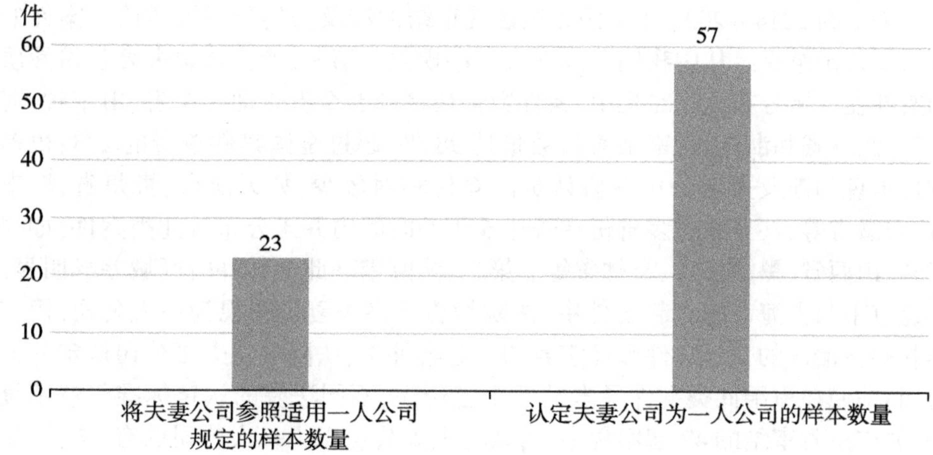

图3　夫妻公司认定为一人公司或参照适用一人公司规定的样本情况

在司法实践中,法院主要通过诉讼程序来认定夫妻公司是否为一人公司。图4反映出,发生在诉讼程序中对夫妻公司适用法人格否认的案件远远多于发生在执行程序中的案件;在执行程序中,否认将夫妻公司视为一人公司的样本要多于将夫妻公司认定为一人公司的样本。这表明,诉讼程序仍是夫妻公司适用法人格否认制度的主要方式;对于在执行程序中是否将夫妻公司认定为一人公司而适用法人格否认制度,法院持更谨慎的态度。

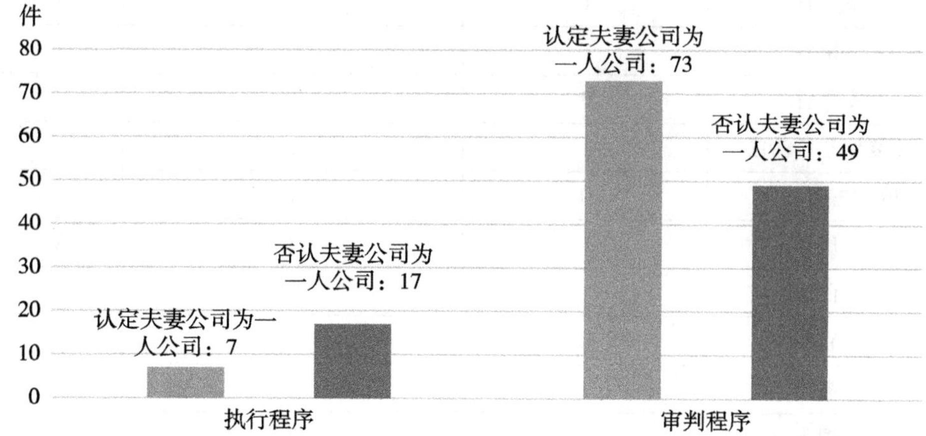

图4　审判程序与执行程序中认定夫妻公司是否为一人公司的情况

表 1 为 2014 ~ 2020 年全国各级法院审结的涉及夫妻公司性质认定案件的分布及认定结果。从中我们可以发现一些现象。第一,涉及认定夫妻公司性质的案件在地域分布上相对集中,案件数量最多的 5 个省份即广东省、山东省、河南省、江苏省和浙江省,审结案件数量达 98 件,超过全国案件总量的 2/3;很多省份审理的涉及夫妻公司性质认定的案件相对较少,如天津市、贵州省、海南省、安徽省等,甚至有很多省份在长达 6 年的时间内并未公布过此类案件,如福建省、山西省、黑龙江省、吉林省等。第二,法院审理此类案件时区域差异明显,如北京市与上海市的 4 起案件中,法院均否认将夫妻公司视为一人公司,而广西壮族自治区的 3 起案件和辽宁省的 2 起案件中,法院均将夫妻公司认定一人公司;即使在审结此类案件最多的几个省份中,不同法院的认定标准仍然不统一,如广东省审结的 47 起案件中,否认将夫妻公司视为一人公司的有 17 件,而将夫妻公司认定为一人公司的有 30 件。

表 1　2014 ~ 2020 年人民法院审结涉及夫妻公司性质认定的民事案件数量

法院	否认夫妻公司为一人公司样本数量/件	认定夫妻公司为一人公司或参照适用一人公司规定的样本数量/件	样本总数/件
最高人民法院	1	1	2
天津市	1	0	1
贵州省	1	0	1
海南省	1	0	1
安徽省	0	1	1
宁夏回族自治区	1	0	1
内蒙古自治区	0	1	1
重庆市	1	2	2
江西省	1	1	2
北京市	2	0	2
上海市	2	0	2
陕西省	0	2	2

续表

法院	否认夫妻公司为一人公司样本数量/件	认定夫妻公司为一人公司或参照适用一人公司规定的样本数量/件	样本总数/件
甘肃省	0	2	2
辽宁省	0	2	2
广西壮族自治区	3	0	3
湖南省	2	2	4
湖北省	2	3	5
河北省	2	3	5
四川省	6	1	7
浙江省	5	3	8
江苏省	7	3	10
河南省	3	10	13
山东省	7	13	20
广东省	17	30	47
合计	66	80	146

四、夫妻公司是否认定为一人公司的原因考察

(一)夫妻公司认定为一人公司的裁判理由分析

从上述将夫妻公司认定为一人公司的案件样本中,我们可以梳理出法院裁判的理由。这些理由主要有:(1)夫妻双方以夫妻共同财产出资设立公司,并共同行使公司管理权,实际只享有一个公司股权,夫妻为该股权的共同享有者。[29] (2)夫妻公司的全部股权属于夫妻婚后取得的财产,归夫妻共同共有,夫妻公司的全部股权实质源于同一财产权,并为一个所有权共同享有和支配,

〔29〕 参见广东省广州市花都区人民法院民事判决书,(2015)穗花法狮民初字第648号。

该股权主体具有利益的一致性和实质的单一性。[30] (3)夫妻公司的出资财产归夫妻共同共有,夫妻双方利益具有高度一致性,夫妻公司在内部监督缺失、投资者财产与公司财产容易混同、债权人利益受损风险等方面与一人公司具有高度相似性。[31] (4)夫妻公司在意志和决策上实质极似一人公司,对夫妻公司的人格判断参照适用公司法关于一人公司的相关规定,符合公司法的立法目的。[32] (5)夫妻公司与股东财产发生混同,应视为一人公司。[33] (6)夫妻公司为同一利益团体所共同拥有,且意思表示上通常高度一致。[34]

从上述裁判理由看,司法实务界将夫妻公司认定为一人公司时,主要是基于三个方面因素的考虑,即出资财产是否夫妻共有、公司投资主体利益是否单一以及公司决策管理是否单一。其中,出资财产是否为夫妻共有是首要考察的因素,在80份将夫妻公司认定为一人公司或参照适用一人公司规定的样本中,有50份样本是基于夫妻共同财产出资、出资体单一的理由。

(二)否认将夫妻公司视为一人公司的裁判理由分析

否认将夫妻公司视为一人公司的理由主要为夫妻公司的股东并非一人,股东人数在形式上不符合一人公司的要求。例如,西安天虹电气有限公司与青海力腾新能源投资有限公司、李某建设工程施工合同纠纷案中,最高人民法院认为,夫妻公司系夫妻两人"出资设立,公司股东并非一人且均已全面履行出资义务",故该夫妻公司不应参照一人公司的相关规定。[35] 青岛隆盛晶硅科技有限公司与张某、程某、黄山兆全硅材料科技有限公司买卖合同纠纷案中,山东省高级人民法院亦认为,夫妻公司的"两个自然人股东,该两人虽系夫妻关系,但仍是两独立的民事主体",故该公司不属一人公司。[36]

在民法上,共同财产的所有人共享单一所有权,但是各个共有人以共同财

[30] 参见最高人民法院民事判决书,(2019)最高法民再372号。

[31] 参见最高人民法院民事判决书,(2019)最高法民再372号。

[32] 参见广东省佛山市中级人民法院民事判决书,(2019)粤06民终11270号;广东省佛山市中级人民法院民事判决书,(2019)粤06民终10754号。

[33] 参见山东省泰安市岱岳区人民法院民事判决书,(2016)鲁0911民初1900号。

[34] 参见广东省佛山市南海区人民法院民事判决书,(2018)粤06065民初1559号。

[35] 最高人民法院民事判决书,(2018)最高法民终1184号。

[36] 山东省高级人民法院民事裁定书,(2018)鲁民申3225号。

产投资入股公司时并不能以单一所有权而否认投资主体的多元。因为在商事组织法上没有共同出资人概念，在登记外观主义下，一般认为被登记的出资人即为公司股东，商事登记并不承认共有股权登记。而且，夫妻公司并不当然就意味着股东与公司的人格必然存在混同。〔37〕在黎某华与广州嘉明塑料制品有限公司、桂某、李某华买卖合同纠纷案中，法院认为，“在投资之前，股东之间之财产关系如何，是否实际为夫妻共同财产，有无订立财产分割协议，对公司资本构成及资产状况实质并无影响，更不应据此而认定为一人公司”。〔38〕夫妻以未分割共同财产出资设立公司时会产生夫妻共有财产价值形态的变化，即夫妻之间形成股权财产利益的共有。股权财产利益的共有应区别于民法上物之共有。股权属于社员权，既包含财产利益的权利，也包含管理性的权利，因而有别于物权。基于夫妻共同财产出资所形成的股权财产利益之共有，仅为股权中的投资价值及投资收益的共有，股权中的管理性权利并非夫妻共有关系的客体，股权中的管理性权利一般由公示方行使。〔39〕

夫妻公司在适用法人格否认制度时，尽管不把其视为一人公司，但司法实践中有降低夫妻公司财产混同认定标准的做法。例如，曾某中诉深圳市中鼎宏发装饰工程有限公司、付某文装饰装修合同纠纷案中，法院认为，登记在夫妻二人名下的公司“虽不是一人公司，但考虑到夫妻公司的特殊性，认定夫妻公司股东与公司财产是否混同的标准应比一般的公司低”〔40〕。

（三）将夫妻公司认定为一人公司的民法思维路径的批判

在夫妻公司适用法人格否认时，将其认定为一人公司忽视了民法思维与商法思维的差异。

其一，商法对股东资格的认定与保护规则有别于民法对共有人的认定和保护规则。民法中物之共有基于共有人意思表示或者法律直接规定而产生，〔41〕

---

〔37〕 参见蒋大兴：《公司法的观念与解释 · Ⅱ · 裁判思维 & 解释伦理》，法律出版社2009年版，第308页。

〔38〕 广东省广州市中级人民法院民事判决书，(2020)粤01民终7413号。

〔39〕 参见王涌、旷涵潇：《夫妻共有股权行使的困境及其应对——兼论商法与婚姻法的关系》，载《法学评论》2020年第1期。

〔40〕 广东省东莞市第三人民法院民事判决书，(2018)粤1973民初18037号。

〔41〕 参见梁慧星、陈华彬：《物权法》(第5版)，法律出版社2010年版，第232页。

而商法中股东身份的确认并不是“谁出资,谁所有”。[42] 为促进商事交易效率、维护交易安全,商法对股东资格的确认采取了外观主义原则,实际出资人尽管可以根据出资协议的约定享有投资收益,但并不能当然成为公司股东。[43]

其二,商法所追求的“效率优先、兼顾公平”的价值理念与民法上强调公平、平等的理念有所不同。由于商事交易的复杂和多元,商法更倾向于如何实现商事交易的高效,强调风险与利益的平衡保护,并非绝对公平;而传统民法中对民事主体私人财产采取的是绝对的保护主义。[44] 例如,对于隐名出资的股东资格认定,即遵循了商法外观主义及效率优先理念。

其三,将夫妻公司视为投资主体单一的一人公司,混淆了民法中夫妻财产共有与商法中股权共有之界分。夫妻财产共有制下,共有财产仅有一个所有权;而股权共有中股东资格的认定则需要遵循商法规则。由于我国现行公司立法中尚未确立股权共有规则,对以夫妻共同财产出资形成的公司股权,司法实务界多认为共有股权的主体实际只享有一个公司股权,夫妻为该股权的共同享有者[45]。但实际上,在夫妻共同财产出资入股形成股权共有的情况下,股东资格的确认与民法中财产共有人资格的确认存在极大区别。[46] 商法中股东资格并不依据出资财产的所有权确定,而以股东记载、登记作为股东权利行使和股东资格认定的外观。夫妻双方分别以夫妻共同财产出资,并将公司股权分别登记在自己名下时,夫妻一方对另一方名下的股权并不能当然主张股东权利。

其四,将未分割夫妻财产出资设立的夫妻公司视为一人公司忽视了公司财产独立性的商法逻辑。按照现代公司法理论,夫妻投资入股公司的财产在公司成立后归公司所有,出资人不再享有出资财产的所有权。而且,以股东之间的利益关系来否认股东个体的独立地位也有违商法价值。实践中,存在着大量的家族企业,其家族成员之间具有利益高度一致性,且在内部监督和财产独立上,

---

〔42〕 参见叶林:《公司法研究》,中国人民大学出版社2008年版,第85页。

〔43〕 参见钱玉林:《公司法实施问题研究》,法律出版社2014年版,第245页。

〔44〕 参见郑彧:《民法逻辑、商法思维与法律适用》,载《法学评论》2018年第4期。

〔45〕 参见广东省广州市花都区人民法院民事判决书,(2015)穗花法狮民初字第648号。

〔46〕 参见蒋大兴:《公司法的观念与解释·Ⅱ·裁判思维&解释伦理》,法律出版社2009年版,第321~322页。

这些家族企业与夫妻公司相比,也未必做得更好。以此为由把夫妻公司乃至其他家族企业视为实质上的一人公司,无疑将增加此类企业的经营风险与管理成本,甚至会迫使此类投资者主动退出公司经营领域。

在司法实践中,之所以对夫妻公司是否视为一人公司产生不同的认定结果,笔者认为,主要原因在于夫妻公司适用法人格否认时采用民法思维还是商法思维的分歧。商法思维是"按照商法的逻辑,思考、分析、解决问题的思维模式"〔47〕。与民法思维相比,商法思维的特殊性源自商法在理念、原则、价值上与民法的不同。〔48〕用以公平、公正为基础的民法理念解决商事纠纷,会出现对"商"的专业、效率尊重不够的倾向。〔49〕就夫妻共同财产出资设立的夫妻公司而言,在民法思维下,"谁出资,谁所有",股权通常被认为归属实际出资人所有;而商法思维下,外观主义、公示主义的原则要求以股东名册记载与登记来确认股东资格。〔50〕将夫妻公司认定为一人公司或参照适用一人公司规定的裁判观点,虽强调夫妻共同财产的民法逻辑,却忽视了股权与股东资格认定的商法逻辑。

五、我国夫妻公司适用法人格否认的商法路径

我国《公司法》对夫妻公司适用法人格否认并没有设置特殊规则。笔者认为,在夫妻公司适用法人格否认时,不能过度强调出资财产的单一所有权而忽视公司法人格与股东资格的商法品性。

(一)以未分割财产出资设立的夫妻公司不应视为一人公司

以未分割夫妻共同财产出资设立夫妻公司,并不会必然导致公司丧失财产独立性。财产独立是公司具有独立法律人格的重要表现。公司财产的不独立

〔47〕 王保树:《序——为什么要讨论商法思维?》,载王保树主编:《中国商法年刊》(2013年),法律出版社2013年版,第1~3页。

〔48〕 参见杨峰:《商法思维的逻辑结构与司法适用》,载《中国法学》2020年第6期。

〔49〕 参见李志刚:《商事审判理念三论:本论、本体与实践》,载最高人民法院民事审判第二庭编:《商事审判指导》(2014年第1辑),人民法院出版社2014年版,第64页。

〔50〕 参见郑彧:《民法逻辑、商法思维与法律适用》,载《法学评论》2018年第4期。

往往通过"公司的财产与股东财产混同且无法区分"表现出来。[51] 尽管从共有制度的视角看,夫妻共同财产仅有一个所有权,但在公司法上,夫妻公司的财产独立并不考虑向公司出资的财产是夫或妻的个人财产还是夫妻共有财产。以夫妻共同财产出资还是以夫妻个人财产出资只是出资财产所有权主体的不同,并不必然带来股东财产与公司财产之间的无法区分。

对以夫妻共同财产出资设立的夫妻公司,不宜认定为投资主体单一的一人公司。首先,出资财产的所有权单一、夫妻利益高度一致性等,并不是将夫妻公司视为一人公司的理由。现实中,大量的家族企业以家庭共有财产出资、所有权单一,家庭成员利益具有高度一致性。如果按照上述认定依据,很多家族企业也将面临被认定为一人公司的风险。这势必会阻碍家族企业投资者的投资积极性。其次,就夫妻公司而言,夫妻一方以未分割夫妻共同财产出资时,另一方实际上也具有出资意愿且具有实际出资的行为。参照实际出资人的股东资格认定规则,该另一方尽管为出资财产的共有人,但其对以配偶名义出资的部分并不当然具有股东资格,即隐名出资人不能直接基于实际出资而当然成为享有该份股权的股东。最后,将夫妻公司视为一人公司与商法的外观主义原则相悖,将以未分割共有财产出资设立的夫妻公司视为实质上的一人公司,将会损害商事登记的公示力与公信力。

以夫妻共同财产出资设立夫妻公司的后果,并不导致夫妻公司成为实质的一人公司,而仅仅产生夫妻共同财产投资后夫妻共同财产类型的变化。我国现行《公司法》没有规定共有股权制度。在夫妻公司较普遍的背景下,笔者认为,《公司法》修改时应明确夫妻一方以夫妻共同财产出资形成的股权财产利益,即股权的财产价值与投资收益归属夫妻共有,并在尊重商法外观主义的前提下,明确夫妻共有财产出资所形成的股权由登记于股东名册中的夫或妻一方行使股东权利。尽管未登记在股东名册上的另一方无权直接向公司主张股东权利,但在夫妻关系终止时其就该共有股权的经济价值以及股权投资收益可向登记一方主张权利。

---

〔51〕 最高人民法院于2019年11月发布的《全国法院民商事审判工作会议纪要》第10条规定:"认定公司人格与股东人格是否存在混同,最根本的判断标准是公司是否具有独立意思和独立财产,最主要的表现是公司的财产与股东的财产是否混同且无法区分。"

（二）夫妻公司适用法人格否认制度的路径

在夫妻公司适用法人格否认规则时，基于夫妻财产共有而将夫妻视为利益共同体的民法思维理念忽视了所有权与股权间的权利鸿沟，且无助于理解商事主体对商事活动安排的诉求。因此，遵循商法理念与价值，是处理夫妻公司如何适用法人格否认规则的逻辑出发点。

具体而言，首先，夫妻公司适用法人格否认应遵循法人格否认规则的适用要件，从人格混同、过度控制、资本显著不足等方面来综合判断夫妻公司的股东是否存在滥用股东有限责任的情形。主张否认夫妻公司法人格的一方应对夫妻公司存在人格混同、过度控制或者资本显著不足的事实提供证据。其次，对夫妻公司而言，判断公司与股东是否存在财产混同、公司是否具有独立财产时，应主要考察公司是否建立了独立规范的财务制度、财务支付（特别是与股东之间财务支付）是否明晰等。[52] 公司与股东之间的资金往来情况是否在公司财务账册上如实记载是重点考量因素，一旦在公司未如实做财务记载情况下股东无偿使用公司财产或者用公司资金偿还股东个人债务，就能够判断公司与股东间存在财产混同。最后，认定股东资格与身份应遵循商法理念，不宜将夫妻共同财产出资设立的夫妻公司认定为一人公司，共有财产单一所有权并非公司股东身份确认的基础。

夫妻公司相较其他公司而言，股东间具有特殊的身份关系，股东之间的利益关系更加紧密，是否需要对此类公司的债权人利益予以特殊关注？考虑夫妻之间的特殊关系，夫妻公司存在更易发生公司财产与夫妻财产无法分离的风险。从这一方面看，夫妻公司与一人公司具有一定的相似之处。因此，在否认夫妻公司为实质性一人公司的同时，需要思考夫妻公司的股东与公司债权人之间利益如何衡平的问题。

实证研究表明，适用人格混同否认公司独立法人格的案件比因其他原因否认公司法人格的案件要多，而在人格混同的案件中，适用财产混同否定公司独立人格的案件远高于适用人员混同和营业混同的案件。[53] 尽管无法将夫妻公司作为一人公司，但由于夫妻公司中夫妻关系的特殊性，夫妻公司存在公司与股东财产不分的较高风险，司法裁判机关分配举证责任时，可采取适度有利于

---

〔52〕 北京市门头沟区人民法院民事判决书，（2017）京0109民初559号。

〔53〕 参见黄辉：《中国公司法人格否认制度实证研究》，载《法学研究》2012年第1期。

公司债权人的举证规则。笔者认为,此种"适度有利"可以体现为:夫妻公司的债权人只要有初步证据表明夫妻公司曾利用股东个人的银行账号或第三方支付平台进行过收付款,或者股东使用夫妻公司账号支付过个人消费,就可以说明股东与夫妻公司之间存在财产混同,则证明责任即应转移给夫妻股东,由夫妻股东来证明公司财产独立于股东个人财产。但是,对于财产混同事由之外的否认公司独立法人格的其他理由,如人员混同、营业混同、资本显著不足以及过度控制等,则应由主张该事由的公司债权人举证。公司债权人完成证明责任后,夫妻公司及其股东如不能提出反证推翻该证据,才适用法人格否认制度由夫妻股东对公司债务承担连带责任。[54]

六、结　　语

夫妻公司适用法人格否认时,将夫妻公司视为一人公司,虽然提升了对公司债权人的保护力度,但忽视了商法外观主义的特性,混淆了商法理念与民法理念的区别。同时,以夫妻公司设立时是否分割夫妻共同财产作为认定一人公司的标准,也不符合夫妻共同财产的共同共有规则和夫妻财产制的立法精神。[55] 司法实践将夫妻公司认定为一人公司的倾向应当警惕,要避免以单一所有权的民法思维看待夫妻公司的定性而导致过度保护夫妻公司债权人的问题。

用商法思维来定性夫妻公司,无法得出夫妻公司为实质一人公司的结论,当然就不能直接适用《公司法》第63条关于一人公司股东证明财产独立的举证责任规则。但是,考虑夫妻之间特殊的人身关系及由此形成的特殊财产关系,在夫妻公司适用法人格否认规则时,在遵循"谁主张,谁举证"的举证原则之下,司法裁判机关可在综合判断基础上,对财产混同的证明采取适度有利于公司债权人的举证分配原则。另外,对于夫妻共同财产出资所形成的股权的处分以及股东权利行使,也是我国《公司法》修订中亟须解决的课题。

---

[54] 参见朱慈蕴:《公司法人格否认:从法条跃入实践》,载《清华法学》2007年第2期。

[55] 参见蒋大兴:《公司法的观念与解释·Ⅱ·裁判思维&解释伦理》,法律出版社2009年版,第335页。

Different Approaches to Veil-Piercing of Couple Companies Between Civil Law and Commercial Law and Solutions: Based on Judicial Discrepancy of China

Fan Jiwei

Abstract: Empirical research based on judicial pratice shows that there are two completely different approaches for the application of piercing the corporation veil about companies controlled by couples. The first approach regards companies controlled by couples as one-person company or refers to the rules of one-person company, which enable the shareholder to carry the burden of proof regarding the separation of the corporation's properties from the shareholder's properties. The other approach denies that companies controlled by couples are one-person companies, and believes that the company's creditors should bear the burden of proof regarding hotchpot. The difference between the two approaches stems from the different thinking patterns—civil law thinking or commercial law thinking—when identifying the nature of companies controlled by couples. When applying "piercing the corporation veil", companies controlled by couples should follow the philosophy of commercial law and should not be regarded as one-person companies. Additionally, taking into account the special personal relationship and property system between husband and wife as well as protecting the interests of the company's creditors, it is desirable to adopt the rules of proof that are moderately beneficial to the creditor when applying "piercing the corporate veil", that is, as long as the creditor has preliminary evidence that the shareholder's properties and the company's properties are not separated, the further burden of proof shall be transferred to the shareholders who are couples.

Key words: Commercial law thinking; Companies controlled by couples; One-person company; Piercing the corporation veil

破产撤销权立法完善的理论与实务研究

王欣新*

内容摘要：

破产撤销权是保障破产法正确实施的重要制度。本文分析了撤销权概念的重要特征，指出我国撤销权立法体系方面存在的问题，如没有对可撤销行为的概括性规定、对可撤销行为的立法规制体系缺少逻辑性、未根据可撤销行为的不同性质设置撤销权合理构成要件、部分可撤销行为的可撤销期间过短等。本文对上述问题提出了具体的立法修改完善意见。在对具体可撤销行为的分析中，就现行立法规定中存在的问题逐项提出意见，并借鉴各国立法与实践经验提出了完善建议。本文还对司法实践中较突出的执行行为的撤销、尚未引起充分重视的间接偏颇清偿行为的撤销等问题，提出笔者的观点，以求健全我国的撤销权制度，保障破产法立法目的的实现以及营商环境的提升。

关键词：

破产撤销权　欺诈性转让行为　偏颇清偿行为　间接偏颇清偿行为

《企业破产法》正在修改进程中。撤销权是破产法中的一项重要制度，对实现破产法保护债权人和债务人的合法权益，防止欺诈逃债，保障对全体债权人的公平清偿，维护社会主义市场经济秩序的立法宗旨具有重要的意义。本文将从理论与实务方面对完善我国破产撤销权的部分制度提出修改建议，抛砖引玉，望得百家争鸣，共同为我国破产法的健全与进步而努力。

* 湘潭大学特聘教授，中国人民大学法学院教授、博士研究生导师，中国人民大学破产法研究中心主任。

一、破产撤销权的概念与重要意义

(一)破产撤销权的概念与特征

破产撤销权是我国破产法中一项至关重要的制度。破产撤销权,是指管理人对债务人在破产申请受理前的法定期间内进行的损害债务人财产的欺诈转让行为和对个别债权人的偏颇清偿行为,有否认其行为效力、申请法院予以撤销并追回财产的权利。

要想将破产撤销权的本质属性与重要特征简单、准确、全面地组合,并用恰当语言表述在一个概念之中,是比较困难的。笔者曾在一篇文章中将破产撤销权的概念定义为,"债务人财产的管理人对债务人在破产申请受理前的法定期间内进行的欺诈债权人或损害对全体债权人公平清偿的行为,有申请法院予以撤销的权利"[1]。虽然对破产撤销权的基本特征作出了概述,但现在看来其中还有不足之处。由于各国破产立法关于撤销权的规定不同,学者对破产撤销权的理解角度和表述用语难免存在差异,统一概念的文字表述意义并不大,反而是不同的表述,更易于使人从区别中得到启发,步入深入研究。故本文不准备就学者对破产撤销权概念所作的不同表述进行比较分析,而是希望对破产撤销权中的各项特征与要素加以归纳总结,只要对撤销权概念的不同表述中能够涵盖这些因素,就可以保障对撤销权的正确理解和适用,并使之更具有包容性,取得更多共识。

笔者认为,破产撤销权具有以下基本特征:第一,破产撤销权的权利主体与权利行使主体分离。破产撤销权的实体权利主体与受益主体是债权人,但除法律有特别规定外,破产撤销权的权利行使主体是管理人。这是由破产是债务集体清偿程序的法律属性所决定的,也是破产撤销权与民法上的债权人撤销权之区别所在。

第二,可撤销行为发生在特定构成期间。可撤销行为发生在破产申请受理前的法定期间内,这是破产撤销权最关键的外观判断特征之一。同样的行为如

〔1〕 王欣新:《破产撤销权研究》,载《中国法学》2007 年第 5 期。

果发生在破产申请受理后,根据我国《企业破产法》的规定,则属于无效行为。[2] 那种认为发生在破产申请受理后的相关行为也属于可撤销行为的观点与法律规定不符,也违背了破产撤销权的原理和设立目的。立法对各种可撤销行为按照其社会危害性不同,规定了不同的可撤销期间,凡在法定期间发生的相应行为均为可撤销行为。对部分可撤销行为是否还应当具有主观构成要件,即是否要求债务人或行为相对人具有主观恶意,各国破产法理论界与实务界存在不同观点,目前我国破产法中没有明确规定可撤销行为应具有主观构成要件。

第三,可撤销行为具有减损债务人财产、侵害债权人权益,或者偏颇清偿个别债权人、损害对全体债权人公平清偿原则的法律后果。如果可撤销行为未造成损害后果,或原损害后果已经不复存在,便不属于撤销权的行使对象。

第四,可撤销行为的类别。在破产法理论上,根据违法性质、特征和损害权益不同,将可撤销行为分为两大类。其一,欺诈转让行为,是指损害、减少债务人财产,进而损害全体债权人清偿利益的行为,如无偿转让财产或财产权利、非正常的不合理交易等。此类行为是债务人与债权人之外的第三人进行的转让交易。最初,一些国家规定认定欺诈需要证明债务人一方具有实际欺诈意图,后来因举证困难,各国立法倾向使欺诈确认的规则"客观化",取消或弱化了对欺诈行为主观要件的要求。在学理上将欺诈转让行为分为两种,即实际欺诈转让和拟制欺诈转让。实际欺诈转让是行为本身体现出债务人具有欺诈主观意图的转让。拟制欺诈转让则不需要证明债务人的欺诈主观意图,只要证明特定客观事实的存在就能够认定拟制欺诈转让成立。欺诈的关键点是债务人的财产因被转让而减损,包括财产上被增加义务承担。根据《美国破产法》的规定,即使是对(个人破产中的)豁免财产或无价值的累赘财产的转让,在破产案件中仍有可能认定为欺诈转让。根据该法第 541 条(a)的规定,在上述情况下,"豁免财产首先仍将被归入破产财产,以用于对债权人的分配,除非债务人能够提出财产豁免的正式主张并得到法院支持。债务人破产之前对豁免财产的转让将会被视作对其豁免权的默示放弃"[3]。其二,偏颇清偿行为,指债务人给个

---

〔2〕《企业破产法》第 16 条规定:"人民法院受理破产申请后,债务人对个别债权人的债务清偿无效。"

〔3〕[美]查尔斯·J. 泰步:《美国破产法新论》(第 3 版),韩长印、何欢、王之洲译,中国政法大学出版社 2017 年版,第 637 页。

别债权人以较之原有权利更为优惠的清偿,而损害其他债权人公平清偿利益的行为。[4] “依据非官方的通常说法,偏颇性清偿是指‘在破产前夕为了清偿旧债务而对债务人的财产进行的转让’”[5]。如对原来没有财产担保的债务补充提供财产担保、对未到期债务的提前清偿等。这是债务人与其个别债权人之间进行的不当转让交易。偏颇清偿行为本身客观上并没有造成债务人财产数额的减少(不属于财产减少行为),而是使既有财产对债务的清偿不公平,其损害的是其他债权人的公平清偿利益。在债务人未发生破产原因的情况下,所有债权人均能得到全额清偿,这些破产法上的偏颇清偿行为往往属于债务人对财产的正常处分,并不损害其他债权人的清偿利益。所以,此类行为的构成要以在破产案件受理前法定危机期间内发生为要件。此类清偿行为虽具有不公平的偏颇性质,但因其清偿仍是基于原有正当债权进行的,所以对债权中有权在破产程序中获得清偿部分的清偿是具有合理性的,一般而言与欺诈行为的后果会造成债权人利益完全损失相比较,社会危害性还是有所区别的。

第五,权利救济方式。管理人行使撤销权的方式及其后果,包括对相对人的权利主张进行否认抗辩,或者申请法院对债务人及相对人的行为予以撤销,并追回被转移财产。其中,对欺诈性或偏颇性的单纯义务承担行为,只需要通过抗辩将债务人的义务予以终止或取消即可实现救济。对已涉及债务人财产转让的情况,则在撤销债务人行为的同时,还须向行为相对人追回相应财产或追索赔偿。

在对破产撤销权的理解上要注意,“撤销权之设置是以维护债权人整体利益、保证公平清偿为基础的,所以其不得不在一定程度上舍弃对债务人与行为相对人交易自由的保护,通过对债务人无偿转让、非正常交易、偏袒性清偿等债

〔4〕 有的学者将偏颇清偿行为称为偏袒清偿行为,笔者此前也曾使用这一概念,现在则认为,称为偏颇清偿行为可能更准确。因为偏袒清偿行为中偏袒的“袒”,不仅包括清偿行为中的客观因素,即行为的后果是否公平,而且包含有行为人的主观意志因素,即其主观上是否追求或放任不公平的后果发生;而偏颇清偿行为中的“偏颇”概念,虽然也具有不公平的意思,但更侧重对行为客观后果的评价,行为人主观因素的影响较弱,乃至不予考虑。而这一点与我国破产法对破产撤销权的规定更相符。

〔5〕 [美]大卫·G.爱泼斯坦、史蒂夫·H.尼克罗斯、詹姆斯·J.怀特:《美国破产法》,韩长印等译,中国政法大学出版社2003年版,第280页。

务人具有清偿能力时在民法上有效行为的撤销,来维护债务人与债权人之间、债权人相互之间的实质公平,实现破产财产分配上的正义。为此,撤销权的行使难免与民法上的契约自由等原则发生冲突,需要人们对公平、正义、平等的价值观念在债务人破产的特殊情况下予以重新理解,并在债权人的整体利益与个别利益的维护之间进行权衡并做出选择"[6]。

(二)破产撤销权的重要法律与社会意义

破产撤销权具有重要的法律和社会意义,其设置目的是防止债务人在已经丧失清偿能力或者因实施该行为而导致丧失清偿能力的情况下,通过无偿转让、非正当交易等欺诈行为减少债务人财产,或者通过偏颇清偿债务行为,损害全体或多数债权人的利益,破坏破产法的公平清偿原则,保障破产程序的公正顺利进行。

债务人对债权人负有清偿义务,而债权人亦应当依法积极行使并实现权利。为了促使债务人履行义务、债权人积极实现权利,立法设置了强制执行、时效等一系列制度予以保障。在破产程序之外,债权原则上是通过个别清偿的方式得以实现的,所以每个债权人都应通过个人的积极努力以求获得债务清偿,而不能躺在权利上睡觉。从这一角度讲,每个得到清偿的债权人与尚未得到清偿的其他债权人相比都是具有某种偏颇性的,但这是债权人努力行使权利的结果,是法律所允许的,所以在民事诉讼和执行程序中强调勤勉竞赛、先到先得的原则。而在破产程序之中,普通债权人则必须遵循破产法的规定,集体清偿、公平分配,不能再寻求个别的偏颇清偿利益。

通常在破产程序启动前债务人已经转让或对外处分的财产与财产权利,不再属于债务人财产,不受破产法的约束和控制。只有在破产程序启动后债务人的财产才属于受破产法约束的财产。这时由于债务人对财产的转让等处分权利被管理人接管,并受到破产法的禁止或限制,通常不会再发生破产欺诈和偏颇清偿行为。

破产法与非破产法律的适用需要有一个明确的时间界限,以保障市场交易的安全与正常的经济秩序,尤其是债务清偿秩序。这一时间界限的实质判断标准是债务人发生破产原因,而外观判断标准是破产程序的启动。从纯理论角度讲,这两者本应当是一致的。但是在实践中,债务人发生破产原因与破产程序

---

[6] 王欣新:《破产撤销权研究》,载《中国法学》2007 年第 5 期。

启动两者在时间上总是不同步的,会存在或长或短的错期。在两者的交错期间内,存在债务人对财产丧失实际利益与仍保有财产控制权的权力与利益的错配,存在道德风险,导致在交错期间内易于发生各种损害债务人财产的欺诈行为和损害对债权人公平清偿的偏颇清偿行为,详细分析如下。

第一,债务人通常是不可能在发生破产原因的同时进入破产程序的。对破产原因是否发生本身就可能存在一个判断模糊的时间阶段,而决定是否提出破产申请并完成申请程序也是需要一定时间的,加上各种客观或主观原因的影响,使债务人在发生破产原因至进入破产程序之间会存在或长或短的时间迟延。换言之,债务人发生破产原因的时间不是法院受理破产申请时,而是在此之前更早的时间,两者之间存在时间上的错期,时间上是不同步的。

第二,在债务人发生破产原因至进入破产程序的迟延期间内,存在利益与权利的错配。一方面,债务人陷入破产境地后,因全部财产清偿债权人尚且不足,对其财产已经丧失实际利益,往往不再具有正常管理财产的积极性,更缺少维护其债权人权益的动机。另一方面,债务人未进入破产程序时,仍然享有对财产的控制权,可以进行各种财产处置行为。对其无利益的财产享有控制和处分权,这就可能引发道德风险,出现损害债权人利益的欺诈逃债、偏颇清偿等违法行为。其中最突出的就是涉及债务人财产的无效行为和可撤销行为,如债务人隐匿财产、无偿处置财产、低价处分财产等行为。而个别债权人也会采取各种正当或不正当的手段以获得清偿,甚至债务人可能与个别债权人通谋进行欺诈或偏颇清偿行为,所以需要撤销权制度对破产程序启动前的违法行为予以纠正。从某种意义上讲,如果没有破产撤销权制度,破产对债务人来说,可能就不是市场威胁,而是一种可以安全逃避债务、获取非法利益的诱惑。

此外,在债务人清偿危机的影响下,各方利害关系人之间的利益冲突更显激化,加上信息不对称等因素,使债务清偿秩序出现混乱。在破产程序启动后,如不对启动前的各种欺诈和偏颇清偿等违法行为进行纠正,破产秩序就无法保障,破产法公平清偿之立法目的也无法实现。因此,必须建立破产撤销权制度,迫使债务人诚信地承担债务责任,并对债务人与个别债权人在此期间进行的不当财产处分和清偿行为采取必要的法律措施加以纠正,保全债务人的责任财产,方可实现破产财产在全体债权人间的公平、有序分配。

英国将“制定撤销不公平的损害债权人整体利益的转移与交易的规则”视为破产法最重要的目标。美国破产法权威麦克拉兰(Maclachlan)认为,可撤销交易制度是破产法对商法最重要的贡献,这不仅仅是因为该制度促进了破产法的平等分配原则,还因为它减少了对债权人从智力竞争中得益的刺激,促进了合理的商业活动。[7]

《联合国国际贸易法委员会破产法立法指南》规定,“破产法的一项公认原则是,集体行动在最大限度扩大债权人可获得的资产方面比允许债权人自行谋求个别救济的制度更有效率,而且,要求所有类似债权人得到同等待遇。关于撤销权的规定旨在支持这些集体目标,确保债权人按照既定的优先顺序获得破产债务人资产的公正分配,以及维护破产财产的完整。撤销规定也可具有威慑效果,可防止债权人在即将破产期间谋求个别救济,因为他们知道在程序启动时这些救济可能会被撤销或失去效力。在破产时交易一般可予撤销,以防止欺诈(例如,为了债务人今后的利益而隐匿资产或为了使债务人实体的高级职员、所有人或董事获益而进行的交易);坚持全面执行债权人的权利;防止偏袒,即防止债务人希望使某些债权人得利而牺牲其他债权人的利益,以确保所有债权人得到公平待遇;防止赶在实行破产程序监督之前造成企业实体的价值突然损失;以及在某些国家建立一个鼓励庭外解决的框架:债权人将会知道资产在最后时刻的交易或扣押可被宣告无效,因此将更可能与债务人合作,以便在法院不介入的情况下达成可行的解决方案”[8]。

由于撤销权是破产法中至关重要的制度,所以各国破产立法都尽可能健全完善,但结果难以尽如人意。美国查尔斯·J.泰步指出,在美国破产法中,破产撤销权是被适用最多、分析最多、也是诟病最多的条款。[9] 我国的破产制度建立得较晚,立法与实践经验不足,《企业破产法》中虽规定了撤销权制度,但仍有诸多需要完善之处,有待在立法修订中解决。

有人云,“有破产必有欺诈”。其实只要是市场经济,只要存在债权债务关系,就必然会有债权人与债务人在追债与逃债之间的博弈,两者始终是在相伴而行的。破产中的欺诈之所以会引起人们的格外注意,是因为其发生在最易引

---

[7] 参见石静遐:《跨国破产的法律问题研究》,武汉大学出版社1999年版,第268页。转引自王欣新:《破产撤销权研究》,载《中国法学》2007年第5期。

[8] 《联合国国际贸易法委员会破产法立法指南》(中文版),2006年版,第123页。

[9] 参见[美]查尔斯·J.泰步:《美国破产法新论》(第3版),韩长印、何欢、王之洲译,中国政法大学出版社2017年版,第512页。

发债务人欺诈逃债动机的环境之中。破产清算往往是债权人能否获得清偿的最后机会,因此成为各方利害关系人利益冲突最激烈的博弈场所。人们在关注,破产法能否成为保障债权人权益的最终防线?而破产撤销权则是打击违法行为最重要的武器之一。

在我国破产法的修订中,还要注意权衡破产撤销权与契约自由、交易安全的关系,要保障财产转让的安全性和可信性,维持破产法公平清偿的原则与正常市场交易秩序之间的平衡,保障破产程序的顺利进行,使各方利害关系人的合法权益能够合理实现。

二、我国破产撤销权立法体系存在的问题

(一)缺失对可撤销行为的概括规定

我国《企业破产法》中缺少对可撤销行为在整体上的概括性规定,仅是对各种可撤销行为以无规律散向列举的方式加以规定。众所周知,单纯列举性的立法规定可能会使法律的实施缺乏必要的灵活性与弹性,立法规定本身也可能会出现疏漏,且无法随着社会的发展将可能时时翻新的新型可撤销行为,通过概括性规定纳入法律的调整范围内,难以实现与司法实践需要同步俱进。

很多国家的破产法对可撤销行为都有概括性规定,采取概括与列举相结合的立法模式。例如,《德国破产法》在具体规定各种可撤销行为之前,第129条规定了界定可撤销行为的基本原则,概括地指出:“(1)在破产程序开始之前作出的损害破产债权人利益的法律上的行为,破产管理人可以依照本法第130条至第146条的规定提出撤销。(2)不作为视同法律上的行为。”[10]《日本破产法》第160条“对损害破产债权人利益行为的否认”规定:“在破产程序开始后,可以为破产财团而否认下列行为(关于提供担保或消灭债务的行为除外):1. 破产人明知损害破产债权人利益而进行的行为。但是,由此而取得利益者不知在进行该行为的当时会给破产债权人造成损害的,不在此限;2. 在破产人已停止支付或者提出破产程序开始的申请(在本节中简称为‘停止支付等’)后,损害破产债权人利益的行为。但是,由此而取得利益者在进行该行为的当时不知已经发生停止支付等以及损害债权人利益的事实的,不在此限。对于属于破产人

〔10〕 李飞主编:《当代外国破产法》,郑冲等译,中国法制出版社2006年版,第56页。

所进行的关于消灭债务的行为,并且债权人接收的数额远远大于由于该行为而消灭的债务的数额的,符合前款各项所列任意一个要件时,在破产程序开始后,可以为破产财团而否认仅限于已经消灭的债务之外的部分。对于破产人在发生停止支付等或者在此之前六个月以内所进行的无偿行为以及可视为无偿行为的有偿行为,在破产程序开始后可以为破产财团而进行否认。”[11]《美国破产法》也对撤销权有概括性规定,其第 544 条“托管人作为担保债权人及债权人和买受人的继受人”规定:“(a)无论托管人或债权人是否知情,托管人在案件启动时应享有以下主体的权利和权力,或者可撤销任何可由以下主体撤销的,就债务人财产所作的转让或债务人所负的义务:(1)在破产案件启动时向债务人提供信贷并且其同时就该信贷获得财产上的司法担保权的债权人,并且该财产系简单合同的债权人本可就其享有该司法担保权的财产,无论实际是否存在该债权人;(2)在破产案件启动时向债务人提供信贷并且同时就该信贷取得对债务人的执行但仍未获全额清偿的债权人,无论实际是否存在该债权人;(3)向债务人购买除固定附着物外的不动产的善意买受人,且其在案件启动时已根据可适用的法律对该转让进行公示,无论实际是否存在该买受人。(b)(1)除第(2)款另有规定外,若持有根据本篇第 502 条可予以确认或仅在本篇第 502 条(e)下不可被予以确认的债权的无担保债权人,可根据可适用的法律撤销就债务人财产权益所作的转让或债务人所负的义务,则托管人也可撤销该转让或该义务。(2)第(1)款不得适用于因第 548 条(a)(2)而未被认定为第 548 条(a)(B)所述情形的慈善捐赠[定义见第 548 条(d)(3)]的转让。破产案件的启动应优先于任何人根据联邦法律或州法在联邦或州立法院就被转让的前述慈善捐赠进行追偿的主张。”[12]

从上述各国的立法可以看出,在就破产撤销权对象作出列举性规定的同时,对可撤销行为的基本属性与特征作出概括性的规定,不仅可以使撤销权制度建立起具有严密逻辑的立法体系,而且有助于更全面、准确地理解和执行法律。笔者认为,我国破产法对撤销权应当采取概括性规定与列举性规定相结合的立法模式。第一,健全完善破产撤销权的立法体系,可以解决前述单纯列举性规定存在的各种不足之处,对可撤销行为范围的确定起到兜底性规定的效

---

[11] 李飞主编:《当代外国破产法》,郑冲等译,中国法制出版社 2006 年版,第 782 页。

[12] 《美国破产法典》,申林平译,法律出版社 2021 年版,第 319 页。

果。第二,在破产法中对撤销权作出概括性规定,可以为最高人民法院制定司法解释提供更充分的立法依据,并有助于及时解决司法实践中的新问题。第三,通过立法对撤销权作出概括规定,包括撤销权的一般构成要件等,可以促进对撤销权制度理论的研究和水平的提升,科学地认识各种可撤销行为的本质及相互关系,更为准确地适用法律。

(二)未建立对可撤销行为的立法逻辑体系

1. 对可撤销行为分类混乱

许多国家的破产法将债务人的可撤销行为从理论上分为欺诈行为和偏颇清偿行为两类,并在这两个类别之下规定具有内在关联的各种具体的可撤销行为,形成科学、严密的立法逻辑体系。依据此分类标准,可撤销行为对债权人利益的损害可以从两个方面评价。对欺诈行为性质的判断为财产损害标准,即该违法行为使债务人履行债务的责任财产减少(包括因义务增加而减少),使全体债权人在破产程序中可得到的清偿减少。对偏颇清偿行为性质的判断为债权人地位标准,即该行为使个别债权人得到优惠清偿,获得此前没有的更为有利的受偿地位,破坏了对全体债权人公平清偿的基本原则。两类可撤销行为的损害后果是不同的。与欺诈转让使债务人财产减少不同,偏颇清偿行为"基于先前存在的债务而进行的转移会影响资产在不同的债权人之间分配的方式,但是并不影响用以清偿债权人的'资产池'。当一个债权人获得清偿而其他债权人没有得到清偿时,债权人整体的权利并未受到损害"[13]。在欺诈转让行为和偏颇清偿行为的类别之下,分别规定有各项可撤销行为,如在欺诈行为类别下的无偿行为、非正常交易行为等,在偏颇清偿行为类别下的补充提供担保行为、对未到期债务提前清偿行为、对到期债务偏颇清偿行为等。通过上述分类原则的适用,破产法中形成了对不同可撤销行为的识别、判断、矫正、追责的完整调整体系。

目前,我国破产法未对可撤销行为作出上述的概括分类并按照分类进行分项规定,而仅是就不同具体行为作出散乱的列举规定。《企业破产法》对撤销权的规定主要在第31条、第32条中。第31条列举规定的可撤销行为中,第1项、第2项、第5项属于欺诈转让行为,第3项、第4项则属于偏颇清偿行为;第32

---

〔13〕[美]道格拉斯·G. 贝尔德:《美国破产法精要》,徐阳光、武诗敏译,法律出版社2020年版,第150页。

条规定的是偏颇清偿行为。在第31条中,基本属性不同的行为被混乱无序地拼凑在一起,而且其第5项“放弃债权”本属于第1项“无偿转让财产”行为项下的具体表现形式之一,也被违背分类分级逻辑规则,单独列为与其上位概念平行且独立的一类。《民法典》第538条规定:“债务人以放弃其债权、放弃债权担保、无偿转让财产等方式无偿处分财产权益,或者恶意延长其到期债权的履行期限,影响债权人的债权实现的,债权人可以请求人民法院撤销债务人的行为。”此条规定明确将放弃债权行为列为无偿行为,《企业破产法》的规定与《民法典》的规定不符。

为此,笔者建议在《企业破产法》修改时,对可撤销行为作出概括性类别规定,并就各项具体行为按照行为性质、社会危害性、可撤销期间、实施对象差异等因素作出逻辑严谨、排列有序的体系性规定。

2. 未根据可撤销行为的社会危害性规定不同的撤销期间

我国《企业破产法》对各种可撤销行为仅规定有两挡撤销期间,即第31条中的1年和第32条中的6个月。上述规定存在的问题是,第一,撤销期间过短。撤销期间的长短要根据本国国情确定,设定的基础依据是实践中债务人在该期间内通常已经发生破产原因或者可以推定其发生破产原因。我国的司法实践是,债务人进入破产程序时,往往都早在法律规定的可撤销期间之前很久就已经发生了破产原因,因撤销期间过短已经凸显出对公正执法的不利影响,甚至有些企业提前布局以规避过短的撤销期间,恶意欺诈逃债。现有最长为1年的撤销期间根本无法满足纠正违法行为的需要,难以实现立法保障债权人权益的目的。为此必须修改立法,增加撤销期间分档,适当根据实际情况延长可撤销期间。

第二,没有依据可撤销行为社会危害性的轻重作出不同撤销期间的差异规定。《德国破产法》规定的可撤销期间包括3个月(针对补充提供担保、个别清偿行为等)、1年(对隐名合伙人返还出资、免除损失等)、2年(债务人与关系人之间的非正常交易行为等)、4年(无偿给付等)、10年(故意使债权人受到不利益的行为等)等多个撤销期间。《美国破产法》也针对不同的可撤销行为分别规定了90天、1年、2年等多档撤销期间。我国目前的规定没有体现出责罚相当的基本原则。

第三,对于同样的可撤销行为,未根据债务人的行为相对人是否属于关联人、内部人等,是否存在易于掌握内部信息、规避法律规定的情况,规定更长的可撤销期间。如《美国破产法》规定，对债务人与无内部人关系的相对人进行的偏颇清偿行为，撤销期间为 90 日，对存在内部人关系的相对人进行的偏颇清偿行为，撤销期间为 1 年。

（三）未根据可撤销行为的不同情况设置撤销权合理构成要件

对欺诈转让行为的撤销，原则上不需要考虑债务人和相对人是否具有恶意的主观要件。其实“欺诈”这一概念的使用就表明了该行为中包含有主观恶意在内。对偏颇清偿行为的撤销是否要求以债务人和受益债权人具有主观恶意，即管理人是否要证明受益债权人知道或应当知道债务人事实上已经破产，存在不同观点。笔者认为，除对到期债务的清偿外，其他偏颇清偿行为的撤销原则上可以不需要考虑主观恶意要件。一方面，因为我国目前实践中自觉遵守破产公平清偿原则的意识薄弱，偏颇清偿行为频发，需要更为严格地执行法律；另一方面，因为管理人要想证明债权人存在知道债务人事实破产等主观恶意是十分困难的。如果要求偏颇清偿行为必须具备主观恶意要件，对于债权人来说，进行可撤销行为以牟利几乎是只赢不输的行为。只要管理人无法证明债权人存在恶意，就不能撤销债务人的偏颇清偿行为，而即使债务人的偏颇清偿行为被撤销，债权人也不存在什么损失（除可能存在一些办事费用）。因为在撤销行为、恢复原状的同时，债权人即使支付了对价仍需要返还。这种法律后果如果不加严格控制，某种意义上讲，甚至可能出现对偏颇清偿行为的鼓励与放纵。正如一位美国学者所指出的，撤销偏颇清偿行为的立法不应“以惩罚‘恶意’债权人和赦免‘善意’债权人为目的，而应以破产分配原则的维持作为偏颇撤销的目标”〔14〕。“接受转让的债权人主观上的无辜不能成为撤销权的抗辩理由……债务人的动机和目的也是无关紧要的……偏颇性后果并不是构成……偏颇性清偿行为的充分条件。”〔15〕据此，我国《企业破产法》第 31 条的规定原则上是符合法理和实践需要的。

但是，笔者认为，《企业破产法》第 32 条规定的对到期既存债务清偿行为的撤销，应当考虑主观恶意要件的存在。因为这时债务人的清偿是履行法定义务

〔14〕［美］查尔斯·J. 泰步：《美国破产法新论》（第 3 版），韩长印、何欢、王之洲译，中国政法大学出版社 2017 年版，第 486 页。

〔15〕［美］大卫·G. 爱泼斯坦、史蒂夫·H. 尼克罗斯、詹姆斯·J. 怀特：《美国破产法》，韩长印等译，中国政法大学出版社 2003 年版，第 281 页。

的行为,债权人的追偿也是正当行使法定权利的行为,若不存在恶意,应当予以保护。所以,尽管对到期既存债务的清偿可能会出现偏颇问题,但应将可撤销的行为限定在具有主观恶意的范围内,以维持正常的债务清偿秩序。正因如此,一些国家或地区明确要求撤销此类行为应当具备主观恶意要件,甚至主张对到期债务的清偿行为不予撤销。如果所有债权人在法定期间内得到的正常债务清偿都可能遭到撤销,不仅会损害善意债权人的正当利益,而且会使所有人对正常经济活动的合理结果都失去预期,将对经济秩序产生远超出行为当事人范围的严重不利影响。

正如许德风教授在分析一起案件后指出,"这一案件深刻反映了偏颇清偿制度所面临的道德困境。一方面,债务人对某个债权人的清偿对全体其他债权人而言是一种不公,甚至是道德上可予谴责的行为;另一方面,这种清偿对于某个特定债权人而言(如本案中的被告),恰恰是诚实守信的体现。另外,甚至债务人自己在进行清偿时,对于未来的经营状况也有不确定的认识。因此,与无偿转让财产等欺诈性清偿制度不同,在清偿既存债权时,即便考虑该破产债务人的恶意,也不应过分苛求"[16]。所以,对《企业破产法》第 32 条的适用条件应当作出必要的限制,后文将对此进行具体分析。

三、《企业破产法》第 31 条规定的可撤销行为分析

我国破产制度建立较晚,破产法中对可撤销行为的规定还存在诸多不足之处,下面就法律规定的可撤销行为逐项分析,并提出修改完善建议。

《企业破产法》第 31 条规定:"人民法院受理破产申请前一年内,涉及债务人财产的下列行为,管理人有权请求人民法院予以撤销:(一)无偿转让财产的;(二)以明显不合理的价格进行交易的;(三)对没有财产担保的债务提供财产担保的;(四)对未到期的债务提前清偿的;(五)放弃债权的。"

(一)无偿转让财产行为

无偿转让财产行为,是指无对价或实质上无对价而转让财产的行为。从纯理论角度讲,无偿转让财产行为的上位概念是无偿行为。笔者认为,在破产撤

---

〔16〕 许德风:《破产法论:解释与功能比较的视角》,北京大学出版社 2015 年版,第 409 页。

销权中适合使用的概念是无偿行为。从破产撤销权角度定义的无偿行为,包括债务人无对价减少财产权益(如财产转让、债务免除、权利放弃)或增加财产权益负担(如无对价承担债务清偿等义务)两种类型。无偿转让还包括形式上是有偿的,但实质上是无对价的行为。无偿行为属于可撤销行为中以减损债务人财产为目的的欺诈转让行为。

在其他国家的破产法中,对此项可撤销行为通常规定为无偿行为或者无偿给付行为。仅从立法的文字表述上就可以看出,我国的此项规定中存在疏漏,其"无偿"概念的外延未能包括实践中的各种无偿行为。"转让财产"限制性赘述反而阻碍了对债权人权益的充分保障。使无偿行为的方式仅限于财产"转让",无偿设定用益物权(如对房屋等财产的长期无偿出借)、允许无偿使用专利权、商标权、著作权等处分财产权益的行为则未纳入调整范围。此外,该条第5项中将"放弃债权"这种同样是无偿性质的行为规定为与"无偿转让财产"并立的可撤销行为,出现下位概念与上位概念并列排序的逻辑错误。所以,建议我国《企业破产法》在修改中将可撤销行为中的"无偿转让财产行为"修改为"无偿行为",并将"放弃债权"纳入"无偿行为"之中,不再独立规定。

撤销权上的"无偿"行为应当从广义解释,泛指对各种财产权益(含部分财产权能)的无偿给付处置,既包括积极的作为,也包括消极的不作为。日本破产法学者认为,无偿行为是指破产者不根据对价而单方面减少财产(如债务免除、权利放弃)、增加债务(赠与)的行为。[17] 在实践中,无偿行为的形式是多种多样的,除典型的赠与财产外,债务免除、权利放弃、清偿超过诉讼时效的债权、无偿设定用益物权、不为诉讼时效的中断、撤回诉讼、对诉讼标的的舍弃等均属于无偿行为之列。为保证撤销权的行使合情合理,《德国破产法》第134条第2款还规定对无偿行为撤销的例外,即如果无偿给付的是低值、常见、随意性赠与物品,则不得撤销,如参加婚礼习惯赠与的礼金等。《英国破产法》第242条"无偿转让(苏格兰)"也规定,无偿赠与的财产如果是"生日、圣诞节或其他传统礼物;或者是为慈善目的向公司的员工之外的人赠送的礼物",视为合理转让,不得撤销。[18] 为避免此项规定被滥用,一些国家在司法实践中还对每年度赠与

---

〔17〕 参见[日]石川明:《日本破产法》,何勤华、周秋桂译,中国法制出版社2000年版,第185页。

〔18〕 参见王欣新:《破产法》,中国人民大学出版社2019年版,第152页。

的合计最高数额有所控制。例如,德国法院在实务中采取的标准是每次赠与最多200欧元,每年赠与总额最多500欧元。我国《企业破产法》在修改时也应规定合理赠与豁免撤销问题,以助和谐社会的建立。

对为他人债务无偿提供担保是否属于可撤销的无偿行为,学者间观点不一。多数人认为,债务人为他人提供担保并无任何经济利益,且在担保合同成立时,债务人并未获得任何求偿权,故应属无偿行为。有人则认为,债务人为他人债务提供担保是有偿行为,因为债务人履行担保责任后,可以将来的求偿权对被保证人行使追偿权。日本判例认为,对于他人的债务没有义务,却在没有保证金(没有对价)的情况下进行了保证或提供了担保,由于求偿权不是在保证时产生,因此,即使根据保证债务的履行而产生求偿权,也不应该认为是有偿行为。而且从司法实践的情况看,在担保人需要代被担保人清偿债务时,往往被担保人已丧失清偿能力,甚至进入破产程序。虽然担保人可以对其行使求偿权,但完全实现的可能很小,甚至可能由于债权人在破产程序中申报了债权而丧失对债务人的求偿权,所以将其解释为无偿(或部分无偿)行为,可予以撤销,显然更为适宜。此外,在债务人具有清偿能力、不需要让担保人实际承担责任时,无论是否撤销担保,都是不会影响各方当事人利益的。不允许撤销担保的唯一目的是,要让担保人无偿地承担全部或部分担保责任,或者无偿的先行承担全部或部分担保债务责任,损失代为先行清偿后、求偿权实现前期间内的财产利益。而这时担保人损失的不仅是代为清偿之财产的直接损失,而且包括担保财产被拍卖还债后无法恢复造成的各种间接财产损失和企业经营损失,甚至连锁破产损失(实践中,因担保链断裂而致使担保企业破产的案例绝非少数),而这恰恰可以构成撤销权成立的充足理由。

此外,《民法典》第539条规定:"债务人以明显不合理的低价转让财产、以明显不合理的高价受让他人财产或者为他人的债务提供担保,影响债权人的债权实现,债务人的相对人知道或者应当知道该情形的,债权人可以请求人民法院撤销债务人的行为。"此条将"为他人的债务提供担保,影响债权人的债权实现"的行为,在"债务人的相对人知道或者应当知道该情形"的前提下列为可撤销行为。而且在撤销权成立的条件中,并没有要求担保是无偿提供的。换言之,即使是有偿提供的担保也可以撤销。债务人在陷入破产危机时,如仍为他人的债务提供担保,必然会影响自己债权人的债权实现。而破产法之所以对无偿行为规定相应可撤销期间,就是推定在该期间内债务人已经丧失清偿能力,所以担保行为尤其是无偿担保行为应当列入破产法的可撤销行为中,并使之与《民法典》的规定相互一致。

无偿行为对债权人利益的危害性最为明显,因其必然使债务人的责任财产减少,所以各国立法往往对之规定较长的可撤销期间,如德国规定的可撤销期间为破产程序开始前4年内。我国《企业破产法》目前规定的可撤销期间仅为破产申请受理前1年,显然时间过短,无法实现打击破产欺诈行为的需要,应当予以延长。

(二)放弃债权

如前所述,放弃债权的行为属于无偿行为,应纳入无偿行为中统一调整,不应列为独立类型的可撤销行为。

撤销此种行为时需要注意,放弃债权的行为有积极放弃与消极放弃两种形式。撤销积极放弃债权的无偿行为是没有争议的。“消极放弃,是指债务人以不作为的方式放弃债权,主要是债务人明知其债权诉讼时效将要届满有意不采取保全措施,以使债权超过诉讼时效的方式放弃债权,以及对支付令不提出异议、不提出诉讼抗辩等各种消极放弃诉讼权利的行为。”[19]笔者认为,在债务人出现其债权因超过诉讼时效而丧失权利时,除有证据证明或可以推定是债务人有意进行者外,不宜简单地认定为消极放弃债权行为予以撤销。“在‘放弃债权’这一概念中,‘放弃’一词即明确包含有债务人的主观意思表示在内。而在实践中,债务人的债权超过诉讼时效,有可能是由债务人有意消极放弃债权行为造成的,但也可能是无意的过失行为造成的。如果不加区分一律都可以撤销,则等于宣告进入破产程序之债务人的债权在法定可撤销期间内不受时效制度约束。这不仅将损害善意第三人的正当利益,还会影响整个诉讼时效制度的实施与效力,影响到交易安全和社会经济关系的稳定,与其可能保护的利益相比,显然有所失当。”[20]但是,债务人与其关联人、内部人之间的债权因超过诉讼时效而丧失权利的,可以推定为消极放弃债权行为,予以撤销,其他情况则需要根据具体案情合理判断。

最高人民法院《关于适用〈中华人民共和国企业破产法〉若干问题的规定(二)》(以下简称《破产法解释二》),“没有从撤销权的角度去作规定,而是从诉

〔19〕 王欣新:《破产法》,中国人民大学出版社2019年版,第155页。

〔20〕 王欣新:《破产法》,中国人民大学出版社2019年版,第155页。

讼时效入手进行处理,以期达到基本相同的效果。其第 19 条规定:‘债务人对外享有债权的诉讼时效,自人民法院受理破产申请之日起中断。债务人无正当理由未对其到期债权及时行使权利,导致其对外债权在破产申请受理前一年内超过诉讼时效期间的,人民法院受理破产申请之日起重新计算上述债权的诉讼时效期间。’这里判断的关键是什么叫做‘正当理由’。在司法实践中,债务人忘记及时行使权利能否作为合理理由。如果可以的话,由于没有办法对债务人所谓忘记及时行使权利,到底是真的忘记还是对恶意放弃债权的借口进行区分认定,将使所有诉讼时效的超过都可以认为是有合理理由的。如果认为这不是合理理由,由于债务人很难举证说明其还有其他正当理由导致未对到期债权及时行使权利(除因疾病等极少数不可抗力情况外),可能将使债务人在破产申请受理前一年内超过诉讼时效期间的所有对外债权,在人民法院受理破产申请后,都被纳入重新计算诉讼时效期间的范围。这样对债务人的债务人而言,显然是不够合理的。所以,要想使这一问题得到正确的解决,还需要立法考虑作出更稳妥的规定”[21]。

(三)以明显不合理的价格进行交易

以明显不合理的价格进行交易,是指债务人的交易行为明显违背正常商业原则,以不合理的价格进行交易,致使债务人财产遭受损失从而损害全体债权人权益的行为。此类行为属于可撤销行为中的欺诈转让行为。在其他国家的破产法中,此项可撤销行为往往称为非正常交易、不合理交易或不对称交易等。我国破产法在此项规定上存在的问题是,遗漏了交易中的其他损害债权人权益的非正常因素。在实践中,交易的不正当性较多体现在价格方面,但其他交易因素如付款条件、付款方式等,也可能存在“明显不合理”减损债务人财产的情况。仅将可撤销的行为限定为交易价格一项因素,会使其他未涉及价格的不正当交易行为逃避撤销权的行使。我国《企业破产法》在修订时应当对此项可撤销行为使用“非正常交易行为”等更为准确的表述。

我国破产法中对非正常交易行为尤其是交易中明显不合理的价格没有规定具体的判断标准,这就可能出现执法不统一的问题。从一般原则上讲,判定债务人是否得到合理对等价值,要以客观的市场标准衡量,以给付作出的时点评价。最高人民法院《关于适用〈中华人民共和国合同法〉若干问题的解释

---

〔21〕 王欣新:《破产法》,中国人民大学出版社 2019 年版,第 155 ~ 156 页。

(二)》(已失效)第19条规定:“对于合同法第七十四条规定的‘明显不合理的低价’,人民法院应当以交易当地一般经营者的判断,并参考交易当时交易地的物价部门指导价或者市场交易价,结合其他相关因素综合考虑予以确认。转让价格达不到交易时交易地的指导价或者市场交易价百分之七十的,一般可以视为明显不合理的低价;对转让价格高于当地指导价或者市场交易价百分之三十的,一般可以视为明显不合理的高价。债务人以明显不合理的高价收购他人财产,人民法院可以根据债权人的申请,参照合同法第七十四条的规定予以撤销。”《民法典》中对这一问题没有规定。在《民法典》实施后,该司法解释被废止。2022年11月4日,最高人民法院发布了《关于适用〈中华人民共和国民法典〉合同编通则部分的解释(征求意见稿)》。该司法解释(征求意见稿)第42条“债权人撤销权诉讼中明显不合理低价或者高价的认定”采纳了原司法解释的规定,并予以充实,使其更加完善。该条规定:“对于民法典第五百三十九条规定的明显不合理的低价或者高价,人民法院应当以交易当地一般经营者的判断,并参考交易时交易地的市场交易价或者物价部门指导价予以认定。转让价格未达到交易时交易地的市场交易价或者指导价百分之七十的,一般可以认定为明显不合理的低价;受让价格高于交易时交易地的市场交易价或者指导价百分之三十的,一般可以认定为明显不合理的高价。债务人与相对人存在关联关系等情形的,不受前款规定的百分之七十、百分之三十的限制。”在第43条中还对“其他不合理交易行为的认定”作出规定,指出:“债务人以明显不合理的低价或者高价实施互易财产、以物抵债、设定用益物权、出租或者承租财产等行为,影响债权人的债权实现,债务人的相对人知道或者应当知道该情形,债权人请求撤销债务人的行为的,人民法院应予支持。”

笔者认为,上述征求意见稿的规定较原司法解释规定更完善,如能获得通过,对保障撤销权的正确、顺利行使具有重要意义。但是,对合理价格的确认除要考虑与一般市场价的差异度外,还需要考虑财产出售或购买的交易程序是否正当,要从实体与程序两个方面解决合理价格的确认问题。如果交易是“通过公开拍卖等可以保证交易公平的竞价方式出售财产,即使售价较低,也可认定不属于非正常压价出售财产。此外,如果在有机会以较高价格出售时反以低价出售,若没有合理理由,即使是在规定的可降低价格之上,也应认定属于低价出售财产”[22]。

(四)对没有财产担保的债务提供财产担保

此种行为属于可撤销行为中的偏颇清偿行为。债务人在可撤销期间内对自己原来没有财产担保的债务,以自己的财产补充提供财产担保,使破产案件受理后原只能作为普通破产债权受偿的无财产担保债权,对特定担保财产享有优先受偿权,从而得到较以前具有偏颇性的优惠清偿,各国立法均规定此种行为应予撤销。在对此项规定进行理解和适用时需要注意以下问题。

第一,可撤销的行为限于债务人以自己的财产为自己原来没有担保的债务提供财产担保,包括对其债务原来没有反担保的担保人提供反担保。债务人为他人的债务提供物权担保,不适用此规定,但如符合法律规定的其他可撤销行为的要件,如属于无偿行为,则可以依据相关规定予以撤销。

第二,依法可以撤销的是对原无财产担保的债务补充提供担保的行为。对双方在签订主合同的同时设置担保的行为不得撤销。这种担保属于同时担保,在日本称为同步担保,也被称为同期交易、即付交易。因为是在主债务关系成立的同时设定担保,而不是对已存在的债务补充提供担保,所以该担保是有合理对价的,不具有偏颇改善该债权人原有清偿顺位的不公平性质,不得撤销。德国学者也认为,“如果是基于合同进行等价给付的交换,且给付与对待给付直接关联,即成立规则中的即付交易”[23]。对即付交易,包括同时担保行为,不得撤销。

第三,在本项规定下正确行使撤销权的关键是对同时担保行为的认定,特别是如何理解“同时”的概念。担保权的设立不是依单一行为就可以成立的,而是需要履行一系列的行为,包括主合同的签订、担保合同的签订、确定并验证交付担保物(如动产抵押担保),通常以办理担保物权登记结束,担保权方得以成立。这往往是需要一定时间才能完成的,可能跨越一天的时间界限。所以,“同时担保行为”中的“同时”并不是指设立担保的系列行为都在同一天完成。为此立法需要规定一个合理的缓冲期,如我国《民法典》第 416 条规定:“动产抵押担保的主债权是抵押物的价款,标的物交付后十日内办理抵押登记的,该抵押权

---

〔22〕 王欣新:《破产法》,中国人民大学出版社 2019 年版,第 157 页。

〔23〕 [德]莱因哈德·波克:《德国破产法导论》(第 6 版),王艳柯译,北京大学出版社 2014 年版,第 115 页。

人优先于抵押物买受人的其他担保物权人受偿,但是留置权人除外。"《美国破产法》第547条(e)款规定,给予担保登记30日的完善宽限期。在法定缓冲期内完成担保登记的,视同在担保合同订立时或买卖标的物交付时完成登记并生效,属于同时担保行为。超出期限未登记的,方可予以撤销,不承认其效力。据此,即使缓冲期内的登记行为是发生在可撤销期间内,乃至破产程序中也同样是有效的,此时的担保仍属于同时担保,而不应违背事务之常理机械地予以撤销。目前,我国立法尚未对办理担保物权登记规定统一的缓冲期间。《联合国贸易法委员会担保交易立法指南》建议,办理担保登记的宽限期为20~30日。[24] 我国在破产法修改中应当对此作出规定,明确对法律的理解和实施标准,以保障当事人的正当权益。

(五)对未到期的债务提前清偿

此种行为属于可撤销行为中的偏颇清偿行为,是指债务人对清偿时尚未到期且在清偿后、破产申请受理时亦未到期的债务予以提前清偿的行为。债务人在破产申请受理前对未到期债务的提前清偿,使该债权人逃避了在破产程序中可能发生的清偿损失,得到偏颇性的全额清偿,所以债务人的该提前清偿行为应予以撤销。从破产法此项规定的立法本意看,规定中的债务是否"到期",不仅是指狭义上债务原规定的清偿期限是否到期,而且从制止偏颇清偿的广义角度评价,是指清偿的债务在破产申请受理前是否到期。如果债务人虽在原定清偿期限之前有提前清偿债务行为,但该债务在破产申请受理之前已经到期,从破产撤销权的角度则应视为对到期债务的清偿,不属于本项规定的可撤销行为,如构成对到期债务的偏颇清偿行为,则应依相应规定予以撤销。

《破产法解释二》第12条规定:"破产申请受理前一年内债务人提前清偿的未到期债务,在破产申请受理前已经到期,管理人请求撤销该清偿行为的,人民法院不予支持。但是,该清偿行为发生在破产申请受理前六个月内且债务人有企业破产法第二条第一款规定情形的除外。"也就是说,此种行为虽不作为提前清偿行为被撤销,但还可能因《企业破产法》第32条的规定而被撤销。

---

[24] 《联合国贸易法委员会担保交易立法指南》(中文版),2007年版,第375页。

四、《企业破产法》第32条规定的可撤销行为分析

《企业破产法》第32条规定的行为,是对到期债务的偏颇清偿。对到期债务的清偿也称为本意清偿、本旨清偿。该条规定:“人民法院受理破产申请前六个月内,债务人有本法第二条第一款规定的情形,仍对个别债权人进行清偿的,管理人有权请求人民法院予以撤销。但是,个别清偿使债务人财产受益的除外。”

对到期债务的清偿是债务人的法定义务,在正常情况下履行法定义务的行为本不应被撤销。但是,债务人在已发生破产原因的情况下,仍对个别债权人的到期债权进行选择性偏颇清偿,会损害其他债权人的公平清偿利益,所以《企业破产法》规定债务人的该清偿行为应予撤销。此项规定中的“对个别债权人进行清偿”,限指对无财产担保债权人的清偿,债务人对担保债权人在担保物市价范围内进行的清偿不在此限。因有财产担保的债权人即使在破产程序中仍享有优先受偿权,有权利接受个别受偿。

《企业破产法》的本条规定,解决了对本意清偿中偏颇行为的纠正问题。但该规定是一柄“双刃剑”,虽具有制约偏颇清偿之作用,但也会使债务人在此期间内所有自愿或非自愿的清偿行为均面临可能被撤销的风险,使债权人失去正当合理预期,会损害善意第三人的权益,影响市场交易的安全和经济秩序的稳定。[25]

为解决这一问题,《企业破产法》第32条规定了撤销的除外情况,即“个别清偿使债务人财产受益的除外”。从交易本身来讲,债务人在已发生破产原因的情况下,一般是不可能通过对到期普通债权人的个别清偿而直接使债务人财产受益的,但在某些特殊情况下,是有可能在该项债务的个别清偿交易之外,使债务人因清偿债务维持了双方业务关系而间接得到益处。例如,债务人清偿欠付的职工工资、欠缴的水费、电费、燃气费等而使生产经营得以维持延续。换言之,因对债务的个别清偿而直接使财产受益基本上是不可能的,但间接受益则是可能的。有时对狭义上的债务人财产来说,甚至连间接受益都不存在,但为了使债权人的最终整体清偿得以最大化,债务人企业得到挽救,有时也需要进

〔25〕 参见王欣新:《破产法》,中国人民大学出版社2019年版,第161页。

行必要的个别清偿。这时债务人维持经营可能会继续亏损，也就是说，为此进行的清偿对债务人财产无论是直接还是间接均未受益，但由于保留了债务人企业的持续经营能力和经营资产，使重整挽救成为可能，可以实现对债权人更多的清偿，这时同样应当维持必要的债务个别清偿。

此外，破产原因的形成时间也应当作为撤销权是否构成的考虑因素。"如果破产原因的形成时间迟于该6个月的最长追溯期，那么，对到期债务清偿行为的撤销是追溯到受理破产申请前6个月还是仅仅追溯到债务人出现《企业破产法》第2条第1款规定的情形（破产原因形成）之时？如果在受理破产申请前6个月期限内，债务人的资不抵债形成于受理申请前3个月，那么，是否仅仅撤销该3个月内的到期清偿行为呢？在笔者看来，破产立法于6个月追溯期内附加一个债务人出现破产原因的撤销条件，就是为债权人提供一个'债务人并未达到破产界限'的例外抗辩事由，因而允许债权人证明其对到期债务的受偿行为出现在债务人达到破产界限之前以为抗辩，只要其受偿到期债务时债务人并未达到破产界限，即便该受偿行为发生在6个月的追溯期之内，仍可免受撤销权的追索。"〔26〕

《破产法解释二》第16条规定："债务人对债权人进行的以下个别清偿，管理人依据企业破产法第三十二条的规定请求撤销的，人民法院不予支持：（一）债务人为维系基本生产需要而支付水费、电费等的；（二）债务人支付劳动报酬、人身损害赔偿金的；（三）使债务人财产受益的其他个别清偿。"这一规定不仅从前述视角对部分到期债务合理个别清偿的行为予以保护，而且将对人身损害赔偿金的个别清偿也列入不可撤销的范围。尽管人身损害赔偿金的清偿顺位问题本质上不属于撤销权的调整范围，对其清偿更不可能直接或间接使债务人财产受益，但该规定体现出司法解释在破产法立法缺失情况下对公民的生存权、健康权等人身与社会权利的合理保护。

笔者认为，对到期债务的清偿行为，属于履行法定义务，即使纳入可撤销行为其社会危害程度也相对较低，所以应当将可撤销的行为范围限定为债务人恶意所为。也就是说，需要设定此种行为的主观构成要件。例如，接受清偿的债权人已经或应当知道债务人发生破产原因；被个别清偿的债权人是债务人的关联人、内部人或存在其他利益关系可以推定其具有主观恶意；等等。

---

〔26〕 韩长印：《破产撤销权行使问题研究》，载《法商研究》2013年第1期。

"由于各国社会政治、经济和文化的不同,在平衡多个破产目标时各国可能有所偏重,针对可撤销行为构成要件的确定,如果偏重于保护债权人利益,就应当少设定或不设定可撤销行为的主观要件,而以客观标准或要件来界定可撤销行为,以方便或便利破产管理人行使破产撤销权,将有关财产或权利及破产财产收回,最大限度地保护债权人利益。如果偏重于保护债务人利益,破产法就应当重视设定可撤销行为的主观要件,加重破产管理人申请撤销有关行为的证明责任,保证破产撤销权行使的慎重性,从而保障债务人行为的有效性。"〔27〕

对于其他的偏颇清偿行为,笔者目前不主张设置主观要件,以适应我国逃债行为、偏颇清偿行为较严重的国情现状。但是对于到期债务清偿行为的可撤销范围如不加限制,不仅使债务人的正常债务清偿与生产经营活动难以维持,而且使所有债权人依法得到的清偿都将变成不确定的,对人们正常市场经济活动的法律预期将产生严重的不良影响。这对债务清偿秩序所产生的不利影响,与其可能保护的正当权益相比,是不相对应的。

谈及对到期债务的偏颇清偿,必然会涉及债务的"还旧借新"与"借新还旧"是否构成可撤销行为的问题。所谓"还旧借新"与"借新还旧",均限指新、旧借款符合专项对应原则、新旧借款的数额相同、借款没有条件区别,或者新借款的条件劣于旧借款,不存在通过新旧更替使债权人获得更为优先清偿顺位的情况。如果在"还旧借新"与"借新还旧"的过程中,将原来没有设置物权担保的旧债权转变为有担保的新债权,则可以依法予以撤销。

第一,"还旧借新"。如果双方明确约定"借新"是以"还旧"为前提条件的,则可视为"还旧"是以"借新"为对价的同时交易,对"还旧"行为不得予以撤销。

这时的"还旧借新"实质上属于循环借款,债务关系的存续没有发生变化。借款循环过程中的"借"与"还",都属于债务人的正常支付,是不可撤销的。在"还旧借新"的循环借款过程中,只有在最后一次偿还贷款后不再借款继续循环时,才存在该次清偿是否构成可撤销行为的问题。换言之,是否构成可撤销行为,应当关注的是债务循环中最终的清偿结果,也就是在债务的循环中债权人整体上是否获得偏颇清偿,这就是循环借款中的净结果原则。如果因债务人违约等使"借"与"还"脱离了循环过程,这时再优先清偿循环环节外的债权,就不

〔27〕 张艳丽:《破产可撤销行为构成要件分析——针对我国新〈企业破产法〉第 31 条、32 条规定》,载《法学杂志》2007 年第 3 期。

属于正常交易规则下的清偿,可能构成撤销权的行使对象。

第二,“借新还旧”。“借新还旧”也属于循环贷款,与“还旧借新”相比,只是“借”和“还”的顺序不同。但由于在循环中是先“借新”而后“还旧”,若将“借”和“还”这两个原本相互关联、一体成立的行为视为各自独立的行为,就难免有人认为被割裂的“还旧”行为是应被撤销的。所以,有的学者主张,“如果将两个行为看作是具有因果关系连接的一体概念,则这一行为实质上类似于债权出让,不侵害其他债权人的利益,不能够成为撤销的对象”〔28〕。但如新旧贷款合同的重要条件不同,导致两者不再是同等清偿权利的贷款,失去循环贷款的实质,如以设置物权担保的新贷款去替代无担保的旧贷款,则相当于补充提供担保,作为偏颇清偿行为是可以依法撤销的。

此外还要看到,在“借新还旧”中,债务人为了清偿某一特定旧债务而借款,即便认为其属于偏颇行为,由于新借款被限定专用于清偿特定债务,如转用于其他债务清偿则不可能得到借款,故实质上是无法用于其他目的的。所以,应当把新借款行为和旧债清偿行为看作一个整体,其中并不存在对其他债权人造成损害的可能性,不应构成撤销权的对象。〔29〕

五、对其他可撤销性质行为的分析

(一)对司法执行行为的撤销

在司法实践中,还需要解决借助司法执行方式进行前述各种违法行为的撤销问题。为了实现对债权人的欺诈逃债或偏颇清偿,避免违法行为被撤销,一些债务人、债权人利用诉讼或仲裁程序,甚至捏造虚假诉讼、仲裁,妄图借助司法执行效力实现可撤销行为的合法化。从法律角度讲,此种情况并不构成一种新类型的可撤销行为,而是以新的方式进行各种可撤销行为。换言之,就是将原由当事人以自力方式进行的可撤销行为,转为借助司法执行公权力方式实现。

一些国家的破产立法规定,对借助执行方式进行的各种可撤销行为(包括

---

〔28〕 [日]石川明:《日本破产法》,何勤华、周桂秋译,中国法制出版社2000年版,第184页。

〔29〕 参见[日]山本和彦:《日本倒产处理法入门》,金春等译,法律出版社2016年版,第85页。

已经取得执行名义的法院判决书、调解书等确定的权利义务)是可以撤销的。例如,《日本破产法》第 75 条“执行行为的否认”规定:“就欲否认的行为,虽有有执行力的债务名义,或其行为系基于执行行为者,亦不妨碍否认权的行使。”[30]《德国破产法》第 141 条“执行名义”也规定:“对法律行为已经取得具有执行力的债务名义,或行为系因强制执行所取得的,不因此而排斥撤销权。”因为“强制执行既不会导致清偿正当性的提升,也不会改变清偿背后的利益格局……应仍可撤销,以便保护全体债权人的利益”[31]。

日本学者认为,执行行为的撤销分为有执行力的债务名义(生效判决、执行证书等)时的行为撤销与执行行为本身的撤销两种类型,前者又可分为 3 种情况:第一,作出生效法律文书的原因行为的撤销,如基于欺诈性买卖合同产生的支付对价债权取得的生效判决。具有生效法律文书形式不是行为不得撤销的理由,撤销权不被既判力的效力遮断。第二,促使债务名义成立的行为的撤销。具体是指对于破产人在不存在义务内容的情形下在诉讼中实施的承诺、和解、自白等行为进行撤销,以使当事人在破产程序中就该义务的存在与否重新进行争执。第三,基于债务名义的权利行使的撤销,如撤销申请强制执行的债权属于偏颇清偿。对于基于执行行为的财产权变动,如依据司法拍卖获得的财产权转移,为维护对执行行为的一般信赖,原则上不作为撤销权的对象。[32]

我国《企业破产法》未对以执行方式进行的可撤销行为能否直接行使破产撤销权作出规定,学者对此问题也观点不一。笔者认为,债务人在可撤销期间内为达到欺诈、逃债或对个别债权人偏颇清偿的目的,利用执行名义进行的违法行为,违背破产法的基本原则,应当予以撤销。这时被撤销的行为是债务人的行为,是裁判原因行为的撤销,而不是撤销法院的裁判行为(但当裁判的事实依据不复存在时,裁判本身也不再成立),这是我们正确理解对执行中行为撤销的关键。

---

[30] [日]石川明:《日本破产法》,何勤华、周秋桂译,中国法制出版社 2000 年版,第 263 页。

[31] 许德风:《破产法论——解释与功能比较的视角》,北京大学出版社 2015 年版,第 375 页。

[32] 参见[日]山本和彦:《日本倒产处理法入门》,金春等译,法律出版社 2016 年版,第 90 ~ 91 页。

在我国,从理论上讲,要撤销以执行方式进行的可撤销行为有两种法律渠道。一是通过《民事诉讼法》上的审判监督程序及其他法律程序(针对仲裁裁决的程序)撤销错误的判决等作为执行依据的法律文书,实现撤销权。二是直接向受理破产案件的人民法院起诉请求行使撤销权,撤销债务人进行导致不当裁判的原因行为。第一种撤销方式在传统法律体系的框架之内,在行使方面不存在法律适用矛盾,但难免会遇到目前审判监督程序因未对破产撤销问题作出相应规定而难以顺利适用,加之程序繁复、法院间适用法律不协调以及地方保护主义等难题,费力、耗时且不易成功。固守这种模式,实际上会造成剥夺对这些违法行为进行撤销的权利的后果,不利于对债权人利益的维护和破产法的公正司法。第二种撤销方式有利于充分体现破产撤销权的作用,维护债权人的利益,实现破产撤销权的立法目的,但与《民事诉讼法》体系存在不协调,且需要修改破产立法,提供撤销法律依据。

针对这一问题,《破产法解释二》第15条采取了较为保守的规定:“债务人经诉讼、仲裁、执行程序对债权人进行的个别清偿,管理人依据企业破产法第三十二条的规定请求撤销的,人民法院不予支持。但是,债务人与债权人恶意串通损害其他债权人利益的除外。”此项规定,其一,仅适用于《企业破产法》第32条规定的可撤销行为,对第31条规定的行为如何处理未作规定。其二,对债务人经诉讼、仲裁、执行程序对债权人到期债务进行的个别清偿,以不撤销为原则,以撤销为例外,而例外限于债务人与债权人恶意串通损害其他债权人利益的情况。但由于这时债务人的清偿属于履行法定义务的行为,如何在履行法定义务行为中理解和认定“恶意”和“串通”情况,也颇值得研究。其三,根据该规定的文字表述,在例外情况下,管理人可以对偏颇清偿行为直接提起撤销权诉讼,而不是提起再审程序。尽管这是否是司法解释想要表达的本意尚无人提出权威解释,但该条规定的文字含义是值得注意的。

此外,最高人民法院《关于适用〈中华人民共和国企业破产法〉若干问题的规定(三)》第7条第2款规定:“管理人认为债权人据以申报债权的生效法律文书确定的债权错误,或者有证据证明债权人与债务人恶意通过诉讼、仲裁或者公证机关赋予强制执行力公证文书的形式虚构债权债务的,应当依法通过审判监督程序向作出该判决、裁定、调解书的人民法院或者上一级人民法院申请撤销生效法律文书,或者向受理破产申请的人民法院申请撤销或者不予执行仲裁裁决、不予执行公证债权文书后,重新确定债权。”据此,在撤销权行使中涉及生效法律文书等存在错误的,只能通过审判监督程序或申请撤销或者不予执行仲裁裁决、不予执行公证债权文书等方法解决。这与前述《破产法解释二》的规定至少存在文字不协调的问题。

笔者认为,在《企业破产法》的修订中,我国应当考察其他国家的立法规定与学术理论,在司法执行效力已经成为被违法行为借力的形式外壳时,应当允许对在司法执行效力背后进行的可撤销行为,直接行使破产撤销权予以撤销。立法应根据不同具体情况作出区分规定,不应再墨守成规,要求通过繁复且缺乏针对性规定的审判监督程序处理,以更好地保障债权人的权益,实现破产法公平公正的立法宗旨。

(二)对间接偏颇清偿行为的撤销

偏颇清偿行为本身包括直接偏颇清偿与间接偏颇清偿两种情况。在司法实践中,直接偏颇清偿行为即直接给某个债权人以偏颇清偿利益的行为是发生最多的。但是,由于直接偏颇清偿行为易于发现并被撤销,于是不易被发现和撤销的间接偏颇清偿行为便应运而生。所谓间接偏颇清偿行为,是指债务人通过向第三人作出的清偿,而使自己的某个债权人从接受清偿转让的第三人处间接获得优惠清偿利益。由于这种偏颇清偿是债务人对第三人的正常清偿转让而间接使债权人实现债权的,所以称为间接偏颇清偿行为。间接偏颇清偿行为同样是可以撤销的。

间接偏颇清偿行为是一种新型的可撤销行为,但它的"新"不是在原有可撤销行为之外形成新种类的行为,而是对原有可撤销行为在实现方式上的创新改变,即从直接向某债权人偏颇清偿,改变为通过对债权人外的第三人正常清偿而使某个债权人间接偏颇受益。债务人对第三人的直接清偿可能是有效的,不属于可撤销的偏颇清偿,但由于该清偿使某个债权人得到偏颇清偿的利益,所以也是应当撤销的。

间接偏颇清偿行为的突出特点,就是偏颇清偿行为受益主体的内部化、利益实现的间接化和实施行为的隐蔽化。在间接偏颇清偿行为中受益的债权人通常是债务人的关联人、内部人,如债务人的股东、关联公司、亲朋好友等,故需要在立法和司法中予以特别关注,以免让违法行为逃避制裁。目前,我国《企业破产法》中对间接偏颇清偿行为未作规定,司法实践中也没有予以重视,有必要在《企业破产法》修改中予以补充完善。

间接偏颇清偿行为有多种形式,较常见的如:债务人清偿某个债权人而使其担保人因解除担保责任而受益；债务人为某个债权人的利益而清偿其债权人（如债务人与其具有连带责任关系）；清偿优先顺位、足额担保的债权人，使后顺位的不足额担保的债权人间接受益，从而取得补充提供担保的效果；等等。

在一些间接清偿行为中，初始受让的债权人接受清偿时已经超出该行为的撤销期间，而得到偏颇性清偿利益的是债务人的关联人，如对债权人承担担保责任的人，由此发生管理人此时能否向作为初始受让人的债权人主张撤销权的问题。我国《企业破产法》第 31 条和第 32 条规定的行为因性质不同，可撤销期间存在差异，理论上有可能出现上述问题。间接偏颇清偿最常见于关联人、内部人之间，而现行立法对不同身份的债权人的撤销期间没有作区别规定，所以当前者的可撤销期间已经超过时，后者的可撤销期间也同样超过，使大量间接偏颇清偿行为的撤销出现障碍。在《企业破产法》修改时，应当对债务人的关联人、内部人设定更长的可撤销期间，并对上述间接偏颇清偿行为的撤销作出更明确的规定。笔者认为，在间接偏颇清偿中，第三人的作用只是为了实现偏颇清偿利益的传递，所以应当以实际受益的债权人的可撤销期间是否超过作为撤销权能否行使的标准，否则就可能出现利用不同主体可撤销期间的时差规避法律的问题。

在对偏颇清偿行为尤其是间接偏颇清偿行为的撤销中，还需要解决债务人承继被撤销清偿债权的清偿顺位利益的问题。债务人对撤销后清偿顺位利益的承继，又称顺位固定或顺位保留。破产撤销权的行使目的是纠正偏颇清偿行为，如果撤销偏颇清偿行为后的清偿给付财产未能归属于债务人财产，用于对其他债权人的公平清偿，则偏颇清偿行为等于未能得到纠正，偏颇清偿产生的实际利益将偏移到其他债权人身上，尤其是在债务人为次顺位担保权人的利益进行间接偏颇清偿行为时。但要想使撤销的利益能够归属于债务人财产，进而使全体债权人获益，不仅需要在破产法上予以制度保障，而且需要对其他相关法律制度的理解和实施作出必要调整。

《美国破产法》第 551 条对这一问题有明确规定。“举个简单的例子就足以说明这一点：假设特定破产财产的价值为 1.5 万美元，其上设有 2 个担保权，其中，优位担保权所担保的债务为 1 万美元，劣位担保权所担保的债务为 2 万美元，而被撤销的是优位担保权而非劣位担保权，接下来应当如何处理呢？要是没有被撤销的给付的顺位维持规则，原来的劣位担保权就将成为优位担保权，破产财团最终将一无所有；该担保财产 1.5 万美元的价值都将用于对未撤销的担保权的清偿。但是根据 § 551 的规定,破产财团得取得被撤销的优位担保权。换句话说,破产财团现在将有权首先从该担保财产(被撤销的额度)中获得 1 万美元,而劣位担保权则只能取得剩余的价值。此外,与财产追回需要提起诉讼不同,被撤销的给付的维持是自动发生的。"[33]

目前,我国民法在担保权顺位权上,采取顺位升进主义,即先顺序担保权消灭、后顺序担保权顺位自动升进的立法模式和操作惯例。要实现破产撤销权的立法目的,使撤销行为的利益归属于债务人财产,就需要在破产法实施中调整物权担保债权尤其是抵押权的顺位权的确定方式,对偏颇清偿撤销时作出顺位固定的例外规定。

"各国立法对抵押权顺位权的规定不尽相同,大致有两种立法模式:第一,顺位固定主义,即同一物上设定数个抵押权后,抵押权的顺位按设定的顺序保持不变,即使顺位在先的抵押权所担保的债权受到清偿或因其他原因消灭时,顺位在后的抵押权也不递升,仍然按照原来的顺位获得受偿,顺位在先的抵押权消灭的利益归属于抵押人。德国、瑞士立法采取这一立法主义。第二,抵押权顺位升进主义,即同一抵押物上设定数个抵押权以后,抵押权的顺序并非一成不变,可因一定的原因发生变更,如果顺位在先的抵押权因受到清偿或者其他原因消灭,顺序在后的抵押权的顺位依次递进,取代在先的抵押权的顺位。法国、日本等国民法采取这一立法主义。顺位升进主义产生于保全型的抵押权体系中,抵押权顺序固定主义产生在投资型的抵押权体系中,这两种制度在各自的制度体系中都是合理的,不存在谁比谁更优的问题。从《民法典》第 393 条关于主债权消灭则担保物权消灭的规定可以看出,我国系采抵押权顺位升进主义。当先顺位的抵押权因债权的消灭而消灭时,依《民法典》第 414 条的规定,后顺位的抵押权取代先顺位的抵押权位置,从而形成事实上的抵押权顺位升进主义。但《民法典担保制度解释》第 16 条第 2 款规定:'主合同当事人协议以新贷偿还旧贷,旧贷的物的担保人在登记尚未注销的情形下同意继续为新贷提供担保,在订立新的贷款合同前又以该担保财产为其他债权人设立担保物权,其他债权人主张其担保物权顺位优先于新贷债权人的,人民法院不予支持。'这里

[33] [美]查尔斯 · J. 泰步:《美国破产法新论》(第 3 版),韩长印、何欢、王之洲译,中国政法大学出版社 2017 年版,第 514 ~ 515 页。

例外地承认了借新还旧时的顺位固定。"〔34〕

笔者认为,既然我国立法在"借新还旧"时可以例外地承认担保权的顺位固定,在破产撤销权的行使中也可以承认被撤销的担保权顺位固定的例外,使撤销行为的利益能够归属于债务人财产,以保障撤销权的立法目的能够得到实现。

破产撤销权是保障当事人正当权益和法律正确实施的关键,愿破产法的修改为中国破产法的改革、进步与发展而披荆斩棘、砥砺前行。

Research on Theory and Practice of Perfecting Legislation of Bankruptcy Revocation Right

Wang Xinxin

Abstract: Bankruptcy revocation right is an important system to ensure the correct implementation of bankruptcy law. This paper analyzes the important characteristics of the concept of revocation right, and points out the existing problems in the legislative system of revocation right in China, such as the lack of general provisions on revocation act, the lack of logic in the legislative regulation system of revocation act, the failure to set reasonable constituent elements of revocation right according to the different nature of revocation act, and the short revocation period of some revocable acts. In responding to the above question, this paper put forward the concrete legislative amendment and improvement suggestions. In the analysis of specific revocable acts, this paper comments item by item on the problems existing in the current legislative provisions, and makes suggestions on the basis of the legis lative and practial experience of various countries. In order to improve the system of the revocation right, ensure the realization of the legislative purpose of bankruptcy law and improve the business environment, this paper also puts forward a personal research point of view on such issues as the revocation of execution behavior which is prominent in judicial practice and the revocation of indirect biased liquidation behavior which has not

〔34〕 高圣平:《民法典担保制度及其配套司法解释理解与适用》,中国法制出版社2021年版,第674页。

been paid enough attention to.

Key words: Bankruptcy revocation right; Fraudulent transfer; Biased liquidation; Indirect biased liquidation

论破产法中的诚信债务人[*]

范志勇[**]

内容摘要：

破产法中诚信债务人的主观状态仅排除恶意。破产法的救济对象限于诚信债务人是为了平衡破产法之公平清偿债权与保护债务人的不同价值目标，以及发展信用经济、建设诚信社会。诚信债务人在破产程序中具有特别的法律地位，唯有诚信的个人债务人可获得破产免责的待遇，重整中自行管理债务人仅能由诚信债务人担任。债务人的诚信义务贯穿破产程序的全流程，债务人不得在破产申请环节滥用破产程序来逃避债务，诚信债务人负有积极协助破产工作开展的基本程序义务，并负担基于尊重商业逻辑与非破产法律所产生的诚信附随义务。

关键词：

诚信债务人　破产免责　自行管理债务人

破产是一项适用于债务人的特殊司法程序，但破产法并非对债务人的条件无所限制。破产法学界与实务界普遍认为，现代破产法救济的对象是"诚实但不幸的债务人"。[1] 破产保护仅为诚信债务人法定、专属的待遇，这一判断也

---

* 本文系中央高校基本科研业务费专项资金资助项目（项目编号：2024JBWG006）的阶段性成果。

** 北京交通大学法学院副教授。

〔1〕 See Local Loan v. Hunt, 292 U. S. 234, 244 (1934). 乔治·萨瑟兰（George Sutherland）法官在该案判词中写道："法院一再强调，破产法既具有增加社会公共利益的价值，也契合私人利益的要求，因为它给那些在破产时为了向全体债权人分配财产而放弃财产的诚实但不幸的债务人提供了一个新的生活机会和未来明确的努力方向，使诚信债务人得以不受既存债务的压力和挫折的阻碍。"乔治·萨瑟兰法官抓住了破产救济目标的关键点，即诚实但不幸的债务人是破产案件的真正对象。

为多国破产立法所认可。而对于如何界定与认知破产法中的诚信债务人,学理上不无疑问。本文主要沿循什么是诚信债务人、为什么诚信债务人是破产法唯一适格的救济对象、如何认识诚信债务人的路径展开。诚信债务人在破产程序中具有特别的法律地位,其可获得个人破产免责与担任重整中自行管理债务人等待遇,但须以债务人配合破产程序、承担诚信附随等主要义务为前提。限于篇幅,本文难以就破产法中诚信债务人这一主题展开全面的论述,仅在此抛砖引玉,以见教于大方之家。

一、破产法中诚信/不诚信债务人的界定

"诚信原则"是民法的一项基本原则,广义的诚信原则包括主观诚信与客观诚信两个方面,前者指的是"毋害他人"的内心状态,后者是毋害他人甚至有益他人的行为,不唯主体不知的心态,主体错误或确信的心态也能构成主观诚信。[2] 界定诚信债务人的关键点在于认知其中的"诚信"概念,可行路径是参考诚信原则的二分法,从债务人的主观状态与客观行为表现两个方面来考察何为诚信债务人。但其难点在于,倘若依赖对债务人的诚信与否之主观因素的判断,极易引发法官自由裁量权的过度扩张,为破产法的实施带来不稳定因素,影响市场主体的基本预期,也可能导致法院不当驳回债务人合理的破产申请。鉴于市场实践的丰富性与发展性,试图通过立法全面列举债务人诚信的表现方式的努力又是徒劳的,立法无法穷尽诸种诚信债务人的客观表现。因此,难以对诚信债务人作出绝对意义的界定。[3] 诚信债务人与不诚信债务人互为对立面,当能够经由一定标准识别出不诚信债务人并将其从破产程序的适用主体中剔除时,将同样实现界定诚信债务人的价值目标;且诚信债务人作为依法享有破产程序权利的当然主体,其贯穿破产程序中的各环节,与破产法的诸多实体与程序规范相牵连,涉及范围过广,正面界定诚信债务人存在困难。而从诚信债务人的否命题不诚信债务人入手,是有望相对准确地从债务人群体中辨别、区分出主要类型的不诚信债务人的。

---

〔2〕 参见徐国栋:《诚信原则理论之反思》,载《清华法学》2012 年第 4 期。

〔3〕 See Michael J. Venditto, *The Implied Requirement of Good Faith Filing: Where Are the Limits of Bad Faith*, Detroit College of Law Review 1993, p. 1611.

首先,就不诚信债务人的主观状态而言,为更好地救济陷入财务困境的诚信债务人,破产法对于不诚信的主观认知往往限于债务人欺诈等故意的状态。譬如,依据美国《破产法典》第727条的规定,禁止转移财产意图阻碍、拖延或者欺诈债权人的个人债务人获得破产免责,如果债务人毁坏或没有保存财务记录,从而导致债权人无法了解债务人的事务,债务人将因此受到制裁。作为例外的是,一些不幸陷入财务困境的债务人虽然没能保留好财务记录,但这一结果可能是债务人的过失抑或是意外造成的,因此,美国法院通常不会仅据此结果取消个人债务人通过破产免责获得"全新开始"的待遇,也就是法院将债务人过失的主观心态排除于不诚信的范畴之外。[4] 在现代"全民皆商"的时代,伴随参与市场竞争的主体数量的增长,市场主体退出机制也逐步完善,针对丧失偿债能力的债务人的破产机制的适用范围也得以相应扩张,限缩债务人不诚信的主观状态范围的立法或司法态度契合市场逻辑与破产法的核心价值,也与主观诚信概念所包含的内心确信状态一致。但恶意债务人不一定不具有适用破产程序的资格,在现代破产法中,由于破产撤销权等破产法本身的诚信缺陷纠正机制的存在,恶意债务人成为不诚信债务人的必要不充分条件。申言之,破产法无法补救的债务人的不诚信行为才会致使债务人被彻底剔除于破产程序之外。

其次,就不诚信的客观表现的判断,即使无法面面俱到,但可以面向破产程序中主要环节的目标任务进行辨析,以此在具体破产情境中实现一定程度的类型化效果,满足破产法的调整需求。并且针对不诚信债务人的客观表现,破产法可以设定相关的责任规则作为配套规范,从而形成针对债务人不诚信行为的"识别+责任"规范模式,以进一步提升对不诚信债务人的破产规制功能,以及促进社会信用体系建设。在本文论述的破产中诚信债务人的主要义务与破产法对债务人缺陷诚信状况的纠正部分,能够推导出不诚信债务人的客观表现方式主要是违反主要诚信义务与在破产前作出不诚信行为的基本结论;二者所不同的是,前一场景中的不诚信债务人往往将丧失继续享有破产保护的机会,而后者在破产法纠正不诚信行为的效力之后,债务人仍有继续获得破产救济的可能。

---

〔4〕 参见[美]道格拉斯·G.贝尔德:《美国破产法精要》,徐阳光、武诗敏译,法律出版社2020年版,第39页。

二、破产法仅救济诚信债务人的价值目标

破产法救济"诚实但不幸的债务人"这一价值揭示了破产法得以适用的"诚信"与"债务困境"这两项核心要件,体现了法学界对于破产之诚信基础的基本共识。而为何破产法仅救济诚信债务人?其与破产法的主旨价值有何关联?总结起来,破产法仅救济诚信债务人的价值目标表现在以下四个方面。

第一,破产法救济的债务人范围限于"诚实但不幸的债务人"是现代破产法在债务人的"重新开始"(fresh start)利益与债权人公平受偿利益之间妥当设置的平衡点。无论破产立法是出于对个体的社会同情,抑或是为了避免市场竞争中的失败者产生对国家的过度依赖,破产立法的直接作用都包括减轻那些尝试参与市场竞争但不幸失败了的个体所承受的苦难。[5] 但对于破产事件的发生,诚信债务人与债权人均是不幸的,二者均不希望债务人丧失债务偿付能力。因此,防范恶意债务人的欺诈对于债权人造成的"二次伤害"也应成为破产立法的重要目标。破产程序中债务人与债权人利益得到保护的平衡状态,会对宏观经济形势产生一定的影响,不可不慎察之。[6]

详言之,其理由在于:其一,并非市场竞争中产生的所有失败者、不满者均有必要或有足够充分的理由值得破产法救济,恶意债务人本身的可归责性使其不具有适用破产程序的基本条件,债权人无法期待与恶意债务人合作来获得更为优厚的债权清偿利益,将恶意债务人强行推入破产程序将对破产法的价值目标产生极大的破坏,也是对债权人合法权益的侵害。国际破产协会(INSOL International)发布的《消费者债务报告》(Consumer Debt Report)强调,个人债务人获得破产免责的障碍不应导致债务人难以适用这一程序,同时,允

[5] See Mary-Alice Brady, *Balancing the Rights of Debtors and Creditors*: *522(F)(1) of the Bankruptcy Code*, Boston College Law Review 39, p. 1217(1998).

[6] 波斯纳(Posner)法官曾言:"债务人和债权人的福利是交织在一起的。破产法对债权人的保护越少,信贷市场上的利率往往越高,债务人为融资所支付的利息成本相应提高;相反,破产法对债权人的保护力度越大,信贷市场上的利率就越低,债权人作为融资需求者就会因此受益。"See In re Thompson, 867 F. 2d 416, 419 (7th Cir. 1989).

许个人债务人摆脱沉重的债务以“重新开始”,须建立在社会愿意谅解的基础之上。[7] 在债务人摆脱财务困境与其为债权人作出贡献方面应当存在一种平衡,债务人的主观诚信状态实现与维持这一平衡。其二,在破产已越发使债务人丧失耻辱感的时代,破产逐渐演变为一种谨慎的、有时伴有争议的利益平衡机制。[8] “重新开始”的宝贵机会应当仅属于诚信债务人,否则,对债务人主观状态无所限制的破产法将是“慷债权人之慨”,会不当地剥夺债权人的利益来补充恶意债务人。换言之,为平衡破产程序中不同主体间相互冲突的利益,并维护社会公序良俗,破产立法应当给予债务人以妥当的“重新开始”的可能,而不是给会对社会公共利益与他人利益产生负外部性的“错误开始”以机会。其三,破产可以被理解为债务人破产风险的损失分担机制,破产使债务人因丧失偿付能力所导致的无法偿还的债务的损失直接转嫁于债权人。波斯纳(Posner)认为,这一损失的转嫁具有合理性,就企业债务人而言,企业的债权人较债务人的出资人更擅长评估向企业提供信贷的风险,因而债权人是企业信贷违约的更适格的最终风险承担者,且债务人的出资人较债权人更厌恶风险。因此,出资人倾向于愿意负担债权人因承担更大的风险所付出的成本。[9] 笔者赞成其观点,该论断对于个人破产同样适用。对照波斯纳的观点,因为债权人与不诚信债务人的信息不对称,债权人对信贷风险的预期与评估无法将债务人的恶意与欺诈囊括在内,债权人难以采取有效的措施来监督、防范债务人的欺诈行为,债权人能够承担的合理的债务违约损失应当剔除不诚信债务;而不诚信债务人在破产前预先付出的事后转嫁于债权人的破产损失的成本,亦不包括债务人欺诈的成本,二者不构成公平的对价。因此,债权人不应承担不诚信债务人的破产违约损失。其四,在破产法各规范中难以达成债务人与债权人利益的处处均衡,但通过诚信债务人的假定与破产程序的相应适用要求,破产法至少向债务人、债权人以及其他破产利害关系人提供了一套可预期的规则,尚保有偿付能

[7] See INSOL International, *Consumer Debt Report*, *Report of Findings and Recommendations*, 2001.

[8] See John E. Matejkovic & Keith Rucinski, *Bankruptcy Reform: The 21st Century's Debtors' Prision*, American Bankruptcy Institute Law Review 12, p. 496 – 497 (2004).

[9] See Richard A. Posner, *The Rights of Creditors of Affiliated Corporations*, University of Chicago Law Review 43, p. 507 – 509 (1976).

力的债务人、债权人及其顾问可以据此规划他们未来的关系,从而实现社会整体意义上的债务人与债权人的利益平衡。[10]

第二,破产法仅适用于诚信债务人是促进国民经济健康发展的基本要求。其理由在于:其一,现代破产法建立在信用经济的基础上,破产法的重要目的之一是确保信用经济的核心地位。信用经济所赖以存在的诚信观念反映在破产法中,最基本的表现方式即为法定的破产程序仅适用于诚信债务人。其二,破产对于诚信债务人而言还是一次难得的受教育机会,[11]尤其个人债务人经由破产而“重新开始”后,对于导致其先前陷入财务困境的市场风险与财务问题等往往能够保持足够的警惕,有助于防范其再次落入类似的市场“陷阱”之中,破产逐步培育更多理性、成熟的市场主体,进而提升了信用经济整体的抗风险能力。相对而言,对于不诚信债务人,倘若允许其破产,则破产将成为其“逃废债”的工具,而非使其受教育的平台,破产的教育意义将丧失,并使不诚信债务人更加有恃无恐,扩大其在破产前的负债范围,降低其资产与负债之间的比例,使市场主体在经济决策过程中受到非经济因素的干扰,将为信用经济的可持续发展带来不稳定的风险因素。其三,从破产损失的分担角度来分析,丧失偿债能力的债务人的违约成本将由全体债权人在破产程序中分担,倘若允许不诚信债务人进入破产程序,将扩大社会层面的债权人群体承受损失的成本,债权人必然努力寻求损失的转嫁空间。而信贷领域是债权人补偿损失的适格场域,债权人将倾向据此提高一定的信贷利率,增加的信贷利息成本将落至包括诚信债务人在内的借款人群体之上,而由诚信债务人分摊不诚信债务人的破产成本是不公平的,长此以往,会在市场中产生“劣币驱逐良币”的不良现象。而且,信贷领域的出借人为减少未来不确定的债务人的破产风险,在信贷供给上会更加谨慎,从而加剧中

---

〔10〕 See Mary-Alice Brady, *Balancing the Rights of Debtors and Creditors*: 522(*F*)(1) *of the Bankruptcy Code*, Boston College Law Review, Vol. 39, p. 1215(1998).

〔11〕 譬如,在美国,个人债务人破产后接受相关的财务教育一般是一种强制性的义务,依据美国《破产法典》第七章或第十三章进行的破产案件中,寻求免责的个人债务人必须完成一项个人财务管理方面的课程教育,并向法院提交完成课程教育的陈述,同时附上证明完成课程教育的证书。See Henry G. Jr. Hobbs, Patricia J. Stanley, *Credit Counseling and Debtor Education under the Bankruptcy Abuse Prevention and Consumer Protection Act of* 2005, United States Attorneys' Bulletin 54, p. 16(2006).

小企业融资难的问题，很可能因此“误伤”诚信债务人；使其因收紧的信贷政策抑或扩张的信贷担保政策而失去本来基于其良好的信用评级状况能够获得的信贷机会，也将导致信贷市场的风险识别方面出现误差，扭曲信贷政策，影响信贷行业的健康发展。其四，破产作为特殊的司法程序，其适用范围受到一国司法资源的限制，破产程序得以适用的债务人范围应当有所限缩，识别诚信债务人并赋予其享有破产救济的权利这一方式具有可行性，契合司法效率的要求。通过破产程序重新进入市场的不诚信债务人在创造社会价值的能力方面显著弱于“重新开始”后的诚信债务人，从破产司法资源付出的成本收益的角度，也应选择将相对稀缺的司法资源的公共供给用来满足诚信债务人的破产保护需求。

第三，维护诚信债务人在破产法中的地位，是提升社会公众的诚信观念、净化社会风气的需要。其一，破产法规范的设置须关注其对社会道德风气的影响，得以适用破产法的债务人范围应当反映出“欠债还钱”的基本社会共识的要求。[12] 当前，社会的普遍观念仅能接受对“诚实但不幸”的债务人的破产债务给予一定的调整，而且是建立在债权人与债务人的利益能够通过破产程序实现共赢的假设之下。其二，破产制度应当满足立法维护社会公序良俗的目标，允许不诚信的债务人进入破产程序，客观上起到了鼓励不诚信行为的负面作用，是与社会信用体系建设的基本要求背道而驰的，不利于信用经济的良好有序发展。其三，将破产程序适用的范围限于诚信债务人，凸显了破产法试图通过激励债务人的合作达致债务人责任财产最大化的目标。在债务人丧失债务清偿能力后，应努力消除债务人与债权人之间无意义的内耗，推动债务人与债权人以诚信债务人为最大公约数形成共赢的破产利益共同体，甚至增加社会整体福利，而非维持债务人与债权人之间的零和博弈。这对于常态化运营的企业也是一种方向的引导，使其建立诚信乃是其陷入财务困境后获得破产救济的前提要件，企业为享有应对未来不确定风险的破产之“保险”保障，将激发自身诚信经营的主观倾向。

第四，债务人的主观诚信状态可作为识别债务人破产重整价值的重要考察因素。换言之，其在一定程度上对法院裁定受理破产重整申请而非启动破产清

---

〔12〕 See Margaret Howard, *Theory of Discharge in Consumer Bankruptcy*, Ohio State Law Journal 48, p. 1056(1987).

算程序具有直接的影响。因为相较破产清算程序,破产重整等债务人拯救程序的持续时间往往更长,且涉及破产程序终结后的重整计划的执行问题。而在重整计划的长期执行过程中,债权人面临的债务人恶意违约等不确定风险增加,重整程序所依法允许债务人保有的现有财产利益对于债务人产生"背信弃义"的不良动机具有足够的诱惑,很可能致使债权人借助债务人破产重整获得较破产清算更优的债权清偿利益的目标落空。理性的债权人应当对债务人的主观诚信状态有确切把握,进而才能申请债务人破产重整抑或在债权人会议上表决同意重整计划草案。且重整的根本目的是,防止债务人破产清算从而导致失业和可能的经济资源的浪费。[13] 前已述及,不诚信债务人的"重新开始"是一种"错误开始",其不仅是对司法资源的空耗,也是对经济资源的滥用,不诚信债务人的破产重整违背了重整制度的核心价值。

三、诚信债务人在破产程序中的专属权利

诚信债务人作为得以适用破产法的唯一适格主体,"债务人在破产程序中的全部权利"可以替换表述为"诚信债务人的权利"。据此,貌似研究诚信债务人的破产权利这一主题范围过大且没有实质意义,但在破产程序中的某些特定环节,尤其强调债务人的诚信状态,并一般会在破产程序启动的法院审查流程之外,增加额外的债务人诚信度的严格审查步骤。本文选取诚信个人债务人的破产免责待遇与诚信债务人担任重整中自行管理债务人这两项特殊权利进行研讨,以展现破产程序全流程对于债务人诚信状况的重视,并突出诚信债务人的设定对于破产法体系建构的重要价值。

(一)诚信个人债务人的破产免责待遇

虽然破产法对于债务人提供了诸多救济,但对于个人债务人来说,其寻求的最根本的破产救济是破产前债务的免责。现代破产法的价值理念经历了以债权人利益为本位,到追求债务人保护与债权人公平受偿的目标的平衡,再到

〔13〕 See N. L. R. B. v. Bildisco & Bildisco, 465 U. S. 513, 528 (1984).

在实现破产利害关系人利益的基础上,努力增进社会公共利益的重大变化。[14] 债务人进入破产程序的主要目的就是豁免部分债务,以免因陷入财务困境而一蹶不振,再无参与市场竞争的机会,且可避免个人债务人以及其亲属的基本权利与基本生活水平过多受到破产的影响。但对于个人破产程序,尤其是就个人破产清算程序而言,个人债务人能够依法获得将来对自己的剩余债务免除清偿责任的"破产免责"待遇的前提是,其诚信地将现有财产全部披露并向破产债权人公平分配,诚信披露与分配现有的全部财产实际上构成了个人债务人破产免责的对价。[15] 而破产免责制度最初被引入破产法的目的也是激励债务人的合作,这就解释了为什么不诚信债务人不能获得免责,而刑事罪犯有时却可以。[16] 现代破产法的个人破产免责制度,在债务人合作论之外,还将免责作为债务人"重生"的重要路径,但"重新开始"的机会仍然应由诚信债务人所专享。[17]

一国破产立法设置个人债务人破产免责规范,表明该国就个人债务破产免责已形成了基本社会共识,但共识针对的是有条件的免责,而非完全自由、无限的破产免责。个人债务人免责的前提是对自身财产状况的负责,唯有诚信债务人方能到达"重新开始"的彼岸。破产免责以个人债务人的坦诚与合作为条件,任何不诚信的债务人应当被拒绝赋予破产免责的待遇。[18] 譬如,美国《破产法典》第727(a)(2)条规定,债务人隐匿财产、拒不向管理人交付财产,或者在提

〔14〕 救济债务人的破产理念在近代才逐步确立,譬如英国直至1706年才首次确立破产免责制度,美国《1841年破产法》才开始赋予普遍的债务人群体而不限于商人债务人以提出自愿破产申请与免责的权利。参见[美]查尔斯·J.泰步:《美国破产法新论》,韩长印、何欢、王之洲译,中国政法大学出版社2017年版,第4页。

〔15〕 See 11 U.S. Code § 727(b).

〔16〕 参见[美]道格拉斯·G.贝尔德:《美国破产法精要》,徐阳光、武诗敏译,法律出版社2020年版,第39页。

〔17〕 参见[日]山本和彦:《日本倒产处理法入门》,金春等译,法律出版社2016年版,第111页。

〔18〕 See John E. Matejkovic & Keith Rucinski, *Bankruptcy Reform: The 21st Century's Debtors' Prision*, American Bankruptcy Institute Law Review 12, p.482(2004).

出破产申请前将财产转让给其亲属来逃废债务,将完全丧失破产免责的机会。[19] 而且,不加限制或限制不足的破产免责制度,可能会降低经营常态下债务人保持偿付能力的动力。[20] 就此,破产立法一般从破产免责的对价与破产免责的数额两个角度来设定相关限制,就前者而言,债务人必须放弃其全部非豁免财产甚至包括其部分的未来收入,而后者要求破产免责不能囊括所有破产前的债务类型。[21]

破产免责制度的存在,使破产程序真正成为债务人的"破产保护"司法程序。虽然企业破产清算后,企业主体资格将被注销,企业破产清算中的破产免责无实际意义,但在企业破产重整等破产拯救程序中,债务人在破产程序启动前的旧债务将会为法院裁定批准生效的重整计划所约定的新债务所取代,并对依法参与破产程序的债务人、债权人、企业债务人的出资人等破产利害关系人产生普遍的约束力,言及破产重整的债务人免责制度并不准确。但在企业存续的重整程序中,由企业控股股东、实际控制人抑或是管理层等直接影响的企业债务人的诚信状况,与债权人会议能否接受并同意重整计划草案具有很强的关联性,债务人是否诚信在一定程度上决定着重整成功的概率。

(二)经批准担任重整中的自行管理债务人

破产的发生,在诸多情况下与债务人自身因素有所关联,即便破产最终归因于纯粹商业风险,有时债务人仍须承担对于风险防范与应对不力的责任。因此,为避免债务人的道德风险,根据我国破产立法的规定,原则上债务人被剥夺对破产财产与营业事务的控制权,债务人在破产程序中难谓享有积极的权利;法律更多强调债务人应积极配合破产管理人与法院开展的破产工作,债务人基于此将获得破产免责等待遇,而破产免责作为诚信债务人积极履行配合义务的对价,准确来说并非债务人的权利。然而,在实践中债务人破产的事实本身不能简单等同债务人抑或企业管理层发生不诚信行为,在破产无法归责于债务人的情况下,让债务人自我管理有时是更优的选择。因为债务人通常更了解自身

---

[19] See 11 U.S. Code § 727(a)(2).

[20] See Barry Adler, Ben Polak & Alan Schwartz, *Regulating Consumer Bankruptcy: A Theoretical Inquiry*, Journal of Legal Studies 29, p.585(2000).

[21] See Rafael I. Pardo, *An Empirical Examination of Access to Chapter 7 Relief by Pro Se Debtors*, Emory Bankruptcy Developments Journal 26, p.11(2009).

的经营与财务情况，债务人自我管理也可节省破产管理费用，对于自行管理债务人自身也是极大的激励，有助于债务人在陷入财务困境时及时提出破产申请。[22] 作为例外，在突出商业逻辑作用的破产重整程序中，为充分发挥债务人的积极性，提升重整债务人被拯救的概率，《企业破产法》第73条允许诚信债务人在特定情形下担任自行管理债务人。

自行管理债务人与破产前的债务人虽然在形式上可能一致，但实质身份发生了本质变化，自行管理债务人原则上享有破产管理人特有的破产法定权利，譬如，破产撤销权、针对待履行合同的选择履行权、有关债务人诉讼的中止和继续的权利等，尤其通过行使破产撤销权，自行管理债务人可对自我于破产临界期所为的特定行为进行撤销，这是其身份发生本质变化的一项例证。自行管理债务人须承担信义义务，包括对债权人的忠实义务与勤勉注意义务，自行管理债务人应当极力避免利益冲突，公平对待所有破产利害关系人，努力实现破产财产的价值最大化。[23] 我国破产立法中设置的自行管理债务人必须在债务人主动申请、法院批准之后才能获得该资格，且须在管理人的监督下进行。[24] 我国法院审核债务人自行管理申请的主要考量因素是债务人的诚信状况，辅之以破产管理人的监督机制，能够在很大程度上防范债务人的道德风险。我国破产法中的自行管理债务人的设定，符合当前的社会信用体系建设的情况。

四、破产中诚信债务人的主要义务

破产法对于适用破产程序的债务人的诚信要求是一以贯之的。从破产程序启动环节开始，通过严格防范债务人滥用破产程序，把好破产程序入口关。在破产程序进行中，债务人须保持诚信状态，积极协助法院、破产管理人以及债权人等破产利害关系人开展破产工作，并承担一定的诚信附随义务。

---

〔22〕 参见许德风：《破产法论——解释与功能比较的视角》，北京大学出版社2015年版，第498～499页；齐明：《重整期间公司控制权二元模式探究——兼论我国破产管理人制度的不足与完善》，载《求是学刊》2010年第5期。

〔23〕 参见[美]查尔斯·J.泰步：《美国破产法新论》，韩长印、何欢、王之洲译，中国政法大学出版社2017年版，第1050页。

〔24〕 参见王欣新：《破产法》，中国人民大学出版社2019年版，第305页。

(一)债务人不得滥用破产程序

破产作为针对陷入困境的债务人的一种司法救济程序,其充分贯彻了当事人主义原则,首先需要适格主体向法院提出申请来启动。为提升破产法的实施效果,避免司法资源的浪费,有必要防范债务人滥用破产程序,包括债务人在不同的破产程序之间进行"套利"。不得滥用破产程序是诚信债务人的首要义务。考察比较法,美国在《联邦宪法》第1条第8款中规定,制定全国统一的有关破产的法律属于联邦立法事项,制宪者的主要目的之一就在于防止债务人通过将财产在不同州之间转移而为欺诈行为。[25] 美国破产立法的最近一次改革是2005年出台《破产滥用防止及消费者保护法》(Bankruptcy Abuse Prevention and Consumer Protection Act,BAPCPA),其实施旨在通过恢复破产制度中的个人债务人的责任和诚信,改善破产法律和实践。[26] 由此,诚信债务人对于破产法实施效果的价值可见一斑,法律强调债务人不得滥用破产程序。

债务人恶意申请破产应当作为法院驳回债务人提出的破产申请的法定事由之一。我国破产立法未明确规定法院驳回破产申请的具体事由,但就法理而言,倘若法院能够确信债务人恶意申请破产,应当裁定驳回其破产申请。就比较法而言,根据日本《民事再生法》第25条的规定,当申请人存在不诚实等不当申请目的时,法院应当裁定驳回民事再生程序的申请。[27] 在美国《破产法典》设置明确规范之前,法院在审理破产案件的过程中,就债务人申请破产应当出于诚信/善意已形成基本共识。[28] BAPCPA在第707(b)(3)(A)条增设了债务人恶意作为法院驳回破产申请的事由。[29] 美国破产立法通过严控破产程序

〔25〕 See Hon. Randolph J. Haines, *The Uniformity Power: Why Bankruptcy is Different*, American Bankruptcy Law Journal 77, 2003, p. 153.

〔26〕 See BAPCPA, supra note 5, reprinted in 2005 U. S. C. C. A. N. 88, 89.

〔27〕 参见[日]山本和彦:《日本倒产处理法入门》,金春等译,法律出版社2016年版,第125页。

〔28〕 See In re Aurora Invest., 134 B. R. 982, 985 (Bankr. M. D. Fla. 1991); Industrial Ins. Serv. v. Zick (In re Zick), 931 F. 2d 1124 (6th Cir. 1991); In re Elmwood Dev. Co., 964 F. 2d 508, 510 (5th Cir. 1992).

〔29〕 参见[美]查尔斯·J.泰步:《美国破产法新论》,韩长印、何欢、王之洲译,中国政法大学出版社2017年版,第191页。

启动环节，试图将诚信债务人与能够清偿债务的债务人或滥用破产程序的债务人区分开来，这也是破产法“布纳原则”（Butner Principle）所强调的破产法应尊重非破产法实体权利的基本要求。[30] 美国《破产法典》进一步就债务人恶意申请破产的情形进行了类型化列举，包括个人债务人或家庭农场主在180日内连续申请破产救济，以及其曾因不配合法院工作或破产程序进行而被驳回申请。个人债务人应在破产申请前180日内完成信用咨询，以示其破产申请的谨慎性。[31] 美国《破产法典》第727(a)(8)条要求债务人获得两次破产免责待遇须间隔8年以上，意在防止恶意个人债务人滥用破产免责制度；这一限制对于诚信债务人日常参与市场竞争是有助益的，因为出借人据此可建立风险预期，刚刚走出破产程序的债务人在一定期限内不能再次申请破产。[32] 美国实践中常见的债务人恶意申请破产的情形还有，财产仅为单一不动产的债务人在其不动产被执行拍卖前夕申请破产，以破产自动中止制度来中止拍卖。[33] 而在我国实践中，倘若债务人意图向法院申请破产，借助法院裁定受理破产申请来中止正在进行的执行程序，以此阻断申请执行人获得债权清偿利益，则该债务人一般仍不失为诚信债务人。依据我国破产立法，在法院审查破产申请期间，正在进行的债务人作为被执行人的执行程序不受干扰，法院确认债务人已然具备破产原因，进而裁定受理破产申请后，“剥夺”执行程序中特定债权人的执行利益，恰恰是为了避免偏颇清偿，有助于实现全体破产债权人公平清偿的目标。丧失

---

〔30〕 美国联邦最高法院在Butner v. Unied States案中确立了“布纳原则”，旨在破产程序中尊重非破产法权利，即在不与破产法集中公平清理债务人的对外债权债务关系以及挽救债务人经营事业等核心价值和法政策相抵触的情况下，应在破产程序中维持实体法律规范的适用效力。由于破产法主要调整私人利益关系，隶属于私法体系。因此，“布纳原则”重点强调破产法对私法实体权利规范内容的维护。超越联邦体制的限制，“布纳原则”具有被普遍借鉴的能力。参见[美]道格拉斯·G.贝尔德：《美国破产法精要》，徐阳光、武诗敏译，法律出版社2020年版，第9、18页。

〔31〕 See 11 U. S. Code § 109(g),109(h).

〔32〕 参见[美]道格拉斯·G.贝尔德：《美国破产法精要》，徐阳光、武诗敏译，法律出版社2020年版，第39页。

〔33〕 See John P. McNicholas, *Prepetition Agreements and the Implied Good Faith Requirement*, American Bankruptcy Institute Law Review 1, p. 202(1993).

债务清偿能力的债务人于其中往往无实质利益,债务人针对特定债权人的这一“恶意”难谓具有可归责性与不正当性。即使针对申请破产重整的情形,债务人对于执行程序中的债权人形式上的“偏见”不会影响债务人重整的前景,因而也不构成法院在破产申请的审查过程中判断债务人重整价值的考量因素。除非法院对于债务人的破产原因等情形的审查结论有误,甚至债务人与法院串通,使尚具有债务清偿能力的债务人进入破产程序来逃废债务,侵害债权人的利益。由此,基于我国破产立法采取裁定受理主义,也就是破产程序启动主义,[34]由于法院审查债务人破产原因环节的存在,在破产程序的入口关增加了恶意债务人借助破产程序逃废债务的成本与难度,有利于从源头上减少破产欺诈行为,促进破产程序真正适用于“诚实且不幸的债务人”。

此外,对于债务人的某些不诚信行为,启动破产程序有时能够纠正或者否定其欺诈行为的效力,此时的不诚信债务人对于破产程序持排斥态度。在债权人等破产利害关系人尚无申请债务人破产的动机的情况下,是否有必要例外允许政府相关监管部门抑或法院依职权启动破产程序,学界存在争议。[35] 目前主流观点是,公权力机关依职权启动破产程序会严重侵害债务人营业自由等基本权利,基于优先保障债务人的宪法基本权利的要求,仍应坚持当事人主义的

[34] 立法是否应当赋予当事人提出破产申请至法院裁定受理破产期间以一定的破产效力,如自动中止效力,学理上存在争议,不同于我国,比较法层面大多采取肯定的选择,这往往更有利于保障全体债权人的公平清偿利益,也能够提高重整程序拯救债务人的可能性。但基于债务人的破产申请即自动生成中止债权行权的效力,不对债务人是否诚信的主观状态予以识别,其弊端在于给恶意债务人滥用破产程序提供了可乘之机。故须以一系列配套制度规范来防范滥用破产程序的行为,譬如,取消恶意债务人在一定期间内再次申请破产的资格,或者债务人再次申请破产不会触发自动中止的效力,但限制措施具有惩罚性与滞后性,难以防患于未然。因此,破产效力的产生时点的设置更多体现出立法者的态度,宜结合国情来选择,并无对错之分与优劣之别,在社会信用体系建设尚不健全的背景下,采取破产程序启动主义或许是更为妥当的立法抉择。

[35] 譬如,日本在修改《破产法》时,就是否为政府相关监管部门增设破产申请权有过激烈的争论。支持者认为,依职权启动破产程序对于早日解散实施了不道德商业行为的不诚信企业主体具有重要意义,能够及时止损。反对者针锋相对地提出,这一做法与放宽法律制裁的趋势相左,使行政机关对私营企业具有了过度的生杀予夺的权力。参见[日]山本和彦:《日本倒产处理法入门》,金春等译,法律出版社2016年版,第47页。

破产启动原则。笔者赞成这一观点,但对于金融机构等关涉重大社会公共利益的特殊债务人主体的破产,应当依据特别法来例外处理。

不诚信债务人滥用破产程序的又一表现在于,本应适用破产清算程序的个人债务人通过申请启动破产清算程序,在不同的破产程序之间"套利",从而损害破产债权人的受偿利益。对于债务人滥用破产程序的怀疑常常源于这一理念:债务人对本可以偿还的债务,通过破产程序依法无须偿还,债务人就是滥用了破产程序,而此债务人是不诚信的。这种信念使立法越发倾向引导个人债务人适用能够分配一定时期内债务人未来收入的破产重整/再生程序,而非破产清算程序。[36] 基于保障基本权利的要求,个人债务人在破产清算程序中被允许保留豁免财产,由此,债权人的全部债权受偿利益也仅能够来自个人债务人的非豁免财产,导致无担保的普通破产债权人受偿率过低,甚至从破产清算程序中一无所获,其寄希望于个人债务人的未来收入来偿债,故无担保的普通破产债权人普遍希冀个人债务人进行破产重整而非破产清算。[37] 但在债务人享有破产申请权的情况下,启动破产清算抑或是破产重整程序,应当均衡债务人与债权人的利益,破产重整程序主要适用于未来一定时期内收入稳定的个人债务人,对于无稳定工作的"朝不保夕"的诚信债务人来说,强迫其进行重整有"债务奴役"之嫌,[38] 与现代破产法救济债务人的价值目标不符,将削弱破产的意义。虽然破产重整/再生程序在减轻个人债务人的破产耻辱感方面较破产清算程序具有优势,但耻辱感往往不在不诚信的个人债务人所重点考虑的事项范围内,如此,更加剧了破产清算程序对于个人债务人的吸引力。在破产重整/再生程序与破产清算程序之间出现了债务人适用意向失衡的问题,立法有必要增加

---

〔36〕 See Margaret Howard, *Theory of Discharge in Consumer Bankruptcy*, Ohio State Law Journal 48, p. 1082 - 1083 (1987).

〔37〕 See Alicia McCullar, *Converting Debtors and the Bankruptcy Chamber of Means Testing Secrets: Disparate Treatment of Means Testing for Debtors Who Convert from Chapter* 13 *to Chapter* 7, Business & Bankruptcy Law Journal 4, p. 151 (2016).

〔38〕 有美国学者提出,强制个人债务人进行破产重整,实质上是强迫债务人为债权人的利益而工作,是对美国《联邦宪法》第十三修正案非自愿奴役条款的不容允许的违反。See Cheri L. Cohen, *Chapter* 11 *for Individual Consumer Debtors: Fresh Start or False Start*, Northern Illinois University Law Review 13, p. 415 (1993).

破产重整/再生程序对个人债务人的友好性,以提升破产重整/再生程序对个人债务人的吸引力,或者提高个人债务人适用破产清算程序的门槛,比较法上一般采取更易于实现的后者。个人债务人适用破产清算抑或破产重整程序,应当依照诚信的标准对其未来的清偿能力予以判断。参考美国破产立法的经验,根据 BAPCPA 的规定,如果个人债务人未来具有足够的债务清偿能力,就应被禁止适用破产清算程序,为实现此目标,美国《破产法典》第 707(b)条规定了个人债务人的"收入测评"(means test)程序。[39] "收入测评"程序通过确定个人债务人的未来收入与债务的门槛比率,以提供判断债务人是否滥用破产程序的可以度量的明线标准,而不再由破产法院行使独立的自由裁量权来决定个人债务人的诚信状况。[40] 总之,债务人不诚信是限制债务人破产申请权的重要法定事由,此外,立法授予债务人以申请破产权利的基础上,对于债务人破产申请权的限制便仅能以法定的形式予以完成,当事人之间在破产前就限制债务人行使申请破产权利的预先约定是无效的。[41]

(二)破产中债务人的基本程序义务

破产中的债务人应当在破产程序中负有积极协助的程序义务,《企业破产法》第 15 条规定了破产程序中企业债务人的有关人员妥善保管财产与相关材料,列席债权人会议,如实回答法院与债权人的询问,未经许可不得离开住所地,不得新任其他企业的董事、监事、高级管理人员等基本程序义务。在法院裁定受理破产申请后,根据《企业破产法》第 16 条的规定,债务人禁止对个别债权人进行清偿,但根据最高人民法院《关于适用〈中华人民共和国企业破产法〉若干问题的规定(二)》第 14 条的规定,债务人对以自有财产设定担保物权的债权进行的个别清偿除外。倘若债务人的有关人员违反基本程序义务,依据《企业破产法》第 126 条至第 129 条的规定,将可能面临拘传、罚款、训诫、拘留等处

---

〔39〕 参见[美]查尔斯·J. 泰步:《美国破产法新论》,韩长印、何欢、王之洲译,中国政法大学出版社 2017 年版,第 12 页。

〔40〕 See Alicia McCullar, *Converting Debtors and the Bankruptcy Chamber of Means Testing Secrets: Disparate Treatment of Means Testing for Debtors Who Convert from Chapter* 13 *to Chapter* 7, Business & Bankruptcy Law Journal 4, p. 156(2016).

〔41〕 See John P. McNicholas, *Prepetition Agreements and the Implied Good Faith Requirement*, American Bankruptcy Institute Law Review 1, p. 205(1993).

罚。考察比较法的经验，根据德国《破产法》第97条、第98条、第99条的规定，债务人在破产程序中有答复与破产程序有关的情况以及协助破产管理人的法定义务，对于法人债务人而言，该义务同样适用于其董事会成员与业务执行人或股东、监事会成员。其须明确答复关于其资产负债、债权人申报债权的合法性、债权人的担保权情况、破产撤销权行使的依据以及破产原因等事项，并应保证答复的准确性与完整性；债务人应协助管理人的工作，允许管理人进入营业场所或私人场所、交付财产、提供相关文件与交易信息等；倘若债务人拒绝答复或不予协助，甚至逃脱或危害破产财产的安全，可以依法对其强制拘传并羁押；为防范债务人的欺诈行为，法院可对债务人的营业场所或住宅发出搜查令，在特殊情况下也可禁止债务人通信；如果债务人隐匿破产财产，可能受到刑事处罚（德国《刑法典》第283条）。[42] 比较而言，我国债务人的有关人员的基本程序义务的内容不够细化，譬如，企业债务人的有关人员负有如实回复义务的内容有待具体化列举，其保障破产管理人的履职义务方面不够明确，债务人的有关人员违反基本程序义务的处罚力度偏轻。

债务人在配合破产程序进行的过程中，也应将自身的财产与负债等情况向债权人等利害关系人予以全面披露，使债权人足以据此确信债务人丧失了债务清偿能力。即使没有破产程序，理性的债权人往往也会由此停止向债务人进行无意义的追索，法定的破产程序只是契合了债权人的理性选择的倾向。因此，债务人秉持并在配合破产程序进展中展示出的诚信状态，也是向法院与债权人证明其具备破产原因，以及应当依法享受破产救济的需要，有助于提升债权人对破产程序的遵从度。

在债务人的基本程序义务中，信息披露是重要的内容。我国破产立法尚未明确规定债务人在破产重整程序启动后应向法院提供的有关重整的详尽资料的类型，也未规定作为重整计划草案制作人的自行管理债务人在将重整计划草案提交债权人会议表决前应向债权人等履行的信息披露义务。对于破产利害关系人认为债务人未妥当履行信息披露义务后的救济机制尚未建立，譬如，要求债务人补充说明或接受询问，或者提请法院召开听证会。[43] 作为重整型破

---

〔42〕 参见［德］乌尔里希·福尔斯特：《德国破产法》，张宇晖译，中国法制出版社2020年版，第87～88页。

〔43〕 参见王欣新：《破产法》，中国人民大学出版社2019年版，第312页。

产程序的日本民事再生程序中的债务人信息披露规则可供借鉴。根据日本《民事再生法》第 124 条、第 125 条的规定,在进行财产评估后,再生债务人应将制作的财产目录和资产负债表,以及载有再生程序开始事由、债务人营业与财产的发展经过和现状等再生事项的报告书向法院提交。根据日本《民事再生规则》第 56 条、第 62 条、第 64 条之规定,再生债务人还应将该书面材料的复印本等置于主要事务所、营业场所,允许债权人等阅览和抄记这些材料的书面副本。[44]

(三)债务人在破产程序中的诚信附随义务

破产中的诚信债务人除应当遵守基本程序义务外,还应尽量降低自身破产所产生的负外部性,此即破产债务人的诚信附随义务。譬如美国商事实践中商业中心的商铺之间有时约定有"关灯条款",以保持不同商铺关灯谢客时间的统一性,维持商场的人气,美国破产立法对此予以承认和尊重。对于在债务人破产程序中破产管理人或自行管理债务人选择履行的租赁合同,作为承租人的破产债务人必须尊重合同中的"关灯条款",以确保其他商铺的利益不因债务人的破产而受损。[45]

此外,依照破产法"布纳原则",破产法应对非破产法的实体权利规范给予最大程度的尊重,据此,破产法应努力协调与其他相关法律规范之间的关系。尤其是破产重整程序中的自行管理债务人不得违反环境资源保护、劳工保护以及公平竞争的相关法律规定。换言之,在法无明文规定的情况下,债务人在破产重整程序中的持续运营同样应遵守其他法律所设置的义务,即使其他法律的规定与破产重整程序拯救债务人经营的目标相冲突。倘若破产法或其他法律明确规定了相应的调适条款,债务人则可以获得相应法定义务的豁免。譬如,依据《劳动合同法》第 41 条的规定,当企业债务人开展破产重整时,可以进行经济性裁员,作为用人单位解除劳动合同的例外情形。

---

〔44〕 参见[日]山本和彦:《日本倒产处理法入门》,金春等译,法律出版社 2016 年版,第 145 ~ 146 页。

〔45〕 参见[美]查尔斯·J. 泰步:《美国破产法新论》,韩长印、何欢、王之洲译,中国政法大学出版社 2017 年版,译者"前言",第 21 页。

五、结　　语

破产法不应仅仅为债务人免除无法偿付的债务而服务,实现债权人受偿利益的最大化与公平清偿全部债权仍是破产法的基础目标,而保证诚信债务人进入破产程序可谓是保障债权人利益的基石,维持公平清偿债权与为债务人提供破产保护的必要机会之间的平衡。破产法仅救济诚信债务人也是促进国民经济健康发展、提升社会诚信风气的基本要求。诚信债务人在破产程序中具有特别的法律地位,唯有诚信的个人债务人可获得破产免责的待遇,重整中自行管理债务人也仅能由诚信债务人担任。债务人的诚信义务贯穿破产程序的全流程,债务人在申请环节不得滥用破产程序,尤其不应在不同的破产程序之间进行“套利”。诚信债务人在破产程序中应积极配合法院、破产管理人与债权人等破产利害关系人开展破产工作,并负担诚信附随义务,以尊重基本商业逻辑与其他实体法律规范。

On Debtor in Good Faith under Bankruptcy Law

Fan Zhiyong

Abstract: The subjective state of good faith debtor in bankruptcy law only excludes bad faith. The relief object of bankruptcy law is limited to the debtors in good faith, which is to balance the different value goals of fair repayment of creditor's rights and protection of debtors in bankruptcy law, and to develop credit economy and build a credible society. Debtors in good faith have special legal status in the bankruptcy process, only individual debtors in good faith can get the treatment of bankruptcy discharge, and only debtors in good faith can serve as the debtors in possession. The debtor's obligation of good faith runs through the whole process of the bankruptcy procedure, and the debtor shall not abuse the bankruptcy procedure to evade the debt in the link of bankruptcy application. The debtor in good faith has the basic procedural obligation to actively assist the bankruptcy work, and bears the attached obligation of good faith based on respect for business logic and non-bankruptcy laws.

Key words: Debtor in good faith; Bankruptcy discharge; Debtor in possession

重整计划可行性审查的法理基础与路径初探*

孙宝玲**

内容摘要：

重整计划的司法审查应包含两个方面：公平性审查与可行性审查，但后者在我国的破产法制中却被“忽略”。对重整计划进行可行性审查具有深刻的破产法史渊源，是科学行使司法权力、保障重整科学性的需要，也是防止浪费债务人财产、优化社会资源配置的需要。法院对重整计划的可行性审查并非无能为力，若债务人为法院提供充分翔实的信息，并辅以听证制度及专家证人，法院有能力从商业合理性的角度审查重整计划中债务人的未来收入是否能够按计划偿还债权人、重整价值是否大于清算价值。解决这些可行性审查的核心问题离不开对估值纠纷的公正裁决，应考虑设计破产估值纠纷裁判规则的中国文本，逐渐培育我国破产法中商业合理性裁判的司法土壤。

关键词：

重整计划　可行性　强裁规则　商业合理性　估值纠纷

一、问题的提出

我国破产法的首选制度是重整程序，重整主导型的债务清理程序是我国破

* 本文系首都经济贸易大学新入职青年教师科研启动基金项目（项目编号：XRZ2023012）的阶段性成果。

** 首都经济贸易大学法学院讲师。

产法的核心。[1] 在重整程序中,最关键的是重整计划的提出和形成,这是重整企业清偿债务、恢复经营能力、避免清算,从而达到重整目的的前提。[2] 重整计划的制订到最终批准,需要经过当事人的谈判、完成一系列法定的程序,并最终通过法院的批准。对于重整计划的审查标准,我国破产法中并未明确。《企业破产法》第86条规定,对于正常的重整计划审查,"人民法院经审查认为符合本法规定的",应予批准,其中并未明确正常批准重整计划的审查标准。《企业破产法》第87条第2款规定,对于需要强裁的重整计划的审查,应符合公平性与可行性标准,但对于该款第6项规定的"债务人的经营方案具有可行性"的条件,法律也未予进一步明确。

我国破产法中要求重整计划应满足公平性原则与可行性原则,学术界对于公平性原则的探讨较多,尤其是重整计划强裁中的公平性问题。[3] 但关于可行性原则的研究文献较少,存在一定的理论空白。我国破产法中引入重整计划的审查及强裁条件,本意为考察最先进的立法经验,破除重整计划的谈判困难,促进重整企业再生,从而实现重整程序的目的。[4] 但立法的模糊与学术界的忽略导致可行性原则的适用在客观上没有可供参考且具有可操作性的标准,导致重整计划的可行性审查有名无实,无法发挥其应有效用。本文试图对重整计划审查应遵循的可行性原则进行法理探究,并明确审查标准,使法官与相关当事人对于重整计划的可行性审查有法可依、有章可循,逐渐培育可行性审查的法治土壤,提高重整的科学性与有效性。

---

〔1〕 参见李永军、王欣新、邹海林等:《破产法》(第2版),中国政法大学出版社2017年版,第216~218页。

〔2〕 参见李永军、王欣新、邹海林等:《破产法》(第2版),中国政法大学出版社2017年版,第216~218页。

〔3〕 参见曹欣:《论我国破产重整计划强裁制度的司法难题——兼评〈中华人民共和国企业破产法〉第八十七条修改与完善》,载《行政与法》2022年第7期;司伟:《"绝对"与"相对"之辩:论我国企业破产重整中优先原则的选择》,载《中国法律评论》2021年第6期;曹文兵:《上市公司重整计划强制批准制度的审视与完善》,载《人民司法》2021年第34期;董新义:《强制批准规则在债转股重整中的控制性适用》,载《中国政法大学学报》2020年第5期;张钦昱:《论公平原则在重整计划强制批准中的适用》,载《法商研究》2018年第6期等。

〔4〕 参见高丝敏:《重整计划强裁规则的误读与重释》,载《中外法学》2018年第1期。

二、重整计划可行性审查的法理分析

我国的立法与学术界对于重整计划强制批准的关注胜于正常批准的关注,更重视重整计划的公平性审查而非可行性审查,反映出法律移植过程中的误区。有观点认为,根据我国《企业破产法》第 87 条第 2 款的规定,只有在重整计划强裁中需要进行公平性与可行性审查。而根据《企业破产法》第 86 条的规定,在重整计划的正常批准中,无须法院进行实质审查,只要"各表决组均通过重整计划草案",法院即应当裁定批准。该观点忽视了法院在重整程序中的应有作用及可行性审查的必要性。商事重整案件不同于破产清算案件,旨在对企业的财务进行重新安排,达到维持运营、为雇员提供岗位、为债权人提供更多清偿、为股东提供可能的回报等多种目标。重整程序的理念就在于财产的营运价值高于其清算价值。[5] 在对于重整计划公平性的审查中,最大利益原则、公平与衡平原则、无歧视原则等都在一定程度上反映了重整程序中的债权人公平获偿且获偿金额不低于清算可得金额等清算性价值,而可行性审查是对债务人企业的重整价值进行评估,是实现运营企业的价值大于该企业被强制清算的价值这一重整程序本质理念的体现。[6] 换言之,即使在重整计划的正常批准中,法院也不应忽视重整程序的本质理念,而应进行包括可行性审查在内的实质审查。但目前我国司法实践中重整计划经济可行性的审查理念与审查路径不甚完善,制订的重整计划中几乎没有论证经济可行性的详细内容,法院通过重整计划的裁定中也很少对经济可行性进行分析,因而有必要对重整计划可行性原则进行深入的、基础性的研究,为立法与实践提供更充分的理论准备。

(一)可行性司法审查的渊源考察

有观点认为,重整计划的可行性审查"不应当交给不熟悉商业运作的法官判断",因为该条件只是需要在商业上作出合理判断的内容,不应当成为重整计

---

〔5〕 See Elizabeth Warren, *Bankruptcy Policymaking in an Imperfect World*, Michigan Law Review, Vol. 92, p. 336 – 387(1993);参见[美]查尔斯・J. 泰步:《美国破产法新论》,韩长印、何欢、王之洲译,中国政法大学出版社 2017 年版,第 8 页。

〔6〕 参见武卓:《我国重整计划强制批准制度的完善路径》,载《中国政法大学学报》2017 年第 3 期。该文详细论述了强制批准审查标准应遵循的原则。

划批准时法院应当审查的内容。[7] 笔者认为,该观点具有片面性,没有从破产法的历史与继承角度综合考虑重整计划可行性审查的必要性。《美国破产法典》中关于审查重整计划应遵循可行性原则的规定并非一蹴而就,而是具有深刻的历史渊源,是伴随美国破产法的变革逐渐演化出的一套较为成熟、具有可操作性的具体规则。具言之,美国法上的破产重整程序是从针对大型铁路公司的接管程序发展而来的。[8] 1850～1933 年是美国破产法的衡平接管时代,当时美国大型公共铁路公司所进行的人力与货物运输对整个美国社会的正常运行至关重要。[9] 若某条火车线路瘫痪或失序,很可能导致大规模的经济崩溃。鉴于铁路公司的正常运行关涉重要的社会公共利益,即使负债累累,其营运价值也值得保护。[10] 而即便在这一共识下,美国也没有联邦法律允许铁路公司重组债务。在这一社会背景下,考虑政策制定者的顾虑、当时社会的经济发展及联邦重整制度的空白,美国法在司法实践中逐渐发展出衡平接管程序,允许铁路公司重整债务、继续营业,避免其被清算导致严重的社会后果。

但这一时期的衡平接管程序存在很大缺陷,其最为人所诟病之处在于这一程序实际上由内部人控制,公司的管理层和相关投行实际把控衡平接管程序。债务人企业的内部人对保护委员会(protective committee)施加影响,制定利于他们的重整计划,进而损害其他债权人的利益。保护委员会本应代表不同种类不同利益的债权人,却成为内部人攫取自身利益、损害其委托人的媒介。衡平接管程序的弊端和内部人滥用问题促使罗斯福新政的改革者推进对内部人友好型衡平接管程序的改革。即针对债务人营运价值保存的需要,设计内部人权

[7] 参见韩长印:《破产法视角下的商业银行债转股问题——兼与王欣新教授商榷》,载《法学》2017 年第 11 期;邹海林:《法院强制批准重整计划的不确定性》,载《法律适用》2012 年第 11 期。

[8] See Steven Fruchter, *Revisiting Chapter 11's Feasibility Requirement*, American Bankruptcy Institute Law Review, Vol. 30, p. 109(2022).

[9] See William W. Bratton and David A. Skeel, Jr., *Bankruptcy's New and Old Frontiers*, University of Pennsylvania Law Review, Vol. 166, p. 1571(2018).

[10] See Douglas G. Baird and Robert K. Rasmussen, *Control Rights*, *Priority Rights*, *and the Conceptual Foundations of Corporate Reorganizations*, Virginia Law Review, Vol. 87, p. 925(2001).

力更少并在破产法院的监督下运行的程序,以取代存在缺陷的衡平接管程序。

因此,就重整程序的根源而言,美国法院在衡平接管时期就在破产企业债务重组及营运价值保护中发挥了重要的监督作用,并在司法实践中逐渐发展出防止滥用重整程序的公平性原则与可行性原则,确保有营运价值的破产企业进入重整程序,避免拖延清算等程序滥用问题。在可行性审查中,通过对企业重整价值的理性评估,防止债务人的内部人恶意压低企业价值以减少利益相关人应享有的份额,是重整计划可行性审查的重要方面。[11] 法院不应回避对重整计划可行性的审查。

(二)实现重整程序目标的必然要求

重整计划可行性审查在重整程序中至关重要,关乎重整能否达到预期目的,使陷入财务困境但有重整价值的企业获得再生。债务人是否具有重整价值不仅是重整计划能否被正常批准的核心问题,在债务人申请破产清算转重整之时也同样重要。如 2020 年的上海万豪投资有限公司申请破产清算转重整案中就涉及重整价值及可行性的判断问题。[12] 在该案中,法院明确债务人申请破产清算后,可以申请转重整。此时对债务人是否具有重整价值的判断就成为决定债务人是否有必要转重整的关键,也是重整程序与清算程序相区分的关键所在。该案的债务人认为,持股平台公司的营运价值体现在对其下级公司的控制权中,相较对债务人进行重整清算而言,可以通过大幅减少税费的方式提高债务清偿率。但法院认为,首先,破产程序进入变价方案执行阶段后,原则上不应再转入破产程序,否则将影响破产程序的确定性及效率,不符合各方预期。其次,该案中的重整投资人在上诉听证中多次违反其提交首笔投资款的承诺,已经说明债务人无法通过引入资金的方式清偿债务并保留营运价值,因此,法院判定重整计划不具有可行性。总之,重整计划可行性审查不仅在重整程序中较为关键,在判断债务人是否可以由清算程序转为重整程序时也无可避免。法官不应回避重整计划的可行性审查,而应通过在司法实践中对可行性原则的具体适用不断丰富该原则的含义,从而提高重整的成功率。

可行性原则不仅是判断债务人企业是否应重整而非清算的关键,也是判断重整计划是否可强制批准的重要条件,其与债权人利益的保护等公平性原则关

---

〔11〕 参见高丝敏:《重整计划强裁规则的误读与重释》,载《中外法学》2018 年第 1 期。

〔12〕 参见上海市第三中级人民法院民事裁定书,(2020)沪 03 破终 6 号。

系密切,且可起到控制司法强裁权力、促进强裁合理性的功能。具言之,重整计划的可行性审查尤其与公平性审查中的绝对优先原则密不可分。在重整中之所以会出现公平问题,是因为企业的重整价值与其原市场价值之间往往有差异。若重整计划中相应顺位的债权人得到了完全清偿,则一般不会出现公平问题;而若同一债权人获得的清偿数额大于或小于其债权数额,就很容易产生公平问题。若债务人进行重整,则重整计划中的清偿方法是否能使原债权人获得完全清偿值得怀疑,如债转股等清偿手段中原债务转换成股票后,该股票的价值并不确定。因而,法院需判断这种清偿债务的手段是否符合公平原则。这在破产法中具体化为绝对优先原则,即重整计划应保证其反对债权人获得完全清偿后,在清偿顺位上低于该组债权人的其他债权人才可获得清偿。〔13〕绝对优先原则要求债权人完全清偿反对重整计划的优先顺位债权人,若债务人是以重整企业股票的形式对优先顺位债权人进行偿付,则判断该组债权人是否获得了完全清偿其实是在判断该重整企业股票的未来价值。这在本质上也是关于债务人是否具有重整价值、重整计划是否符合可行性原则的问题。重整计划的可行性原则要求重整后的债务人未来会保持稳健运营,其股票价值也不应大打折扣,这样才能满足对相应顺位债权人的完全清偿标准。〔14〕

因此,在对重整计划进行公平性审查时,不应忽视可行性审查的作用。虽然重整计划的公平性分析与可行性分析通常分开而论,但实际上二者不断相互作用。影响债务人重整价值的不仅是其原始债务数额,商业上的可行性分析至少也会对债权人与债务人之间的谈判产生心理影响。如在债券市场中设置偿债基金会使债券的价格上涨,说明债务人未来收入预测等可行性分析会极大影响债权人对重整的信心,并最终影响重整计划的谈判与通过。

总之,重整程序的重要作用是挽救尚存营运价值的债务人企业,避免其陷入破产清算程序。如果重整作为清算的替代方案是为了让债权人和股东等利害关系人受益,公司就必须能够在到期时履行重整计划中的清偿义务并保持稳

〔13〕 参见武卓:《我国重整计划强制批准制度的完善路径》,载《中国政法大学学报》2017 年第 3 期。

〔14〕 参见王欣新:《企业重整中的商业银行债转股》,载《中国人民大学学报》2017 年第 2 期;王欣新:《再论破产重整程序中的债转股问题——兼对韩长印教授文章的回应》,载《法学》2018 年第 12 期。

健运营。因此,公司重整应避免债务人再次出现财务困难。鉴于此,重整计划不应让再生的债务人公司负担过多的重整成本,这是"合理可行"的重整计划应具备的条件。因此,重整计划可行性审查的重点就在于债务人预期收入是否足以承担其固有的重整成本,即债务人的重整资金来源是否有保障。该资金可能是债务人自身的未来收入,也可能通过引入重整投资人的方式获得。已有学者指出,在我国破产实践中,重整计划中的债务人经营方案通常都是为了文本填充的需要而制定的,并无具体明确的实质性内容,可谓重整计划中可有可无的摆设。在此种情况下,法院对重整计划的可行性判断就成为现实中的"短板",严重偏离立法对重整制度的期待。[15] 因此,面对司法监督下重整科学性的现实要求,我国破产法应发展重整计划的商业可行性审查规则,尤其是对债务人未来收入预测的审查规则及重整资金来源保障中的估值规则。可行性原则具体化的意义不仅体现在重整计划的审查中,在欺诈性转移、担保权实现等破产法情境下都需要法官对破产财产的估值作出合理判断。[16] 法官不应完全逃避对重整计划的商业合理性的审查,而应在司法实践中逐渐发展出相关规则,在确保破产公平性的同时使其具有科学性。可行性原则的适用有利于法院甄别不具有重整价值的债务人企业,使其进入正常的清算程序,从而提高重整成功的可能性,避免政治性追求压倒经济性追求,实现社会产能的优化配置。[17] 与此同时,法院根据可行性原则对债务人的重整计划进行审查,经过批准的重整计划使债务人企业获得了重生也有利于提高司法公信力。

(三)最大化债务人财产与社会资源有效配置的前提

对债务人的重整计划进行可行性审查有利于提高重整的成功率,防止债务

---

〔15〕 参见王建平、张达君:《破产重整计划批准制度及反思》,载《人民司法》2010 年第 23 期;邹海林:《法院强制批准重整计划的不确定性》,载《法律适用》2012 年第 11 期;刘敏、池伟宏:《法院批准重整计划实务问题研究》,载《法律适用》2011 年第 10 期。

〔16〕 See Kenneth Ayotte and Edward R. Morrison, *Valuation Disputes in Corporate Bankruptcy*, University of Pennsylvania Law Review, Vol. 166, p. 1819 – 1852(2018).

〔17〕 参见范志勇:《论企业的自主经营法律义务——以合目的性的经济法义务生成机制为视角》,载《法治社会》2020 年第 6 期;张世君:《破产行政化的理论阐释、功能反思与制度应对》,载《政法论坛》2023 年第 2 期。

人的资产价值因程序的拖延而遭受更大损耗，浪费本可尽快流转配置的社会资源。[18] 同时驳回失败可能性高的重整计划有利于节约债权人等利益相关人的时间，使其尽快获得清偿，维护社会秩序的稳定。

例如，美国大力神离岸公司(Hercules Offshore Inc.，以下简称大力神公司)重整案中，法院未审慎审查债务人重整计划的可行性，导致债务人财产的贬值和社会资源的浪费，债务人最终还是进入了破产清算程序。大力神公司是海上石油和天然气钻井的承包商，2015 年 8 月 13 日该公司向美国特拉华州破产法院提交了重整申请。根据其重整计划，大力神公司及其子公司预计将约 12 亿美元的债务转换为股权，并筹资 4.5 亿美元定期贷款作为再融资，以解决该公司在重整期间的资金流动性问题；在公司从重整中恢复正常经营后，该笔融资可通过偿还本息的方式退出。这一重整计划得到了大力神公司债权人的大力支持。大力神公司管理层向法院提供的关于其重整计划可行性的唯一证据是重整计划配套信息披露文件中的财务预测。在该信息披露文件中，债务人解释其财务预测是基于审查公司的海上自升式钻井平台和升降船合同的当前状态，并评估这些合同是否可能继续或是否可能签署额外的合同等经营状况而作出的。债务人评估了其每个钻井平台对应的合同，并且评估了该钻井平台和配套升降船在预测期内被使用的可能性，进而作出了财务预测。但债务人没有解释其如何得出所预测的钻井平台日利用率，该日利用率是否可信或是否切合实际没有得到论证，债务人也没有提供有关其行业竞争对手或分析师所做预测的相关证据。基于该债务人提供的重整计划及其支撑材料，法院实际上无从判断债务人的经营方案是否具有可行性。事实上在重整计划审查期间，债务人未能实现其在信息披露文件中作出的部分财务预测，但鉴于债权人对重整计划的大力支持，法院还是在 2015 年 9 月 24 日批准了该重整计划。

而在法院批准其重整计划后不到九个月，大力神公司及其子公司在 2016 年 6 月 5 日再次申请重整，这次重整的目的是为债务人的后续清算留下喘息空间。其实在对第一次重整计划进行可行性审查时，除非低迷的石油钻井平台行业在短期内大幅复苏，否则债务人很可能在经过破产重整后再次陷入财务困

---

〔18〕 参见齐明、郭瑶：《破产重整计划强制批准制度的反思与完善——基于上市公司破产重整案件的实证分析》，载《广西大学学报(哲学社会科学版)》2018 年第 2 期；许德风：《论私法上财产的定价——以交易中的估值机制为中心》，载《中国法学》2009 年第 6 期。

境。法院在第一次审查重整计划之时未能发现其可行性问题,而在重整计划获批之后,债务人很快再次陷入经营困境而需要重整或清算。若法院忽视重整计划的可行性审查,或因没有审慎批准重整计划而未能及时发现无营运价值的债务人,债务人并未从重整程序中恢复并最终走向清算,将极有可能导致债务人财产的进一步损耗或司法资源的浪费。

三、重整计划可行性原则的逻辑展开

重整计划可行性审查的底层逻辑是理性判断。可行性原则通过一系列要素性规则,使法官的逻辑理性渗透于重整程序中,通过可行性审查防止重整被滥用,使真正有重整价值的企业获得“再生”。对重整计划的司法审查并非要达到确保重整成功的目的,而是起到保障重整程序得到理性适用、提高重整效率与科学性的作用。在美国的判例法中,可行性原则的内涵在于重整计划被批准之前应具备“重整成功的合理性”。[19] 重整成功的合理性意味着重整计划中所设计的债务人企业财务结构在经济上具有可操作性。债务人的再融资债务或资本结构与其财产价值的关系、公司是否有与待支付利息和相关股息对应的盈利能力,以及公司重整计划中的资本结构对其未来信用的影响等,都是法院在进行可行性审查时应予考虑的因素。[20] 换言之,无论债务人多么诚实,也无论其债权人多么渴望重整,法院都不应批准不切实际的重整计划。即使重整计划符合公平性要求,确实是一个公平且无歧视的重整方案,但若该重整计划不符合可行性原则,法院就有义务裁定终止重整程序,并宣告债务人破产。[21]

(一)适用基础:重整计划及其支撑材料

重整计划可行性审查的重点是,债务人企业未来的盈利能力,即债务人未来的收入预测。这是债务人能够按照重整计划清偿不同类别债权人的关键,也是其后续正常营运再生的关键。对于债务人未来收入的预测必须基于充分信息基础上的理性判断。这种理性判断离不开对于与债务人未来盈利能力相关

---

〔19〕 See Sophian v. Cong. Realty Co., 98 F. 2d 499, 502 (8th Cir. 1938).

〔20〕 See Steven Fruchter, *Revisiting Chapter 11's Feasibility Requirement*, American Bankruptcy Institute Law Review, Vol. 30, p. 109(2022).

〔21〕 See Chi. Title & Tr. Co. v. Sterba (*In re* Sterba), 74 F. 2d 413, 417 (7th Cir. 1935).

的所有事实的掌握，因而与债务人的当前价值相关，如债务人现有财产的性质及状况、债务人过去的盈利记录，以及表明该记录是否是债务人未来表现的可靠标准的所有情况。总之，债务人有义务为法官对重整计划进行可行性审查提供信息，有义务证明其制作的重整计划具有商业上的可行性。[22]

鉴于此，债务人应为法官的理性判断提供两个层次的信息。首先，债务人应提供翔实的重整计划，向法院及债权人等利害关系人进行必要的信息披露，尤其是债务人的经营现状、财务状况、资产清单和现值估算，以及营业存续价值、前景和未来收入预测方面的内容。其次，债务人应提供重整计划中资本结构调整与盈利能力预测的适配的支持性证据，如过去的收入记录、专家的预测与论证等，为法官对重整计划的可行性审查与理性判断提供信息前提。[23]

（二）辅助手段：听证制度与专家意见

重整计划审查中的听证制度由来已久，但在我国破产法文本中却未被提及，在司法实践中也较少适用。在美国破产法发展的历史中，议会意识到衡平接管程序存在种种缺陷，因而在破产法中加入了重整章节，即美国《1934 年破产法》的第 77 节。尽管该节要求法院独立审查重整计划，但却未提供法院独立调查或获得专家意见的辅助手段。法院在处理常见的涉及企业重整的会计、估值和融资等复杂技术问题时有心无力。[24] 因此，法院不得不依靠债务人管理层的证词来分析其重整计划中的经营和财务前景，这一现实使法院倾向认为，重整计划的批准问题是由债权人与债务人之间的谈判即可决定的事项，而非应由法院独立裁定的事项。[25] 美国破产法历史上的这段时期的情况与我国目前司法实践中对重整计划的审查有一定相似之处。我国破产法中并未为法官审查重整计划的可行性提供足够的辅助手段。但在随后的美国破产法改革中，立法者意识到这一缺陷会导致重整程序的内部人控制与滥用问题，随即颁布了

〔22〕 See Consol. Rock Prod. Co. v. Du Bois, 312 U. S. 510 (1941).

〔23〕 See Alexandra Power Everhart Sickler, *Betting on the Farm: Feasible Chapter 12 Plans*, American Bankruptcy Law Journal, Vol. 95, p. 279 – 312(2021).

〔24〕 See William W. Bratton and David A. Skeel, Jr., *Bankruptcy's New and Old Frontiers*, University of Pennsylvania Law Review, Vol. 166, p. 1571(2018).

〔25〕 See, e. g., Burmeister v. A. C. Hotel Co. (In re A. C. Hotel Co.), 93 F. 2d 841, 843 (7th Cir. 1937).

《1938 年钱德勒法案》取代《1934 年破产法》的第 77 节。该法案第 10 章为法官审查上市公司重整计划的可行性提供了美国证券交易委员会(Securities and Exchange Committee,SEC)这一辅助机构,SEC 会为上市公司的重整计划审查提供详细的专家意见供法院参考。由此,法院将受益于专家及其公正的意见以解决上市公司重整中经常涉及的复杂财务和法律问题。SEC 对上市公司重整的参与有利于对内部人重整权力形成制约,这不仅可以弥补法官专业知识方面的局限性,还可保护上市公司的广大投资者,为他们的利益提供额外保护。虽然这一机制在现行的美国《1978 年破产法》中已经取消,但法官可通过听证及独立第三方专业机构的意见辅助其对重整计划审查的法律传统一直延续至今。[26]

听证制度及专家意见在美国破产法对重整计划审查的规范历史中一直具有重要的地位和作用。首先,法院可以通过组织听证了解债务人、债权人及其他利害关系人对重整计划的意见,充分掌握判断重整计划是否应获批准的信息;其次,法院通过债务人及重整计划反对方等提供的专业咨询机构对重整计划的评价,可弥补其在审查重整计划商业可行性时的非专业性和局限性,使其更好地对重整计划的可行性作出理性判断。专家可在对债务人企业重整价值及其未来收入预测等可行性审查的关键问题上发挥重要作用。专家可通过了解债务人公司的独特情况、对估值纠纷中的贴现率和可比公司问题作出专业性判断,并在咨询、谈判、听证等情形下向非专家有效传达技术性知识和分析。

(三)审查标准:合理性审查与理性裁判

面对债务人提交的重整计划及其支撑材料,以及听证中债权人及其专家证人可能提出的反对意见,法官应以何种标准判断重整计划是否具有可行性呢?在 1941 年,美国最高法院在联合岩石(Consolidated Rock)公司案中首次阐述了

---

〔26〕 在颁布现行美国《破产法》第 11 章时国会解释了为什么取消 SEC 参与重整计划审查等投资者程序性保护措施。首先,《1938 年钱德勒法案》颁布时法官及股东面临的内部人控制重整程序问题已在很大程度上通过证券法的颁布与 SEC 的严格实施得以解决。其次,国会还担心若不允许债务人的管理层在重整程序中保持某种程度的控制,会抑制管理层申请债务人重整的积极性,导致债务人企业丧失通过重整程序获得重生的宝贵时机。See Frederick Tung, *Confirmation and Claims Trading*, Northwestern University Law Review, Vol. 90, p. 1708 – 1709(1996).

可行性原则的含义。[27] 在该案判决中,重整计划的可行性原则要求法院判断债务人是否已提交可靠的证据,证明其未来的盈利能力很可能保障债务人根据重整计划偿还债务。可行性原则已被美国法院普遍采纳,并一直适用至今。具体而言,根据美国的判例法,重整计划的可行性原则包含以下含义:第一,债务人承担证明其重整计划具有可行性的义务,即债务人应提供充分证据证明其重整计划具有商业上的合理性。第二,法院具有独立审查债务人证据达到优势证明的义务。第三,为证明该计划是可行的,债务人必须向法院提供其未来收入能力的财务预测,以可靠地证明在所有合理的可能性下,债务人能够根据重整计划支付到期债务利息,且能够在债务到期时偿还所欠本金或者能够成功通过再融资的方式实现债务重组。[28] 第四,若重整计划中的财务预测几乎完全取决于主观臆断,法院不应批准该重整计划。财务预测在本质上是前瞻性的,存在不确定性,因此债务人无须证明其重整计划一定会成功,而只需向法院证明其重整计划具有"成功的合理期待"即可。第五,若债务人向法院提交的未来收入及计划偿付的预测是基于可信的具体证据,且法院综合考量了所有相关证词、证据和支撑材料后认为该重整计划具有成功的合理可能性,则可认定重整计划具有可行性。[29]

对于重整计划的商业可行性,有观点认为,法院不具备审查的专业能力,难以判断重整后的公司能否真正恢复持续经营能力。[30] 笔者认为,重整计划可行性原则更多要求法官基于理性人的标准判断,而非要求法官成为经济或金融领域的专家。对该事项的判断更多地依赖常识与理性,而非金融理论训练或专业能力。[31] 法官作出判断的关键是逻辑思维的理性,对重整计划中商业可行性的判断也是一种司法判断,并没有超出法官的职能范围,法官不应因经济或

---

〔27〕 See Consol. Rock Prod. Co. v. Du Bois, 312 U. S. 510 (1941).

〔28〕 See *In re* Waterford Hotel, Inc., 497 B. R. 255, 263 (Bankr. E. D. Mich. 2013).

〔29〕 See In re Mohajer 12 Corp., No. 18 – 2674 – JCO, 2021 WL 287805 (Bankr. S. D. Ala. Jan. 22, 2021).

〔30〕 参见刘敏、池伟宏:《法院批准重整计划实务问题研究》,载《法律适用》2011 年第 10 期;邹海林:《法院强制批准重整计划的不确定性》,载《法律适用》2012 年第 11 期。

〔31〕 See William W. Bratton and David A. Skeel, Jr., *Bankruptcy's New and Old Frontiers*, University of Pennsylvania Law Review, Vol. 166, p. 1571 – 1596 (2018).

金融知识的欠缺而逃避对重整计划的司法审查。根据重整计划的可行性原则,在判断债务人的未来收入预测是否能够覆盖其资本结构调整的成本时,法官应衡量该重整计划中的收入预测是不是基于该企业未来营业或财务进展的具体且可靠的证据,是否仅仅是投机性、推测性或不切实际的臆断。[32] 这一重整计划可行性的判断标准对于受过法学专业训练的法官是具有可操作性的,并非毫无理性的根基。法官运用其理性思维作出裁判可剔除不具备重整成功可能的债务人企业,避免应予清算的债务人进入重整程序,防止重整程序的滥用。

具体而言,青年广播(Young Broadcasting)公司案可为法官审查重整计划的可行性提供一定参考。[33] 在该案中,债务人企业只有在收入显著增加的条件下,才能按照重整计划中的方案偿还债务。债务人向法院提供了其具体财务预测,表面上该公司确实能够充分增加收入以支付重整计划中预期的款项。在确定债务人的未来收入增长预测是否可信时,法院指出债务人所做的财务预测实现的前提是其所在行业整体有实质性增长或改善,或者债务人会在重整后的两三年内增加其所占市场份额。随后法院首先研究了债务人所在行业其他公司的财务预测,并指出债务人的同类企业或其他同行专家并不认为其行业会在未来几年出现实质性增长。此外,债务人也未说明为什么其未来几年的行业表现会大大优于同行业其他公司。就本质上而言,可行性审查是为了确保重整后的债务人具有偿付能力,且具有稳定的财务状况和持续性经营的合理愿景。法院认为青年广播公司重整计划所依据的财务预测过于激进,不符合可行性原则,未予批准其重整计划。

(四)核心问题:未来收入预测与估值纠纷

重整计划的可行性分析具有深刻的经济学背景。首先,公司重整本身就涉及法律和经济学领域的交叉问题,面临诸多争议。例如,如果一家公司的净收入低于其固定成本,是否可认为该公司拥有持续经营价值,法律又为什么要保护这家公司免受市场规律作用下的淘汰?这些是隐藏在法律与经济学领域深层次的问题。从经济学角度看,企业的经营失败意味着鉴于其经营历史,该企

---

[32] See *In re* Sound Radio, Inc., 93 B. R. 849, 856 (Bankr. D. N. J. 1988), *affd*, 908 F. 2d 964 (3d Cir. 1990).

[33] See *In re* Young Broad. Inc., 430 B. R. 99, 129 – 30 (Bankr. S. D. N. Y 2010).

业的平均成本超过了平均收入。[34] 即尽管对该企业进行投资可能获得的预期收益大于将资金用于债券等社会中的其他投资项目,但该企业实际带来的收益却小于投资者的期待。就这一逻辑而言,企业经营失败不一定会导致公司停止运营或无法清偿债务。企业可能有一时的失败,即对该企业的投资没有得到预期的回报,但该企业并未退出其行业。这一问题的经济学本质在于经营失败的经济学定义并未考虑实体企业的存在或终止,而是从整个社会经济的角度考虑投资的收益与成本。在这一背景下,一家企业一时经营失败,可能仍有"重生"的潜力,因而值得重整程序的挽救。该企业也可根据预期的投资回报及其支付当前经营成本的能力而作出申请重整以继续经营的决定。因此,就经济学与法律的复合分析而言,一家公司可能经营失败很多年,即很多年无法实现投资者的预期收益,但只要没有被强制执行的债务,且仍具有按时清偿当前债务的能力,就能继续留在行业中。这一问题更底层的逻辑在于,若在经营状况不变的情况下,对这样的企业进行挽救,其是否会延续成本大于收益的情况,是否必然再次陷入财务困境而需要重整?挽救这样的企业对社会经济真的有好处吗?当一家这样的企业申请重整时,所有这些深层次的经济学问题都体现在一个简单的法律问题中,即这家公司应该重整还是应该清算?[35]

其次,重整计划的可行性审查还应考虑企业作为一个整体的营业价值。就经济学角度而言,生产过程的各个组成部分的单个价值之和通常小于其总价值。在传统生产四要素劳动力、原材料、资本和管理组织中,管理组织使生产要素的协同组合成为可能。管理组织这一生产要素的产生代价高昂,其最终表现形式即为公司,而破产法就是拯救这一生产要素的制度性努力。因此,对于社会经济来说,挽救公司免于破产这一行为本身是于社会生产有利的,也是维持债务人的持续经营价值这一重整制度理念的题中应有之义。[36]

重整计划的可行性原则暗含了以上经济学前提,但基于法律的问题则更直

---

〔34〕 See Norman S. Buchanan, *Economics of Corporate Reorganization*, The Quarterly Journal of Economics, Vol. 54, p. 29 (1939).

〔35〕 See David R. King, *Feasibility in Chapter X Reorganizations*, Villanova Law Review, Vol. 20, p. 302 – 370 (1975).

〔36〕 See John Gerdes, *General Principles of Plans of Corporate Reorganization*, University of Pennsylvania Law Review, Vol. 89, p. 39 (1975).

接,即公司是否应清算。确定该问题答案的方法是将企业作为持续经营实体进行估值,并将其与清算价值进行比较,若清算价值更高,则应解散企业;若重整价值更高,则应予挽救。重整价值是指法院认为企业清偿其债务且按照重整计划预期运作后的市场价值。在重整价值与清算价值的比较中,一个重要的问题是对重整企业未来收入的预测,这是决定其运营收益能否高于成本从而避免再次重整或走向清算的关键,也是重整计划可行性审查的核心。

四、我国重整计划可行性审查的具体路径

首先,在重整计划的可行性审查中,我国破产法中并未明确重整计划正常批准中的可行性原则,也未细化重整计划强制批准中的可行性要求,可能导致不具基本合理性的重整计划得到法院通过,有损重整程序的功能发挥。其次,重整计划的公平性与可行性审查可为强裁权力的行使提供科学与理性的依据,我国破产法强调重整计划公平性的同时,往往忽视了其与可行性之间的互动关系。重整计划的强裁涉及法院对重整程序与当事人谈判自治更强力的介入,强裁权力的行使更应谨慎,将可行性原则适用到对重整计划的司法审查中可防止强裁权力的滥用,为强裁权力的行使提供商业合理性基础,提高司法公信力。最后,我国法院对重整计划的可行性审查更偏重社会可行性与偿债可行性的论证,而极少提及商业可行性,与重整程序挽救具有再生能力的企业这一最终目标有所龃龉,较少从市场规律与资产估值角度考量重整计划的合理性。[37]

(一)可行性审查的体系性定位与具体规则重塑

第一,现有法律文本应明确重整计划可行性司法审查的必要性。《企业破产法》第 86 条规定,重整计划正常批准的审查标准为“符合本法规定”。该审查

---

〔37〕 如我国法院对重整计划可行性的判断首先是社会可行性,即基于民生、维稳等角度;其次是偿债可行性,即债权人能够得到公平合理的清偿。几乎未对债务人企业的商业可行性或者说经济可行性进行分析,未对债务人企业是否在经济上具有重整价值,未来收入如何,收入能否覆盖融资费用,是否会短期内再度陷入财务困境等问题进行科学论证。参见江西省德兴市人民法院民事裁定书,(2023)赣 1181 破 1 号;西安市未央区人民法院民事裁定书,(2021)陕 0112 破 7 号之三;河北省邢台市信都区人民法院民事裁定书,(2019)冀 0503 破 1 号之二等。

标准过于笼统,忽视了法院对重整程序的监督作用,不利于对债权人等利害关系人的保护。应明确无论重整计划的正常批准还是强制批准,均应进行公平性与可行性双重审查,尤其是可行性审查,避免重整程序的滥用。

第二,应明确债务人对其重整计划可行性的举证责任及相应证明文件要求。《企业破产法》第 81 条中关于重整计划草案内容的规定过于笼统,无法为法院审查重整计划可行性提供充分信息。应细化重整计划草案的内容,或要求债务人制作配套信息披露文件,披露债务人的经营现状、财务状况、资产清单、现值估算等,以及营业存续价值、前景和未来收入预测等,方便法院充分了解债务人企业,对其重整价值进行理性判断。此外,应规定债务人负有证明重整计划具有可行性的举证责任。因此,除在重整计划中详细披露外,债务人还应提交重整计划中相关信息的支撑材料,尤其是其中未来营运价值评估的依据,为法院综合审查债务人重整计划的可行性提供信息基础,保证法院在充分知情的情况下作出理性裁决。

第三,应为法院对重整计划的可行性审查提供必要的辅助性手段。为保障法官科学理性地行使对重整计划的审查权力,美国破产法甚至曾为上市公司重整计划的审查提供 SEC 的调查与论证作为专业支持。听证虽然在我国破产法文本中极少出现,但在司法实践中已有法院逐渐意识到听证的重要作用并予以适用。如有法院认为,在审查重整申请之时应当听证;在审查重整计划之时,必要时可以组织听证。[38] 也有观点认为,在法院强制批准重整计划之时,组织听证应为必经程序。[39] 在重整计划的可行性审查中,债务人提供的重整计划内容及其支撑材料可能与债权人的意见相反,法院在对有争议的重整计划进行司法审查时,有必要举行听证,听取各方当事人的意见及其专家证人对重整计划及支撑材料的解读与建议。在专家证人意见不同时法院也可根据需要向独立的第三方专业机构征询意见,在弥补金融或财务专业知识欠缺并充分论证重整计划商业可行性后作出理性裁判,提高重整科学性。

---

〔38〕 参见《重庆市第五中级人民法院重整案件审理指引(试行)》第 26 条、第 91 条。

〔39〕 参见申林平:《中国〈企业破产法〉修改建议稿与理由(管理人建议稿)(五)》,载微信公众号“中国破产法论坛”,https://mp. weixin. qq. com/s? __biz = MzAxNTI0NDU5NQ = = &mid = 2650156174&idx = 3&sn = 56ba53299804d986b8317c96ae17ccad&chksm = 838580d2b4f209c4c483dbdadbecbdea0636e0a1f6a6365fcb9d81d080272ee48840d9798224&scene = 27。

（二）以商业合理性判断为核心的估值纠纷裁判规则的引入

我国破产法应将估值机制引入重整计划可行性的实质审查。对债务人重整价值的评估不可能从重整程序中完全剔除，对重整计划持有对立意见的当事人也会继续存在，重整计划的可行性审查无法回避这些问题。在判断债务人企业是否具有重整价值、未来收入是否具有可持续性之时，有关估值纠纷的裁判规则的引入具有重要意义。

具言之，债务人企业的盈利能力对于重整计划的可行性与公平性都至关重要。首先，只有未来收入与重整计划中新引入的债务利息及相关转股费用相匹配，重整计划才具有可行性，重整才有成功的可能。其次，债务人未来的盈利能力或营运价值也是确保相应类别债权人获得重整计划中承诺的清偿比率的保障。若债务人无法实现重整计划中预测的未来收入，或该收入预测未建立在合理的商业基础之上，债务人很有可能重整失败而再次陷入破产困境。

在这一点上，法院应审核当事人及其专家证人关于如何适用重整计划中债务人未来收入预测估值机制的各类意见，并在这些不同意见之中作出公正裁判。美国法院在其判例法发展中对重整计划可行性审查的估值机制及纠纷裁判经验可为我国司法实践提供一定参考。美国学者研究了 1990 ~ 2018 年美国法院公布的判决，以法院通用的与 3 种估值机制相关的关键词搜索到了 226 个提及估值的破产判决样本。其中有 143 个详细说明了破产案件审理过程中的估值纠纷、法官所采纳的估值机制，并进行了相关论证。[40] 根据该研究，在破产程序中通常采用 3 种估值工具对债务人公司作为持续经营企业进行估值。尽管这些估值工具可能存在其他的名称或形式，但基本可分为 3 类：贴现现金流法(discounted cash flow)、可比公司倍数法(comparable company multiples)和可比交易倍数法(comparable transaction multiples)。[41] 贴现现金流法，是指预测债务人公司未来的现金流，之后使用贴现率将这些现金流贴现为现值，从而获得重整企业价值的估计值。贴现率实质是从投资者角度衡量资本的机会成本，即衡量投资者若将其资本投入其他与债务人企业风险相当的投资中预期可

[40] See Kenneth Ayotte and Edward R. Morrison, *Valuation Disputes in Corporate Bankruptcy*, University of Pennsylvania Law Review, Vol. 166, p. 1819 – 1852(2018).

[41] See Kenneth Ayotte and Edward R. Morrison, *Valuation Disputes in Corporate Bankruptcy*, University of Pennsylvania Law Review, Vol. 166, p. 1819 – 1852(2018).

获得的回报率。可比公司倍数法和可比交易倍数法,是指首先确定一组具有可比性的公司,这些公司的资产、运营风险和发展机会与债务人公司基本相当,之后计算这些可比公司的企业价值。在可比公司倍数法中,企业价值是使用可比上市公司的市场价值来衡量的;在可比交易倍数法中,企业价值是使用获悉的收购可比公司支付的价格衡量的。在这两种方法中,每个可比公司的企业价值除以该公司规模或盈利能力的指标(如收入等易于计算的指标)而得到的比率称为倍数,之后将该倍数应用于债务人公司的收入等数据,就可得到债务人公司的估计企业价值。

在美国适用估值机制判断重整计划可行性的司法实践中,专家和法院通常会把公司的特定风险溢价纳入贴现率的考量,以调整重整企业未来现金流预测中的风险偏差。但专家证人对于重整计划可行性审查中的特定问题可能存在分歧,尤其是不同当事人的专家证人甚至会对同一问题产生对立观点,这时需要法官对这种估值纠纷进行裁判,对专家证人的估值意见予以甄别。

具体而言,首先,法院应警惕对贴现率的附加,应使用经过金融学同行评审的相关文献确定计算贴现率的可靠方法,防止被带有指向性的专家意见误导。鉴于金融领域的学者在贴现率的计算上具有专业性,较权威的金融文献应是确定贴现率计算方法的必要依据。若专家证人所采用的贴现率计算方法来源于不具有权威性的文献,则其可靠性值得怀疑。其次,法官在对重整企业的估值作出理性裁判的过程中,也应意识到各方当事人的专家证人可能会策略性地设计证词,以便支持其委托人对于重整计划的意见。如有的专家证人建议法院综合适用贴现现金流法、可比公司倍数法和可比交易倍数法评估债务人是否具有重整价值,但3种方法的加权比重应有所不同。这种跨方法或者在同一方法内不同数值之间设置的加权比重通常是专家为了支持自己的委托人而使用的,往往会带有偏见,法院在审理关于重整企业价值或未来收入预测等的估值纠纷时尤其应当注意。最后,若对专家证人评估债务人企业重整价值的估值方法有所限制,对估值方法的范围进行限定,可能使法官更容易甄别带有偏见的专家证人意见,从而作出客观公正的估值裁判。我国应逐步制定破产估值纠纷的相关裁判规则,如在重整计划可行性估值纠纷中将债务人及其专家证人的论证方法限于较为容易甄别偏见性的可比公司倍数法或可比交易倍数法,而非争议性较大、可靠性较低的贴现现金流法等,为法官进行重整计划的可行性审查提供具有可操作性的指引。同时,也可减少当事人之间关于企业价值的分歧,促进谈判与达成共识,加快重整程序的进程,并减少诉讼对破产财产的损耗。

五、结　　语

重整制度的价值在于,挽救具有营运价值的债务人企业,使它们在清偿债务的同时获得重生,避免再次陷入财务困境或走向清算。这一点通过美国《破产法典》第 1129(a)(11)条得到了很好的体现,即只有在"批准重整计划后,债务人或重整计划中的继任者不太可能进行清算或需要进一步财务重组的情况下,法院才可批准重整计划,除非重整计划中提出了此类清算或重组"。这也是对重整计划进行司法审查的意义所在。重整计划是重整程序的核心,也是重整能够获得成功的关键。我国破产法中规定了债权人通过重整计划之后,重整计划还应获得法院的批准,法院甚至还可以强制批准债权人未通过的重整计划。无论重整计划是正常批准还是强制批准,都需要法院进行公平性与可行性审查。[42]

我国对于重整计划司法审查的立法与研究重点倾向公平性原则,对可行性原则的重要意义有所忽视。重整计划的可行性是最大化债务人财产、避免社会资源浪费的要求,也是防止重整程序被滥用,保障重整科学性、提高司法公信力的必然要求。公平性原则与可行性原则二者关系紧密,可行性原则也是法院强裁科学性的保证,是对强裁权力的有效限制,这也是本文对于重整计划可行性审查进行研究的出发点。本文通过梳理可行性原则的逻辑,从审查前提、辅助手段、审查标准到审查重点,层层递进,为法院审查重整计划的可行性提供规范思路与实践指引。长期而言,克服法官对于商业合理性判断的畏难情绪与培育司法实践中的商业理性土壤并非一日之功。本文虽然以重整计划可行性审查中对企业重整价值与未来收入预测判断的现实问题切入,但讨论上仍聚焦于法官如何运用理性智慧对重整计划可行性的核心估值纠纷进行公正裁判,希冀能以小见大,促进对破产法中商业合理性的司法裁判反思。

---

〔42〕 参见王欣新:《试论重整制度之立法完善》,载《昆明理工大学学报(社会科学版)》2010 年第 5 期。

Legal Basis and Path of the Feasibility of Reorganization Plan

Sun Baoling

Abstract: The review of reorganization plan should include two aspects: fairness and feasibility, but the latter is "neglected" in China's bankruptcy legal system. The review of the reorganization plan has profound roots in the history of bankruptcy law. It is a need for scientifically exercising judicial power in bankruptcy, ensuring the reasonableness of reorganization, preventing loss of debtor property, and optimizing the allocation of social resources. The court is not incapable to review the feasibility of the reorganization plan. If the debtor provides the court with sufficient and detailed information, supplemented by the hearing system and expert witnesses, the court can examine whether it is not unlikely that the future income of the debtor in the reorganization plan can repay creditors according to the plan and whether the value of going concern is greater than the liquidation value from the perspective of commercial rationality. The core issues of these feasibility reviews are inseparable from the fair adjudication of valuation disputes. Consideration should be given to designing the Chinese text of the adjudication rules for bankruptcy valuation disputes, so as to gradually cultivate the judicial soil for commercial rationality adjudication in China's bankruptcy law.

Key words: Reorganization plan; Feasibility; Cramdown rule; Commercial reasonableness; Valuation disputes

部颁税法规则：一种税法法源类型的证成与阐释*

叶金育**

内容摘要：

严格按照税收法定原则，国务院财税主管部门制定的部颁税法规则不具有税法法源地位。然正是不被学界所认可的部颁税法规则，却广泛存在于中国的税法实践中，持续支撑着高位税法规范的实施。事实上，通过对部颁税法规则的结构体系、法源定性的逐层解剖可知，部颁税法规则与传统法源的核心标准总体是吻合的。既然如此，就应该选择性地、有条件地逐步赋予部颁税法规则以税法法源地位。这不仅有利于部颁税法规则的规范治理，而且有助于更好地保护纳税人权益。孰值重视的是，部颁税法规则远复杂于任一传统的税法法源形式。对这类"新兴"税法法源定量时，应坚持以"落实规则"为主，"形实不符规则"为辅的总体方针。唯有如此，方可精准定位好部颁税法规则的位阶，进而建构起有中国特色的税收法律体系，助力中国的税收法治建设。

关键词：

部颁税法规则　法源定性　法源定量　税收法律体系

---

* 本文系教育部人文社会科学研究规划基金项目"财税法促进碳达峰碳中和的理论构建与制度创新研究"（项目编号：22YJA820027）、2023年重庆市社会科学规划法学专项重点项目"财税金融协同促进绿色发展的法治保障研究"（项目编号：2023FX07）的阶段性成果。

** 西南大学法学院教授。

一、论题背景与问题意识

党的第二十次全国代表大会报告单列“坚持全面依法治国,推进法治中国建设”部分,且明示“全面依法治国是国家治理的一场深刻革命……必须更好发挥法治固根本、稳预期、利长远的保障作用,在法治轨道上全面建设社会主义现代化国家”。然当下中国,财税法治建设的两个方面甚为独特。一方面是作为税法最高原则和法的基本价值在税法领域最集中体现的税收法定[1]不但于2015年被明确写入《立法法》,而且随后《贯彻落实税收法定原则的实施意见》迅即出台,《环境保护税法》《烟叶税法》《船舶吨税法》《车辆购置税法》《耕地占用税法》《资源税法》《城市维护建设税法》《契税法》和《印花税法》等得以颁布,且增值税、消费税、土地增值税等税种的立法草案征求意见稿业已发布;另一方面是当前我国存在税法概念不明确、原则不清晰、规则存漏洞等现象,致使行政机关的自由裁量权过大,而司法机关对行政机关的释义依赖性较高,故而税法解释权实质掌握在行政机关手中的现实未能根本改变。[2] 与之相应,作为“税务行政主导主义”[3]的标志性产品,部颁税法规则[4]“横行天下”,实质

---

[1] 参见黄卫:《从理论到实践的转型:论课税要件适用的双重面向》,载《法学论坛》2020年第2期。

[2] 参见刘剑文:《税法典目标下税法总则的功能定位与体系安排》,载《法律科学(西北政法大学学报)》2023年第1期。

[3] 王鸿貌:《我国税务行政诉讼制度的缺陷分析》,载《税务研究》2009年第7期。

[4] 本文言及的部颁税法规则主要是指财政部、国家税务总局或两部门联合制定的税务规范性文件,但不含其所制定的税务规章。特此说明。

上成为“行动中的税法”[5],导引征纳双方的税收法律行为,避免了高位阶的税法规范沦为纯粹“纸面税法”的尴尬。这是部颁税法规则存在的重要逻辑,但这种逻辑不足以掩盖和抵消它存在的危险。危险之源在于制定者就是执法者。从客观上看,部颁税法规则的存在确实违背了分权原则,而分权是法治的基础,缺乏分权就易产生专制。[6] 正因如此,国内法学界多将矛头对准部颁税法规则,以形式主义的“法治理论”及代议机构“立法至上论”对其进行批判。

从严格法定主义立场观察,部颁税法规则的确难言“合法”。因为严格税收法定既要求课税要素必须且只能由立法机关在法律中加以规定,即只能由狭义上的法律来规定税收的构成要件,并依此确定主体纳税义务的有无及大小;又要求课税要素及与之密切相关的征税程序不仅要由法律作出专门规定,而且必须尽量明确,以避免出现歧义;还要求税收行政机关必须严格依据法律的规定稽核征收,而无权变动法定课税要素和法定征收程序。[7] 可见,严格税收法定原则并不支持税务机关的行政裁量权,[8]更是反对部颁税法规则主导税收法治建设。所以,为符合税收法定主义,应当尽可能多地提高税收规范层级,解决

[5] 在当下税法解释领域,除全国人大常委会对法律层面的税法规范可以行使解释权外,财税主管部门,特别是税务总局实质上垄断了对税务行政管理领域税法规范的解释权。正是凭借税法解释权,财税主管部门不断制定税务规范性文件,获得了号令全国的影响力。此外,财税主管部门借解释之名行立法之实,创制税法新规的现象也很常见。比如,定位为解释性文件的“财税〔2009〕122 号”和“财税〔2009〕123 号”[自 2013 年 1 月 1 日起,“财税〔2009〕123 号”被《关于非营利组织免税资格认定管理有关问题的通知》(财税〔2014〕13 号,已失效)所取代]却运用创制性立法规则,突破了《企业所得税法》第 26 条和《企业所得税法实施条例》第 84 条、第 85 条的规定,对符合条件的非营利组织的免税权利进行限缩。通过税法解释权的合法运用或者立法权的越权行使,财税主管部门,特别是税务机关成为“税法知识的最大生产商和批发商”,大量税务规范性文件被源源不断地生产出来。如此做法带来的结果是,时至今日,我国拥有十分丰富的税务规范性文件的制定实践,也逐步形成了相对庞大的税务规范性文件体系。

[6] 参见曾祥华:《行政立法的正当性研究》,中国人民公安大学出版社 2007 年版,第 65 页。

[7] 参见张守文:《论税收法定主义》,载《法学研究》1996 年第 6 期。

[8] 参见胡翔:《数字经济背景下落实税收法定原则的价值、难点与对策》,载《税务研究》2022 年第 4 期。

我国税收立法"层级不高"的问题便成了学界的多数观点。[9] 比如,有学者认为:"税收法定主义并非一个简单的理论追求,世界各国的税收法治实践基本上都遵循此项原则。因此,提升中国税收法律体系的效力级位就是我国税收法律体系完善的一个主要方向。"[10] 近些年高层的系列举措亦间接认可了这一思路。党的十八届三中全会决定"落实税收法定原则";党的十八届四中全会决定"全面推进依法治国";2015 年 3 月 15 日,税收法定原则被明确写进《立法法》;中央审议通过《贯彻落实税收法定原则的实施意见》,十二届全国人大常委会调整立法规划、进一步细化税收法定路线图……凡此种种,都昭示税收法定原则逐渐从学界内部的呼吁发展为社会的普遍关注,并得到了国家机关的积极回应。[11]

但欣喜之余,也要提防"落实税收法定原则"在陷入形式化的境地。[12] 例如,尽管税收法定原则已为《立法法》所明确,但财政部、海关总署、税务总局依然凭借《关于对电子烟征收消费税的公告》(财政部、海关总署、税务总局公

---

[9] 参见滕祥志:《部颁税法规则正义:从形式到实质》,载胡建森主编:《公法研究》第 10 辑,浙江大学出版社 2011 年版。

[10] 刘剑文主编:《中国税收立法基本问题》,中国税务出版社 2006 年版,第 193 页。

[11] 参见刘剑文:《落实税收法定原则的现实路径》,载《政法论坛》2015 年第 3 期。

[12] 有些人认为,落实税收法定原则,当务之急就是尽快把当时 15 个税种的行政法规升格为法律。客观上说,这种看法似乎比较简单、急躁,也不太现实。因为税收法定原则的落实至少应当考虑下列问题:第一,相关税种是否保留,需要认真研究以后确定,如"营改增"以后可能会取消营业税,房地产税改革可能会涉及现行房产、土地税收的合并,车辆购置税可否考虑并入消费税,等等。第二,需要保留的税种的行政法规是否都需要升格为法律,也需要认真研究以后确定,如《进出口关税条例》是根据《海关法》制定的,是否必须升格为法律?某些地方税可否适当下放,由地方自行立法,或者由全国人大、全国人大常委会规定征税原则,各地据以自行立法?第三,需要升格为法律的税收行政法规,也需要根据条件成熟的程度,区分轻重缓急,循序渐进,不能操之过急(例如,《消费税暂行条例》显然需要升格为法律,但是当务之急应当是从纳税人、税目、税率和征税环节等方面完善消费税制度)。此外,不能认为完成税种立法就万事大吉。已经立法的税种,税法需要修改的,也应当及时修改。除应当抓紧实体法的立法外,程序法的立法也不能忽视,如完善《税收征收管理法》。参见刘佐:《税收法定原则存在的六大误读》,载凤凰网 http://finance.ifeng.com/a/20151008/14007493_0.shtml。

告2022年第33号)“将电子烟纳入消费税征收范围,在烟税目下增设电子烟子目”。之所以格外强调税收法定原则,在于“税收法定原则从确立时起,就是作为权力本源的纳税人遏制政府权力的鲜明体现,其实质是对私人财产权的保护,通过税收法定主义这个桥梁,使国家权力限制与纳税人权利保护紧密联系起来”〔13〕。然正所谓税收立法不是文字的堆砌,而是税法理念、税制规则的建构。要想在税收法治建设中将税收法定真正落到实处,首先应当在税收立法中践行课税要素法定与课税要素明确原则。如果立法语言是明晰的、智慧的、经过深思熟虑的且组织严密的,税法实施效率将大大提高。反之,薄弱的税收立法经常使得新法在实施中问题丛生。按照维克多·瑟仁伊(Victor Thuronyi)的观点,一部优秀法案的标准是易懂、结构合理、有效性和整体性。〔14〕

其实,综观税收法治建构模式,一种法治的理想图景除严格形式主义和规则主义的论证外,还可以有一种实质主义和协调主义的论证模式。在这种认识背景下,就不应该简单质疑或者否定财税主管部门的部颁税法规则,而应进行中肯的、精雕细刻式的规则分析,〔15〕探求其与税法内在法理的契合度,观测其与一般法源理论的相容度,进而区分对待。倘若只是为了落实税收法定任务,简单平移原有税收条例中的规定,而不进行实质性改造,则形式意义远大于实质价值,有浪费立法资源之嫌。况且,即便是所有税收条例都能顺利升格为税收法律,短期内恐怕也难以完全阻却国务院及其财税主管部门在税收立法尤其是税法解释中的主导作用。税收法定之下,较理想的情况是,权力机关的立法主导权渐次增强,行政机关主导税收立法的现象逐步得到抑制,财税主管部门的税法解释不断得到规范:立法机关行使的是立法权,是向社会输出法律文本,然后这些文本由行政机关去贯彻实施,最后由司法机关根据法律文本对各种纠

〔13〕 许多奇:《重释税收法定主义——以〈海南自由贸易港法〉颁布为契机》,载《法学论坛》2022年第2期。

〔14〕 Victor Thuronyi, *Drafting Tax Legislation*, In Victor Thuronyi eds., Tax Law Design and Drafting(volume 1), International Monetary Fund, 1996.

〔15〕 参见滕祥志:《部颁税法规则正义:从形式到实质》,载胡建淼主编:《公法研究》第10辑,浙江大学出版社2011年版。

纷作出最终的裁决。[16] 但这绝非一朝一夕所能完成的。未来一段时间内,更可能的格局是,立法机关制定税收法律与国务院授权制定税收行政法规并驾,财税主管部门颁布的税务规章与部颁税法规则齐驱。此种格局之于税收法定或许并非理想,但之于税法法源建设无疑具有重大且现实之价值。

法理学上,法规范之成立及表现形式,即为法源。[17] 一般将法源理解为实定法的认识基础。简言之,法源即法规范所产生的形式或法规范所表现的形式,乃是认识法的来源,从此来源可以直接认知现行法。[18] 法源与法规范二者互为表里,法规范是就其内容而言,法源则是就其形式而言。[19] 法规范即为法源中所表现的规定。[20] 这些规定汇聚成税法文本,奠定税法解释的基础。[21] 按照通常理解,我国法源主要是各种制定法,包括宪法、法律、行政法规、地方性法规、自治条例和单行条例、国务院部门规章和地方政府规章。[22] 《民法典》第

---

〔16〕 参见魏胜强:《法律解释权研究》,法律出版社2009年版,第39~40页。

〔17〕 对法源的理解,并非只有“形式法源一说”,通常还有历史渊源、本质渊源、思想理论渊源、效力渊源以及文件渊源等。当然,最常使用的确实为形式法源,即一定的国家机关依照法定职权和程序制定或认可的具有不同法律效力和地位的法律的不同表现形式。即根据法律的效力来源不同,而划分的法律的不同形式。除非特指,下文所述的法源均为法的形式渊源。

〔18〕 参见杨小强:《税法总论》,湖南人民出版社2002年版,第59~60页。

〔19〕 与此观点类似,黄茂荣认为,“法源”为借用自“水源”的画像性用语,属于一种利用生活上之具象存在,比喻概念上之抽象存在的表达方式。虽然因为是比喻难免有误导,但这种比喻对于税务规范性文件还是贴切的。参见黄茂荣:《法学方法与现代税法》,北京大学出版社2011年版,第325页。

〔20〕 参见陈敏:《行政法总论》,台北,神州图书出版有限公司2003年版,第59页。

〔21〕 参见[美]杰里米·沃尔德伦:《法律与分歧》,王柱国译,法律出版社2009年版,第110页。

〔22〕 与传统部门法不同,伴随“分税制”的推行,《税收征收管理法》和《立法法》的先后实施,税收立法权高度集中于中央,以致地方税收立法权几无实践空间,以致传统法源中的地方性法规与地方政府规章在税法领域几近消失。基于此种现状,本文在论及税收法律体系时并未专门考虑地方性法规和地方政府规章。特此说明。

10 条[23]虽然规定了“法律”与“习惯”两种法源形式,但它同时将“法律”确立为第一顺位的法源,彰显了“法律优先主义”。[24] 以此观测税法法源,宪法税收条款之下当有税收法律支撑;税收法律之后应有税收行政法规相衬;税收行政法规之下定有税务规章相随。税务规章之下如何配给,向来不为学界所关注,也导致税收法定时常陷入“形”“实”不符的困局。毕竟,“从法运行的实际情况看,制定法只是权威性法源。作为思维理据、裁判理由的法,除制定法外还有‘认可的法’及法律价值、法律思维规则或其他社会规范等”[25]。换言之,法源绝非只有制定法这一种样态,也不应只限于考察静态的法源表现形式,还要及于动态的法源冲突协调,形成动态法源观。[26]

客观而言,传统部门法不关注规章以下的规范性文件建设或许尚可理解,但在税法这一技术法领域,这一问题理应引起足够的重视。与一般部门法的法源实践不同,在我国税法领域,狭义上的宪法条款、税收法律和行政法规有限,税务规章也为数不多,支撑税法现实运行的更多的是成千上万的税务规范性文件。追根溯源,“随着社会发展和变迁的加快,各种社会现象和社会关系日益复杂。仅靠原则性的规定难以解决现实生活中的问题”[27]。尤其“契约自由化为市场主体进行经济活动的安排提供了无限的可能性”[28],也让税法成为一个非常专业的法律领域,无论是立法、行政还是司法,都需要专门的人才和知识积累。但最高立法机关在这方面的准备明显不足,无论是制度、人力还是知识储

---

〔23〕《民法典》第 10 条规定:“处理民事纠纷,应当依照法律;法律没有规定的,可以适用习惯,但是不得违背公序良俗。”

〔24〕参见易军:《论作为民法法源的“法理”》,载《现代法学》2022 年第 1 期。

〔25〕陈金钊:《法源的拟制性及其功能——以法之名的统合及整饬》,载《清华法学》2021 年第 1 期。

〔26〕参见王雷:《民法典适用衔接问题研究——动态法源观的提出》,载《中外法学》2021 年第 1 期。

〔27〕马怀德主编:《法律的实施与保障》,北京大学出版社 2007 年版,第 122 页。

〔28〕汤洁茵:《税法续造与税收法定主义的实现机制》,载《法学研究》2016 年第 5 期。

备，都可能难以挑起税收严格法定后的重担。〔29〕 以部颁税法规则为核心的规范性文件的产生与运转，极大地弥补了立法缺位所带来的规则“真空”，澄清和细化了立法质量不高所带来的模糊规则。毫不夸张地说，当下税法领域真正起作用的依然是这些不为传统法源所认可的部颁税法规则。离开了部颁税法规则，传统法源层面的税法规范便难以实现从法条到实践的跨越。简言之，税法规范中最大的实践就是，部颁税法规则主导税收征纳行为的开展。为此，在税法领域关注部颁税法规则的法源地位，较其他法域更具理论与实践意义。〔30〕

然而，观测税法法源，可谓“横看成岭侧成峰，远近高低各不同”。纵然如此，仍需正视法源的基本要义，以此作为部颁税法规则的分析基准。“在法理论的层面上，法源指的是法律适用过程中裁判依据的来源，是裁判所要依循的权威理由。它既可以是制度性权威，也可以是非制度性权威，既可以指效力渊源，

〔29〕 根本而言，税法直面经济实践，每一种交易形式都必须有相应的课税规则。由于市场经济尊重交易自由，当事人创造出的交易形式层出不穷，税法不得不频繁变动以适应之。出于便利方面的考虑，税法中常常引入相对统一的标准，牺牲对具体细节的真实性追求，也会让税法变得技术性和程式化。另外，税法中还融入了经济、文化、社会政策因素，无论是课税范围还是税率、税目，都需要将税法之外的因素考虑在内，这更会增加税法的复杂性。特别值得注意的是，为了应对纳税人避税，税法不得不增加很多反避税措施，一般性规则也有可能嵌入反避税视角，赋予税务机关相对灵活的权限。上述因素的存在，让税法成为一个非常专业的领域。如果立法机关不加强立法能力，最有可能的结果就是，形式上坚持了税收法定，由全国人大或其常委会制定税法，实际上仍然广泛授权政府，使政府拥有过分的税收决策权。参见熊伟：《论我国的税收授权立法制度》，载《税务研究》2013 年第 6 期。

〔30〕 之所以格外强调法源建设，主要是为了理顺法律各组成部分之间的关系，使其处于同一指导思想之下，消除价值判断上的矛盾。体系确立后，各种法律规范可以按照一定的原理分类排列，从外观上呈现一种透视的效果，这对于法律解释以及制定法的漏洞补充大有好处。一个完整科学的体系首先必须与上一位阶的宪法价值及规范体系相符合，其次必须与其他相同位阶的规范体系相调和，最后还必须保证本身没有相互矛盾的现象。参见刘剑文、熊伟：《财政税收法》（第 5 版），法律出版社 2009 年版，第 10 页。

也可以指认知渊源。"[31]更进一步,法源理论所要解决的核心问题无非就两个:一是某事物具不具备法源的地位;二是此事物法源地位的高低或者说在法源谱系中的位置。如果说,前一个问题是"定性问题",那么后一个问题就是"定量问题"了。相应地,一个完整的法源理论框架包括两个层面,即法源性质论与法源分量论。按照法源双层构造论[32],研究部颁税法规则方向十分清晰,即部颁税法规则有无法源地位,如果有,它在法源谱系或法律体系中又位居何处。[33] 对上述问题的回答,既要借助法源的普适性理论,又要顾及税收立法与税法解释的实践概况,还要考虑中国税收法治建设的未来空间。基于此种立场,本文聚焦部颁税法规则的法源地位展开研究,主体部分的分析逻辑如下:其一,描述部颁税法规则的本体识别,明晰法源定性与定量的对象;其二,论证部颁税法规则的法源地位,补强传统法源理论和税法实践;其三,安置部颁税法规则的法律位阶,协调其与其他税务规范性文件的层级关系。

二、论证前提:部颁税法规则的本体识别

改革开放,尤其是"分税制"实施以来,我国绝大部分单行税种都由国务院制定"暂行条例"直接开征,而后由国家税务总局或国家税务总局联合财政部实质上行使税法解释权制定"实施细则"。除此之外,还时常出现对"实施细则的解释",该种解释一般也由财税主管部门作出。甚至在一些特殊情况

[31] 雷磊:《习惯作为法源?——以〈民法总则〉第10条为出发点》,载《环球法律评论》2019年第4期。

[32] 参见雷磊:《指导性案例法源地位再反思》,载《中国法学》2015年第1期。

[33] 更详尽的问题包括但不限于:部颁税法规则是否真的不具备被法源认可的可能?倘若尚存空间,可否给予部颁税法规则以法源地位?如果可以,是全部吸纳至税法法源范围,还是区别吸收?被吸纳至税法法源的部颁税法规则,在税收法律体系或税法法源谱系中又该位居何处?等等。

下，此类解释权还会进一步下放至下级主管部门。[34] 根据《立法法》第91条规定，财政部、税务总局可以根据法律和国务院的行政法规、决定、命令，在本部门的权限范围内，制定税收领域的部门规章。但这并不意味着财政部、国家税务总局制定的所有税务规范性文件皆属于税务规章。以国家税务总局制定的税务规范性文件为例，它既可能是税务规章，也可能只是一般性的部颁税法规则。部颁税法规则作为影响最大、适用范围最广、制定最为繁杂的一类税务规范性文件，有其形式特质和实质秉性。深究部颁税法规则的法源地位之前，实有必要厘清其与税务规章的边界，以凸显更为具体而精准的研究对象。

（一）部颁税法规则的形式特质

根据《税务部门规章制定实施办法》（国家税务总局令第1号，以下简称《税务总局1号令》）第2条的规定，"税务部门规章（以下简称税务规章），是指根据法律或者国务院的行政法规、决定、命令，在国家税务总局职权范围内制定的，在全国范围内对税务机关、纳税人、扣缴义务人及其他税务当事人具有普遍约束力的税收规范性文件"。然而，修正后的《税务部门规章制定实施办法》（国家税务总局令第45号，以下简称《税务总局45号令》）废除了这一解释性规定，使税务规章与部颁税法规则的界分更是扑朔迷离。结合《税务规范性文件制定管理办法》（国家税务总局令第53号，以下简称《税务总局53号令》[35]）第

---

[34] 比如，国务院依照授权制定《增值税暂行条例》，财政部和税务总局又依据《增值税暂行条例》制定《增值税暂行条例实施细则》，省级税务部门再依据《增值税暂行条例实施细则》中的一些具体解释性条文，作出更细致的解释性规定，在当地适用。实例俯首即是，如《增值税暂行条例实施细则》（财政部、国家税务总局第50号令）第1条规定："根据《中华人民共和国增值税暂行条例》（以下简称条例），制定本细则。"《广东省财政厅、广东省国家税务局、广东省地方税务局关于调整增值税和营业税起征点的通知》（粤财法〔2011〕109号）规定："根据财政部令第65号及《中华人民共和国增值税暂行条例实施细则》、《中华人民共和国营业税暂行条例实施细则》的规定，结合我省实际，现将我省增值税和营业税适用的起征点调整如下……"

[35] 2010年2月10日，《税收规范性文件制定管理办法》（国家税务总局令第20号，以下简称《税务总局20号令》）正式发布。2017年5月16日，《税收规范性文件制定管理办法》（国家税务总局令第41号）修改公布，并同时废止《税务总局20号令》。而后根据2019年11月26日国家税务总局令第50号第一次修正，2021年12月31日国家税务总局令第53号第二次修正，形成现行《税务规范性文件制定管理办法》（以下简称《税务总局53号令》）。

2条第2款之规定,不难发现如下两方面的事实,一方面该款明确规定税务总局制定的税务规章不属于《税务总局53号令》所规制的税务规范性文件,另一方面该款并未明确规定税务总局不能制定非税务规章形式的税务规范性文件。与之相契,通过该条第1款明示的税务规范性文件的制定和发布主体——“县以上税务机关”,也不宜简单以《税务总局45号令》废除《税务总局1号令》第2条税务规章的定义而将税务总局的规范制定权限定于税务规章。换言之,无论是依据《税务总局1号令》,还是按照《税务总局53号令》,税务总局皆可制定税务规章或部颁税法规则。[36]

税务规章也好,部颁税法规则也罢,本质上多为税法解释性规则,皆为弥补税收成文法的不足、细化税务法律法规的实施、提供专业技术标准、灵活有效应对税法适用问题等而生。客观而言,由于税收法定原则落实程度有限,税务法律法规的规定必定存在较大解释空间和必要,加上税法适用天然的专业性和复杂性,又使税法规则在实施过程中面临较大的不确定性。凡此均决定了主要立

〔36〕 问题由此而生,国家税务总局制定的税务规章和税务总局的部颁税法规则究竟如何识别?《税务总局53号令》第2条第1款规定:“本办法所称税务规范性文件,是指县以上税务机关依照法定职权和规定程序制定并发布的,影响纳税人、缴费人、扣缴义务人等税务行政相对人权利、义务,在本辖区内具有普遍约束力并在一定期限内反复适用的文件。”该条款对税务规范性文件的定义,值得深思和讨论的问题至少有以下几个:首先,部颁税法规则依照“法定职权”和“规定程序”制定并公布。如何理解“法定职权”?职权源自何处?职权的范围有多大?何谓“规定程序”?是仅指《税务总局53号令》中规定的程序,还是包括其他相关规则中的“规定程序”?其次,部颁税法规则是在本辖区内具有普遍约束力并反复适用的“文件”,该解释属于典型的循环解释。即文件是……“文件”。该款最后的“文件”二字意义为何?能否理解为赋予法律效力的功能条款,即赋予部颁税法规则以法律效力?如果可以,随之而来的问题是,这种法律效力能否给部颁税法规则在税法法源中谋得一席之地?如果能,它在税法法源中的地位又该如何厘清?上下层级的法源效力作何配置?如果不能,接下来的问题则是,既然部颁税法规则没有法律效力,能否以没有法律效力的文件设定税务行政相对人的权利与义务,尤其是义务,因为义务某种程度上意味着责任。延伸而来的问题是,既然部颁税法规则没有法律效力,“本辖区内具有普遍约束力并在一定期限内反复适用”作何解读?上述问题归总到一起便是,部颁税法规则有无法源地位?如果答案是肯定的,那么如何定位部颁税法规则在税收法律体系中的角色?问题的解答,均需以对国家税务总局制定的税务规章和部颁税法规则的清晰界分为前提。

足于"解释性"定位的税务规章和部颁税法规则的创制空间。[37] 但长久以来,法院对税务机关的专业知识保持尊重的态度,又一定程度上导致税务规范性文件泛滥且得不到合理控制。[38] 正因如此,除开明示纳税人主义这一国家税务总局解释税法的基础立场,据此一方面以税务规范性文件制定为主线,通过正当程序的设定督促国家税务总局解释权的正当行使,另一方面以税务规范性文件监督为内核,通过立体化监督体系的创设规制国家税务总局解释权的合法行使等共识[39]之外,仍有必要区分不同类别的税务规范性文件。从规范文本出发,不同类型的税务规范性文件因定位和期待以及所能起到的作用的不一样,会催生不同的创制程序要求,也会产生不同的适用范围,还会带来不同的规范约束,最终亦会呈现不一样的表达形式,在运用时一般都会也理当有所区分。税务规章和部颁税法规则的界分理当遵循这些规范性文件的基本要求。通过这些要求,税务规章和部颁税法规则大体即可区分。

从规范基本要求上看,税务规章和部颁税法规则一般可以从制定主体、制定程序、公布形式、公布媒体及名称等加以区分。根据《税务总局 45 号令》第 6 条之规定,税务规章的名称一般称"办法""规定""规程""规则""决定"或者"实施细则",不得称"条例"。而根据国家税务总局的文件发布习惯来看,"办法"最受青睐。当然,仅仅通过规范的外在名称尚不能将两者完全界分开来。因为根据《税务总局 53 号令》第 7 条第 1 款规定,部颁税法规则同样可以使用"办法""规定""规程""规则"等名称,但是不得称"条例""实施细则""通知""批复"等。与名称类似的是,税务规章报请局长签署,而部颁税法规则照样要报制定机关负责人签发。不一样的是,税务规章以国家税务总局"令"的形式公布,且应当及时在《国家税务总局公报》、国家税务总局网站以及《中国税务报》上刊载。部颁税法规则以"公告"的形式发布,且应当及时在本级政府公报、税务部门公报、本辖区范围内公开发行的报纸或者政府网站、税务机关网站上刊登。不具备签署发布条件的税务机关,应当通过公告栏或者宣传材料等形式,

[37] 参见刘珊:《税法解释性规则的理论阐释与司法适用》,载陈金钊、谢晖主编:《法律方法》第 39 卷,研究出版社 2022 年版。

[38] 参见张馨予:《税务裁量基准的功能定位与结构塑造——基于实证的分析》,载《甘肃政法大学学报》2021 年第 4 期。

[39] 参见叶金育:《国税总局解释权的证成与运行保障》,载《法学家》2016 年第 4 期。

在办税服务厅等公共场所及时发布。[40] 可见,《税务总局 45 号令》和《税务总局 53 号令》为税务规章和部颁税法规则的界分提供了多种标准,但这些标准基本属于税务规范性文件的外观形式表征。而通过规范的表达形式并不总能将部颁税法规则和税务规章界分开来,两者实质属性的边界并不如形式概观展示的那般清晰。一旦形式标准无助于税务规范性文件的区分,则需深入甄别税务规范性文件的制定权限、制定事项与内容归属等实体事由。

(二)部颁税法规则的实质秉性

根据《立法法》第 91 条之规定,部门规章的制定根据为"法律和国务院的行政法规、决定、命令","规定的事项"仅限于"执行法律或者国务院的行政法规、决定、命令的事项"。倘若没有法律或者国务院的行政法规、决定、命令作为依据,部门规章不得设定减损公民、法人和其他组织权利或者增加其义务的规范,不得增加部门的权力或者减少部门的法定职责。《税务总局 45 号令》第 2 条整体贯彻了《立法法》第 91 条的精神,明示税务总局必须"根据法律和国务院的行政法规、决定、命令"制定税务规章,但是对税务规章规定的事项和内容不仅无明确规定,而且以"在权限范围内"和"对税务机关和税务行政相对人具有普遍约束力"的模糊表达取而代之。即便如此,依据法律位阶原理,该条指向的税务规章可以规定的事项和内容仍不应违背《立法法》第 91 条之明确规定,即"应当属于执行法律或者国务院的行政法规、决定、命令的事项"。若没有上位法依据,则不得减损纳税人权利或者增加纳税人义务,不得增加税务总局的权力或者减少税务部门的法定职责。

与《税务总局 45 号令》不完全一致的是,《税务总局 53 号令》第 5 条明确限定了税务规范性文件的制定事项和内容,即税务规范性文件既不得设定税收开征、停征、减税、免税、退税、补税事项,也不得设定行政许可、行政处罚、行政强制、行政事业性收费事项。不止于此,该条还同时设置了兜底性的"其他不得由税务规范性文件设定的事项"。相较第 5 条之于税务规范性文件制定事项的"禁止性"立法表达,第 4 条设置的税务规范性文件制定依据更加开放。该条并未使用如《税务总局 45 号令》第 2 条中"根据法律和国务院的行政法规、决定、命令"的立法表达,而是将其变为"符合法律、法规、规章以及上级税务规范性文

[40] 参见《税务总局 45 号令》第 20 条、第 22 条,《税务总局 53 号令》第 27 条、第 30 条、第 31 条。

件的规定”。从内容上看，两者似乎并无实质性差异，但通过“根据”与“符合”的语词区别〔41〕，规范性文件制定机关的扩权动机和意图不言而喻。但从整体来说，如果能将上述标准贯通起来考察，即使不能使税务规章和部颁税法规则泾渭分明，两者的大致边界也还是可以厘清的。特别是《税务总局20号令》实施以后，税务规范性文件制定中的问题〔42〕大为改观。发展至今，税务规章与部颁税法规则的制定分别依据《税务总局45号令》和《税务总局53号令》独自运行，犹如两条平行铁轨，一般不会形成交叉运行之态势。〔43〕

较麻烦的是，《税务总局20号令》出台之前，税务规范性文件制定实践中除开以“公告”形式发布的税务规范性文件以外，尚存大量有效的以“函”“发”等形式发布的税务规范性文件。〔44〕 因为《税务总局1号令》实施以前，税务规章与部颁税法规则的制定均无独自适用的规则，所以识别这些税务规范性文件并不容易。比如，《关于印发〈税务稽查案件复查暂行办法〉的通知》(国税发〔2000〕54号)究竟只是部颁税法规则，还是可以视为税务规章，答案并不容易得出。如果按照《税务总局1号令》和《税务总局20号令》的相关规定，更

〔41〕 从汉语词义角度看，“根据”作为名词时，意指“作为论断的前提或言行基础的事物”。作为动词时，意指“以某种事物为依据”。作为介词时，“表示以某种事物作为结论的前提或语言行动的基础”。而作为动词的“符合”则意指“(数量、形状、情节等)相合”。参见中国社会科学院语言研究所词典编辑室编：《现代汉语词典》(第7版)，商务印书馆2016年版，第403、444页。

〔42〕 参见刘松山：《“红头文件”冲突法律的责任归属——兼评福州王凯锋案》，载《法学》2002年第3期；刘松山：《违法行政规范性文件之责任追究》，载《法学研究》2002年第4期。

〔43〕 《税务总局20号令》实施以后，部颁税法规则多以“公告”形式发布，但现实中以“函”“发”等形式发布的部颁税法规则仍然存在。根据《全国税务机关公文处理办法》(国税发〔2012〕92号)第29条的规定，税务总局行政公文发文字号包括：税总发〔公元年份〕×号、税总函〔公元年份〕×号、税总任〔公元年份〕×号、税总办发〔公元年份〕×号、税总办函〔公元年份〕×号。尽管如此，依据《税务总局1号令》《税务总局20号令》《税务总局53号令》确立的标准，从形式上基本还是可以将部颁税法规则与税务规章区分开来。

〔44〕 根据国家税务总局《现行有效的税收规范性文件目录》(国家税务总局公告2010年第26号)，截至2010年12月13日，国家税务总局发布的部颁税法规则依然有效的有1482个，其中以“公告”形式发布的仅占25个。

宜将其纳入部颁税法规则之列。但在《税务总局 1 号令》和《税务总局 20 号令》出台之前,仅从形式上尚不能简单断言其属于税务规章还是属于部颁税法规则。事实上,按照上述言及的诸多实体标准,该文件的性质无疑更接近税务规章。由此也说明,制定、发布于《税务总局 1 号令》实施之前、至今仍然有效的税务规范性文件,对其性质的界定需要更多从实体标准上着手,如制定主体、制定程序、规制事项和内容等。唯有统筹运用各种实体标准,方可通过税务规范性文件的表达形式,发现形式背后的规则实质,才不至于出现识别偏差。借助税务规范性文件的形式与实质的双重标准,一些形式上属于部颁税法规则,但实质上已构成税务规章的税务规范性文件自当直接划入法源范畴,归入税务规章序列。也即,仅对依据税务规范性文件的形式和实质双重标准均无法归入税务规章的部颁税法规则,才有思考其法源地位的必要性。

三、法源定性:部颁税法规则的地位思考

直观看来,税务规章和部颁税法规则并不总能轻易区分。这恰恰说明了部颁税法规则与税务规章紧密相依的关系。此种关系能否理解为税收法律体系中的上下位阶关系,即部颁税法规则能否作为税务规章的下位法源而独立存在,值得深思。法源是具备权威理由或实质理由的裁判依据,形成不同的法源位阶,分别指向依法裁判与正当裁判的目标。如果说严格依照权威理由的位阶是为了达到“依法裁判”的目标,那么运用实质理由则是追求“正当裁判”的目的。[45] 要想在法源理论体系中准确回答税务规章与部颁税法规则的关系,则须正视更前置的话题,即部颁税法规则究竟有无法源地位?此即法源的定性问题。

(一)衡量法源的关键标准

从规则论上看,部颁税法规则的法律地位在《行政诉讼法》《行政复议法》和《立法法》等高位阶制定法中均未被明确规定,且学界主流观点也基本不认可其法源地位。然事实上,每种类型的规范性文件都因其独特的生成条件而导致

---

〔45〕 参见汪洋:《私法多元法源的观念、历史与中国实践——〈民法总则〉第 10 条的理论构造及司法适用》,载《中外法学》2018 年第 1 期。

自身效力以及适用范围的不同。这就意味着，每种类型的规范性文件除都应遵循基于法律位阶的秩序要求而不能抵触上位规范外，还都应具有属于其自身的法律品性。[46] 部颁税法规则亦无例外，它除开不具备严格的法律形式外，不但存有广泛的适用空间和事实上的法律效力，而且具有实质上的法律品性。正如“规范性文件是具有充足法律效力的普遍规范性文本，其充要构成条件是普遍规范性文本与充足法律效力”[47]一般，虽其多维特性使部颁税法规则成为税收法律体系中数量可观、对纳税人权利和义务具有重大影响但其性质和地位却又不甚明确的一类法律文件，[48]但正是这些规范性文件从操作方式和工作程序等方面对法律充分细化，灵活、及时地提升了税收制定法执行的生动性，即在税收执法过程中根据实际需要制定出大量实践性、应用性的税收“准法律”，丰富了整体中国的税收法治实践，虽然它们存有侵害税务行政相对人权益、分布过于广泛、层级过于复杂、易造成执行漏洞等风险，但其之于高位税法规范实施的法治实践价值仍不容否认。[49]

从实践论上看，即便没有法源外衣，未被学界认可，法治也并不一概排除规范性文件在实践中的适用效力。[50] 换言之，虽部颁税法规则的法源地位既未获得法律的确认，又未得到学界多数观点的认可，但这丝毫不影响它之于税收法治建设的独特价值。也许这种价值不足以为部颁税法规则谋得法源地位，但它至少意味着单纯地将研究的视角局限于规则论是有问题的。我们必须转换一种思考的视角，即从规则论走向实践论，将规范文本放置到生活世界中去思

---

[46] 参见周乐军：《行政规范性文件的生成形态及其类型化——基于功能主义的观察》，载《法学论坛》2019 年第 3 期。

[47] 袁勇：《规范性文件的概念界定——以构成条件及识别标准为中心》，载《政治与法律》2021 年第 9 期。

[48] 参见黄金荣：《“规范性文件”的法律界定及其效力》，载《法学》2014 年第 7 期。

[49] 参见郭峰、刘雅芬：《我国税务规范性文件的适用效力与完善建议》，载《财政科学》2020 年第 10 期。

[50] 参见顾建亚：《行政法律规范冲突的适用规则研究》，浙江大学出版社 2010 年版，第 10 页。

考规则的实现问题。[51] 税法实践论本身虽不是科学,但它照样是以具体地、系统地展开宪法所追求的纳税人权利论为目的的法学。[52] 鉴于此,能否赋予部颁税法规则以法源地位,就需要更多从法源的实践意蕴和本源标准上考虑,而非一味强调税务规范性文件的外观形式。从税法实践论角度上看,税法研究就是将税法当作一种社会现象进行的综合性研究,应把税法学看作具有法社会学意义的税法学。[53] 而从法社会学视域下观察,实践论意义上的法学功能主要包含3个要素:律师功能、法律行为、司法功能。[54] 法学功能虽无法与法源标准一一对应,但它也从实践论上对法源界定提出了另一种思考:观察一类规范,宜从多个角度尽可能客观、公正地予以评价。如果通过税法实践论的观察,部颁税法规则与一般法源层面的税法规范具有相当的功能效果,则宜考虑给予该类规则以法源地位。

结合规则论与实践论的核心要义,可以将法源识别标准从3个角度进行分解:其一,从立法意义上理解,法源为法律规范产生的原因。凡是能够成为法律规范或者能够成为法律规范产生根据的规范,都可以成为法源。其二,从司法上来看,凡是可以成为裁判依据的规范,即能够作为法官判案的依据,无论是否为法律规范,都应当成为法源。其三,从行为规范角度认识,不但能够作为裁判规范而且能够成为行为规范的规范才能成为法源。[55] 进言之,立法上的识别标准可以认定为法的一般性标准,只要具备法的本质特征便可认定其具有法源地位。司法上的识别标准则可转化为判案依据,只要能作为判案依据的规范,便可视为法源。行为规范上的识别标准兼顾立法和司法标准,从一定意义上说,具备了法源的立法和司法标准便大体满足了行为规范标准。这些标准相互支撑、互相印证,之于规范的法源识别缺一不可。尽管部颁税法规则往往一事

---

[51] 参见武建敏、张振国:《当代法治视域下的民法实现》,中国检察出版社2006年版,第3页。

[52] 参见[日]北野弘久:《税法学原论》,吉田庆子等译,中国检察出版社2001年版,第11~12页。

[53] 参见魏俊:《税权效力论》,法律出版社2012年版,第4页。

[54] 参见[奥]尤根·埃利希:《法律社会学基本原理》,叶名怡、袁震译,中国社会科学出版社2009年版,第261页。

[55] 参见高其才:《法理学》,清华大学出版社2007年版,第72页。

一议,具有判例法的形式、实质和功能,其提供具体交易类型之交易性质的判定规则,揭示出中国税法的内在结构、判例属性和未来格局具有无可替代的独特作用。[56] 但要想取得法源地位,依然需要证实其满足法的一般要件和本质特征,同时观察它作为司法裁判依据的可行性。

从法的一般要件和本质特征来看,“虽然法律的专门化可能一如既往地深入发展,但在任何程度上,法律面前平等和法律规范的一般性都是法律的本质”[57]。此种本质通过法的普遍性得以实现。人们“对法治及法治条件下公平的追求,在一定意义上就是建立在法具有普遍性这一确信基础上的”[58]。而法的普遍性的实现又须仰仗于法的国家强制力,在这一意义上,法律就是一种强制性的行为规则。[59] 因此,国家强制性也可视为法律的本质特征。[60] 尽管不同时代、不同国家的法存在巨大差别,但“在相反行为时通过强制措施的威胁来促使人们实现社会所希望有的行为”[61]这一点上却基本是相同的。结合起来,便可将法的一般要件和本质特征归总为普遍性与国家强制性。诚如哈特所言:凡是存在法律的地方,就必定有以威胁为后盾、被普遍遵从的普遍命令;而且,

---

〔56〕 部颁税法规则存在的合理性在于,实践层面的商事交易日益复杂和深化,法律层级的税收成文法无法预知或前瞻商业交易的类型和环节,故成文法对商事交易的税法规制只能挂一漏万,税法的不严密性和漏洞日益凸显,税法缺欠将长期存在。有限的制定法无法应对复杂多变的交易类型,在千奇百怪的交易类型面前,整齐划一的制定法规制难免落空。税法规制永远落后于商人创造的商事交易类型,反避税领域尤其如此。参见滕祥志:《从赠与视角看构建部颁税法规则审议机制——以财税〔2001〕28号、财税〔2011〕82号等为例》,载《政法论丛》2012年第5期。

〔57〕 [德]拉德布鲁赫:《法学导论》,米健、朱林译,中国大百科全书出版社1997年版,第7页。

〔58〕 葛洪义、陈年冰:《法的普遍性、确定性、合理性辩析——兼论当代中国立法和法理学的使命》,载《法学研究》1997年第5期。

〔59〕 参见陈婉玲:《经济法调整:从“权力干预”到“法律治理”》,载《政法论坛》2014年第1期。

〔60〕 参见王水明:《强制性乃法律的本质特征——评霍贝尔〈原始人的法〉》,载《检察日报》2006年7月30日,第003版。

〔61〕 [奥]凯尔森:《法与国家的一般理论》,沈宗灵译,中国大百科全书出版社1996年版,第20页。

也必定有一种普遍的确信,即确信如果拒不服从,这些作为后盾的威胁就可能被付诸施行。[62] 概言之,是否具备普遍性和国家强制性,是否具备司法“操作性”,堪为法源定性的关键性标准。部颁税法规则要想获得法源地位,就必须接受这三大关键性标准的逐一检测。

(二)法的普遍性审查

统观亚里士多德的政治学、伦理学,法律事实上被理解为所有良好政体稳定运转的前提条件。所谓法治应包含两重意义:已成立的法律获得普遍的遵守,而大家所普遍遵守的法律本身又应该是制定得良好的法律。该论断虽未指向某种实质的法律道德基础,也并不能作为衡量法治的充分条件。[63] 但自此以后,法的普遍性就成为法治的一个基本要素。对法治及法治条件下公平的追求,一定意义上就是建立在法具有普遍性这一确信基础上的,法的普遍性之含义从表面上看,即在一定的国家或区域范围内,法应该是普遍有效的,对每个人都一视同仁,它不会也不应受个别人琢磨不定的感情因素的支配。在这个意义上,法治所包含的法的普遍性与法的统一性及公平性相联系。[64] 当然,法的普遍性亦存在与“间性法理”相似的特质,即承认法之原理在普遍性上可能存在的不同层次,并以开放包容的态度尊重差异。[65] 据此整体检视现行部颁税法规则,大致可以将其区分为以下 3 种情形。

第一种,直接以“公告”形式发布,或者虽未以“公告”形式发布,但主送单位直接面向全国,惯用表达方式为“各国家税务总局省、自治区、直辖市和计划单列市国家税务局、地方税务局”。例如,《国家税务总局关于印发〈企业所得税核定征收办法〉(试行)的通知》(国税发〔2008〕30 号)的主送单位为“各省、自治区、直辖市和计划单列市国家税务局、地方税务局”,上承主送单位,直接规定

---

〔62〕 参见[英]哈特:《法律的概念》,张文显等译,中国大百科全书出版社 1996 年版,第 27 页。

〔63〕 参见李晓辉:《法治:重构公民之善与政制之善的联系——从亚里士多德政治伦理学出发的思考》,载《中国法律评论》2016 年第 1 期。

〔64〕 参见葛洪义、陈年冰:《法的普遍性、确定性、合理性辨析——兼论当代中国立法和法理学的使命》,载《法学研究》1997 年第 5 期。

〔65〕 参见李晓辉:《论法理的普遍性:法之“公理”、“通理”与“殊理”》,载《法制与社会发展》2018 年第 3 期。

“为加强和规范企业所得税核定征收工作，税务总局制定了《企业所得税核定征收办法（试行）》，现印发给你们，请遵照执行”。又如，《国家税务总局关于深入学习贯彻落实〈关于进一步深化税收征管改革的意见〉的通知》（税总发〔2021〕21号）的主送单位为“国家税务总局各省、自治区、直辖市和计划单列市税务局，国家税务总局驻各地特派员办事处，局内各单位”，上承主送单位，开门见山即明示：“为贯彻落实好中共中央办公厅、国务院办公厅印发的《关于进一步深化税收征管改革的意见》（以下简称《意见》），深入推进税务领域‘放管服’改革，打造市场化、法治化、国际化营商环境，更好服务市场主体发展，现将有关要求通知如下。”在此类情况下，部颁税法规则直接适用全国，效力及于全国所有行政区划（我国港澳台地区除外）。

第二种，主送单位为具体对象，但抄送单位辐射全国。比如，国家税务总局《关于黑龙江垦区国有农场土地承包费缴纳企业所得税问题的批复》（国税函〔2009〕779号）的主送单位为“黑龙江省国家税务局”，抄送单位为“各省、自治区、直辖市和计划单列市国家税务局、地方税务局”。根据随后颁布的《税务总局20号令》第2条，该类部颁税法规则原则上只“在本辖区内具有普遍约束力并反复适用”。换言之，该类部颁税法规则原则上仅适用于主送单位所对应的辖区，但因其同步抄送单位辐射全国，也会实质上产生全国普遍适用的效力。最常见的情形是各地税务机关下发配套规范性文件，转发部颁税法规则，使该规范性文件在该地域具有普遍适用的效力。例如，广东省地方税务局转发国家税务总局《关于黑龙江垦区国有农场土地承包费缴纳企业所得税问题的批复的通知》（粤地税函〔2010〕49号）曾专门针对“国税函〔2009〕779号”，明确发函规定“各市地方税务局，顺德区地方税务局，省局直属税务分局：现将《国家税务总局关于黑龙江垦区国有农场土地承包费缴纳企业所得税问题的批复》（国税函〔2009〕779号）转发给你们，请遵照执行”。其中，“粤地税函〔2010〕49号”最为核心的内容是“请遵照执行”，区区五字便将“国税函〔2009〕779号”的效力通达广东省，实质上宣告了“国税函〔2009〕779号”的效力拓展。

第三种，主送单位为具体对象，且无抄送对象或抄送对象仅限于特定单位。[66] 在这之中,有的主送单位为具体的税务机关,有的主送单位也可能是具体的人民政府。前者如国家税务总局《关于内蒙古自治区呼准鄂铁路防火隔离带适用耕地占用税优惠政策的批复》(税总函〔2017〕332号),主送单位仅为"内蒙古自治区地方税务局",无抄送单位。[67] 后者如财政部、国家税务总局、水利部《关于印发〈扩大水资源税改革试点实施办法〉的通知》(财税〔2017〕80号),主送单位为"北京市、天津市、山西省、内蒙古自治区、山东省、河南省、四川省、陕西省、宁夏回族自治区人民政府",紧承主送单位,明确规定"为全面贯彻落实党的十九大精神,推进资源全面节约和循环利用,推动形成绿色发展方式和生活方式,按照党中央、国务院决策部署,自2017年12月1日起在北京、天津、山西、内蒙古、山东、河南、四川、陕西、宁夏等9个省(自治区、直辖市)扩大水资源税改革试点。现将《扩大水资源税改革试点实施办法》印发给你们,请遵照执行"。这类部颁税法规则只在主送单位的特定地区发生法律效力。

相比而言,部颁税法规则第一、第二种情形居多,第三种情形相对较少。但无论是哪一种情形的部颁税法规则,各自都有其相应的时间、空间和对人上的普遍约束力,且可得以反复适用。即便是第三种情形,也不能否认其普遍适用的效力。虽从根本而言,越是抽象和形式化的知识越具有普遍性,但这种形式化的知识本身也就越来越失去规范性,因为规范往往是具体的。[68] 所以,法的普遍性也是相对的,它绝不意味着所有制定出来的法最终都要在全国范围内甚至在全球范围内普遍适用,而只是强调经制定的法应当在自己设定的调整范围

---

〔66〕 值得注意的是,这样导致的结果是:规范性文件在未抄送地区的适用权在税务机关,即选择执行与不执行规范性文件的权力在税务机关。也就有可能出现对纳税人有利的规范性文件未抄送地区的税务机关选择不执行,而对纳税人不利的选择参照执行。姑且不谈该行为是否合宪合法,但就实践而言,规范性文件因抄送与否成为税务机关的执行裁量范围,不仅不利于营造全国统一的税政,也不利于纳税人之间的公平竞争。因为在市场经济条件下,从事生产经营的纳税人跨地区生产经营是常有之事。

〔67〕 部颁税法规则制定实践中,主送单位为特定的、单一税务机关的有之,但多个特定的税务机关同时为主送单位的部颁税法规则也频繁出现。

〔68〕 参见李晓辉:《法学知识谱系中的"一与多"——读舒国滢教授〈法学的知识谱系〉》,载《中国政法大学学报》2021年第5期。

和效力范围内对所有规制对象平等、反复适用,且理当具有约束力,这即为《税务总局53号令》第2条之“本辖区内具有普遍约束力并在一定期限内反复适用”的应有内涵。所以无论是哪一类型的部颁税法规则,只要能够在规则所属或指向的时间、空间范围内对规制对象产生具有约束力的规则效力,则应视为其具有法的普遍性效力。就此而言,部颁税法规则具有法的普遍性效力这一观点是可以成立的。

(三)法的强制性检验

与法的普遍性不完全相同,法的强制性因必要性而产生、发展,至今犹存。[69] 通常认为,法具有强制性,但强制性不为法律所独有。法的强制性在本源上表现为国家强制性,即国家对违法行为要作出否定性评价,并施以不同程度的制裁;同时,国家对合法行为要给予肯定和保护。国家强制性主要是一种威慑,具有间接性和潜在性。当人们的行为符合法律规定时,强制性并不为人们所感知,无须启动。仅当人们的行为触犯法律规定时,国家强制性才会发生作用,以确保法的顺利实施。法的强制性并非纯粹的暴力惩罚,其必须受法律规范的约束。且国家强制力在什么情况下、由哪些机关按照什么样的程序以及如何制裁各种违法行为等,都必须由法律明确规定。[70] 如此,既可以限制强制力的恣意,[71]又可以检验、衡量“法定”程序是否“合法”。[72] 可见,无论从何种角度阐释,国家强制性要想得以实现,都必须借助国家强制力的行使。换言之,国家强制性的直接表现就是国家强制力工具和手段[73]的配置。在立法上,这种强制力工具和手段又往往借助法律责任条款进行表达。实际上,法律责任条款的设计本身就是“合法保护,违法制裁”之强制性理念的落实。亦如学者所言:“法律责任条款,简单而论,就是在法律文本中表述责任内容的法律条文。究其实质而言,法律责任条款是指在法律文本中表述由不法行为侵犯权利或法

[69] 参见倪正茂:《法的强制性新探》,载《法学》1995年第12期。

[70] 参见高其才:《法理学》,清华大学出版社2007年版,第17~18页。

[71] 参见季卫东:《法律程序的意义——对中国法制建设的另一种思考》,载《中国社会科学》1993年第1期。

[72] 参见刘东亮:《什么是正当法律程序》,载《中国法学》2010年第4期。

[73] 参见尤俊意:《国家强制性、强制性规范与制裁——也论法的强制性问题》,载《法学》1996年第3期。

益而产生的体现制裁规范效果的救济权法律关系内容的条文。"[74]因此,如果部颁税法规则设有配套的法律责任条款等类似条款,则可以认定它配置了基本的强制力工具和手段,也就可以认定其满足了法的强制性要件。以此判定,部颁税法规则无外乎以下3种类型。

第一种:部颁税法规则内置法律责任条款,直接彰显国家强制力。比如,《关于发布〈税收减免管理办法〉的公告》(国家税务总局公告2015年第43号)虽已被国家税务总局《关于公布失效废止的税务部门规章和税收规范性文件目录的决定》(国家税务总局令第42号)废止,但该公告第四章"减免税的监督管理"不但详细规定了税务机关和纳税人的义务,而且明示了其各自违法所致的法律责任,极具典型性。这类部颁税法规则形式较规范,内容也比较接近税务规章,可以直接认定具有国家强制力,符合法的强制性的要求。客观上说,制定这类带有强制性规则色彩的法律责任条款就是为了限制特定主体从事某种行为,既体现了不同利益主体的平衡点,也蕴含了规则制定者的某种偏好、目标设定或价值趋向。相应主体或顺从规则指导做出相应的合法实践,或基于自身利益驱动做出相悖的实践反应;对抗的基本形式可能是直接的违法行为,也可能是徘徊于合法与非法之间的"脱法"行为。[75]无论作出哪种选择,规则明示的法律责任一旦被付诸实施,规则蕴含的强制性便通过法律责任即刻彰显。

第二种:部颁税法规则针对某类主体或某种行为并未配置相关法律责任条款,但通过"导引技术",直接铺设"管道条款",通往配有法律责任条款的规范性文件或法律、法规及规章。例如,国家税务总局《关于印发〈特别纳税调整实施办法(试行)〉的通知》(国税发〔2009〕2号)虽专设了第十二章法律责任(条款已失效),但其并未涵盖税务机关及其工作人员在特别纳税调整实施过程中保管、使用企业提供的信息资料等方面,致使这类问题一旦发生通过"国税发〔2009〕2号"创设的法律责任专章将无从追责。这是法律责任专章的缺憾,却凸显了"国税发〔2009〕2号"的科学设计。因为该通知第十三章"附则"第112条将税务机关及其工作人员在特别纳税调整实施过程中的保管、使用企业信息

---

〔74〕 李亮:《法律责任条款规范设置研究》,山东大学2015年博士学位论文,第37页。

〔75〕 参见林少伟:《脱法实践下公司法规则变迁之逻辑》,载《交大法学》2022年第6期。

等最重要的事项通过“导引技术”,直接通向《纳税人涉税保密信息管理暂行办法》(国税发〔2008〕93 号),而“国税发〔2008〕93 号”专设“责任追究”一章,补缺了“国税发〔2009〕2 号”中的责任配置,从而使其实质上满足了法的强制性要件。与之类似,《关于发布〈特别纳税调查调整及相互协商程序管理办法〉的公告》(国家税务总局公告 2017 年第 6 号)第 58 条通过“导引技术”,铺设通向《税收征收管理法》及其实施细则的“导管”,补缺了企业或者其扣缴义务人、代理人等在相互协商中弄虚作假,或者有其他违法行为的法律责任,补强了该公告的强制性。

第三种:部颁税法规则既未设置法律责任条款,又没有通往配有法律责任条款的法律规范。比如,《国家税务总局关于税收征管若干事项的公告》(国家税务总局公告 2019 年第 48 号)指出,“为深入贯彻党的十九届四中全会和中央经济工作会议精神,进一步优化税务执法方式,改善税收营商环境,支持企业发展壮大”,分别明示欠税滞纳金加收问题、临时税务登记问题、非正常户的认定与解除问题以及企业破产清算程序中的税收征管问题的处置方案,唯独不见清晰的违反公告所致的责任的规定。实践中,这类部颁税法规则不在少数,从严格上说,不宜肯认其国家强制力,但若从法的强制力的整体上考察,也可认为其具有更为宽广意义上的强制力。因为即使是这类部颁税法规则,也是依据法定职权和规定程序制定并公布的,此处的法定职权也好,规定程序也罢,理当包括所有税收法律、法规、规章及上级税务规范性文件中授予的职权和规定的程序,这也为《税务总局 53 号令》第 4 条“应当……符合法律、法规、规章以及上级税务规范性文件的规定”所蕴含。如果这种理解能够成立,则第三种部颁税法规则犹如铺设了一条看不见的管道,通向了规则可以适用的税法规范。

概括起来,从第一种至第三种部颁税法规则,随着法律责任条款这一国家强制力工具和手段的逐步弱化,国家强制力属性也逐渐减弱,但大体上仍可以将部颁税法规则纳入法的强制性的范畴。虽然与第一种、第二种部颁税法规则相比,第三种部颁税法规则具有“较弱”的强制力,看似有悖于经典的强制性特质。但在法律规则实践中,并非所有的法律规范都有较强的强制性也是事实。[76] 况且,强制性仰赖的法律责任原本即存在混乱理解和观念缺失,如有

〔76〕 参见周永坤:《论法律的强制性与正当性》,载《法学》1998 年第 7 期。

学者将严格意义上的法律责任界定为“违法者在法律上必须受到惩罚或者必须做出赔偿”,亦即“存在于违法者和救济之间的必然联系”,进而提出一种以有限政府观念为基础的“责任本位论”。[77] 另有学者则认为“违法者在法律上必须受到惩罚或者必须作出赔偿”的表述依然在经验事实层面和规范分析层面是不周延的,难以涵盖部门法领域复杂多样的责任形态,故提出了以主体承担不利后果的依据来重构法律责任概念的主张。[78] 可见,法律责任虽频频见诸各类规范之中,但对其的理解远未达成共识。故通过法律责任观察法的强制性,也不宜只机械地观察规范形式展示出来的强制性,而宜通过形式看到规范运行所示的强制性实质。尤其是考虑自 20 世纪 50 年代末开始,法理学各种理论在推进各自观点的同时却不约而同地对“强制力”观念予以弱化(有时甚至是消解)这一现象,认为部颁税法规则具有强制性元素更是无可置疑。[79]

(四)司法“操作性”评估

根据《立法法》第五章“适用与备案审查”和《行政诉讼法》第 63 条、第 64 条的规定,法院审理行政案件时,只能以法律、行政法规、地方性法规、自治条例和单行条例为依据,规章只能作为判案的参照,规范性文件被排除在判案依据范围之外。此举看似厘清了裁判依据的范围,但其对法源基本理论,对宪法、立法法关于赋权制定“其他规范性文件”的规定的违反也显而易见。更重要的是,此举将本应完整的法律体系割裂开来。实际上,法律规则的存在,一定是体系化的存在,不存在孤立的法律规则。凡是规则,皆以群体形式存在。[80] 亦如奥斯丁所言:法律必然以体系而存在,任何一个法律规范都是法律整体中的组成部分。[81] 《立法法》和《行政诉讼法》只承认法律、法规和规章的法源地位,将其他规范性文件予以排除,使得原本内外和谐有序的法律规范统一体被人为

---

〔77〕 参见蔡宏伟:《“法律责任”概念之澄清》,载《法制与社会发展》2020 年第 6 期。

〔78〕 参见李拥军:《法律责任概念的反思与重构》,载《中国法学》2022 年第 3 期。

〔79〕 参见刘星:《法律“强制力”观念的弱化——当代西方法理学的本体论变革》,载《外国法译评》1995 年第 3 期。

〔80〕 参见夏勇主编:《法理讲义——关于法律的道理与学问》(上),北京大学出版社 2010 年版,第 60 页。

〔81〕 参见[英]约瑟夫·拉兹:《法律体系的概念》,吴玉章译,中国法制出版社 2003 年版,第 19 页。

拆分为“法”和“非法”两块。法律文件的武断直接造成与实践的冲突、脱节，致使法律和实践、行政与司法割裂开来。[82] 事实上，由于社会管理日益复杂化，仅仅依靠“正式规则”已远远不能满足社会的需要和行政管理的要求，而规范性文件对规章以上的“正式规则”起着补充、细化的作用，“正式规则”客观上所形成的“立法真空”以及所指向的“具体操作规则”，都需要由规范性文件作出规范和调整，规范性文件实际上就是规章以上“正式规则”的具体化。[83]

与《立法法》和《行政诉讼法》对规范性文件的排斥不同，最高人民法院《关于执行〈中华人民共和国行政诉讼法〉若干问题的解释》（法释〔2000〕8 号，已失效）第 62 条明确规定：“……人民法院审理行政案件，可以在裁判文书中引用合法有效的规章及其他规范性文件。”[最高人民法院《关于适用〈中华人民共和国行政诉讼法〉的解释》（法释〔2018〕1 号）第 100 条第 2 款规定] 该条规定耐人寻味，其中“引用”“合法”“有效”三个语词的组合，貌似一方面昭示着司法部门为应对裁判现实，迫切希望打破法源停至规章的一般理论和立法桎梏，另一方面展示着司法部门不敢过于僭越立法、恪守本分的矛盾态度。假若再加上“可以”一词，这种矛盾和纠结之感将更甚。客观上说，该条规定并未直接确定或赋予规范性文件的法源地位，但至少“给予其介于依据和证据之间的法律地位”[84]。司法部门的此种纠结心态在最高人民法院《关于印发〈关于审理行政案件适用法律规范问题的座谈会纪要〉的通知》（法〔2004〕96 号）中再次得到体

〔82〕 参见吴鹏：《论“其他规范性文件”的行政法法源地位》，载《首都师范大学学报（社会科学版）》2006 年第 3 期。

〔83〕 参见郑旭辉：《现代公共行政理念视域中的中国行政规范性文件体系的重构》，载《中国石油大学学报（社会科学版）》2008 年第 2 期。

〔84〕 叶必丰：《行政规范法律地位的制度论证》，载《中国法学》2003 年第 5 期。

现。该文件第 1 部分“关于行政案件的审判依据”[85]一方面,认为规范性文件不是正式的法源,对法院不具有法律规范意义上的约束力;另一方面,强调法院经审查认为被诉具体行政行为依据的规范性文件合法、有效并合理、适当的,在认定被诉具体行政行为合法性时应承认其效力。与之相比,最高人民法院《关于适用〈中华人民共和国行政诉讼法〉的解释》(法释〔2018〕1 号)的态度更鲜明。该司法解释第 149 条明示“人民法院经审查认为行政行为所依据的规范性文件合法的,应当作为认定行政行为合法的依据”。

从“法释〔2000〕8 号”到“法〔2004〕96 号”,再到“法释〔2018〕1 号”,司法部门对规范性文件的定性虽未在实质上发生改变,但已经使“规范性文件不为法源”的传统观点不再牢不可摧。其实,法院在审判中给予行政规范性文件以效力,有着丰富的域外经验。比如,美国 1984 年雪佛龙(Chevron)案确立的强尊重规则[86]便是典型例证。根据该规则,如果行政机关的抽象行政行为不能被判断为武断或者任意,即使这个行为不是对法律最好的解释,司法部门也要认可其效力。之所以如此规定,无外乎两个理由:其一,行政机关的权力本为国会所授予,司法部门无权干预;其二,行政部门对行政行为有更多的经验,就行政领域的抽象行为来说,行政部门比司法部门更具权威性。[87] 强尊重规则体

[85] 最高人民法院《关于印发〈关于审理行政案件适用法律规范问题的座谈会纪要〉的通知》(法〔2004〕96 号)第 1 部分“关于行政案件的审判依据”规定:“……行政审判实践中,经常涉及有关部门为指导法律执行或者实施行政措施而作出的具体应用解释和制定的其他规范性文件,主要是:国务院部门以及省、市、自治区和较大的市的人民政府或其主管部门对于具体应用法律、法规或规章作出的解释;县级以上人民政府及其主管部门制定发布的具有普遍约束力的决定、命令或其他规范性文件。行政机关往往将这些具体应用解释和其他规范性文件作为具体行政行为的直接依据。这些具体应用解释和规范性文件不是正式的法律渊源,对人民法院不具有法律规范意义上的约束力。但是,人民法院经审查认为被诉具体行政行为依据的具体应用解释和其他规范性文件合法、有效并合理、适当的,在认定被诉具体行政行为合法性时应承认其效力;人民法院可以在裁判理由中对具体应用解释和其他规范性文件是否合法、有效、合理或适当进行评述。”

[86] See Chevron U. S. A., Inc. v. Natural Resources Defense Council, Inc. (No. 82 - 1005), 467 U. S. 837, 1984。

[87] 参见崔威:《中美税法实践中的一些行政法问题》,载中国政法大学法治研究院官网 2012 年 5 月 8 日,https://fzzfyjy.cupl.edu.cn/info/1223/4314.htm。

现的正是“司法尊重”的理念。“法释〔2000〕8 号”和“法〔2004〕96 号”虽未明确规定“司法尊重”的理念，但隐含其中的“司法尊重”意蕴十分明显，这一点与强尊重规则有极大的相似性和趋同性，其之于评判部颁税法规则的司法“操作性”价值不应小觑。毕竟，“‘司法尊重’的运用主要是出于对民选机构的尊重、各个权力机关专业分工以及信息优势上的考量——不同职能的国家权力部门应当履行其最为擅长的工作，提高办事效率与决策的合理性”〔88〕。此亦是功能适当原则“不适配的禁止”之精髓，其所强调的国家权力行使的“正确”和“高效”，更是我国国家权力配置的重要取向。〔89〕

由上可知，尽管按照《立法法》和《行政诉讼法》的相关规定，部颁税法规则不易成为裁判依据，也就难以通过司法“操作性”评估。但是通过“法释〔2000〕8 号”和“法〔2004〕96 号”可知，司法实践的态度显然不如《立法法》和《行政诉讼法》那般强硬和僵化。无论是“法释〔2000〕8 号”第 62 条明确列及的“引用”“合法”“有效”“可以”，还是“法〔2004〕96 号”直接规定的“应”“承认其效力”等语词，内涵和外延都极其丰富，且呈现开放趋向。这些语词不仅折射出司法实践中法院找寻裁判依据的困惑，而且强烈地表达出司法对行政规范性文件的尊重。税法作为“强技术法”，部颁税法规则的创设数量和适用空间远胜于传统税法法源。司法机关面对税务争议时，假若只是一味排除部颁税法规则的适用，裁判陷于困境甚或“死局”的概率较其他类型的行政诉讼更大。因此，确有必要“改造原《税收征收管理法》第 88 条，取消复议前置条款、取消诉讼缴税前置程序”〔90〕，大力推动税务行政诉讼的开展。但更为重要的是认真

---

〔88〕 秦静：《突破与保守：香港终审法院涉福利权案的审理思路及其新进展》，载《比较法研究》2015 年第 6 期。

〔89〕 具言之，功能适当原则一方面意味着，当某项国家任务需要分配时，要比较分析哪个机关在组织、结构、程序、人员上具有优势，最有可能作出正确决定，因此其是在功能上最适合的机关；另一方面意味着，如果宪法将某个国家职能配置给了某个机关，那么就应该对这个机关的组织、结构、程序、人员进行相应调整，以使其能够达到落实这项国家任务所需要的功能要求，也就是成为针对该项职能的最适合的机关。此外，相互分工的机关仍然要相互控制和平衡，但也不应该相互削弱，而是要取向于国家功能的最优化实现。参见张翔：《国家权力配置的功能适当原则——以德国法为中心》，载《比较法研究》2018 年第 3 期。

〔90〕 滕祥志：《论〈税收征管法〉的修改》，载《清华法学》2016 年第 3 期。

对待部颁税法规则的法源地位,将其纳入司法裁判依据的选择范围。否则,即便税务行政诉讼的闸口洞开,税收司法也极有可能限于“裁判无据”的尴尬境地。

(五)小结

基于规则论和实践论的双向考虑,对法源理当作更宽泛的理解,而不应固守某种并无牢固基础与充足理由的教条。[91] 在税法场域,承认部颁税法规则的法源地位,使被理论和立法割裂的税收法律体系“破镜重圆”,与其说是总体吻合法的普遍性、强制性和司法“操作性”的结果,不如说是回应税收法治现实、正视税收法律体系建构规律的必然趋势。从综合来看,《税务总局 20 号令》颁布以后制定的部颁税法规则,无论是实体质量还是程序控制都取得了重大进展。依法行政、问责行政、行政透明度等原则也都逐步得到彰显。将税法法源逐步下放至部颁税法规则层面值得探索和思量。但是,考虑到目前部颁税法规则的整体质量和过于庞杂的数量,特别是鉴于传统法源理论的根深蒂固,在尚未对部颁税法规则进行系统化清理、整合之前,对其法源地位的授予还是谨慎为好,切勿囫囵吞枣,将所有部颁税法规则一次性地吸纳至税法法源之中。较稳妥的做法是,参照前述部颁税法规则的普遍性和强制性考察结果,分类分步推进。例如,第一步可以考虑将形式规范、普遍适用性好、因嵌入法律责任条款或专章而显示出较强强制性,即具有全国普遍适用性和强制力的部颁税法规则直接赋予法源地位。第二步可以考虑对形式较为规范、普遍适用性较好、因设有法律责任“管道条款”而显示出较好的强制性,即具有较广泛的普遍适用性和强制力的部颁税法规则进行有选择性的整合改造,逐步赋予法源地位。第三步,有必要针对形式较差、普遍适用性一般且无明示或隐含的法律责任条款而致强制性较弱,即普遍适用性和强制力皆较为一般甚或较差的部颁税法规则进行逐个、细致甄别,在系统清理、规范改造、深度整合的基础上从严把控,以确定是否必要纳入法源范畴。

[91] 参见陈大文、曹叠云:《法:立法技术操作层面——新的归纳与立法例若干分析》,载《法学研究》1993 年第 6 期。

四、法源定量：部颁税法规则的位阶排序

“从法理上而言，所谓法律位阶是指在统一的法律体系内，确定不同类别规范性法律文件之间的效力等级与适用顺序的制度。这一制度的确立，有利于明确不同类型的法律渊源之间在调整事项上的权限范围，从而保证法律体系内部的和谐与统一。”[92] 部颁税法规则作为一种独立的新型税法法源，可以初步得到证成，获得合“法”外衣。但要想稳固其法源地位，还需将部颁税法规则妥善安置到税收法律体系的科层结构中，找到与其地位相匹配的法律位阶。否则，法源定性极有可能沦为纯粹的学术臆想，无法指引税收法治建设。唯有在法源定性的基础上，准确进行法源定量，部颁税法规则的法源地位才能真正得到证成。从客观上说，部颁税法规则作为本文意欲证立的一种税法法源形式，显然无法为传统法律体系所涵盖，对它进行法源定量分析远不如传统法源形式那般容易，因为它所依托的税法“是财富分割的利器，划定了政府与人民之间的财产关系，同时也会影响纳税人之间、地区之间、阶层之间的财富结构”[93]，有更复杂的技术面向和领域特质。相比各个相关部门法，作为领域法的税法最大的特点在于，它与各个部门法都有交集，但又绝非部门法规范的大杂烩；它必须进行规范和知识的集成，服务于特定目标，但又绝非部门法知识的简单集合。换言之，税法最大的特点不在于其法律规范的集合性，而在于其调整对象的事务特殊性，即形成以具体事务为中心、以解决问题为导向，满足现代社会需要的规则体系。[94] 立足于此，安置部颁税法规则的法源位阶，一方面需要坚持如条件关

〔92〕 胡玉鸿：《试论法律位阶划分的标准——兼及行政法规与地方性法规之间的位阶问题》，载《中国法学》2004 年第 3 期。

〔93〕 熊伟：《税法总则立法中的纳税人主义及其制度体现》，载《法律科学（西北政法大学学报）》2023 年第 1 期。

〔94〕 参见熊伟：《问题导向、规范集成与领域法学之精神》，载《政法论丛》2016 年第 6 期。

系和废止关系等判断法律形式之间位阶关系的既有经验,[95] 力保部颁税法规则与传统税法法源的对接;另一方面更要突破陈规,深究税法的事务本质,契合部颁税法规则的法源特质。只有这样,外部统一、内部有序的税法法源体系方可生成。

(一)税法法源排序的传统经验:"落实规则"的渐次展开

税法规范依来源不同,在拘束力上有高低之分,从而形成位阶关系。一般而言,上位规范的效力高于下位规范。于是,上位规范与下位规范之间如有抵触,下位规范的规定或当然无效,或有权机关可将之宣告为无效。[96] 具体到一个法律规范,其效力只能源于另一个规范,各个规范由低到高形成一个统一的体系。在这个体系中,低位规范的效力总是来源于高位规范,即如果一个低位规范符合高位规范中所规定的"应当",则该规范就获得了效力。按照凯尔森的观点,实在法在更多情况下是一种动态规范体系,即高位规范并无具体内容,而仅仅是规定了低位规范产生的方式,如果低位规范满足这一方式,则可获得效力。[97] 低位规范产生的原方式为"授权","这种授权是一个委托。创造规范的权力从一个权威被委托给另一个权威;前者是较高的权威,后者是较低的权威。动态体系的基础规范是用来创造这一体系的诸规范的基本规则。如果一个规

[95] 如有学者认为,法律位阶理论提供了判断法律形式之间位阶关系的两大标准,即条件关系和废止关系。其中,条件关系是积极标准,废止关系是消极标准,一个法律形式只有在授权另一个法律形式产生的基础上并能够单向否定被授权产生的法律形式的效力时,两者之间才能形成上下位阶关系。如果缺乏条件关系或者构成双向废止关系,则为相同位阶关系。也有学者认为,条件关系和废止关系更像是法律位阶的效应或伴影,而不是判断位阶关系的因果论依据,应当辩证地看待条件关系和废止关系之间的联系。与此同时,为了让法律位阶理论服务于我国的法治实践,有必要对其进行本土化改造。毕竟,法律位阶理论中的上位法和下位法都是以集合形态存在的,因而考察它们的位阶必须是整体性的比较而非具体规范之间的比较。更多论述,参见王锴:《法律位阶判断标准的反思与运用》,载《中国法学》2022 年第 2 期;姚魏:《论浦东新区法规的性质、位阶与权限》,载《政治与法律》2022 年第 9 期。

[96] 参见黄茂荣:《税法总论》(第 1 册),台北,植根法学丛书编辑室 2002 年版,第 164 ~ 165 页。

[97] 参见马驰:《法律规范性的基础——以法律实证主义的演进为线索》,法律出版社 2013 年版,第 97 ~ 98 页。

范已在这样一种方式下，即最后由基础规范所决定的方式下被创造出来，那么该规范就成为一个动态体系的部分”[98]。具体到税收法律规范体系中，宪法层面的法规范便是税法规范的创始源头，可谓基础规范。下位税法规范由其逐步“授权”而被创制出来，直至税务规范性文件。从动态法律规范体系上讲，“授权”只是一种低位规范的产生方式，并非特指立法意义上的“授权立法”。此种方式既可能是“执行”，也可能是“解释”。据此，部颁税法规则大致可以区分为税收立法性文件和税法解释性文件。其实，西方国家在行政立法中也有关于法规命令与行政规则或立法性规则与解释性规则的区分。此种区分除名称或形式上的区别外，在内容上是极为主张二者的差异性的，从本质上讲是他治与自治的抽象化。[99]

照此分类，税收立法性文件主要是税收执行性立法的结果。执行性立法是相对于创制性立法而言的，一般是指为执行上位法及上位规范性文件的需要，根据上位法及上位规范性文件所进行的立法活动。执行性立法以上位法或上位规范性文件为根据，进行具体化立法，旨在“落实”上位法或上位规范性文件。比如，《企业所得税法实施条例》便是国务院税收执行性立法的结果，意在落实《企业所得税法》。与之不同，税法解释性文件是税法解释权运用的结果，是立法机关、行政机关或司法机关基于宪法所赋予的解释权或授权法所授予的解释权，按照法定程序、在职权范围内对税法规范所作出的规范性文件。这种解释性文件具有普遍适用的效力，且可以反复适用，属于典型的立法性解释。从实质上看，立法性解释也就是执行性立法，而执行性立法实质上也是行政主体对上位法所作的具有普遍约束力的解释，使上位法的法律规范更加明确、具体，便于实际操作。简言之，立法性解释与执行性立法只是形式上的区别。[100] 或因如此，在下位法规范被创造的过程中，执行性立法和税法解释总是交织在一起，使得即便是同一部税法规范，也时常既有“立法”的色彩，又有“解释”的味道。以《个人所得税法》立法为例，《个人所得税法实施条例》对“各项个人所得的范围”的规定，显然属对《个人所得税法》上“各项个人所得”的解释。而《个人所

---

[98] [奥]凯尔森：《法与国家的一般理论》，沈宗灵译，中国大百科全书出版社 1996 年版，第 128 页。

[99] 参见高秦伟：《行政法规范解释论》，中国人民大学出版社 2008 年版，第 99 页。

[100] 参见胡小红：《税收立法权研究》，安徽大学出版社 2009 年版，第 91 ~ 93 页。

得税法实施条例》中"个人所得的形式"条款,可谓"凭空而设",无法直接对应《个人所得税法》中的任一具体条款,则更接近于执行性立法的结果。之于法源定量来说,《个人所得税法实施条例》不管是作为执行性立法的面貌出现,还是以税法解释结果展示,都源于《个人所得税法》。作为"母法"的《个人所得税法》位居"法律"层级,则《个人所得税法实施条例》的位阶便为税收行政法规。之所以可以如此进行定量,是因为一般说来法律体系是由具有一定顺序和逻辑的系统构成的。[101]

从立法的基本规律来看,在一个部门法系统内,位阶越高的法律规范,对应的内容越抽象、原则性也就越强,仅靠自身基本无法实施。此时即需要低位阶的法律规范在其框架内对抽象、原则性的高位阶法律规范的内容进行解释、补充和具体化。换言之,一般情况下,下位法只能为落实、执行上位法的规定而制定,且不得违背上位法的规定,与上位法矛盾,否则其将失去合法性来源。这一效力规则,不只是中国的做法,也是域外多数国家的共识。如在美国,出于各种原因,国会不愿或不能制定具体到能被政府部门执行以及个人遵守的法律,但结果是几乎所有政府项目中都有规则的踪影。执行、解释以及规定等词语描述了规则可能产生的最完整的影响范围。当法律或政策在国会颁布的法令、总统签发的执行命令或司法判决中得以完全确立时,规则的功能则仅限于执行。因此,不需要规则提供附加的实质性解释。当法律与政策已确立但面临不曾预见或变动的情境时,则应通过规则对其进行解释。当出现新的商业实践或技术时,应对制定时明确且清晰的法律条款进行相应的调整。当国会在法令中确立法律或政策目标,但未详细阐述如何具体实施或实现时,便由规则作出相应规定。[102] 归根结底,在法源体系中,下位规则的制定须以落实上位规则为己任,这也是法律位阶划分实质标准的内在要求。

通常认为,法律位阶划分至少有形式和实质两个标准。形式标准根据制定机关划分位阶,即一部法律规范的效力等级取决于其制定主体的法律地位,制定主体的法律地位越高,其制定出来的法律规范的效力自然也越高。与之不同的是,实质标准根据制定依据与效力水平来划分位阶,即高位阶法是低位阶法

---

[101] 参见王利明:《中国民事立法体系化之路径》,载《法学研究》2008年第6期。

[102] 参见[美]科尼利厄斯·M.克温:《规则制定——政府部门如何制定法规与政策》,刘璟、张辉、丁洁译,复旦大学出版社2007年版,第2、5页。

的制定依据且在效力上优于后者，低位阶法不得与高位阶法相抵触。实质标准一般还意味着在具有上、下位阶关系的两部法律规范之间，上位法规范的内容具有抽象性与包容性，下位法规范只是在上位法规范确定的框架内将其抽象性的规定进行具体与细化。[103] 因此，在实质标准下无论称“下位规范对上位规范的具体化”为“落实规则”是否妥当，该规则之于法源的定位都堪为关键。至于如何落实，美国的“执行”“解释”“规定”等方式，与我国的执行性立法与解释性规则基本吻合。其实，下位规范对上位规范的“落实规则”早已为《宪法》和《立法法》的相关条文明确规定，成为指引上下位阶法律规范分工与合作的重要准则。如《立法法》第72条规定：“国务院根据宪法和法律，制定行政法规。行政法规可以就下列事项作出规定：（一）为执行法律的规定需要制定行政法规的事项；（二）宪法第八十九条规定的国务院行政管理职权的事项……”概言之，在一般法源位阶中，上下位“法”以类似“母”与“子”的关系渐次展开，彼此遵循规范内在的“落实规则”。按此规则，税收法律体系可描述为：“宪法→税收法律→税收行政法规→税务规章”。体系内部，下位税法规范原则上只能落实上位税法规范，即对上位税法规范予以具体化时，下位税法规范应以上位税法规范为制定或解释的明确依据。相较传统税法法源，“落实规则”如何应用于部颁税法规则这一新型法源，尚须进一步阐述。

（二）部颁税法规则中“落实规则”的适用与困惑

按照“落实规则”，部颁税法规则法源位阶的确立，主要取决于它的“母法”依据。而从制定依据上观察，部颁税法规则的来源十分复杂。它既可能源于税收法律，也可能发端于税收行政法规，还可能萌发于税务规章。甚至有时候会出现多重、多位阶的“母法”依据。比如，依据国家税务总局《关于发布修订后的〈企业所得税优惠政策事项办理办法〉的公告》（国家税务总局公告2018年第23号），修订后的《企业所得税优惠政策事项办理办法》第1条明示，“……根据《中华人民共和国企业所得税法》（以下简称‘企业所得税法’）及其实施条例、《中华人民共和国税收征收管理法》（以下简称‘税收征管法’）及其实施细则，制定本办法”。由此不难发现，《企业所得税优惠政策事项办理办法》的“母法”为《企业所得税法》及其实施条例和《税收征收管理法》及其实施细则。如果按

[103] 参见栗铭徽：《清代法律位阶关系新论——以〈大清律例〉和〈户部则例〉的关系为例》，载《华东政法大学学报》2017年第3期。

照上位法与下位法之间的“落实规则”,《企业所得税优惠政策事项办理办法》大体应定位为税务规章,但这显然有违事实。因为无论是《税务总局1号令》第2条第3款“税务规章以国家税务总局令的形式发布”之规定,还是《税务总局45号令》第2条第2款“税务规章以国家税务总局令公布”之规定,皆宣示了税务规章必须以“国家税务总局令”的形式公布。既然《企业所得税优惠政策事项办理办法》只是以“国家税务总局公告”的形式公布,只能说明税务总局并未将其定性为税务规章。

与上述理论不完全一样的是,在部颁税法规则制定实践中,并非总能找到作为制定或解释依据的“母法”。在更多场合,取而代之的是国务院的意见,相当数量的部颁税法规则的“母法”依据仅为“经国务院批准”。如财政部、国家税务总局《关于调整和完善消费税政策的通知》(财税〔2006〕33号,部分废止)就明确规定:“……经国务院批准……新增高尔夫球及球具、高档手表、游艇、木制一次性筷子、实木地板税目。适用税率分别为:1. 高尔夫球及球具税率为10%;2. 高档手表税率为20%;3. 游艇税率为10%;4. 木制一次性筷子税率为5%;5. 实木地板税率为5%……”只要对“财税〔2006〕33号”的开篇和全文内容稍作分析,便很难将其界定为解释性文件。姑且不谈“财税〔2006〕33号”是否有明确的解释对象,即解释的是哪一部法律或哪一个法律条文,甚或哪一款、哪一项等。仅从“新增”二字即可发现,它并非对《消费税暂行条例》及其实施细则或者其他法律、法规、规章甚至规范性文件中已有税目的解释性规定。实际上,在“财税〔2006〕33号”之前并未有任何针对上述五类税目课征消费税的规定。求本溯源,“财税〔2006〕33号”开篇即已揭晓谜底——“财税〔2006〕33号”只是财政部和国家税务总局为适应社会经济形势的客观发展需要,进一步完善消费税制,“经国务院批准”而制定并发布的通知而已。简言之,“国务院批准”才是“财税〔2006〕33号”实质上的“母法”依据。财政部、国家税务总局《关于对超豪华小汽车加征消费税有关事项的通知》(财税〔2016〕129号)几乎采用完全一致的创设技术,开门见山地提出“为了引导合理消费,促进节能减排,经国务院批准,对超豪华小汽车加征消费税”。“经国务院批准”再一次成为部颁税法规则的形式源头,堪当其实质上的“母法”依据。

按照不同法源之间的“落实规则”,显然无法为这类部颁税法规则定量。虽然现实中财税主管部门制发的部颁税法规则正文常冠以“经国务院批准”或“经国务院同意”之前缀,意图在税收基本制度法律保留及禁止转授权的约束下,为财税主管部门的规范创制行为提供合法性供给，[104]但也不可能仅凭"经国务院批准"的字眼便授予其税收行政法规的地位。毕竟，"财政部文件仍然只代表财政部，即便经国务院批准，也不会让其成为国务院的行政法规"[105]。甚至在部颁税法规则创制实践中，连"经国务院批准"之类的语词也不见踪迹。例如，财政部、海关总署、税务总局《关于对电子烟征收消费税的公告》（财政部、海关总署、税务总局公告 2022 年第 33 号）仅宣示"为完善消费税制度，维护税制公平统一，更好发挥消费税引导健康消费的作用"，就将电子烟纳入消费税征收范围，在烟税目下增设电子烟子目。此类部颁税法规则若不加以系统改造，不仅难以通过法源验证，而且无法借助"落实规则"寻得定量位阶。因此，对部颁税法规则定量断不可简单机械地套用"落实规则"，而应视部颁税法规则具体的制定情境而定。当然，如果部颁税法规则有明确的"母法"依据，且未背离法源基本法理和相关法律规定理当优先适用"落实规则"。只有立足法源定量的基本共识，严格遵照和践行法律位阶理论，不同位阶的税法规范的定量才有可能清晰、明确，相同位阶的税法规范亦可实现和谐共存之格局，这也是"建立一个组成部门齐备、层次清晰、相互协调的高质量税收法律体系，为实现'理财治国'提供基本的框架支持和规则约束"[106]。

（三）"形实不符规则"的排序补强

一般法域场景中，税法法源"落实规则"的运转依赖各类"母法"依据的确立。一旦出现"母法"依据缺位，或出现"经国务院批准"之类的"空白母法"，又或无法运用"落实规则"得出法源定量结果，则有必要在既有的"宪法→税收法律→税收行政法规→税务规章"法源谱系之外创设一级税法法源。由此而致的结果是，整个税收法律体系将演变为"宪法→税收法律→税收行政法规→税务规章↔法源性部颁税法规则"。若能如此，进阶后的税法法源体系无疑更加切合中国的税收法治实践，也更有利于税收法律体系的稳定，更有助于各类税法规范之间基本适用准则的确定。从根本上说，法律位阶理论就是要解决某类法律规范在法律体系中的纵向排序，表示它和其他法律形式的位阶关系。其价值

[104] 参见侯卓：《"经国务院批准"的税法意涵》，载《法学评论》2020 年第 5 期。

[105] 熊伟：《法治视野下清理规范税收优惠政策研究》，载《中国法学》2014 年第 6 期。

[106] 刘剑文、赵菁：《高质量立法导向下的税收法定重申》，载《法学杂志》2021 年第 8 期。

在于,明确法律效力的高低关系后,一旦发生法律冲突,便可以按照“上位法优于下位法”的规则进行适用,遇到同位阶法律形式则可能动用裁决等机制。[107]因此,于传统税法法源形式之外创设法源性部颁税法规则,既吻合法律位阶理论之初衷,又迎合税收法治中国建设之现实需求,还符合高质量税收法律体系构建之客观规律。

必须说明的是,税务规章与法源性部颁税法规则之间的效力逻辑与宪法、税收法律、税收行政法规、税务规章彼此之间的效力逻辑大有不同。一般而言,宪法之下、规章之上的税法规范依据“落实规则”逐步展开,法律效力逐渐减弱。然而,税务规章和法源性部颁税法规则之间并无必然的、内生的效力逻辑。尽管两者构成形式上的上下位阶,但多数时候两者的效力实质上并不存在显著差异。比如,根据前文的分析,“国家税务总局公告2018年第23号”形式上似应定位为税务规章,却不仅无法获得《税务总局1号令》的认可,也未能得到《税务总局45号令》的支持。结合定性标准综合考量,这类税法规范可以界定为“形实不符”的税法规范,即形式上不被认可,但实质上依然构成了税务规章。因而,这类部颁税法规则即便不能视作税务规章层级的税法规范,也宜考虑赋予其与税务规章层级同等的效力(简称“形实不符规则”)。实际上,前文所述的“法释〔2000〕8号”第62条便蕴含了这一税务规章与法源性部颁税法规则的效力界定思路。《行政诉讼法》第63条确立了司法审理中规章的“参照”效力,而“法释〔2000〕8号”第62条却不见“参照”术语,新增了“引用”的语词表达。姑且不谈“参照”和“引用”的语词差异,仅就“法释〔2000〕8号”第62条中“可以在裁判文书中引用合法有效的规章及其他规范性文件”的规定,便至少可以得出如下结论。

第一,规章为广义规范性文件的一种,否则一般不会在“规章”之后跟进“其他规范性文件”这一词组;第二,规章与其他规范性文件在裁判文书中可以享受同等待遇,否则一般不会在两者之间嵌入“及”这一并列式连接词;第三,法院对在裁判文书中是否引用合法有效的规章及其他规范性文件拥有主动权,否则一般不会在前面用“可以”进行表达。三层语义之于税务规章与法源性部颁税法规则的效力定量均具有借鉴意义,但最大的莫过于第二层语义。类比这一语

---

〔107〕 参见姚魏:《论浦东新区法规的性质、位阶与权限》,载《政治与法律》2022年第9期。

义,税务规章和部颁税法规则只要合法有效,在裁判文书中就可以享受同等的“引用”效力。同样,“法〔2004〕96号”“关于行政案件的审判依据”中关于规章解释效力的规定也间接支持了部颁税法规则可以“形实不符”。该部分规定“规章制定机关作出的与规章具有同等效力的规章解释,人民法院审理行政案件时参照适用”。这意味着税务总局倘若针对自己制定的税务规章进行规章解释而生成部颁税法规则,照样有可能获得与税务规章等同的效力,皆可为“法院审理行政案件时参照适用”。这的确在相当程度上背离了法律位阶的“落实规则”,但却是对“形实不符规则”的极好诠释。

(四)部颁税法规则排序之后:税务规范性文件之间的效力顺位

亦如上述,对定性为税法法源的部颁税法规则进行定量时,应优先遵从“落实规则”,仅当“落实规则”无法得出定量结果时,方可运用“形实不符规则”。至此,部颁税法规则的外部效力结构便大体构筑完成。但从规则的完整性角度考虑,尚须厘清不同类型的税务规范性文件之间的效力顺位。这一点可以借用法源定量规则,同时也要考虑现行税法的规定。比如,《税务总局45号令》第2条就明确规定,税务规章“根据法律和国务院的行政法规、决定、命令”在权限范围内制定;《税务总局53号令》第4条清晰地指出“制定税务规范性文件,应当……坚持科学、民主、公开、统一的原则,符合法律、法规、规章以及上级税务规范性文件的规定”,第6条第1款又进一步规定“县税务机关制定税务规范性文件,应当依据法律、法规、规章或者省以上税务机关税务规范性文件的明确授权;没有授权又确需制定税务规范性文件的,应当提请上一级税务机关制定”。按照体系解释的基本观点,每一段法律上的语句都紧密交织在法体系中,构成一个有意义的整体。因此,要诠释它们,首先应顾及上下文,不得断章取义。其次,应顾及它们在事务上的共同属性。最后,应顾及它们在事务上的一致性。此外,体系解释还有一个重要功能,即避免或排除法秩序中的“体系违反”。[108]

以此解读《税务总局45号令》和《税务总局53号令》的上述条文,即可发现,理论上税务规范性文件的效力沿着内外两条路径上下铺开:在税务规范性文件内部,上下级规范性文件存在效力区分,从低到高大体呈“县级税务规范性文件→设区的市级税务规范性文件→省、自治区、直辖市税务规范性文件→非

〔108〕 参见黄茂荣:《法学方法与现代民法》(第5版),法律出版社2007年版,第344～345页。

法源性部颁税法规则”的效力布局。税务规范性文件内部的效力高低与税务行政管理体制总体一致,大体依然可以视为“落实规则”的类比铺开。在税务规范性文件外部,其效力则突破了单一税法规范的形式和类别,效力从高到低大致按照“宪法→税收法律→税收行政法规→税务规章↔法源性部颁税法规则”的顺序分布(如图1所示)。其中,部颁税法规则可谓是税务规范性文件内部与外部体系的转换枢纽和分界点,一方面,构成税法法源的部颁税法规则按照“落实规则”和“形实不符规则”排入税收法律位阶,完成税法法源定量,成为税收法律体系的重要组成部分。另一方面,无法通过法源检测的部颁税法规则依据税务规范性文件的效力排序规则成为非法源性税务规范性文件的顶层文件,引领税务规范性文件的体系生成。两个体系相互映照,相互促动,共同推动中国的税收法治建设。

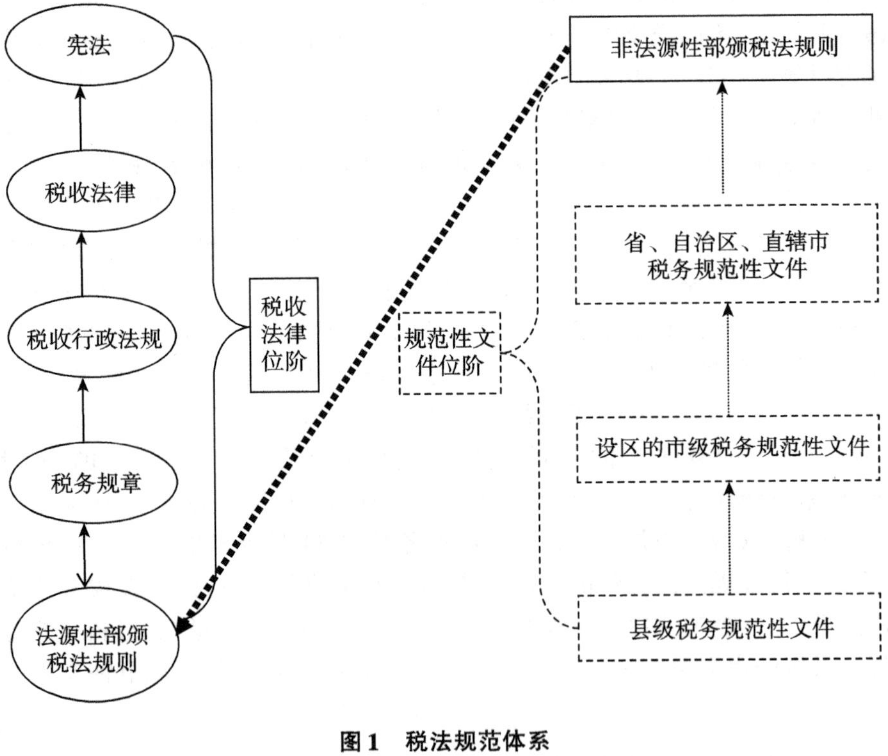

图1　税法规范体系

五、余　　论

行文至此，本文已经基本证立了部颁税法规则的法源地位。需要特别说明的是，基于前述理由，目前尚不具备将所有部颁税法规则都吸纳至税法法源的条件，只能分类分步推进。如可以考虑优先将具有全国普遍适用性和强制力的部颁税法规则纳入法源范畴，而后有选择性地整合改造具有较为广泛的适用性和强制力的部颁税法规则并逐步赋予其法源地位，最后对适用性和强制力皆较为一般甚或较差的部颁税法规则进行逐个、细致甄别，在系统清理、规范改造、深度整合的基础上，斟酌确定应否纳入法源序列。按此步骤，可以作为法源出现的部颁税法规则也只宜被置于税收法律体系的底层，作为最低一级的法源，但它的法律效力要根据“落实规则”和“形实不符规则”综合考量。

把握这一点，需要厘清两个关键问题：其一，底层的法源性部颁税法规则与国务院关于税收的决定、命令等规范性文件如何衔接？考虑税收法律体系的现实状况和上级行政机关的权威，如果国务院也针对税收问题发布了税务规范性文件，则不宜遵从税务规范性文件的内部效力层级，应严格按照法源层级来确定其效力位阶。即将国务院发布的决定、命令等规范性文件的效力置于税务规章之上，作为税务规章的制定来源，这是较稳妥的方案。这一点已为《税务总局45号令》第2条所规定。如此配置效力位阶，既可维护法律位阶的正常秩序，防止出现以规章对抗上级行政机关的决定和命令的不正常现象，也可以逐步弱化税收的“文件治理”，走向税收的法律治理。

其二，财政部与税务总局制定的部颁税法规则发生冲突怎么处理？从行政管理体制上看，财政部属于国务院组成部门，国家税务总局属于国务院直属机构。但税务总局系从财政部分立而来亦是既有事实，加上财税主管部门间存在内在分工，使税务总局在部颁税法规则的制定过程中不得不考虑财政部的立场，所以两个财税主管部门制定的部颁税法规则发生冲突的现象并不多见。相反，在部颁税法规则的制定实践中，财政部和税务总局多联合行使部颁税法规则的制定权，具体表现为不胜枚举的“财税发”“财税函”以及联合“公告”等文件。这种制定模式并不存在法律位阶衔接的问题。倘若财政部和税务总局单独制定针对同一事项的部颁税法规则，就有可能出现两者对同一事项规定得不一致的情形。“不容置疑的是在法律领域如在其他领域一样，自身一致性是最重要的目标之一。"[109] 因此,此种情形一旦出现,根据现有的法律体制,应借鉴《立法法》关于法律冲突的解决思路,执行机关可以结合具体情况斟酌请示国务院作出裁决或解释。

由此,自法源性部颁税法规则至宪法,一个上下层级分明、和谐有序的税收法律体系便可逐步呈现。从宪法至下,税法解释主要承担落实上位税法规范的重要使命。这是"文件治理"的独特优势,却是"法律治理"的薄弱环节。本文将以税法解释性文件为主体的部颁税法规则吸纳至税收法律体系,扩大传统税法法源,也是希望税法解释能产生更大的作用力,走出一条中国特色税收法律体系建构之路。这并非对税收法定原则的反对,而是税收法定中国化的务实路径,是一个符合中国国情、值得尝试的税收法治建设思路。况且这也有助于税法法源体系的丰富和扩展,使其能够容纳更多税法法源或者使具有税法法源性质的裁判依据进入审判过程,减少过于依赖制定法导致的机械与僵化,充分尊重税收法治建设实践所形成的普适观点和共识做法,为税收司法程序提供更加全面和权威的裁判理由,故而从根本上提升税收法治建设的实际效果。[110] 总之,法源是一个体系,应当包括法律、习惯和法理等,只不过法律是基本法源,习惯和法理等是补充法源而已。[111]

The Status of Legal Source of Tax Normative Documents Formulated by the Department of Finance and Taxation under the State Council

Ye Jinyu

Abstract: If strictly according to the requirements of the tax legal principle, the tax normative documents formulated by the department of finance and taxation under the State Council don't have the Status of legal source. However, they are

[109] [奥]伊尔玛 · 塔麦洛:《现代逻辑在法律中的应用》,李振江、张传新、柴盼盼译,中国法制出版社 2012 年版,导论第 2 页。

[110] 参见孙光宁:《社会主义核心价值观的法源地位及其作用提升》,载《中国法学》2022 年第 2 期。

[111] 参见杨立新:《论法理作为民事审判之补充法源——以如何创造伟大判决为视角》,载《中国法律评论》2022 年第 4 期。

widely present in the overall Chinese tax law practice, continue to support the implementation of the tax law norms. In fact, through a layer-by-layer analysis of the structural system of the ministerial tax rules and the characterization of the source of law, we found they are consistent with the core identification standard of the traditional legal source. In that case, they should be selectively, conditionally give the status of legal source. This notonly facilitates the standardized govemance of them, but also contributes to the better profection of taxpayers' rights and interests. It is important to note that ministerial tax rules are far more complex than any of the traditional form of tax law sources. In view of their characteristics, we should adhere to the general guideline of "implementation rules", supplemented by "form inconsistent rules" to consider their status of legal source. Only then, we can accurately locate them, construct the tax law system with Chinese characteristics, and promote the construction of China's tax law.

Key words: Tax normative documents formulated by the department of finance and taxation under the state council; Nature of legal source; Status of legal source; Tax law system

社会保险国家财政责任定位与基准设计*

杨复卫**

内容摘要：

自我国社会保险制度创设以来，便一直伴随财政补贴社会保险，然而社会保险与国家财政分属两套不同体系，因此该补贴行为实则暗含了社会保险国家财政责任的实践形式。然而，国家财政责任在社会保险中存在定位目的不清、定位标准模糊以及基本要素设定有失规范化等问题。究其原因，在于社会保险中的国家多重角色表达混乱，影响了国家财政责任的定位。为此，应确立社会保险国家财政责任的应然定位与基准，定位须考量财政与社会保险交织的现实，而财政责任基准则和国家财政能力相关联。要想设计社会保险国家财政责任基准，须从立法上构筑清晰的法律规范，才能达到指引目的。可在《社会保险法》中增设国家财政责任条款，确立其一般条款地位，同时构筑国家财政责任基准设计逻辑，完善社会保险精算与预算规则，进而体系化修正既有责任定位规范，立体化补足国家财政责任基准的辅助设施。

关键词：

社会保险　财政责任　财政补贴　基准设计

一、问 题 意 向

2005 年以来，我国老年抚养比逐年攀升。同期人口出生率和自然增长率未能同比率提升，而是时有起伏，甚至 2016 年以来，人口出生率与自然增长率均

* 基金项目：本文系 2022 年度西南大学研究阐释党的二十大精神专项重点项目“中国式基本养老服务现代化法治保障研究”（项目编号：SWU2209034）的阶段性成果。

** 西南大学法学院教授。

持续下降[1],加上不时见诸媒体的"社保危机",致使我国的人口问题已经由曾经高生育率带来的挑战转变为因劳动力短缺、人口老龄化导致的社会保险基金支出负担加重等问题。[2] 事实上,自1997年社会保险制度在我国全面实施以来,[3]《全国一般公共预算支出决算表》在"社会保障和就业支出"栏中均列明财政补贴社会保险基金,支持社会保险事业发展。以2016~2019年为例,中央财政补贴全国社会保险基金的占比分别达到了22.1%、21.1%、22.34%和23.98%。[4] 地方财政亦补助社会保险基金,如2018年重庆市、上海市和辽宁省财政补贴占社会保险基金收入的比例分别为27.9%、7.4%和28.1%。[5] 每年如此巨额的财政补贴,势必需要厘清财政补贴社会保险的法律依据,以及其背后的基础法律逻辑。

一般来说,如此大规模财政资金进入社会保险基金,《社会保险法》和其单行立法规范中势必有明确的规范指引。然而,社会保险立法对此既无明确的法律条文规定,又无可供遵循的操作流程,更无财政补贴的具体规则设计。为此,不禁想问财政补贴社会保险是否仅解决社会保险制度改革遗留的转换成本和

---

[1] 2005~2019年,我国老年抚养比分别为10.7%、11.0%、11.1%、11.3%、11.6%、11.9%、12.3%、12.7%、13.1%、13.7%、14.3%、15.0%、15.9%、16.8%、17.8%。2016~2019年我国人口出生率分别为12.95‰、12.43‰、10.94‰、10.48‰,人口增长率分别为5.86‰、5.32‰、3.81‰、3.34‰。参见《中国统计年鉴·2020》"2—2 人口出生率、死亡率和自然增长率""2—5 人口年龄结构和抚养比",载国家统计局官网,http://www.stats.gov.cn/tjsj/ndsj/2020/indexch.htm,最后访问时间:2021年8月11日。

[2] 参见何凌云等:《部分国家促进生育财税政策的经验及借鉴》,载《税务研究》2019年第12期。

[3] 1997年国务院《关于建立统一的企业职工基本养老保险制度的决定》(国发〔1997〕26号)标志基本养老保险制度开始在全国范围内实施。

[4] 全国社会保险基金收入分别为50,112.47亿元、58,437.57亿元、79,002.58亿元和80,844.09亿元,中央财政补贴分别为11,088.6亿元、12,351.76亿元、17,654.83亿元和19,392.61亿元。参见《2016年全国社会保险基金收支决算情况总表》《2017年全国社会保险基金收支决算情况总表》《2018年全国社会保险基金收入决算表》《2019年全国社会保险基金收入决算表》。

[5] 参见重庆市、上海市和辽宁省2018年财政预算表。

超越社会保险的政策负担,如若没有“外部负担”[6]国家财政就没有补贴社会保险的现实理由。虽然《社会保险法》第 65 条第 2 款规定“县级以上人民政府在社会保险基金出现支付不足时,给予补贴”,但并未澄清财政补贴到底是迫于现实的基金支付压力还是制度设计本身。如此,导致即使各地有着数量丰富的财政补贴社会保险实践,也依然无法查明具体的法律依据理由,为什么国家财政要补助社会保险?既然现有法律规范无法给出明确的答案,问题的解决还需探索制度背后的法理,社会保险中国家财政是否承担了某种法律责任?如果承担责任,那么法律边界又如何界定?为此,本文希望勾勒出社会保险中国家财政责任的应然定位,探索国家财政责任的规范化基准,指导财政补贴社会保险实践,助力社会保险筹资的规范化运转,推动中国社会保险制度的现代化转型。

二、国家财政责任的履行实践:财政补贴社会保险

(一)财政补贴社会保险的基本形式与实践逻辑

当前,我国财政补贴社会保险主要通过两种基本形式:第一,政府财政直接补贴参保人缴纳的保费。以基本养老保险为例,国务院《关于建立统一的城乡居民基本养老保险制度的意见》(国发〔2014〕8 号)(以下简称“8 号文”)规定了养老保险基金筹集包括个人缴费、集体补助与政府财政补贴。其中,中央政府按所确定的基础养老金标准给予全额补贴,地方政府则直接以财政补贴参保人缴费。因城乡居民基本养老保险并无统筹账户设计,中央财政对基金的补贴实则是对参保人缴费的补贴,这与地方财政基于一一对应关系的补贴不同。虽然《社会保险法》未明确规定参保人、集体和政府所承担的保费分担比例,但如若计算上述中央和地方财政的补贴标准,可获得明确的分担比例数据。第二,中央和地方财政基于法定条件间接补贴社会保险基金。根据 1999 年颁行的《社会保险基金财务制度》(已失效)第 14 条之规定,社会保险基金收入涵盖了社会保费收入、财政补贴收入、转移收入、上级补贴收入和下级上解收入等,即财政补贴社会保险的资金来自上级、同级和下级政府。中央和地方政府每年根据经办机构的缴款计划,将财政基金从上级财政专户直接拨入下级财政专户或从下

〔6〕“外部负担”包括社会保险改革产生的“转制”成本和社会保险财务因充当公共政策工具额外支持的资金,造成了社会保险财务的制度外损失。

级财政专户直接上解入上级财政专户。可见,中央和地方政府通过年度财政预算的方式,解决了立法所确立的财政支持社会保险事业的行为。

虽然财政补贴社会保险受社会保险特定技术和公共政策的影响,但其最直接原因依然是确保基金的可持续支付,防范出现所谓的“社保危机”。从社会保险发展历程观察,财政补贴解决了社会保险制度因改革产生的转换成本,以及因充当公共政策工具产生的额外成本。例如,早期的“新农保”“城居保”的试点改革,后期的“城乡居民基本养老保险”的构建,均存在制度初创阶段缺乏基金沉淀问题,为吸引城乡居民自愿参保所要求的保费又较低,需要财政补贴支持以维持制度有效运行。又如,受个人缴费水平增长迟缓和制度扩面瓶颈制约,2011~2016年个人缴费占基金收入的比重从39.38%降至24.52%,而同时期财政补贴资金占比却持续增加。〔7〕再如,人口老龄化程度与人均缴费标准间并未建立直接精算关系,导致增长的基金支出并未立即反映在保费基数调整上,而是通过挪用不同账户资金和财政补贴加以支应,从而潜藏高额债务风险。特别是职工基本养老保险,由于参保人长期缴费不足〔8〕和政府推行降低社会保险费率〔9〕,采行“低保费政策”。在社会保险基金收支未达平衡情形下,政府不愿增加保费而以财政补贴方式回应。此时,职工基本养老保险并非建立在劳动者团结互助基础之上,而是政府为缓解参保人缴费压力的政治目的而采取的普惠性政策,长久下来使人民将社会保险视同国家“单方”提供的“保障”而非自助互助的机制。此种现象既经形成,在降低社保费背景下更难以扭转,长期维持的低保费政策已使人民难以接受保费之合理调整,在经济下行〔10〕压力下,保费增长方案几无可能通过。为此,政府选择以财政补贴社会保险方式来填补

〔7〕 参见刘中海:《农村居民养老保险财政补贴的福利效应研究》,载《社会保障评论》2020年第1期。

〔8〕 2018年,企业社保的合规性是27%,2019年为29.9%,仅1/3的企业能够实现基数的完全合规。不合规的情形中,统一按最低基数下限参保的企业依然有28.4%,比2018年31.7%的占比略有下降。参见《中国企业社保白皮书2019》。

〔9〕 参见国务院办公厅《关于印发降低社会保险费率综合方案的通知》(国办发〔2019〕13号)。

〔10〕 参见《李克强:顶住经济下行压力,确保完成全年主要目标任务》,载第一财经网,https://www.yicai.com/news/100361168.html,最后访问时间:2021年12月1日。

缺口,确保制度的可持续运转和基金支付的有效性。

(二)财政补贴社会保险是国家财政责任的实践形式

保险是建立在人民对制度信任基础之上的,社会保险亦不例外。正如卢曼所言,“制度信任”是以人与人交往中受到的规范准则,以法纪制度的管束制约为基础,法纪制度约束对任何人都是同等的且不可讨价还价,内涵了保险制度体现出的普遍信任。[11] 从保险的历史演进观察,保险的发展需要良好的制度信任作为保证,保险合同的当事人始终信任该保险制度具有生命力。社会保险建立在保险的信任基础之上,虽其运转需国家强制力加以保障,但自始至终都离不开制度信任的文化环境。[12] 人民对制度的信任并非凭空产生,而是基于一定地位主体的承诺、担保以及法律保障。财政补贴社会保险,便是这种承诺、担保的直接体现,它反映了当社会保险可能出现支付困难时,国家在必要时为其纾困的意愿。[13] 虽然财政补贴社会保险有诸多原因,但核心因素不外乎展示了当人民对基金支付有效性产生疑虑,进而对社会保险制度产生信任危机时,国家所要担保的纾困意愿。虽然《社会保险法》强调财政与社会保险分离,但我国社会保险事业发展始终伴随财政补贴。此种安排固然与社会保险制度改革历程,以及近年来社会保险制度改革肩负的公共政策有关,但亦不能忽视《社会保险法》所呈现出来的国家财政责任。正如《社会保险法》第 5 条第 2 款规定政府财政给予社会保险必要经费支持,第 65 条第 2 款提出政府财政在基金支付出现不足时给予补贴。从规范层面传递出政府对社会保险本身便负有某种财政责任,并在“必要”和“基金出现支付不足时”履行。此种财政责任向人民传达了“国家对社会保险直接参与和支持”的坚定信念。

---

〔11〕 Luhmann N. Trust and power. Chichester: Wiley, 1979, p. 53 – 67. Accessed July 1, 2021. (Luhmann N. Trust and Power[J]. 1982.) (https://books.google.be/books? hl = zh-CN&lr = &id = CKBRDwAAQBAJ&oi = fnd&pg = PR3&dq = Trust + and + power&ots = 9FWCsglGi0&sig = cnsI3iHG8qiBz8mN8Z4d4A_KjyA&redir_esc = y#v = onepage&q = Trust%20and%20power&f = false.)

〔12〕 参见张军:《社会保障制度的福利文化解析——基于历史和比较的视角》,西南财经大学出版社 2010 年版,第 213 页。

〔13〕 See Van Langendonck & Jef, ed., *The Right to Social Security*, Social Europe Series Volume 12, Intersentia Press, Antwerp and Oxford, 2007. p. 361 – 362.

实现社会保险事业发展目标,重点在于立法者如何划定政府财政责任的范围,厘清财政补贴的意义,确保国家责任获得落实。〔14〕 综观世界各国的社会保险制度,因国家财政责任定位不同,在法制安排上存在较大差异。〔15〕 我国《社会保险法》以"必要"和"基金出现支付不足时"作为财政补贴的依据,实则在落实国家财政责任,即通过财政补贴分担劳资双方保费负担,减轻本辖区内参保人的缴费负担,借以保障参保人基本生活和维系劳资和谐。这与社会保险中的国家财政责任实践目的不谋而合,国家财政责任实践目的内含两层含义:其一,减轻参保人保费负担,如补贴无单位的城乡居民基本养老保险缴费;其二,降低参保企业的缴费成本,避免因此阻碍经济发展,类似德国年金保险中的"联邦附加补助"。值得注意的是,财政补贴应是基于特定情形发生,如参保人无力缴费或降低企业缴费成本等情形,由国家以协助而非任意补贴为之,绝非单纯的国家财政责任可解释。实际上,财政补贴社会保险的责任定位是一种社会保险给付能够最后实现的国家责任。该责任超越了国家财政责任的内容,在于实现个人利益与社会利益间的均衡,建立社会正义与社会连带间的关系,平衡社会公共政策对人民安全、福祉和社会平等目标的干预。〔16〕 国家财政责任的内容在于确保被保险人在满足法定情形下获得社会保险给付,至于该责任如何被立法规范则须进一步探讨。在对《社会保险法》第65条作体系解释时,发现《社会保险法》强调社会保险基金应通过预算实现收支平衡,如若难以实现或出现社会保险基金出现支付不足情形时,政府应给予财政补贴。此时,国家财政责任可理解为通过财政补贴实现基金收支平衡。

三、社会保险国家财政责任定位的规范无序与缘由

既然社会保险中存在国家财政责任,那么国家财政责任在立法规范中呈现

---

〔14〕 参见李玉君:《社会福利民营化法律观点之探讨》,载《月旦法学杂志》2003年第102期。

〔15〕 参见谢冰清:《我国长期护理制度中的国家责任及其实现路径》,载《法商研究》2019年第5期。

〔16〕 See Lutz Leisering, *The "Social": The Global Career of an Idea*, in International Journal of Social Quality International Journal of Social Quality, Vol. 3, p. 1 – 5(2013).

何种定位状态就成为进一步思考的命题。因为社会保险国家财政责任的不同定位模式直接影响财政补贴社会保险中的边界范围,对于厘清社会保险中的个人、企业和国家关系均极为重要。如果国家为了履行生存照顾责任而积极介入社会保险制度,则不仅会牵涉社会保险基金资源的分配,而且关涉对公民财产权利的限制与义务的分配,因此必须具备逻辑清晰的法律规范。综上,揭示社会保险国家财政责任定位还需深度分析现有立法规范,以及立法背后的规范缘由。

(一)责任定位无序:社会保险法到单行法的体系解读

《宪法》第 45 条第 1 款提出,公民享有从国家获得物质帮助的权利,国家发展社会保险事业以实现这种权利。由于国家的物质帮助大多表现为财政支持,实则较为隐晦地提出了国家财政应当支持社会保险事业发展。从规范角度解读社会保险国家财政责任定位,可发现无论是《社会保险法》还是其领域单行法均有关于落实《宪法》国家财政责任的表述。然而,整体审视现有立法可见财政责任定位上存在制度隐忧,如存在财政补贴社会保险的目的不清、标准模糊和基本要素设定有失规范化等问题。

1. 国家财政责任定位目的不清

国家财政责任定位在社会保险领域直面不同场景和方法实践,展现出高度的技术性和程式化一面,同时也存在灵活性和复杂化的一面,使其成为极为专业的领域,仅凭模糊的规范指引难以胜任,还需明确的体系化法律依据与操作流程。实际上,社会保险国家财政责任定位规定是体现社会保险法律规范中国家义务的核心部分,理应具备明晰的规范依据。然而,综观社会保险法与社会保险各单行立法文本,其对国家财政责任定位的法律依据呈现混乱状态,通常以"必要的经费支持"和"基金出现支付不足时"代行财政责任。直接导致实践中财政补贴社会保险的目标不清晰,既有基于实现社会保险制度平稳改革,解决"视同缴费年限"问题,又有平衡国家、企业和个人的缴费负担问题,还有帮助弱势群体参保减轻其负担问题等。换言之,社会保险国家财政责任定位可能受平稳改革目的影响,也有可能是制度设计本身考量,或是受国家利益的牵绊。之所以存在前述问题,在于从社会保险法到单行法出现了财政责任定位的规范无序。例如,《社会保险法》第 11 条、第 13 条和第 20 条对财政补贴社会保险进行了规范,第 11 条和第 20 条分别针对不同群体将财政补贴视为基本养老保险保费收入的一部分,而第 13 条则认为财政补贴仅为解决"视同缴费年限"和"基金出现支付不足”时的应急问题。“33 号文”[17]则认为,国家、企业和个人均应履行社会保险缴费责任,承担依据为国家、集体和个人保持利益均衡;而“26 号文”[18]却仅明确企业和个人负有缴费责任,国家财政责任并未提及;“38 号文”[19]又将国家承担的责任明确对社会保险的财政补贴,其依据为“帮助就业困难人员参保缴费”;“3 号文”[20]还提出,财政补贴是为了完善社会保持筹资的动态调整机制。由此可见,不同法律文本对应不同财政补贴目的,此举既会误导国家财政责任的定位方向,又会模糊国家财政责任的基准,导致国家财政责任畸重畸轻。[21]

2. 国家财政责任定位标准模糊

社会保险国家财政责任定位应有明确的判断标准,以求国家财政责任基准的精准界分。虽然社会保险法律文本规范均提及国家财政责任定位,但均缺乏明确的标准指引,加之难以从法律文本中提炼清晰的财政补贴逻辑,使得规范上确立国家财政定位的标准模糊,不利于国家财政责任的有效履行。例证有二:第一,国家财政责任的广度与深度边界模糊。“33 号文”“26 号文”较早提出国家的缴费责任,并未深究此责任的深度与广度,更像是一种宣示性质。此后,“38 号文”将国家财政补贴广度确定为“帮助就业困难人员参保缴费”,而深度则是“加大对社会保障的资金投入”,此种规定使具体操作弹性极大,可操作性不强。直至 2010 年颁行的《社会保险法》第 10 条才将责任边界确立为“职工”参加基本养老保险期间的补贴;第 13 条是“国有企业、事业单位职工”参加保险“视同缴费年限期间”以及支付不足时的补贴;第 20 条专指农民参加保险期间的补贴;第 25 条特指城镇居民参加医疗保险期间的补贴,以及对部分特殊人群的补贴。除“视同缴费年限期间”可通过计算做到数量明确外,其余标准很难在规则层面清晰解读,实难把握责任边界的范围。例如,何谓“支付不足”,是

---

〔17〕 国务院《关于企业职工养老保险制度改革的决定》(国发〔1991〕33 号)。

〔18〕 国务院《关于建立统一的企业职工基本养老保险制度的决定》(国发〔1997〕26 号)。

〔19〕 国务院《关于完善企业职工基本养老保险制度的决定》(国发〔2005〕38 号)。

〔20〕 国务院《关于整合城乡居民基本医疗保险制度的意见》(国发〔2016〕3 号)。

〔21〕 参见熊伟、张荣芳:《财政补助社会保险的法学透析:以二元分立为视角》,载《法学研究》2016 年第 1 期。

当期支付不足还是预期支付不足,对制度层面的财政补贴缺少时间和比例限制,难以确定财政责任的底线。近年来基金时而滚存过多,时而捉襟见肘,与此不无关系。[22]

第二,国家财政责任定位规定的逻辑混乱。例如,《社会保险法》第 5 条第 2 款明确财政支持社会保险事业“必要”的经费,第 3 款随即规定通过税收优惠政策来支持。那么,财政支持的“必要”经费是特指税收优惠还是财政补贴抑或二者兼有。即对“必要”的理解本身便存在歧义,何谓“必要”,为什么应提供“必要”经费,中央和地方政府财政间的“必要”责任划分,以及“必要”约束等。如若“必要”指税收优惠是否意味着对所有参保企业减免税收,这可能打破税负均衡,也有悖于量能课税原则。如果指代财政补贴,则根据《社会保险法》第 65 条第 2 款“基金出现支付不足时,给予补贴”的规定,可见财政补贴前提是“基金出现支付不足时”,但我国并未出现大规模基金支付不足现象,[23] 为何自社会保险制度建立伊始,一直伴随财政补贴。很难从法律逻辑视角解释“必要”规定的基本含义和指向。鉴于《社会保险法》第 5 条属于立法目的条款,兼具立法活动的方向选择、立法论证的有效途径、法律解释的重要标准等功能,[24] 约束法律规则的构建和法律方法的适用,甚至在一定程度上影响国家财政责任定位在立法中的角色效果。[25] 因此,立法制定社会保险国家财政责任定位须时刻坚守社会保险规范发展目的,不宜为谋求社会保险财务收入而置国家财政责任的基准于不顾。

---

〔22〕 参见娄宇:《论作为社会保险法基本原则的“精算平衡”和“预算平衡”》,载《华东政法学院学报》2018 年第 5 期。

〔23〕 根据 2019 年中央调剂基金预算情况,吉林省缴拨差额为 -98.2 亿元、四川省为 -177.8亿元、黑龙江省为 -183.8 亿元、辽宁省为 -215.8 亿元。参见《2019 年企业职工基本养老保险基金中央调剂基金预算情况》,载搜狐网,https://www.sohu.com/a/307792712_733255,最后访问日期:2021 年 8 月 11 日。

〔24〕 参见刘风景:《立法目的条款之法理基础及表述技术》,载《法商研究》2013 年第 3 期。

〔25〕 参见刘治斌:《立法目的、法院职能与法律适用的方法问题》,载《法律科学(西北政法大学学报)》2010 年第 2 期。

3. 基本要素设定有失规范化

尽管从“33 号文”“26 号文”“8 号文”“3 号文”到《社会保险法》，各文本中均大量出现语词各异的国家财政责任形态规范，貌似构造了社会保险法上国家财政责任定位的核心规范体系，但其中多数财政责任定位规范立法简略、粗犷，规则的完整性、周延性、精确性和普适性严重不足，实体内容极为欠缺。此种情形下，势必导致社会保险国家财政责任如何定位的规范控制力不足、可操作性不力、实施性不强。[26] 在众多造成财政责任定位基本要素空洞化的因素中，责任主体权利与义务的配置以及责任内容、责任限度规范失当是较明显的。以财政责任主体中权利与义务的配置失当为例，由于权利与义务是法律体系的对应词，即有权利即有义务，有义务即有权利，二者互为目的互为手段。现代法律规则设计的一般逻辑在于“从权利前设推导相应的义务”[27]，以此实现权义均衡。可见，只有厘清某一主体行为在法律上属于权利还是义务，才能设计相应的规则体系。审视财政补贴社会保险行为，需阐明该行为是权利还是义务。第一，若该行为被认为是一种法定权利，意味着国家可以选择承担或不承担财政补贴，这与《社会保险法》第 5 条“国家多渠道筹集社会保险资金”课予的国家任务相悖。第二，如果被认可为是一种法定义务，则具有浓郁的“命令”色彩。然而，《社会保险法》第 65 条规定了该义务的启动前提是“基金出现支付不足时”。换言之，当基金支付充足时国家可选择是否承担此义务。显然，这并不属于义务必须履行的范围，而是权利的范畴。此外，完善的社会保险财务制度有利于社会团结、稳定，国家可从中获益[28]。换言之，财政补贴社会保险的获益一方包括国家。从概念定义来看，只有法律权利被认为是以作为或不作为方式获得利益的一种手段[29]，而法律义务并无此定义。可见，将财政补贴社会保险行为认定为是一种义务并不周延，《社会保险法》层级规范未曾遵循权利与义务间内含的本体规律。

---

〔26〕 参见邢会强：《政策增长与法律空洞化——以经济法为例的观察》，载《法制与社会发展》2012 年第 3 期。

〔27〕 夏勇：《权利哲学的基本问题》，载《法学研究》2004 年第 3 期。

〔28〕 “33 号文”谈到构建企业职工养老保险制度也使国家获益。

〔29〕 参见张文显：《法哲学范畴研究》(修订版)，中国政法大学出版社 2001 年版，第 309 页；孙国华、朱景文主编：《法理学》，中国人民大学出版社 2021 年版，第 173 页。

与责任主体权义失范直接关联的是,财政补贴社会保险核心规范中责任内容和责任限度等要素的空洞化。国家财政责任与法律规范的关系,始终秉持"法律规范终究是以对个人的命令、禁止表现出来的",[30]也即法律规范的内容应当有具体可操作的规则体系。照此要求,立法应当明确财政补贴的具体对象、类型和方式,唯有如此财政才能真正做到"权责一致"[31]。但遗憾的是,回溯财政补贴社会保险规范时,很难在《社会保险法》及其他法律文本中探查到具体规则设计。据此,检视现行社会保险国家财政责任定位核心规范,财政责任定位内容几乎整体隐退。如"38 号文"提到财政补贴的内容为"帮助就业困难人员参保缴费",也即针对特殊群体的个人参保缴费补贴;《社会保险法》第 11 条认为,财政补贴针对的是基金;第 13 条认为,财政补贴是弥补"视同缴费年限",唯有基金出现支付不足时才补贴;第 20 条又认为是补贴参保人缴费。因此,有必要进一步询问法律规范如何确立财政补贴的内容与限度。实际上,以社会保险国家财政责任限度为例,需要通过法律规范来澄清,正如"'规范性'是信息工具发挥功能的限度之源"[32],"规范性"也可成为财政补贴社会保险的限度因素。目前,大多以"政府予以补贴"这类高度抽象语句来表达,即便偶有汇聚财政责任限度的规范,也与其所担负的基准要义严重背离。例如,"38 号文"提到"帮助就业困难人员",应当如何界定就业困难人员,以及帮助的范围和程度,是补贴所有缴费还是部分缴费,法律规范依据并不明确。《社会保险法》第 25 条依然存在类似问题,补贴特殊群体缴费的时限长短、补贴金额的比例要求等是否应当有一个大致测算。至于《社会保险法》(2010 年)第 65 条补贴"基金出现支付不足"则相对容易计算,当期和预期基金收支可以通过预算来平衡[33],此时的财政补贴更应有确定的金额和时限。

---

〔30〕 张明楷:《责任论的基本问题》,载《比较法研究》2018 年第 3 期。

〔31〕 虽然行政领域也存在一些权责背离现象,但权责一致是行政发展的主流,也被誉为是行政法的基本原则。参见麻宝斌、郭蕊:《权责一致与权责背离:在理论与现实之间》,载《政治学研究》2010 年第 1 期。

〔32〕 余煜刚:《行政自制中信息工具的法理阐释——行政伦理柔性制度化的"可能"与"限度"》,载《政治与法律》2019 年第 12 期。

〔33〕 参见熊伟:《从财政依附性反思中国社会保险》,载《武汉大学学报(哲学社会科学版)》2017 年第 4 期。

（二）无序缘由：社会保险中的国家角色含混不清

之所以社会保险国家财政责任定位出现逻辑问题，根源于我国社会保险法体系中国家角色的多重交织，即在制度创立人、制度担保人、财务兜底人和制度协助人角色中切换。这种状态导致国家角色多重交织，扰乱财政与社会保险间的关系，探索社会保险国家财政责任定位也就缺乏基本理据了。

1. 社会保险中的国家角色多重表达

党和政府历来主张以国家开办社会保险的方式改善人民的生活水平。[34] 1951 年颁行了原《劳动保险条例》，该条例为企业职工提供退休补助费等在内的劳动保险待遇，成为我国社会保险制度的源头。改革开放以来，劳动保险制度随之进行了变革，创立了社会保险制度。在劳动保险制度时期，国营企业充当其员工社会保障待遇给付的责任主体，在与非国营企业竞争中处于不利地位。而后建立的社会保险制度则尝试由企业、劳动者和国家共同分担社会保险责任，尤其注重企业和劳动者的缴费责任。在这过程中，社会保险体系中的国家角色含混模糊，表现为国家存在多重角色身份。[35] 社会保险中国家被定位为何种角色是影响公民"纸面上"权利转化为现实中权利的关键。[36] 遗憾的是，2010 年颁行的《社会保险法》并未解决前述问题，即国家角色到底是制度担保人、财务兜底人还是制度协助人，缺乏清晰的认识，也就模糊了社会保险国家财政责任定位。[37] 虽有学者提及长期护理制度中的国家角色，将其界定为"国家兜底责任转向国家担保责任"[38]，但长期护理与社会保险的制度设计的底层逻辑不同，两者难以互相援引。随后，又有学者基于宪法规范，认为社会保险

---

〔34〕 参见杨复卫：《新中国养老保险法治建设 70 年：变革、成就与启示》，载《现代经济探讨》2020 年第 2 期。

〔35〕 参见杨方方：《中国社会保险中的政府责任》，载《中国软科学》2005 年第 12 期。

〔36〕 参见康健：《社会保障国家责任探析》，载《社会科学辑刊》2011 年第 1 期。

〔37〕 参见熊伟、张荣芳：《财政补助社会保险的法学透析：以二元分立为视角》，载《法学研究》2016 年第 1 期。

〔38〕 谢冰清：《我国长期护理制度中的国家责任及其实现路径》，载《法商研究》2019 年第 5 期。

中国家角色涵盖国家引领、给付、制度建设和制度协助等内容[39]。但其并未清晰解释社会保险中国家不同角色是并存、交织还是选择关系,不同角色定位的理论依据又是什么,何种情形对应何种角色定位。

现有法律规范亦未界定社会保险中的国家角色。虽然《宪法》第 14 条第 4 款规定"国家建立健全同经济发展水平相适应的社会保障制度",明确了国家制度创立人角色,但该角色并不能贯穿社会保险制度始终。《宪法》第 45 条第 1 款提出,公民享有从国家获得物质帮助的权利,国家发展社会保险事业以实现这种权利。由于国家物质帮助大多表现为财政支持,实则隐晦地提出了国家财政应当支持社会保险。《社会保险法》第 5 条第 2 款则明确提出"国家多渠道筹集社会保险资金。县级以上人民政府对社会保险事业给予必要的经费支持"。将《宪法》第 45 条第 1 款的物质帮助明确为经费支持,同时课予国家筹集社会保险资金的义务。然而,《社会保险法》第 5 条第 2 款依然未能明确国家到底扮演何种角色,是作为制度担保人、财务兜底人抑或是制度协助人?即使《社会保险法》第 65 条第 2 款提出"政府在社会保险基金出现支付不足时,给予补贴",也仅意味着国家的角色更类似一种财务兜底人。按此规定,财政补贴的前提是"社会保险基金出现支付不足时",但并未出现大规模基金支付不足的问题,[40]而自社会保险制度建立伊始,却一直伴随财政补贴,国家好似又扮演了制度担保人角色。"38 号文"提出国家支持社会保险的依据是"帮助就业困难人员参保缴费","8 号文"是"建立统一的城乡居民养老保险制度","2 号文"[41]则是"建立省级基金调剂制度"。可见,"38 号文""8 号文""2 号文"中的国家角色均是保证某一改革的顺利进行,充当了制度协助人角色。实际上,国家的不同角色对应了在多大程度上承担起对社会保险制度的建设、监督和财政支持的责

[39] 参见王广辉:《国家养老责任的宪法学分析》,载《暨南学报(哲学社会科学版)》2020 年第 3 期。

[40] 根据 2019 年中央调剂基金预算情况,吉林省缴拨差额为 -98.2 亿元、四川省为 -177.8亿元、黑龙江省为 -183.8 亿元、辽宁省为 -215.8 亿元。参见《2019 年企业职工基本养老保险基金中央调剂基金预算情况》,载搜狐网,https://www.sohu.com/a/307792712_733255,最后访问日期:2021 年 8 月 11 日。

[41] 国务院《关于机关事业单位工作人员养老保险制度改革的决定》(国发〔2015〕2 号)。

任,这本该是立法不应回避的时代命题。

2. 国家角色不明确影响国家财政责任定位

国家在社会保险中扮演不同角色影响其法律上的财政责任承担。如若国家角色不明确,会影响国家承担财政责任的定位,导致国家推卸其财政责任,或财政责任的泛化。具体而言:第一,国家充当制度创立人角色。国家需积极主动履行构建社会保险制度的使命,这并非单纯对市域社会的让步,而是一种积极主动的社会保险建构措施。〔42〕这种积极性使国家成为社会保险制度建设的最大义务主体,国家不再以旁观者的姿态,而是主动创造更好的制度,扮演比以前任何时代都重要的角色。〔43〕这直接的体现是国家在建构社会保险制度时,须直面"视同缴费年限"问题。故此,国家不得不通过财政补贴以弥补。因此,此处国家财政责任配置则是解决可供计算的"视同缴费年限"缺口。

第二,国家充当制度担保人角色。若社会保险基金发生系统性财务风险,或因紧急情况致使基金支付出现严重困难时,国家作为制度担保人有义务履行其"最后保险人"职能。体现为国家必须设置相关的配套措施,以保障社会保险"给付不中断"担保义务的履行,〔44〕财政补贴社会保险便是最为重要的内容。虽然国家有义务采取财政补贴措施,但社会保险并不因此对国家财政产生请求权。〔45〕换言之,国家作为制度担保人须对社会保险基金缺口承担的概括责任,是国家的职责而非基金的权利。国家作为制度担保人角色,固然可以从直接履行责任中解脱出来,但也应保证被保险人权益顺利实现社会保险给付,通过财政补贴承担公共任务履行的最终责任。〔46〕此时,强调的是国家对完成公共任

〔42〕参见[日]大须贺明:《生存权论》,林浩译,法律出版社2001年版,第15页。

〔43〕参见董保华等:《社会保障的法学观》,北京大学出版社2005年版,第136页。

〔44〕参见杨彬权:《论国家担保责任——担保内容、理论基础与类型化》,载《行政法学研究》2017年第1期。

〔45〕参见熊伟、张荣芳:《财政补助社会保险的法学透析:以二元分立为视角》,载《法学研究》2016年第1期。

〔46〕参见李霞:《公私合作合同:法律性质与权责配置——以基础设施与公用事业领域为中心》,载《华东政法大学学报》2015年第3期。

务的有效控制,担保给付结果与公共利益的最终实现。[47]

第三,国家充当财务兜底人角色。兜底人角色是国家作为制度担保者承担的连带责任,负责最后出场完成在前期各方责任主体未尽的事项。[48] 具体体现为国家对社会保险的制度供给以及对社会保险基金支出的财政兜底。[49] 此时,参保人缴费与社会保险基金均难以按照自身逻辑运转,二者出现或将要出现财务危机时,国家才作为最后责任主体承担财政兜底责任。财政兜底责任实则建立在“社会连带责任说”基础之上,国家被看作全体国民拟制的“社会共同体”,强调国家成员间的“一体性”,[50] 财政补贴社会保险属于该共同体成员的自救行为。

第四,国家充当制度协助人角色。由于社会保险财务独立于国家财政,社会保险有其自身的运行逻辑,强调保费收入与待遇支出的“总体对价关系”,具有自给自足的封闭性特征,[51] 并无财政补贴的强制性规定。实际上,国家对于社会保险所承担的补充性责任,并非建立在社会保险通过自身无法解决风险基础上,也非社会保险参保人无力承担保费基础上。类比长期照护保险制度,该类型风险并非社会多数群体可能面临之,而是属于个人或家庭风险的范畴,[52] 国家仅辅助性地提供给付以排除个人的特殊困境。[53] 在制度协助人角色下,

---

〔47〕 Schuppert, Gunnar Folke, Der Gewährleistungsstaat modisches Label oder Leitbild sich wandelnder Staatlichkeit, in: Schuppert, Gunnar Folke, (Hrsg.), Der Gewährleistungsstaat-Ein Leitbildauf dem Prüfstand, Baden-Baden: Nomos, 2005, S. 18.

〔48〕 参见刘远风:《机关事业单位养老保险的政府兜底责任及履责机制》,载《湖南农业大学学报(社会科学版)》2017 年第 3 期。

〔49〕 参见田蒙蒙:《税务机关追缴社会保险费的法理基础及其实现策略》,载《时代法学》2020 年第 4 期。

〔50〕 参见李惠宗:《行政法要义》,台北,五南图书出版有限公司 1989 年版,第 673 页。

〔51〕 参见杨复卫:《基本养老保险财务的“外部负担”及其法律化解》,载《保险研究》2020 年第 10 期。

〔52〕 对个人风险、家庭风险的界定,参见张盈华:《老年长期照护:制度选择与国际比较》,经济管理出版社 2015 年版,第 25 页。

〔53〕 参见谢冰清:《论中国长期护理保险制度中国家责任之定位》,载《云南社会科学》2019 年第 3 期。

对社会保险的财政补贴仅限于对于制度内最需要待遇给付又无力缴费的弱势群体,提供基础性财务保障,如城乡居民基本养老保险的财政补贴等。

四、社会保险国家财政责任的应然定位与确立基准

长久以来,财政补贴社会保险被看作理所当然的,其意旨相对个人与企业缴费而言,更具有稳定性与政策性。基于这一定位,现有的规范性文件大都将财政与社会保险看作密不可分的整体,社会保险带有行政主导色彩。欲根本摆脱国家财政责任规范面临的问题,一方面需要重新调整社会保险中的国家角色基本定位,另一方面有必要整体设定国家财政责任的确立基准。

(一)应然定位:基于财政与社会保险交织现实

1. 由截然二分到相互交集的关系

我国财政与社会保险间的关系定位,经历了从制度设计时的截然二分到制度运行后的相互交织过程。由于社会保险制度设计采德国“保险型”模式,其财务逻辑强调保费缴纳的强制性,保险待遇给付遵循保险原则和保险财务收支总体均衡。[54] 换言之,我国社会保险制度设计是基于财政与社会保险分离的逻辑,社会保险财务运作上独立于国家财政,具有自给自足的封闭性特征。如缴费“强制性”体现为《社会保险法》第7章对保费征缴的强制,《社会保险费征缴暂行条例》赋予征缴机关强制职权。“保险原则”则要求基于收入水平而非个人风险概率计算保费,《社会保险法》第12条第1款提到以“职工工资总额的比例缴纳”保费。至于“保险财务收支总体均衡”要求保费总收入与待遇总支出呈现“总体对价关系”,并不严守参保人缴费与待遇间的对价关系,二者在关联性上做切割,给付差异控制在适度范围。为达成保险总体对价均衡,除要求参保人缴费外,亦要求单位和国家分担保费。如《社会保险法》第4条便要求单位和个人承担缴费义务,第5条规定国家给予必要经费支持,类似于国家的一种帮扶。然而,实践中的截然“二分”并未真正实现,财政每年均向社会保险进行大量补

---

[54] 参见王天玉:《社会保险法前言问题研究(第一卷)》,中国社会科学出版社2020年版,第277~279页。

贴。[55] 由于“外部负担”直接影响社会保险财务可持续性,需要国家财政通过补贴解决此种问题。但是,财政补贴到底要求国家承担“补充责任”还是化解“外部负担”,参保人并无从得知财政补贴资金的具体用途。二者在外观上呈现一致性,财政与社会保险之间的关系难以泾渭分明,这打破了制度设计时强调的财政与社会保险相分离原则,也即不再是纯粹的德国“保险型”模式。实际上,纯粹的保险模式只能成为一种理想状态,客观现实却是二者呈现一种相互交织的模糊状态。

2. 国家角色决定财政责任基本类型

基于社会保险制度设计,国家与人民之间并非建立直接的“缴费—给付”关系,而是通过财政补贴社会保险实现对受益人的帮扶。此时,国家角色从直接的“亲自给付”转向间接的“保证给付”,即对人民生存照顾所担负之主要责任,从“给付”转变为“保障”。[56] 正如实质法治要求国家责任应突破以被动的“违法”作为应责标准那样,需落实对公民生存权保障的积极义务,特别是弱势群体生存发展的公共负担。[57] 落实社会保险国家财政责任,主动的财政补贴便是其中重要一环,实现对社会保险受益人积极作为义务的履行。需要明确的是,财政补贴并非简单解决社会保险财务,更需要向社会展现社会保险制度的可持续。[58] 为探索国家财政责任的基准,需要厘清此种责任的应然定位,即国家承担的是补充责任、担保责任还是兜底责任。第一,若定位为补充责任,则建立在财政与社会保险“二分”基础之上,强调二者间的独立关系,现实却是财政与社会保险相互交织。此外,补充责任与社会保险制度自身运转不存在直接关联,国家财政补贴的是社会保险财务而非社会保险的受益人。换言之,企业职工社会保险的受益人并不能从补充责任中直接获得利益,财政补贴解决的是社会保险财务问题,并非增加受益人利益,并不可取。但是城乡居民社会保险主要以

---

〔55〕 参见杨复卫:《新中国养老保险法治建设 70 年:变革、成就与启示》,载《现代经济探讨》2020 年第 2 期。

〔56〕 参见杜仪方:《公私协作中国家责任理论的新发展——以日本判决为中心的考察》,载《当代法学》2015 年第 3 期。

〔57〕 参见陶凯元:《法治中国背景下国家责任论纲》,载《中国法学》2016 年第 6 期。

〔58〕 参见熊伟、张荣芳:《财政补贴社会保险的法学透析:以二元分立为视角》,载《法学研究》2016 年第 1 期。

个人账户进行支付，不存在整体财务问题，受益人可以直接从财政补贴中获益，定位为补充责任较适宜。第二，担保责任属于预期责任中的保护性责任，其关注的对象是社会保险受益人，并非社会保险财务，源于担保责任需要向受益人传递一种对制度的信心，[59]而财政补贴资金正是此种信心的来源。正如德国联邦宪法法院认为，在长期供款负债中，信赖或合法期望的保护尤其重要，因为在这种情况下，基于法定福利规定的持续存在，会产生特别的信心。[60] 第三，国家兜底责任，超越了"保险型"制度设计，在外观上将财政资金与社会保险基金混同，打破了国家财政间接补贴方针，与二者混同无异。

既然社会保险国家财政责任的性质被定位为担保责任，[61]是否意味着国家对于"外部负担"也应承担同等责任。然而，事情并非如此简单，国家承担何种责任以及责任内涵，往往与其经济形态、发展水平、社会结构以及文化价值密切相关，进而引导出不同国家介入模式及责任基准，[62]内容上具有动态性。化解社会保险财务的"外部负担"，国家承担兜底责任[63]更恰当。具体原因如下：第一，"外部负担"的产生原因并非社会保险制度设计中的财政支出，而是被赋予了某种政治性目标。如此，学者德沃金认为，社会保险是一种"政治性"的社会安定解决方案。[64] 第二，"外部负担"的操作和获益主体是国家，不是社会保险受益人。不管是社会保险改革的"转制成本"还是实现"特定政策目标"，均

---

〔59〕 See Pierre Koning, *On Mixed Systems of Public and Private Administration of Social Insurance*, in European Journal of Social Security 8(2006), p. 381(2006).

〔60〕 BVerfGE 97,378,388.

〔61〕 此处探讨的"社会保险制度"不包括城乡居民社会保险制度，是指企业职工社会保险制度。

〔62〕 参见林万亿：《中国宪法与社会权的实践》，苏永钦编：《部门宪法》，台北，元照出版有限公司2006年版，第283页。

〔63〕 德国学者舒伯特将国家给付责任之密度由弱至强区分为兜底责任、担保责任与履行责任3种基本类型。Vgl. G. F. Schuppert, Diöffentliche Verwaltung im Kooperation spektrum Staatlicher und Privater Aufgabenerfüllung: Zum Denkenin Verantwortungsstufen, Die Verwaltung 31(1998), S. 415, 423.

〔64〕 See Ronald Dworkin, *What is Equality? Part 2: Equality of Resources*, in Philosophy & Public Affairs, 10(1981), p. 339－343.

是国家通过行政操作课予社会保险财务的负担,目的在于契合国家发展诉求。如此,当国家发展诉求超越独立的社会保险财务时,社会保险运转的封闭性被打破,"社会保险"沦为福利性质的"社会保障",国家财政责任被无限放大。第三,"外部负担"是可以通过财政资金慢慢消化。"外部负担"并非永续存在,需要国家通过精确测量的方法,确定"外部负担"的总量,通过法定的预算编制和审批程序逐年向社会保险提供财政补贴,进行化解。即使政府财力紧张,也可采用记账方法,设定年限,逐期偿还并支付利息,以免损害参保人的投资利益。〔65〕 第四,国家承担兜底责任有利于社会保险财务减负,增强社会保险制度的持续性。相较补充责任与担保责任,兜底责任在外观上国家财政责任边界清晰,解决"养老金亏空"〔66〕问题也就成为政策问题,而非数学问题。

(二)国家财政责任基准受国家财政能力影响

事实上,无论是国家开办还是如德国社会组织举办的社会保险均以国家信用为后援,强调国家财政的担保责任。〔67〕 除作为特定情形的"外部负担",社会保险财务遵循了由国家财政履行担保责任。那么,社会保险国家财政承担担保责任是否存在一定限度,这种限度确立的基准是什么?由于预防和化解大规模社会风险是国家的任务,〔68〕国家通过构建社会保险制度来间接履行该任务,使社会风险得以分摊从而减轻国家直接给付负担和个人负担。然而,自由法治国理论认为,人民的福祉通常由人民自行设定、追求,国家介入只会磨损个人自我实现的动机与内涵,〔69〕当财政补贴社会保险时可能产生"作之君、作之亲、作之

---

〔65〕 参见杨方方:《从缺位到归位——中国转型期社会保险中的政府责任》,商务印书馆 2006 年版,第 103 页。

〔66〕 徐立凡:《弥补养老金缺口不是数学题》,载《京华时报》2012 年 12 月 19 日版。

〔67〕 例如,2012 年,俄罗斯退休金缺口达到 1.75 万亿卢布,国家财政进行补助;2012 年,法国养老保险缺口 52 亿欧元,政府对社保赤字进行财政补贴。参见李莹:《王福重:养老保险就是让你能苟延残喘》,载和讯网,http://opinion.hexun.com/2013-03-25/152451535.html,最后访问日期:2019 年 6 月 20 日。

〔68〕 参见陈海嵩:《国家环境保护义务的溯源与展开》,载《法学研究》2014 年第 3 期。

〔69〕 参见劳东燕:《自由的危机:德国"法治国"的内在机理与运作逻辑——兼论与普通法法治的差异》,载《北大法律评论》2005 年第 1 期。

师的传统牧民观念"[70]。所以,须确立国家财政干预社会保险的界限,这种界限便是国家财政整体资源所能达到的高度。具体而言,国家任务的履行通常由税费收入形成的财政支出负担,但财政支出应与税费收入协调一致,防范财政过度支出侵蚀国家财政能力。[71] 换言之,财政补贴化解社会保险面临的风险是有限度的,社会保险国家财政担保责任是存在一定基准的。国家财政担保社会保险财务永续的界限,并非聚焦财政的分配方式或分配结果,而是如何完善附带政治性的协商决策机制。也即,财政补贴应确保每一个世代的代际正义和不同种类预算间的平衡。

既然社会保险国家财政责任存在一定基准,那么该基准应受社会保险中的代际正义理论约束,以及预算平衡所确立的国家财政支出限制。最主要的约束因素来自代际正义理论,罗尔斯认为,为避免当代人只顾及其自身利益而罔顾下一代人的利益,必须考虑代际正义的问题。对于如何落实代际正义,罗尔斯提出了"正义储存值"[72],指每个世代除应维持被建立起的正义机制外,还需在当代累积适当资产,而该项资产的累积便是正义的储存值。如果累积的过程持续,除使每一代人皆能受益外,还能借此延续正义社会中处境最不利者的期待可能性,试图解决当代人与后代人之间的分配正义问题。[73] 为避免极端功利主义者,正义储存值不应过高,否则既可能扩大贫富差距,又干扰经济发展。[74] 例如,养老保险制度便是基于人口代际转移建立,当财政补贴社会保险时,应考

〔70〕 李震山:《警察任务论》,台北,登文书局1998年版,第17页。

〔71〕 有学者认为国家应对社会保险制度承担最终责任,即在社会保险基金由于人口结构或者经济结构发生变化不足以支付社会保险待遇所需费用时,国家应通过提供财政补贴因应,但这种观点将社会保险与社会保障制度混同,即将国家的直接责任与间接责任混同。参见刘翠霄:《社会保障制度是经济社会协调发展的法治基础》,载《法学研究》2011年第3期,第40页。

〔72〕 [美]约翰·罗尔斯:《正义论》,何怀宏、何包钢、廖申白译,中国社会科学出版社1988年版,第276~278页。

〔73〕 参见钱继磊:《论作为新兴权利的代际权利——从人类基因编辑事件切入》,载《政治与法律》2019年第5期。

〔74〕 参见石红梅:《民生发展视角下社会保障权的价值分析》,载《南京大学法律评论》2014年第1期。

量当下社会的平均收入与财政赤字情况,避免对社会保险受益人过度给付待遇,防止下一代人过度负债影响其基本生存。毕竟社会保险制度在帮扶社会弱势群体同时,也强调对后代人的持续保障,是一种世代共同受益的制度。[75] 至于国家财政责任的基准,须考量社会保险关于预算平衡的法律规范。《社会保险法》规定了社会保险基金预算平衡原则,预算案中不仅包括政府补贴,还囊括年度内各项基金的收支数额。[76] 预算平衡在精算结果基础上编制短期内社会保险基金收支,接受人大和参保人、受益人监督,既预防财政过度补贴阻碍其他公共政策推进,[77] 又制止财政补贴过低导致社会保险保障不足。具体而言,社会保险国家财政责任基准应处于财政可接受的支出区间,受财政支出高、低两方面因素的限制:

第一,区间高点受国家财政支出能力限制。国家作为实现保障公民权益的重要组织,有其必须履行的公共任务,需要财政支持,加之国家发展不应偏离"健全财政主义"要求,故在某种程度上仍需遵循"量入为出"原则。[78] 现代国家公共政策目标日渐增多,达成目标的手段亦随之复杂多样,为确保国家资源、财政资金的获得,各种政策目标需充分竞争。国家的财政预算恰能提供整合各种公共政策目标、活动、资源的有效机制,几乎将财政管理等同国家政策管理。[79] 由于社会资源的稀缺性,国家财政不应给予某些人"过度明显的照顾"。表面上看固然是基于平等考量,但其背后是着眼国家不得为提供无止境的财政给付,一再消耗有限的社会资源,否则将超越社会保险给付目的,构成对人民财政或自由的过度限制。这并非基于宪法的民生福祉保障与法治国家原则的权衡,而是为确保个人的自由,国家给付必须有所限制,不应逾越合于国家目的照顾。虽然财政补贴社会保险对于人民来说是一种福利,但财政补贴资金来自纳

[75] 参见刘雪斌:《论代际正义的原则》,载《法制与社会发展》2008年第4期。

[76] 参见娄宇:《论作为社会保险法基本原则的"精算平衡"和"预算平衡"》,载《华东政法大学学报》2018年第5期。

[77] 参见张荣芳、熊伟:《全口径预算管理之惑:论社会保险基金的异质性》,载《法律科学(西北政法大学学报)》2015年第3期。

[78] 参见徐阳光:《论建立事权与支出责任相适应的法律制度——理论基础与立法路径》,载《清华法学》2014年第5期。

[79] 参见刘剑文:《财税法功能的定位及其当代变迁》,载《中国法学》2015年第4期。

税人缴纳的税费。[80] 所以,财政补贴社会保险应考虑恪守需求原则与国家财政能力的均衡,财政过度补贴社会保险既损害国家其他任务的有效实现,又侵蚀社会成员间的相对公平。

第二,区间低点受"禁止保护不足"原则约束。"倘若没有财政的支持,国家对'最低限度生活'的保障就无法实现"[81],也就无法满足社会保险受益人的最低给付要求,可能危及受益人的幸福生活。在传统社会向现代社会变迁中,个人生存状态"从'基于私人所有权的个人生存'到'基于社会关联性的个人生存'的转变",[82]社会保险给付应达成受益人生活的最低状态。历史上,德国《魏玛宪法》首次规定了生存权保障,提出把实现福利国家的目标作为国家的政治性任务。生存权有别于一般社会保障法的救济措施,是呈现一种"主观权利"状态,个人应享有接受国家给予生存救济的权利。此时,生存权不仅作为防卫国家随意剥夺生命、自由的防御性人权,同时也具有积极意义的请求国家照顾、维系公民生命的权利,"根据国家的给付义务,国家应积极履行对公民的生存保障"[83]。生存权具备"国家保护"功能,要求国家的保护应具有有效性,不能仅象征性提供保护,保护方案要具有实质性内容,防止出现保护不足。[84] 为践行"禁止保护不足"[85]原则,国家有义务在私人不及之处,实现规划并以财政支出方式正面实施,尤其是担负弱者保护责任。[86] 因此,当社会保险基金出现支付不足危机时,国家理应向其承担高于基本生存状态的财政补贴。换言之,财政补贴方式与额度应当接受比例原则的检验,[87]为保护受益人的基本生存权利,

---

〔80〕 参见张富强:《论税收国家的基础》,载《中国法学》2016年第2期。

〔81〕 [日]大须贺明:《生存权论》,林浩译,法律出版社2001年版,第96页。

〔82〕 张翔:《财产权的社会义务》,载《中国社会科学》2012年第9期。

〔83〕 陈海嵩:《国家环境保护义务的溯源与展开》,载《法学研究》2014年第3期。

〔84〕 参见张翔:《基本权利的受益权功能与国家的给付义务——从基本权利分析框架的革新开始》,载《中国法学》2006年第1期。

〔85〕 李惠宗:《宪法要义》,台北,元照出版有限公司2006年版,第115页。

〔86〕 参见陶凯元:《法治中国背景下国家责任论纲》,载《中国法学》2016年第6期。

〔87〕 给付行政上衍生出了"禁止过度侵害"原则,在国家的保护义务上,比例原则相对的转化为"禁止保护不足"原则。参见李惠宗:《宪法要义》,台北,元照出版有限公司2006年版,第115页。

国家应基于社会保险财务恶化状况提供财政补贴,确保社会保险基金最低限度支出。

五、国家财政责任规范塑造:从定位到基准的设计

由于社会保险关乎整体社会利益,具有强烈的政治色彩,对其各项变动还需谨慎为之。而对社会保险国家财政责任的规范塑造,可用温和手段将社会保险财务因政治决策而产生的负担纳入法律轨道。基于体系化思维,秉持社会保险国家财政责任限度理念,可对财政补贴社会保险规范作三个层级的体系化修改。第一层级,在《社会保险法》中增设国家财政责任定位的一般条款,建立起国家财政责任的规范体系,解决国家财政责任定位目的不清和国家角色混乱问题。第二层级,完善国家财政责任配置的规范内容、标准与程序规则,以落实第一层级的一般条款为目的,融通社会保险法律文本,实现国家财政责任由"'无限责任'转向'有限责任'"[88],确立明确的国家财政责任基准。第三层级,构筑国家财政承担担保责任的责任主体权义规范,包括中央和地方政府财政责任的内容、限度等,形成国家财政责任的配套措施,构筑国家财政责任基本要素规范化路径。在此体系中,不同层级的社会保险国家财政责任规范定位不同,肩负不同使命,催生不同设计要求,产生不同效果,均涵摄于社会保险法体系之下,受制于国家财政责任基准规范,遵循责任定位和基准设计的基本逻辑。如此,即可形成具有完善结构的财政补贴社会保险规范体系。

(一)增设国家财政责任定位一般条款

在《社会保险法》中增设国家财政责任条款,确立其一般条款地位。"一般条款在性质上实际上具有双重性,它既是一般条款,又有基本原则的性质。"[89]虽然一般条款与法律原则具有某种类似性,但二者并不完全等同,因此有学者认为一般条款是法律原则的特殊形态。[90] 相比具体的法律规则条款,一般条款在价值、功能、法律层次、法律适用等方面均具有特殊性,在立法中具有价值

[88] 陈奕男:《长期护理保险财政补贴方案优化研究——基于上海数据的模拟》,载《地方财政研究》2021 年第 10 期。

[89] 王利明:《民法总则研究》(第 3 版),中国人民大学出版社 2018 年版,第 90 页。

[90] 参见朱庆育:《民法总论》(第 3 版),北京大学出版社 2016 年版,第 524 页。

统领和方法论引领作用。尽管一般条款在法律体系中的地位并不突出,但对于司法裁判来说却意义重大,例如,在适用一般条款时,不需要法官提出规则,仅依照个案正义进行裁判,[91]这有利于平衡法的适应性和安定性,协调法的弹性和可预见性。[92] 可见,在《社会保险法》中嵌入国家财政责任条款,发挥其一般条款功效,既可修正财政补贴规则构建,又可指引国家财政责任基准设计,还可厘清财政与社会保险之间的关系。一般来说,《社会保险法》第5条第2款和第65条均满足一般条款的外部特征,表现为国家财政责任内容抽象、责任功能隐晦、财政补贴规则不明等。但就一般条款所要表现的实质内容而言,《社会保险法》第5条第2款与第65条的规定与一般条款所要达成的目的相去甚远,难以担当作为国家财政责任一般条款角色。换言之,对作为某种基础性规范的一般条款,并非简单地强调内容抽象、功能隐晦即可,还需对基本要素的精准提炼和科学概括,要求基本要素的价值、原理彼此沟通、调和,形成有机体系。[93] 因此,社会保险国家财政责任一般条款,除具备一般条款的基本技术特征时,还应当回答前述国家财政责任定位目的不清问题。鉴于此,针对一般条款内容的设计可遵循以下逻辑:

第一,《社会保险法》涵盖了职工社会保险和城乡居民社会保险两类,对应的基金来源与权义关系存在较大差异,国家财政责任的类型亦不同。[94] 若以同一标准设计两类国家财政责任势必将打破"作为各方权利(权力)在预算法中获得的合法性和合理性",[95]两类保险的政治目的也难以在责任定位中得以整合。

第二,解决国家财政在社会保险中的角色定位问题,防范国家财政责任在

〔91〕 参见于飞:《基本原则与概括条款的区分:我国诚实信用与公序良俗的解释论构造》,载《中国法学》2021年第4期。

〔92〕 参见蒋舸:《反不正当竞争法一般条款的形式功能与实质功能》,载《法商研究》2014年第6期。

〔93〕 参见郑晓珊:《工伤认定一般条款的建构路径》,载《法学研究》2019年第4期。

〔94〕 例如,企业职工社会保险基于权利义务对等原则进行设计,强调责任自担和保险机理,国家财政责任存在一定限度;而城乡居民社会保险则更类似于普惠性的社会福利制度,国家承担较高份额的财政责任。

〔95〕 蒋悟真:《中国预算法的政治性与法律性》,载《法商研究》2015年第1期。

两类社会保险中的性质混淆。由于《社会保险法》第 13 条、第 20 条对应的“政府补贴”限度不同,第 13 条规定的补贴前提是“基金出现支付不足”,第 20 条规定将财政补贴作为基金收入一部分。因此,一般条款在进行设计时,在第 13 条中国家定位为担保人角色,履行担保职责,并非社会保险基金的权利;在第 20 条中作为一项福利制度,国家充当制度创立人和财务兜底人角色。

第三,明确社会保险国家财政责任基准的法律依据,将以“给予必要经费支持”“视同缴费年限”“基金出现支付不足”等规定纳入一般条款体系,清除国家财政责任基准法律依据的逻辑乱象。同时,在一般条款的基本要素设计领域,围绕国家财政责任主体的权义配置、责任内容、责任限度进行设计,保证国家财政责任基准内容的充实,防范基本要素空洞化。据此,可借未来《社会保险法》修改之际,在发展相对成熟的基本养老保险中实验“一般条款”,以第 11 条为基础整合第 13 条、第 20 条、第 65 条中的“政府补贴”内容,构建独立的一般条款。具体内容可分为 4 款:(1)区分职工养老保险与城乡居民养老保险国家财政责任类型;(2)列明职工养老保险国家财政担保责任及基准;(3)概括城乡居民养老保险中政府缴费以及特殊情形下的补充责任;(4)“外部负担”具有政治属性,须财政单列预算解决。

(二)构筑国家财政责任基准的设计逻辑与规范

因社会保险国家财政责任条款具备一般条款的高度抽象性和概括性,难以直接适用于具体财政补贴社会保险行为,需要将其具体化为可供适用的规则。因此,只有具备具体规则时,当事人才可依循一般条款适用于具体行为,也即一般条款适用前提在于确立了具体化、类型化的行为规则体系。规范财政补贴的核心方略既需要一般条款的方针指引,又需要具体规则条款的参照适应,从而厘清国家财政责任基准的设计规范。换言之,通过基准条款厘清国家作为社会保险一方财务主体的权益结构,确保财政补贴具有明确标准和严密的逻辑依据。提炼国家财政责任基准条款,形成体系化的补贴规范,确立社会保险国家财政责任的边界。至于国家财政责任基准设计逻辑,须建立在对“必要”规范的系统解释基础之上,洞穿“必要”的规范内涵,以程序机制来构筑“必要”的规范逻辑。

第一,厘清社会保险国家财政责任基准设计逻辑。规范国家财政补贴,最重要的是解决《社会保险法》第 5 条第 2 款和第 65 条间的逻辑关系问题,即如何理解第 5 条中的“必要的经费支持”与第 65 条中“基金通过预算实现收支平衡,……支付不足时,给予补贴”的关系。基于字面含义,两者间的关系可理解为当基金出现支付不足时，国家以财政预算方式补足缺口，财政补贴资金属于必要经费。但此种理解未必逻辑自恰，至少存在两方面问题：(1)必要经费是否仅指预算中基金支付不足时的缺口，必要经费是否就是财政预算本身？(2)财政资金补足基金缺口后，后续财政预算时可否要求基金返还？如仅指具有普惠性质的城乡居民社会保险，前述问题解决相对简单，只需通过公共预算即可解决。当面对职工社会保险时，问题变得更复杂。因为职工社会保险采缴费制，参保人权义平等，财务具有相对独立性，但又被纳入政府财政预算，基金收支欠缺参保人自治决策机制，存在逻辑悖论。[96] 解决此问题，须厘清必要经费与财政预算之间的边界，澄清国家财政责任基准设计逻辑。第一步，废除职工社会保险基金公共预算纳入特种基金预算，使其脱离国家财政公共预算体系。在特种基金预算中编列财政补贴的金额，从而厘清国家财政责任边界和参保人权益范围。至于“外部负担”，可通过公共预算予以化解，凸显改革的政治属性。[97] 第二步，坚持职工社会保险财务的独立性，国家财政担保责任体现为紧急情况下的救助，而非社会保险制度的安排。第三步，廓清《社会保险法》第5条第2款和第65条的国家财政干预的基准设计，列明干预的启动事由。

第二，构筑社会保险国家财政责任基准规范。基于《社会保险法》已有分类，职工和城乡居民社会保险遵循不同国家财政责任基准。于职工社会保险来说，其国家财政责任基准具有复合性，其中“担保责任”的基准解决国家财政何时补贴、如何补贴问题，化解“外部负担”基准解决补贴金额数量问题。虽然国家财政担保责任并非事后填补，具有公法上“兜底保护”属性，[98] 但并不因此等同兜底责任。然而，因《社会保险法》第65条对基金出现支付不足时给予补贴的规定缺乏细化基准，导致出现“有求必应、有缺必补”效果，实际上将担保责任等同为兜底责任。为此，有必要借《社会保险法》修改之际对第5条第2款的“必要”内容和第65条“给予补贴”基准进行规范设计。改变国家财政担保责任基准宽泛，限缩责任基准范围，明确国家担保人角色。为此，授权政府判断何谓

〔96〕 参见娄宇：《论作为社会保险法基本原则的“精算平衡”和“预算平衡”》，载《华东政法大学学报》2018年第5期。

〔97〕 参见熊伟：《从财政依附性反思中国社会保险》，载《武汉大学学报（哲学社会科学版）》2017年第4期。

〔98〕 参见邢鸿飞：《论政府购买公共服务的保证责任》，载《法商研究》2022年第1期。

社会保险系统性风险、何谓紧急需求等基准。例如,可以“列举 + 概括”方式细化“给予补贴”规定,将财政补贴基准列举为具体事项,如“人口老龄化过快”“人口出生率过低”“个人账户支付不足”等。对于“外部负担”,则由国家财政承担兜底责任。虽然“转换成本”金额巨大,但额度却是可以计算的,通过财政记账方式逐年偿还本息;而公共政策负担额度难以精准计算,立法又未明确规定,未来《社会保险法》修改时可增加一条,即当社会保险被要求承担政府职能时,应有明确的损失补偿或财政补贴基准。至于居民社会保险,是一项对无收入群体的普惠福利政策,国家担当制度协助人角色。然而,当下以财政补贴方式鼓励居民参保,国家财政责任较重,可在未来制度成熟时明确国家财政补充责任。

(三)完善国家财政责任承担的精算与预算规则

仅通过增设立法一般条款、梳理责任基准规范,尚不足以实现国家财政责任的规范塑造,还有必要考虑我国社会保险基金收支的动态平衡,确立社会保险精算与预算平衡的连接点。通过精算分析社会保险风险发生概率测算基金收支,着重关注保险制度内的财务塑造;预算除限制政府权力外,还对一定周期内的社会保险基金收支平衡进行计划,通过外部支持确保基金支付。精算平衡可确保制度可持续性,而预算平衡在于弥补依精算原理运作下的基金缺口,是实现基金收支平衡的法律原则。预算与精算相互作用,区分出社会保险基金与财政补贴各自的基准。[99] 换言之,通过精算规则强化社会保险预算体系,进而厘清社会保险中的国家财政责任,助力国家财政责任基准的修正。因此,探讨财政补贴社会保险的“权责一致”,厘清国家财政责任基准势必建立在完善的精算与预算规则下,二者不可偏废。实际上,2013 年党的十八届三中全会便提出了社会保险改革坚持精算平衡原则。因此,立足我国社会保险发展现实,适时引入社会保险精算,完善社会保险财务,助力社会保险国家财政责任顺利承担。社会保险精算只有建立在完善的筹资基础之上,才能确定国家财政责任与参保人缴费责任。然而,发展最成熟的养老保险仍处于定型期,距离全国统筹还有较长距离。精算制度希望实现的恰是为基础养老金全国统筹制作时间表,决定

---

〔99〕 参见田蒙蒙:《论我国社会保险基金平衡的法理逻辑:精算与预算》,载《西安财经大学学报》2021 年第 6 期。

了当下精算制度是服务于特定历史阶段任务的工具。[100] 因此,当下精算不宜作为社会保险运行的基本法律制度,而是以配套规则形式作为测算社会保险收支的工具。

《社会保险法》第65条第1款以"通过预算实现收支平衡"方式来解决社会保险国家财政责任承担问题,缺乏社会保险精算的支持。若删除《社会保险》第65条第1款的规定,增加社会保险精算规定,将社会保险项目剔除出《预算法》,在社会保险中国家角色的多重交织下,贸然改革将使基金脱离人大监督。可见,改革力度实则受社会保险独立性的制约,还须探寻更稳妥的方案。由于《社会保险法》第65条未提及社会保险精算,但财政补贴的调整虽不必严格遵循法定原则,但也不能完全由政府裁量,应建立在基金缺口测算基础上,实则内涵了精算的内容。如此,可在第65条第1款基础上嵌入精算理念,进而增加社会保险精算规则。可将第65条第1款修改为"逐步完善社会保险基金精算,以特种基金预算实现收支平衡",既尊重当下社会保险基金缺乏独立性现实,又将其与公共预算分离,还为未来预留了精算、预算合力空间。另外,还可以政策的方式完善精算规则,参考人口增长率、老龄化速度、平均寿命、经济变化、物价指数、保费调整、"外部负担"等因素,待精算制度成熟后考虑引入社会保险财务自动调整机制等。以此,在尊重社会保险基金独立性基础上,清晰划定了国家财政责任承担的基准。

六、结语:社会保险国家财政责任设计规范的法治化

我国社会保险并非源于德国社会连带、社会团结等理念,而是基于特定历史、政治背景下的国家主导建立,财源设计等内容天然依附国家财政。在面对低烈度的社会风险冲击时,可以通过财政补贴方式进行化解;如若面临更严重的人口老龄化、低生育率等大规模社会风险时,财政补贴方式可能力不从心。需要发挥制度本身所蕴含的风险分摊、社会互助等功能,而这需要一个人格独立、财务健全、可持续的社会保险制度来支撑,追求人口老龄化的法治应对。为此,厘清国家与社会保险之间的界限,构筑国家财政责任的定位与基准,既认可

〔100〕 参见娄宇:《德国社会养老保险精算制度探析——演进、理念、体例、编制流程与启示》,载《学术界》2018年第1期。

财政补贴社会保险的正当性,又探索财政补贴社会保险的边界,解决社会保险过度依附国家财政问题。研究国家财政责任,不仅关涉国家角色的定位,还是财政补贴社会保险的理论根源。只要存在国家财政责任,无论其能否被承担,均带来社会保险法上的评价。国家财政责任顺利承担的情况下,国家在社会保险财务上的权利与义务必经立法检验,探索两种制度之间的连接点和边界。在国家财政责任承担受阻状况下,财政补贴进入社会保险法空间将变得模糊。只有国家财政责任设计规范的法治化才能真正厘清两种制度之间的关系,才能基于国家角色定位探索财政责任基准,增强社会保险应对人口老龄化风险的能力。

Positioning and Reference Design of Social Insurance National Fiscal Responsibility

Yang Fuwei

Abstract: Since the establishment of China's social insurance system, it has been accompanied by financial subsidies to social insurance, but social insurance and state finance belong to two different systems, so the subsidy behavior actually implies the practice form of social insurance national fiscal responsibility. However, there are some problems in the social insurance, such as unclear positioning purpose, fuzzy positioning standard and non – standard setting of basic elements. The reason is that the confused expression of the multiple roles of the state in social insurance has affected the positioning of national fiscal responsibility. Therefore, it is necessary to establish the appropriate positioning and reference of social insurance national fiscal responsibility, which should take into account the reality of the interweaving of finance and social insurance, while the fiscal responsibility reference is related to the financial capacity of the state. In order to design the national fiscal responsibility reference of social insurance, it is necessary to construct a clear legal norm from the legislation in order to achieve the purpose of guidance. The national fiscal responsibility clause can be added to the Social Insurance Law to establish its status as a general clause, and at the same time build the design logic of the national fiscal responsibility reference, improve the actuarial rules and budget rules of social insurance, so as to systematically revise the existing responsibility positioning norms and three - dimensionally complement the auxiliary facilities of the national fiscal responsibility reference .

Key words: Social Insurance; Fiscal Responsibility; Financial Subsidies; Reference Design

论　　文

再论我国环境公益诉讼的发展方向：正本清源，守正创新*

王明远** 曹 炜***

内容摘要：

环境公益诉讼司法实践呈现生态环境损害赔偿诉讼与环境民事公益诉讼叠床架屋、检察机关成为环境民事公益诉讼绝对主力而环境行政公益诉讼十分孱弱的现状。生态环境损害赔偿诉讼在性质上属于环境民事公益诉讼，但在功能定位上属于以行政机关为主导的生态环境损害修复和赔偿管理制度的补充和辅助性制度设计；环境民事公益诉讼在功能定位上则是为弥补行政执法在社会公益保障方面的不足而创制的一种特殊司法机制；环境行政公益诉讼是一种特殊的行政诉讼，应当以维护行政秩序利益为主要目的。应当对生态环境损害赔偿诉讼和环境民事公益诉讼的诉讼顺位进行协调，突出行政权在生态环境损害救济中的主导作用；在环境民事公益诉讼发展方向上，应当突出检察机关主导地位，“倒逼”环保组织转型；对于环境行政公益诉讼，应根据其客观诉讼的功能定位，在起诉主体、受案范围和责任形式等方面进行一定的拓展和完善。在规范体系建构上，应当围绕生态环境损害修复和赔偿责任以及环境民事公益诉讼、环境行政公益诉讼进行有针对性的修法或者制定新法，其中包括在《民事诉讼法》和《行政诉讼法》之外再制定专门的公益诉讼法。

---

* 本文系国家社科基金重大项目“全球环境治理中的国内法治和涉外法治统筹问题研究”（项目批准号：23&ZD166）的阶段性成果。

** 清华大学法学院教授。

*** 中国人民大学法学院副教授，最高人民法院环境资源司法理论研究（中国人民大学）基地研究员。

关键词:
生态环境损害赔偿诉讼　环境民事公益诉讼　环境行政公益诉讼　客观诉讼

自 2012 年《民事诉讼法》修正案增加民事公益诉讼条款以来,经过多年发展,我国已经构建起了较完整的环境民事公益诉讼和环境行政公益诉讼制度。此外,中共中央、国务院于 2015 年 9 月印发的《生态文明体制改革总体方案》要求"健全环境损害赔偿方面的法律制度、评估方法和实施机制"。根据这一要求,我国又创设了由地方政府等相关主体提起的生态环境损害赔偿诉讼制度。由于都涉及环境公共利益保护,这 3 种制度可以被囊括在广义的环境公益诉讼制度体系之内。

在环境公益诉讼制度产生之初,笔者曾基于行政权和司法权关系的一般原理,撰文对环境公益诉讼的发展方向展开探讨。[1] 在该文中,笔者指出,应当明确行政权在环境公共事务中的主导地位,并建立环境行政公益诉讼制度。总体来看,笔者当时对于我国环境公益诉讼发展方向的分析基本上是比较准确的,环境公益诉讼相关实践的发展基本符合当时的预测。但是,目前环境公益诉讼司法实践呈现生态环境损害赔偿诉讼与环境民事公益诉讼叠床架屋、检察机关成为提起环境民事公益诉讼的绝对主力而环境行政公益诉讼十分孱弱的现状,环境公益诉讼制度的发展尚未达到理想状态。

2023 年 9 月 7 日,十四届全国人大常委会公布了本届人大的立法规划,该规划明确将"检察公益诉讼法(公益诉讼法,一并考虑)"纳入第一类立法项目之中,这意味着我国将通过专门立法对公益诉讼进行重大制度建构。在生态环境法典编纂和检察公益诉讼法(或公益诉讼法)制定等立法活动展开之际,对上述多种不同的诉讼制度之本质特征进行更加细致的澄清,对制度之间的相互关系进行系统的安排,进一步明确环境公益诉讼的发展方向,已经成为亟待完成的学术任务。有鉴于此,本文旨在以原有学术讨论为基础,对我国环境公益诉讼的发展方向作进一步分析论证,以期为未来生态环境法典编纂、检察公益诉讼法(或公益诉讼法)以及其他相关立法与司法解释的制定和修改提供理论上

〔1〕 参见王明远:《论我国环境公益诉讼的发展方向:基于行政权与司法权关系理论的分析》,载《中国法学》2016 年第 1 期。

的支撑。

一、我国环境公益诉讼的现状及问题

(一)对实践现状的观察

总体来看,目前我国已经形成了环境民事公益诉讼、环境行政公益诉讼和生态环境损害赔偿诉讼并行的基本格局。虽然这三者的基本原理和价值追求有所差异,但是其主要目标都是维护生态环境领域所涉及的公共利益,因此可以将此种格局称为环境公共利益保护的"三位一体"格局。从实践运行的总体情况来看,目前环境公益诉讼呈现出生态环境损害赔偿诉讼与环境民事公益诉讼叠床架屋、检察机关成为环境民事公益诉讼绝对主力以及环境行政公益诉讼十分孱弱三大特点。

首先,环境民事公益诉讼与生态环境损害赔偿诉讼大同小异、交叉重叠。对于二者的相似性,无论是环境法学界还是诉讼法学界都已经有了充分的认识。例如,曹明德认为,两类诉讼制度都是基于生态环境利益保护而建构的规范体系,因此,二者在制度目的、诉讼功能、责任承担等方面具有相同或相似性。[2] 巩固认为,如果从细节层面进行微观考察,二者存在一定的差异,但从整体上看,二者的相近之处显而易见:在适用情形、诉讼利益、救济对象、责任方式、制度理念和实际效果方面均高度相似;在案件管辖、证据规则、责任要件、诉讼处分等方面也存在颇多雷同。[3] 潘牧天也指出,两种诉讼在诉讼目的、诉讼请求上均存在重合,导致在环境公共利益事务处理上衍生出两套机制类似、功能重叠的法律程序,不可避免地会出现"两诉"既判力牵连的问题,影响司法的稳定性。[4] 虽然 2020 年 12 月通过的最高人民法院《关于审理生态环境损害赔偿案件的若干规定(试行)》(以下简称《若干规定》)第 16 ~ 18 条对生态环境损

〔2〕 参见曹明德:《生态环境损害赔偿诉讼和环境公益诉讼的法理关系探微》,载《海南大学学报(人文社会科学版)》2021 年第 2 期。

〔3〕 参见巩固:《生态环境损害赔偿诉讼与环境民事公益诉讼关系探究——兼析〈民法典〉生态赔偿条款》,载《法学论坛》2022 年第 1 期。

〔4〕 参见潘牧天:《生态环境损害赔偿诉讼与环境民事公益诉讼的诉权冲突与有效衔接》,载《法学论坛》2020 年第 6 期。

害赔偿诉讼与环境民事公益诉讼的关系作出了初步安排，但是从条款的内容来看，一方面，最高人民法院实际上承认了二者之间的高度重合性，因此规定“两诉”应当由同一审判组织审理；另一方面，在诉讼关系上，最高人民法院又作出了偏向于生态环境损害赔偿诉讼的安排，即规定人民法院受理因同一损害生态环境行为提起的生态环境损害赔偿诉讼案件和环境民事公益诉讼案件，应先中止对环境民事公益诉讼案件的审理，待生态环境损害赔偿诉讼案件审理完毕后，再就环境民事公益诉讼案件中未被涵盖的诉讼请求依法作出裁判。在这种安排下，虽然生态环境损害赔偿诉讼的出现要晚于环境民事公益诉讼，但是在重要性和优先性上已经超越了环境民事公益诉讼。

其次，在环境民事公益诉讼内部，出现了检察机关成为环境民事公益诉讼绝对主力的情况。在环境民事公益诉讼的发展过程中，社会组织扮演了重要的角色。一方面，社会组织提起环境民事公益诉讼的规范和实践要早于检察机关提起环境民事公益诉讼出现，并在初期通过若干重大案件的审理产生了较好的社会影响，有效推动了环境民事公益诉讼实践的发展；另一方面，依据最高人民法院、最高人民检察院《关于检察公益诉讼案件适用法律若干问题的解释》第 13 条的规定，检察机关提起环境公益诉讼要履行相应的诉前公告程序，只有在公告期满且法律规定的机关和有关组织不起诉的情况下方可提起诉讼，这意味着环保组织在环境民事公益诉讼中实际上应当处于优先位置。但是从实践的发展情况来看，目前检察机关提起环境民事公益诉讼的数量已经远远超越社会组织。相关研究统计数据显示，自试点改革以来，检察机关提起环境民事公益诉讼案件 663 起，提起环境刑事附带民事公益诉讼案件 5905 起，而各类社会组织提起环境民事公益诉讼案件仅 115 起。[5]

最后，在环境行政公益诉讼领域，则出现了后劲不足、程序空转的情况。依据最高人民法院、最高人民检察院《关于检察公益诉讼案件适用法律若干问题的解释》《人民检察院公益诉讼办案规则》等的规定，检察公益诉讼制度包括检察机关提起民事公益诉讼、检察机关提起行政公益诉讼以及检察机关提起刑事附带民事公益诉讼 3 种类型。从目前的实践状况来看，检察机关的工作重心集中在环境民事公益诉讼特别是刑事附带民事公益诉讼之上。在检察公益诉讼试点启动之初，检察机关工作的重点是办理行政公益诉讼案件，数量达到 1029

〔5〕 参见吕忠梅等：《中国环境司法发展报告》，法律出版社 2020 年版，第 29 页。

起，占比 89.47%。但是到了 2018 年 1～12 月，全国检察机关提起刑事附带民事公益诉讼案件 2476 起，占比 76.70%，而提起的行政公益诉讼案件仅 587 起，占比 18.18%。这表明刑事附带民事公益诉讼取代了行政公益诉讼成为检察公益诉讼的办案重心。[6] 到了 2019 年检察公益诉讼实践全面铺开后，行政公益诉讼占比继续下降，仅占全部案件数量的 8.9%。[7] 此外，由于大部分相关案件在诉前程序阶段便已结束，履行诉前程序的案件与提起诉讼案件的倒挂现象越发严重，大多数的行政公益诉讼案件只能在司法程序里空转。[8]

（二）对实践现状的反思

从上面对环境公益诉讼实践现状的描述可以看出，目前环境公益诉讼制度呈现出多种复杂的情况，既有制度设计和运行重叠，又有制度发展偏离设计初衷，还有制度发展未达到预期效果，等等。笔者认为，环境公益诉讼制度体系之所以会呈现此种现状，从根本上来说是因为我国环境公益诉讼制度的建构采取了"实践先行、理论跟进"的路径，缺乏有力的理论依据和系统的顶层设计。虽然我国已经完成了环境公益诉讼制度体系的初步建构，但是这一建构过程与其说是系统设计和有序推进的过程，不如说是在特殊历史条件下内外因共同作用的自生结果，不同诉讼的出现，分别有其特定的历史背景。

环境民事公益诉讼的出现，一方面，是基于当时企业长期向环境排放污染物或者损害自然资源，导致环境要素本身的化学、物理或生态功能退化或自然资源遭受破坏而无人出面提起司法救济的现实，目的是通过制度设计明确特定主体为环境公共利益代言；[9] 另一方面，在 2010 年前后，能动司法的理念逐渐兴起，最高人民法院领导多次在公开场合提出发挥和强化能动司法的观点，以

---

〔6〕 参见刘艺：《刑事附带民事公益诉讼的协同问题研究》，载《中国刑事法杂志》2019 年第 5 期。

〔7〕 参见刘艺：《我国检察公益诉讼制度的发展态势与制度完善——基于 2017－2019 年数据的实证分析》，载《重庆大学学报（社会科学版）》2020 年第 4 期。

〔8〕 参见刘艺：《我国检察公益诉讼制度的发展态势与制度完善——基于 2017－2019 年数据的实证分析》，载《重庆大学学报（社会科学版）》2020 年第 4 期。

〔9〕 参见别涛：《环境公益诉讼立法的新起点——〈民诉法〉修改之评析与〈环保法〉修改之建议》，载《法学评论》2013 年第 1 期。

服务于大局需要。[10] 受到生态文明建设之政治要求和环境司法专门化的影响,法院在环境公共事务上也持积极能动的立场,愿意介入环境公共事务。在这些条件的共同作用下,环境民事公益诉讼从环保组织提起诉讼发端,使得环保组织能够实质性参与公共事务,也为法院介入环境公共事务提供了通道。而生态环境损害赔偿诉讼作为生态环境损害修复和赔偿制度的一部分,从政策性制度转变为实定法安排,又和生态文明体制改革以及《民法典》的出台等历史时机有着密切的关系。在《民法典》出台之前,关于将生态环境损害修复和赔偿责任纳入《民法典》的做法,民法和环境法学者都表达过反对意见。[11] 但是就当时的特定时空背景来看,生态环境损害赔偿诉讼的试点实践已经成熟,亟待实定法上的支持,而当时又恰逢《民法典》编纂之机,除《民法典》外似乎并无其他路径来实现这一目标。此外,作为具有中国特色的民事法典,《民法典》也需要贯彻习近平生态文明思想,在民事法律制度之中彰显绿色原则的价值理念。[12] 在这些因素的共同作用下,《民法典》第 1234 条和第 1235 条对生态环境损害修复和赔偿责任作出了规定,为生态环境损害赔偿诉讼提供了实体法依据。这从根本上导致了生态环境损害赔偿诉讼与环境民事公益诉讼的重叠。而就检察机关提起环境民事公益诉讼和环境行政公益诉讼来说,该制度的发展又与监察委员会的出现以及检察机关权能配置格局的改革有着密切的关联。一方面,监察委员会的出现在一定程度上缩减了检察机关的职权范围,在这一背景下,建立行政公益诉讼制度成为检察机关依照公诉权理论,充分发掘其法律监督职

---

〔10〕 参见李清伟:《司法克制抑或司法能动——兼论公共政策导向下的中国司法能动》,载《法商研究》2019 年第 3 期。

〔11〕 具体观点,参见张新宝:《侵权责任编起草的主要问题探讨》,载《中国法律评论》2019 年第 1 期;孙佑海、王倩:《民法典侵权责任编的绿色规制限度分析——“公私划分”视野下对生态环境损害责任纳入民法典的异见》,载《甘肃政法学院学报》2019 年第 5 期。

〔12〕 第十三届全国人民代表大会第三次会议上关于《中华人民共和国民法典(草案)》的说明中就明确指出,“四是贯彻落实习近平生态文明思想,增加规定生态环境损害的惩罚性赔偿制度,并明确规定了生态环境损害的修复和赔偿规则(草案第 1232 条、第 1234 条、第 1235 条)”。

能，在部门机构与职能转隶背景下，补充其权力配置的有效手段；[13]另一方面，在新时期司法体制改革中，习近平总书记提出，“要优化政法机关职权配置，构建各尽其职、配合有力、制约有效的工作体系”。[14]按照这一指示，最高人民检察院适时提出了刑事检察、民事检察、行政检察和公益诉讼检察四位一体的四大检察权能配置格局，这有力地推动了环境民事和环境行政检察公益诉讼制度和实践的发展。[15]

从以上分析可以看出，环境公益诉讼制度体系的构建，并未经过真正系统的顶层设计，而是不同类型主体在各种特定历史条件下主动参与和推动的结果。在这种情况下，制度出现重叠、偏离和不及预期的情况也就不足为奇。环境公共事务是具有复杂性、系统性的公共事务，需要公私主体共同参与。为了实现多元共治和善治，避免各主体之间相互羁绊、产生矛盾冲突，必须充分发挥各主体的比较优势，实现不同主体的合理分工与合作，这就需要明确环境公益诉讼的主要发展方向，分清不同诉讼的主次关系。笔者曾经在《论我国环境公益诉讼的发展方向：基于行政权与司法权关系理论的分析》一文中提出，我国应当明确行政权在环境公共事务中的主导地位，并建立环境行政公益诉讼制度。[16]这是基于顶层设计逻辑提出的总体理论设想。但从实践状况来看，虽然目前环境公益诉讼的发展并未偏离整体方向，但是不同诉讼之间、不同诉讼内部的相互关系尚未完全厘清，这一整体方向并未完全清晰，仍然有一些法政策问题需要进行深入探讨。笔者认为，在前文理论观点的基础上，基于目前的实践情况，必须进一步对以下三个方面的法政策问题进行深入讨论：

首先，如何实质性区分生态环境损害赔偿诉讼与环境民事公益诉讼？这种实质性区分，并非指在规范层面上协调和细化相关规则，而是指在法政策层面

---

〔13〕参见袁博：《监察制度改革背景下检察机关的未来面向》，载《法学》2017年第8期。

〔14〕《习近平：全面深入做好新时代政法各项工作　促进社会公平正义保障人民安居乐业》，载《人民日报》2019年1月17日，第1版。

〔15〕参见陈军：《“四大检察”改革背景下的检察权能配置探析》，载《政法论丛》2020年第5期。

〔16〕参见王明远：《论我国环境公益诉讼的发展方向：基于行政权与司法权关系理论的分析》，载《中国法学》2016年第1期。

上的根本调整。依据最高人民法院发布的《若干规定》,目前“两诉”实际上具有非常明显的重叠关系,这固然有利于保护环境公共利益,但是不可避免地引起了制度之间的相互羁绊和矛盾冲突,也会造成公共资源的浪费。因此,对于生态环境损害赔偿诉讼与环境民事公益诉讼各自的法律性质和功能定位,需要作进一步细致的论证,从而对两种诉讼进行实质性区分,而不仅仅是在现有格局之下细化、协调和衔接相关规则,如此才能扭转二者叠床架屋的实践现状。

其次,如何理顺检察机关提起环境民事公益诉讼与社会组织提起环境民事公益诉讼之间的相互关系?《民事诉讼法》修改时并未确立诉讼的顺位关系,相关司法解释则确立了特殊的诉前程序,这一程序的设立固然有助于节约司法资源、提高诉讼效率,但是在目前检察公益诉讼总体上以刑事附带民事公益诉讼为主,且环保组织提起公益诉讼的案件数量已经锐减的情况下,是否仍然要坚持这一程序性安排?此外,在环境民事公益诉讼中,如何对检察机关和社会组织进行合理分工,以实现社会资源的优化配置,更好地实现对环境公共利益的维护?这些都涉及如何适当地发挥检察机关和社会组织在环境公共事务中的价值和作用的问题,有助于改善目前环境民事公益诉讼的整体实践状况,应当对其进行深入的理论探讨。

最后,如何进一步强化环境行政公益诉讼?从目前的审判实践来看,环境行政公益诉讼的规则并不系统、完善,主要依据是 2020 年修正的最高人民法院、最高人民检察院《关于检察公益诉讼案件适用法律若干问题的解释》,而该解释中有关环境行政公益诉讼的规范主要依赖于行政诉讼制度的一般规范设计,缺少与行政公益诉讼相适应的特别诉讼规则,这使得法院和检察机关在实践中往往难以准确把握环境行政公益诉讼的制度精神和内涵。因此,对于如何强化环境行政公益诉讼,将环境行政公益诉讼作为环境公益诉讼的主要发展方向,有必要作进一步的理论分析。

二、理论上正本清源:不同类型环境公益诉讼的法律性质和功能定位

我国环境公益诉讼制度体系的构建采取了“实践先行、理论跟进”的路径。各项公益诉讼制度在诉讼构造、诉讼规则等方面呈现很多特殊之处,导致在实践中难以准确把握这些诉讼的法律性质和功能定位,难以厘清各类诉讼之间的

相互关系。要回应上述3个涉及环境公益诉讼发展方向的重大实践问题,必须根据行政法和诉讼法的基本理论,结合具体实践状况,在应然层面上对不同类型诉讼的法律性质和功能定位进行更加全面细致的理论研究。

(一)生态环境损害赔偿诉讼的法律性质和功能定位

1. 生态环境损害赔偿诉讼的法律性质

目前的理论研究生态环境损害赔偿诉讼的法律性质存在一定的争议,概括起来主要包括两点:一是生态环境损害赔偿诉讼是不是基于自然资源国家所有权提起的诉讼;二是生态环境损害赔偿诉讼是否属于民事公益诉讼。笔者尝试对这两个问题分述如下:

对于生态环境损害赔偿诉讼是否是基于自然资源国家所有权提起的诉讼,学界主要有以下两种观点:一是基于自然资源国家所有权的"私益诉讼说"或"特殊民事诉讼说"。例如,王树义认为,"政府的索赔权来源于自然资源国家所有权,而自然资源国家所有权具备的私权属性决定了生态环境损害赔偿诉讼属于特殊的私益诉讼。"〔17〕罗丽认为,"生态环境损害赔偿诉讼是国家自然资源所有权行使主体维护国家自然资源生态功能或生态价值的一种特殊的民事诉讼,由与本案有直接利害关系的赔偿权利人提起"。〔18〕汪劲也认为,"生态环境损害赔偿诉讼与环境民事公益诉讼是两类不同性质的民事诉讼。前者是赔偿权利人(而非自然资源集体所有权益的主体)基于生态环境和自然资源国家所有权提起的财产损害赔偿诉讼,以修复和填补污染环境造成的生态环境损害为目的"。〔19〕二是主张根据所救济利益的不同对生态环境损害赔偿诉讼作进一步区分,分别确定其法律性质。例如,史玉成认为,省、市两级政府及其授权部门提起的自然资源损害赔偿诉讼,如果以保障自然资源所有者的财产权益为主要目的,而不以维护生态环境利益为主要目的,则应纳入民事私益诉讼的范畴;以恢复生态环境系统的功能、维护生态环境利益为目的的生态环境损害赔偿诉

〔17〕 王树义、李华琪:《论我国生态环境损害赔偿诉讼》,载《学习与实践》2018年第11期。

〔18〕 罗丽:《生态环境损害赔偿诉讼与环境民事公益诉讼关系实证研究》,载《法律适用》2020年第4期。

〔19〕 汪劲:《论生态环境损害赔偿诉讼与关联诉讼衔接规则的建立——以德司达公司案和生态环境损害赔偿相关判例为鉴》,载《环境保护》2018年第5期。

讼,应当纳入环境民事公益诉讼的范畴。[20] 竺效在探讨海洋自然资源和生态环境损害救济问题时也指出,对自然资源本身造成的损害可以分为对自然资源财产利益的损害和自然资源生态(环境)利益的损害。前者由国家利益诉讼救济(实质属于国家作为所有人的一种私益诉讼);后者则由环境民事公益诉讼救济。[21]

笔者较认同第二种观点。《宪法》第 9 条规定,"矿藏、水流、森林、山岭、草原、荒地、滩涂等自然资源,都属于国家所有,即全民所有"。这一条确立了我国自然资源的国家所有制即全民所有制。依据这一规定,在私法层面上,《民法典》第 246 条至第 251 条又对主要自然资源的国家所有权进行了规定,明确了作为民事权利的自然资源国家所有权。从理论上看,"任何类型的国有财产都要在法律上表现为一种财产权利,对这种权利必须通过物权法来确认。这就是说,国有财产仍然是一种民事权利,或者说是一种私法上的权利"。[22] 因此,全民所有自然资源资产的所有者权益应当属于民事权益的范畴,因全民所有自然资源所有者权益受损而产生的法律责任则应当属于民事损害赔偿责任范畴,对于此种责任,应当以私法上的恢复原状和金钱损害赔偿为主要救济方式。在这一点上,自然资源资产损害的救济与生态环境损害的救济完全不同,后者主要依赖生态环境修复责任而不是恢复原状责任和损害赔偿责任,其金钱赔偿的确定则主要依据生态服务功能价值而不是生态环境要素的经济价值。[23]

目前,在诉讼实践中,各级法院对自然资源损害特别是资产损害赔偿诉讼的基本构造和规则的认识并不一致。例如,对于适格主体问题,不同法院的看法存在较大差异。在"上思县自然资源局诉广西上思县鑫海农业投资有限公司等财产损害赔偿案"等案件中,法院均认为,自然资源局或水利局不是矿产资源

---

〔20〕 参见史玉成:《生态环境损害赔偿制度的学理反思与法律建构》,载《中州学刊》2019 年第 10 期。

〔21〕 参见竺效、梁晓敏:《论检察机关在涉海"公益维护"诉讼中的主体地位》,载《浙江工商大学学报》2018 年第 5 期。

〔22〕 王利明:《平等保护原则:中国物权法的鲜明特色》,载《法学家》2007 年第 1 期。

〔23〕 关于恢复原状责任和生态环境修复责任的差异,参见吴鹏:《最高法院司法解释对生态修复制度的误解与矫正》,载《中国地质大学学报(社会科学版)》2015 年第 4 期。

或水资源的所有权人，不能以资源所有权被破坏为由提起民事诉讼。[24] 在“福安市自然资源局诉中建海峡建设发展有限公司案”中，法院甚至认为，“福安市自然资源局对土地违法行为不积极执法予以制止，却以维权的形式提起诉讼，实质上就是懈怠和行政不作为。在福安市自然资源局自身拥有对土地违法行为执法权的情况下，本案不宜由民事法律关系来调整”。[25] 而在“吴川市黄坡镇磐石村民委员会铁塘尾村民小组诉湛江市自然资源局行政诉讼案”等案件中，法院则认为自然资源主管部门有权代表国家行使矿产资源所有权。[26] 实际上，随着自然资源资产产权制度改革的推进，自然资源资产损害赔偿责任的重要性正在日益显现。中共中央办公厅、国务院办公厅于2019年4月印发的《关于统筹推进自然资源资产产权制度改革的指导意见》提出，要“积极预防、及时制止破坏自然资源资产行为，强化自然资源资产损害赔偿责任”。自然资源部相关部门负责人对自然资源部如何建立自然资源资产损害赔偿责任机制也进行了系统阐释，包括建立工作机制、加强分工合作、做好支撑保障以及推动具体实践等。[27] 可以预见，随着自然资源资产产权制度改革的推进和市场机制在自然资源资产产权配置中的基础性作用的提升，未来自然资源资产损害赔偿诉讼将会成为一种重要的民事诉讼类型，以贯彻平等保护原则，理顺在市场配置条件下国家与私主体之间的关系，促进自然资源资产产权交易和流转。由此可见，由于诉讼主体、救济的利益、责任形式等方面存在差异，自然资源资产损害赔偿诉讼与生态环境损害赔偿诉讼应当是两种不同的诉讼，生态环境损害赔偿诉讼不应当包含自然资源资产损害赔偿诉讼。

而对于生态环境损害赔偿诉讼是否属于民事公益诉讼，也存在两种不同的观点。一种观点认为，生态环境损害赔偿诉讼是特殊的民事公益诉讼。“对此

---

〔24〕 参见广西壮族自治区上思县人民法院民事裁定书，(2021)桂0621民初1169号；江西省黎川县人民法院民事裁定书，(2019)赣1022民初571号；福建省漳州市中级人民法院民事裁定书，(2018)闽06民终1109号。

〔25〕 参见福建省宁德市中级人民法院民事判决书，(2020)闽09民终979号。

〔26〕 参见广东省湛江市中级人民法院行政裁定书，(2020)粤08行终34号；云南省江川县人民法院刑事附带民事判决书，(2019)云0421刑初55号。

〔27〕 参见李兆宜、石吉金：《全民所有自然资源资产损害赔偿机制研究——基于所有者职责履行的视角》，载《中国国土资源经济》2022年第9期。

类诉讼,既要看到它的本质依然是公益诉讼,也要看到它同由公益组织、检察机关提起的公益诉讼存在的差异性,只有这样,才能全面地、客观地说明这类诉讼的性质。”[28]另一种观点则认为,应当跳出自然资源国家所有权的理论框架,将宪法层面的国家环境保护义务作为行政机关提起诉讼的理论基础,将填补生态环境损害、维护环境公共利益作为诉讼的价值取向,进而将生态环境损害赔偿诉讼认定为一种特殊的环境民事诉讼类型。[29]

笔者较认同第一种观点。生态环境损害赔偿诉讼到底是环境民事公益诉讼,还是环境民事诉讼,本质上涉及是否应当遵循民事诉讼之意思自由原理的问题。无论是基于自然资源国家所有权还是基于国家环境保护义务,生态环境损害赔偿诉讼都不能由起诉主体自由处分诉的利益,盖因其涉及不特定多数人享有的环境公共利益,此种利益并不专门归属于政府。“从公众角度看,由于诉讼在客观上和终极意义上有维护社会公益之效,故也可以视为广义的‘社会公益诉讼’。由于以‘民事诉讼’形式进行,故政府原告表面看来与被告似乎是债务追偿关系,地位‘平等’,但其实际上是代表国家追究肇事者公共责任,故相关行动具有‘执法’属性,不乏强行色彩,尤其在‘损害认定’‘修复实施’‘磋商’等方面。”[30]因此,从法律性质上来看,生态环境损害赔偿诉讼应当属于环境民事公益诉讼。

2. 生态环境损害赔偿诉讼的功能定位

前已论及,生态环境损害赔偿诉讼应当也属于一种环境民事公益诉讼,但是仅从法律性质来看,该诉讼并不能与现有的环境民事公益诉讼相区分。如果从这一认识出发,在现有的环境民事公益诉讼之外单独构建生态环境损害赔偿诉讼,似乎并无必要。在这种情况下,为了论证生态环境损害赔偿诉讼的特殊性,还需要进一步对该诉讼的功能定位进行考察。

笔者认为,从功能定位上来看,生态环境损害赔偿诉讼是生态环境损害修

---

[28] 李浩:《生态损害赔偿诉讼的本质及相关问题研究——以环境民事公益诉讼为视角的分析》,载《行政法学研究》2019 年第 4 期。

[29] 参见彭中遥:《生态环境损害赔偿诉讼的性质认定与制度完善》,载《内蒙古社会科学(汉文版)》2019 年第 1 期。

[30] 巩固:《生态环境损害赔偿诉讼与环境民事公益诉讼关系探究——兼析〈民法典〉生态赔偿条款》,载《法学论坛》2022 年第 1 期。

复和赔偿制度这一行政管理制度的一个环节。其设立并非为了弥补行政执法的不足,而是以行政机关为主导的辅助实现有关生态环境损害之行政管理目标的诉讼制度。具体来说,生态环境损害赔偿诉讼的主要目的是落实生态环境损害修复和赔偿责任。这一责任虽然由《民法典》第1234条和第1235条提供实体法依据,但是目前学界普遍认为,生态环境损害修复和赔偿责任并不是私法上的损害赔偿责任,而是一种公法性质的法律责任。例如,吕忠梅认为,"直接修复或者替代修复生态环境损害的费用,既不是传统民法上的损害赔偿,也不是民法上恢复原状,而是一种独立的环境侵害责任承担方式"。〔31〕刘长兴则提出,基于生态环境修复责任的公益维护和公共秩序恢复价值,应当明确其行政法律责任定位,并具体分为环境污染和生态破坏者的修复责任以及政府的修复责任,以区别于民事侵权救济意义上的恢复性责任;对于《民法典》规定的生态环境修复责任,不宜在环境侵权制度框架下进行解释,而应坚持其公益救济、公法责任的定位。〔32〕巩固指出,"就其本质而言,生态损害赔偿是为保障环境公益而设、由公益代表实施、依公共机制决策的公法性赔偿责任。与传统民法中基于私益保障而设、由权利人自我实施、凭当事人意思自治的私法性赔偿大异其趣,不可混为一谈"。〔33〕张宝也认为,生态环境损害责任具有"公法性质、私法实现"的属性,需要通过环境法典全面创制以"生态修复论"为中心的专门责任。〔34〕正是因为具有不同于一般民事责任的公法属性,生态环境损害修复和赔偿责任的实现主要依赖行政机关的作用。"由于这种责任的履行通常需要巨大的人、财、物投入,较大时空范围的组织和管理,复杂的技术方案选择,以及巨额资金的收取、管理和使用等,由本就负有保护职责且具备专业技术、能力的监管者运用行政权力负责实施,更加名正言顺、便捷高效,故其发动者或者说'索赔人'一般仍为管理部门或地方政府。"〔35〕2022年4月,生态环境部、最高人民

〔31〕吕忠梅:《"生态环境损害赔偿"的法律辨析》,载《法学论坛》2017年第3期。

〔32〕参见刘长兴:《生态环境修复责任的体系化构造》,载《中国法学》2022年第6期。

〔33〕巩固:《公法视野下的〈民法典〉生态损害赔偿条款解析》,载《行政法学研究》2022年第6期。

〔34〕参见张宝:《环境法典编纂中民事责任的定位与构造》,载《环球法律评论》2022年第6期。

〔35〕巩固:《环境民事公益诉讼性质定位省思》,载《法学研究》2019年第3期。

法院等联合出台了《生态环境损害赔偿管理规定》,对生态环境损害赔偿全过程管理制度进行了明确细致的规定。这一规定的出台,进一步印证了生态环境损害修复和赔偿责任的公法属性。依据该管理规定,生态环境部牵头指导实施生态环境损害赔偿制度,自然资源部、住房和城乡建设部、水利部、农业农村部、国家林草局、科技部、公安部、司法部、财政部、国家卫生健康委员会、市场监管总局等行政机关和部门都承担了一定的任务分工,共同构建生态环境损害修复和赔偿的行政管理制度体系并依此规定具体执行。此外,依据该规定,省级、市地级党委和政府对本地区的生态环境损害赔偿工作负总责,应当加强组织领导,狠抓责任落实,推进生态环境损害赔偿工作稳妥、有序进行,并建立严考核、硬约束的工作机制。而在这一制度体系之中,司法机关仅仅扮演了补充性角色,主要发挥辅助功能,生态环境损害修复和赔偿主要依赖于相关政府和行政机关主导的磋商、损害鉴定、评估验收等程序和机制。其实早在此前,就有学者指出,对于和自身管理职责相关的事务,环境行政机关只能在穷尽行政救济仍然无法使环境损害得以弥补的情形下才能提起环境公益诉讼。[36]

依据上述分析,生态环境损害赔偿诉讼在功能定位上实际是以行政机关为主导的生态环境损害修复和赔偿制度的补充和辅助性制度设计。在目前的环境法学研究中,有较多学者也持这一看法。例如,张宝认为,政府索赔应限缩到生态环境损害无法修复、因而无法适用上述规定的情形。[37] 梅宏认为,打破司法权和行政权错位的关键,就是让环保行政机关在案件处理中承担更重的任务,让行政权在环境司法中发挥更积极、主动的作用,这也是生态环境损害赔偿制度改革试点的目标方向。[38]

由于生态环境损害赔偿诉讼从属于生态环境损害修复和赔偿管理制度,其诉讼请求和诉讼活动必须受到生态环境损害修复和赔偿活动展开状况的限制,如必须限制在物理性空间和实质性要素的损害修复和赔偿的范围内,而不能涉及诸如不完善的法律制度设计或不合理的商业模式之类的广义的环境公共事

---

〔36〕 参见阮丽娟:《环境公益诉讼原告诉权的限制》,载《政治与法律》2014 年第 1 期。

〔37〕 参见张宝:《生态环境损害政府索赔权与监管权的适用关系辨析》,载《法学论坛》2017 年第 3 期。

〔38〕 参见梅宏、胡勇:《论行政机关提起生态环境损害赔偿诉讼的正当性与可行性》,载《重庆大学学报(社会科学版)》2017 年第 5 期。

务；必须限制为事后且已经发生的生态环境损害，而不能涉及事前预防性的环境公共事务。

总而言之，在生态环境损害赔偿诉讼之中，司法机关并不占据主导地位，通常仅可以通过司法确认和司法裁判对行政机关主导的生态环境损害修复和赔偿活动进行背书或者提供强制执行力，而不应也不能在此基础上对案件所涉的环境公共利益是否应当受到保护、应当受到何种方式和多大强度的保护等专业性和管理性问题进行判断，也不能主导前端的磋商程序。

（二）环境民事公益诉讼的法律性质和功能定位

在环境民事公益诉讼产生之初，对于其在法律性质上到底属于公益诉讼还是私益诉讼这一问题，曾经有过不同观点。例如，徐祥民认为，对"污染环境""损害社会公共利益的行为"提起的诉讼，应当是具有"众益"形式的私益诉讼。〔39〕 但是，这种观点并未得到学界的广泛认可和支持。从《民事诉讼法》及相关司法解释的表述来看，环境民事公益诉讼保护的客体是不特定多数人的环境利益。〔40〕 其有别于保护民事主体个人权益的私益诉讼，此乃民事诉讼基本原理中的常识。

虽然同为民事公益诉讼，但是环境民事公益诉讼与生态环境损害赔偿诉讼在功能定位上存在很大差异。从理论上来说，环境民事公益诉讼是为弥补行政执法在社会公益保障方面的不足而创制的一种特殊司法机制。〔41〕 对于此种功能定位，需要从两方面进行理解：

首先，环境民事公益诉讼并非环境行政管理制度的一个环节，而应当独立于环境行政管理制度，在环境行政管理或环境行政执法失灵时发挥作用，以起到"递补执行"或"代位执法"的效果。而与此相对，生态环境损害赔偿诉讼的启动则是行政权正常运行的表现。一般来说，行政执法在公益救济方面的内在缺陷是公益诉讼兴起的原因，具体分为执法动力不足和损害填补责任缺失两个

---

〔39〕 参见徐祥民、张明君：《建立我国环境公益诉讼制度的便捷路径》，载《河北法学》2014 年第 6 期。

〔40〕 参见肖建国：《利益交错中的环境公益诉讼原理》，载《中国人民大学学报》2016 年第 2 期。

〔41〕 参见巩固：《环境民事公益诉讼性质定位省思》，载《法学研究》2019 年第 3 期。

方面。〔42〕 环境民事公益诉讼也具有损害填补功能,因而在这一功能上与生态环境损害赔偿诉讼发生重叠。但是除损害填补功能外,环境民事公益诉讼更重要的功能应当是"递补执行"。作为我国环境民事公益诉讼最初之重要参考的美国"公民诉讼",实际上就是此类诉讼。早在 2001 年,笔者在分析美国"公民诉讼"时就已经指出了其实质乃是公民和公民团体"借助法院的司法权监督和推动有关环境资源法律的实施,从而使公民个体或其团体得以扮演'私人检察官'、'私方司法部长'的角色,对环境违法者提起'公'诉,成为环境资源法律的特殊执法主体"。〔43〕 在判决内容上,法院在"公民诉讼"中通常判决发布禁止令、采取补救措施和处以民事罚款。〔44〕 在与环境行政执法的关系上,政府执法居于优先地位,"公民诉讼"只是辅助政府执法,因此以排污者为被告的"公民诉讼"是递补执行之诉。〔45〕

其次,环境民事公益诉讼是以司法机关为主导的特殊司法机制。与生态环境损害赔偿诉讼不同,环境民事公益诉讼由检察机关和环保组织来启动,由司法机关来主导诉讼活动和诉讼过程。其中虽然有行政机关的参与,但是并不由行政机关来主导。这种差别的意义在于,在环境民事公益诉讼中,司法机关不需要受到行政权或者行政活动的限制和约束,因此可以在更加宽泛意义上的"环境公共事务"中采取行动,其保护的公共利益可以不限于物理性的空间或要素,也不一定要求损害已经发生。例如,在"重庆市绿色志愿者联合会诉上海拉扎斯信息科技有限公司案""重庆市绿色志愿者联合会诉北京星选科技有限公司案"中,环保组织要求两家外卖平台公司在点餐平台界面上设置"需要"或

〔42〕 参见巩固:《环境民事公益诉讼性质定位省思》,载《法学研究》2019 年第 3 期。

〔43〕 王明远:《环境侵权救济法律制度》,中国法制出版社 2001 年版,第 93 页;类似观点,参见陈冬:《环境公益诉讼的限制性因素考察——以美国联邦环境法的公民诉讼为主线》,载《河北法学》2009 年第 8 期。

〔44〕 参见李艳芳:《美国的公民诉讼制度及其启示——关于建立我国公益诉讼制度的借鉴性思考》,载《中国人民大学学报》2003 年第 2 期。

〔45〕 参见胡静:《环保组织提起的公益诉讼之功能定位——兼评我国环境公益诉讼的司法解释》,载《法学评论》2016 年第 4 期。

“不需要”一次性餐具选项，以保护环境。[46] 在上述案件中，社会组织的诉讼请求涉及相关企业的商业模式调整问题，并不存在实际损害。再如，在“北京市朝阳区自然之友环境研究所诉国网甘肃省电力公司案”中，北京市朝阳区自然之友环境研究所认为国网甘肃省电力公司没有根据《可再生能源法》的规定全额收购其电网覆盖范围内可再生能源并网发电项目的上网电量，致使未能被收购的风电和光伏发电被燃煤发电所替代，继而产生二氧化硫、氮氧化物和大量烟尘等空气污染物，导致污染环境、破坏生态、损害社会公共利益的后果，要求甘肃省电力公司承担相应责任。[47] 在该案中，自然之友的诉讼请求涉及《可再生能源法》的制度落实问题，实际上也不存在规范意义上的损害。又如，在“北京市朝阳区自然之友环境研究所诉中国水电顾问集团新平开发有限公司、中国电建集团昆明勘测设计研究院有限公司案”中，法院认为，被告拟建设的水电站虽然已经通过了环境影响评价，但是绿孔雀栖息地一旦被淹没，很可能会对绿孔雀的生存造成严重损害，并将使该区域的珍稀动植物的生存也面临重大风险，因此判决被告立即停止基于既有的环境影响评价建设该水电站项目，不得截流蓄水，不得对该水电站建设项目淹没区内的植被进行砍伐。[48] 在该案中，生态环境损害并未实际发生，民事公益诉讼涉及预防性公共利益保护问题。

（三）环境行政公益诉讼的法律性质和功能定位

对于环境行政公益诉讼的法律性质，目前学界存在两种不同的认识。一种观点认为，环境行政公益诉讼仍然是行政诉讼，只是在规则上和行政诉讼存在一定的区别。例如，江必新认为，行政公益诉讼与普通行政诉讼之间固然有一些区别，但区别主要集中在诉讼主体、受案范围等少量问题上，行政公益诉讼与普通行政诉讼有很多程序规定可以共用，因此，对于两者相区别的问题可以在《行政诉讼法》中单列一章予以规定，并不必然要通过专门立法的方式来解决。[49] 另一种观点则认为，行政公益诉讼虽然被规定在《行政诉讼法》中，但实

---

〔46〕 参见北京市第四中级人民法院民事裁定书，(2017)京 04 民初 172 号；北京市第四中级人民法院民事裁定书，(2017)京 04 民初 173 号。

〔47〕 参见甘肃省高级人民法院二审民事裁定书，(2018)甘民终 679 号。

〔48〕 参见云南省昆明市中级人民法院民事判决书，(2017)云 01 民初 2299 号。

〔49〕 参见江必新：《法律规范体系化背景下的行政诉讼制度的完善》，载《中国法学》2022 年第 3 期。

际上与普通行政诉讼具有很大差别,甚至可以说是不同性质的诉讼,因此,普通行政诉讼制度的很多规则无法直接适用于行政公益诉讼,应当制定专门的行政公益诉讼法。[50] 笔者认为,从总体来看,行政公益诉讼在法律上应当是一种特殊的行政诉讼。这种认识一方面符合实定法上的现行制度安排,另一方面也为未来行政公益诉讼制度的扩张和拓展留有空间和余地。基于这种认识,我国要在积累司法实践经验和推动理论研究的基础上建立独立的公益诉讼制度,具体可采取渐进式立法模式,即从包容论转向部分独立论,待条件和时机成熟时再转向彻底独立论。[51]

既然行政公益诉讼是一种特殊的行政诉讼,那么,其特殊性到底体现在何处?从诉讼目的、提起主体、受案范围、举证责任、诉前程序等各方面来看,环境行政公益诉讼与行政诉讼都有较大差别。但是,这些差别主要是规范层面的差别,要把握环境行政公益诉讼的特殊性,还必须进一步考察其功能定位。在行政法学理论上,根据诉讼目的、诉讼构造等方面的不同,可以将行政诉讼分为主观诉讼和客观诉讼。其中,主观诉讼以救济权利为目标,诉讼构造侧重对主观权利及损害争议的审查和裁判;而客观诉讼则以秩序公益为导向,诉讼构造以行政机关行政行为的合法性审查和裁判为宗旨。[52] 长期以来,行政法学界普遍认为,应当以客观诉讼为功能定位来构建行政公益诉讼制度。例如,于安指出,应当修改现行的《行政诉讼法》,建立我国行政诉讼中的公益诉讼或者客观诉讼制度,赋予行政程序直接保护公共利益、维护行政法治和保障市场的公平竞争秩序等法律功能,使我国的行政诉讼不再是仅仅保护公民、法人和其他组织合法权益的主观诉讼。[53] 林莉红也认为,在诉讼法上将作为客观诉讼的公益诉讼进行单独规定,对于明确我国公益诉讼的范围和类型,丰富公益诉讼的种类,具有重要意义;未来,我国行政公益诉讼的设置应遵循客观诉讼的法理和

---

〔50〕 参见王春业:《独立行政公益诉讼法律规范体系之构建》,载《中外法学》2022 年第 1 期。

〔51〕 参见高志宏:《行政公益诉讼制度优化的三个转向》,载《政法论丛》2022 年第 1 期。

〔52〕 参见薛刚凌:《行政公益诉讼类型化发展研究——以主观诉讼和客观诉讼划分为视角》,载《国家检察官学院学报》2021 年第 2 期。

〔53〕 参见于安:《行政诉讼的公益诉讼和客观诉讼问题》,载《法学》2001 年第 5 期。

精神，建立一套符合客观诉讼要求的诉讼程序。[54] 与一般行政诉讼旨在维护当事人私益不同，检察机关提起环境行政公益诉讼是以无关自己权利或法律上利益的事项作为起诉对象，目的在于维护环境公益。[55] 因此，应当将环境行政公益诉讼定位为一种客观诉讼。

需要注意的是，主观诉讼与客观诉讼并非泾渭分明的类型划分，同一诉讼也可以兼具主客观诉讼的属性。例如，薛刚凌在分析我国行政诉讼的诉讼构造时认为，我国行政诉讼既不是完整意义上的主观诉讼，也不是完整意义上的客观诉讼，诉讼请求的主观性与法院审判的客观性使我国行政诉讼在构造上呈现一种扭曲的“内错裂”形态。[56] 因此，将行政公益诉讼定位为客观诉讼，实际上是一个量化的概念，即行政公益诉讼在总体上主要应当是客观诉讼，或者说该制度应当以客观诉讼为主要的制度建构方向。刘艺认为，我国目前建构的行政公益诉讼具有较为明显的客观诉讼特征：行政公益诉讼以违法行为或活动造成实际损害为起诉条件并以实质合法性为审查标准；诉讼前置程序具有督促行政机关履行职责的功效；行政公益诉讼受案范围从行政行为扩展到行政活动；行政公益诉讼中检察机关主要提起责令履职之诉。[57] 但从目前的实践来看，行政公益诉讼存在着在主观诉讼与客观诉讼间摇摆的情况，部分案件将行政公益诉讼的目的定位于受损公共利益的修复，淡化了维护秩序公益的目标。这容易导致把行政机关是否依法履行职责放到从属的位置上，也极大限缩了行政公益诉讼案件的来源和范围。[58] 因此，在以环境行政公益诉讼制度为我国环境公益诉讼主要发展方向的大背景下，必须进一步以客观诉讼为功能定位，完善有关环境行政公益诉讼的制度设计。

---

〔54〕 参见林莉红、马立群：《作为客观诉讼的行政公益诉讼》，载《行政法学研究》2011年第4期。

〔55〕 参见张鲁萍：《检察机关提起环境行政公益诉讼功能定位与制度建构》，载《学术界》2018年第1期。

〔56〕 参见薛刚凌、杨欣：《论我国行政诉讼构造："主观诉讼"抑或"客观诉讼"?》，载《行政法学研究》2013年第4期。

〔57〕 参见刘艺：《构建行政公益诉讼的客观诉讼机制》，载《法学研究》2018年第3期。

〔58〕 薛刚凌：《行政公益诉讼类型化发展研究——以主观诉讼和客观诉讼划分为视角》，载《国家检察官学院学报》2021年第2期。

三、制度上守正创新:环境公益诉讼的发展完善与规范建构

在第二部分对 3 种不同类型的环境公益诉讼制度的法律性质和功能定位进行深入系统的理论探讨的基础上,可以对第一部分中所提出的 3 个法政策问题进行回应,以厘清我国环境公益诉讼的发展方向并指引具体的制度设计。为此,需要进一步对环境公益诉讼发展完善所需要的立法和规范支撑进行分析论证,以推动环境公益诉讼制度的规范化。

(一)环境公益诉讼的发展完善

1. 生态环境损害赔偿诉讼与环境民事公益诉讼的协调

通过对两类诉讼的法律性质和功能定位的分析可以发现,生态环境损害赔偿诉讼与环境民事公益诉讼叠床架屋之局面的形成,根本原因是对二者功能定位的区分不清楚。既然生态环境损害赔偿诉讼与环境民事公益诉讼在性质上都是环境公益诉讼,那么就应当基于功能定位的差异对二者的诉讼顺位进行协调,突出行政权在生态环境损害救济中的主导作用,避免制度上的重叠。具体来说:

第一,基于行政权和司法权的相互关系,在出现生态环境损害时,首先应当启动的是行政权,由国务院授权的省级、市地级政府及其指定的部门或机构启动生态环境损害修复和赔偿工作。在《生态环境损害赔偿管理规定》中,并未将启动生态环境损害索赔工作的案件范围限定在最高人民法院发布的《若干规定》第 1 条所列举的 3 种情况之内。这意味着,对于生态环境损害案件,不管该案件是否属于较大、重大或特别重大突发环境事件等情况,都应当由地方政府及其指定的部门或机构首先启动生态环境损害修复和赔偿工作。在通过磋商等程序不能实现既定的行政管理目标时,应当由地方政府及其指定的部门或机构提起生态环境损害赔偿诉讼。此时提起该类诉讼,并非行政机关将主导权交给司法机关,而是将有关生态环境损害修复和赔偿的行政管理制度与活动进行延伸,以诉讼方式辅助行政管理目标的实现。因此,在诉讼顺位上,生态环境损害赔偿诉讼应当优先于环境民事公益诉讼。

第二,在生态环境损害赔偿诉讼优位的基础上,需要进一步妥善处理环境民事公益诉讼与生态环境损害赔偿诉讼的关系。总体来看,基于行政权优位和环境民事公益诉讼在生态环境损害修复和赔偿中"递补执行"的功能定位,环境

民事公益诉讼程序的启动原则上应当增加诉前通知程序，即由相关主体首先通知行政机关，在行政机关不启动或者拖延启动生态环境损害赔偿程序时方可启动环境民事公益诉讼程序。在具体制度设计上，应当对检察机关提起环境民事公益诉讼与环保组织提起环境民事公益诉讼区别对待。检察机关提起环境民事公益诉讼包括两种情况，即提起刑事附带民事公益诉讼和单独提起民事公益诉讼。在提起刑事附带民事公益诉讼的情况下，由于案件本来就由检察机关负责处理，如果再由检察机关在提起诉讼前通知行政机关，殊无必要。由检察机关基于案件管辖权进一步提起刑事附带民事公益诉讼，符合法理且节约司法和行政资源。因此，在提起刑事附带民事公益诉讼的情况下，不需要增加检察机关事先通知行政机关的程序。在提起普通民事公益诉讼的情况下，由于检察机关属于法律监督机关，并非第一顺位的环境公共利益维护者，基于"递补执行"的功能定位，检察机关应当履行诉前通知程序，即首先通知相关地方政府及其指定的部门或机构启动相应程序，在地方政府及其指定的部门或机构未启动相应程序的情况下方可提起诉讼。而对于社会组织提起环境民事公益诉讼，也应当增加诉前通知程序，不仅要通知地方政府及其指定的部门或机构，也要通知检察机关。社会组织本身并非国家机关，其提起公益诉讼的正当性要低于国家机关。对此，胡静作了分析，认为环保组织对于公共利益的代表性不如行政机关，理由包括：环保组织并非通过民主程序产生，不受民意的控制、立法机关的监督和公共问责等机制的制约；环保组织作为环境公共利益的代表，不能代表整体公共利益。[59] 因此，社会组织提起环境民事公益诉讼，实际上是在国家机关未能及时充分地保护社会利益的前提下所做的"再递补"或者"代位执法"，其优先性应当低于生态环境损害赔偿诉讼和检察机关提起环境民事公益诉讼。在这种情况下，应当增加社会组织提起环境民事公益诉讼的诉前通知程序。对于此种程序的设计可以相对灵活，只要使行政机关知悉相关案件且其在规定时间内未启动相应程序，即可提起诉讼。例如，《生态环境损害赔偿管理规定》第12条规定："对公民、法人和其他组织举报要求提起生态环境损害赔偿的，赔偿权利人及其指定的部门或机构应当及时研究处理和答复。"基于这一规定，社会组织进行举报，要求提起生态环境损害赔偿，赔偿权利人及其指定的部门或机

〔59〕 参见胡静：《环保组织提起的公益诉讼之功能定位——兼评我国环境公益诉讼的司法解释》，载《法学评论》2016年第4期。

构未及时答复的,也可以视为履行了诉前通知程序。

2. 环境民事公益诉讼的内部协调

就环境民事公益诉讼内部的实践现状而言,检察机关基于管辖权和专业性的优势,已经在环境民事公益诉讼中居于主导和优势地位。在这种状况下,对于由检察机关和环保组织提起的这两类诉讼,也需要根据环境民事公益诉讼的功能定位,进行进一步协调,以更好发挥不同主体在环境公共事务中的作用。具体来说,应当从以下两方面进行完善:

首先,在检察机关提起的民事公益诉讼中,无论是刑事附带民事公益诉讼还是普通民事公益诉讼,都应当取消目前的诉前公告程序。〔60〕 在刑事附带民事公益诉讼中取消检察机关的诉前公告程序,目前已成为学界的普遍共识。例如,汤维建指出,从立法论上来看,刑事附带民事公益诉讼无须经过诉前公告程序,理由包括:诉前公告程序会加长刑事被告人的羁押期;诉前公告程序难以保障公益诉讼证据收集的充分性和及时性;对于因欠缺检察机关诉前公告程序所导致的弊端,法院的公告程序可以补救。〔61〕 又如,石晓波等认为,以目前污染环境、破坏生态以及食品药品安全领域存在的不特定多数人权益侵害案件的特点来看,在主体或指向性方面大都不明确,检察机关事前发布督促公告等诉前程序实际上用处很小,反而可能因诉前程序阻碍了最佳追诉时期。〔62〕 除上述理由外,在刑事附带民事公益诉讼中,检察机关基于案件管辖权进一步提起民事公益诉讼,并不需要社会组织的“民间执法即私力执法”。此外,目前检察机关提起刑事附带民事公益诉讼案件的数量已经远远超过普通民事公益诉讼,在绝大多数情况下,诉前公告程序并不会吸引到相应的社会组织参加诉讼。基于上述理由,在刑事附带民事公益诉讼中应当取消诉前公告程序。而在检察机关提起的普通民事公益诉讼中,基于其国家机关的地位,该诉讼也应当优先于社会组织提起的民事公益诉讼,因此也不需要设置相应的诉前公告程序。

---

〔60〕 参见最高人民法院、最高人民检察院《关于检察公益诉讼案件适用法律若干问题的解释》(2020 年修正)第 13 条。

〔61〕 参见汤维建:《刑事附带民事公益诉讼研究》,载《上海政法学院学报(法治论丛)》2022 年第 1 期。

〔62〕 参见石晓波、梅傲寒:《检察机关提起刑事附带民事公益诉讼制度的检视与完善》,载《政法论丛》2019 年第 6 期。

其次,就社会组织提起环境民事公益诉讼而言,应当进一步通过制度改革督促社会组织进行功能转型。从总体上看,社会组织存在数量有限、经济能力不足、不能在早期就参与风险管控、应急处置和调查取证等缺陷,而政府在诉讼能力、经费以及效率上具有较大的优势,[63]这就使社会组织在与政府的“诉讼竞争”中处于劣势。在刑事附带环境民事公益诉讼中,检察机关也因其对刑事部分的管辖权,在证据和信息等方面处于优势地位。因此,地方政府等相关主体提起生态环境损害赔偿诉讼和检察机关提起环境民事公益诉讼已经压缩了环保组织提起环境民事公益诉讼的空间,使环保组织提起环境民事公益诉讼的重要性和意义大大降低。相关研究指出,2017~2019年,随着检察机关和政府加入环境公益诉讼,环保组织提起的民事公益诉讼案件逐渐减少,表明实践中环保组织提起民事公益诉讼的积极性有所下降。[64] 在这种情况下,有必要通过完善制度设计对社会组织在环境公共事务中的地位和作用进行重新安排。总体来说,相对国家机关而言,社会组织的重要优势在于其独立性和灵活性,应当充分发挥其功能优势,鼓励其参与社会治理和监督。因此,除要通过诉前通知程序厘清社会组织在环境民事公益诉讼案件中的功能定位外,还应当通过改革推动社会组织从提起以事后补救性的生态环境损害赔偿为主要诉求的环境民事公益诉讼向提起以要求涉事企业守法为主要诉求的预防性和管制性环境民事公益诉讼的方向发展。通过提起预防性和管制性环境民事公益诉讼,环保组织可以积极介入工程建设、商业模式、社会管理、环境监管等与环境公共利益密切相关的事务中,督促企业遵守环境法律和标准、承担环境保护义务、预防环境损害发生,并推动相关管理和制度的完善。基于这一改革方向,可以在现有的责任形式中适当增加禁止令、替代性环境履行(如设立专门基金)、要求被告采取行动确保守法等责任形式。[65]

---

[63] 参见浙江省湖州市中级人民法院与中国人民大学法学院联合课题组:《生态环境损害赔偿诉讼的目的、比较优势与立法需求》,载《法律适用》2020年第4期;郭雪慧:《社会组织提起民事公益诉讼研究——以激励机制为视角》,载《浙江大学学报(人文社会科学版)》2019年第3期。

[64] 参见陈晓春、彭燕辉:《环保组织提起民事公益诉讼:现实困境及完善路径》,载《湖湘论坛》2021年第3期。

[65] 参见吴凯杰:《论预防性环境公益诉讼》,载《理论与改革》2017年第3期。

3. 完善环境行政公益诉讼

就环境行政公益诉讼而言,根据其客观诉讼的功能定位,应当在起诉主体、受案范围和责任形式等方面进行一定的拓展和完善,以激活环境行政公益诉讼,改善目前环境行政公益诉讼较孱弱的局面。

首先,应当拓展环境行政公益诉讼的起诉主体范围。在学理讨论中,针对环境行政公益诉讼的起诉主体问题,概括起来主要有以下两种观点:一是提出应当允许社会组织提起环境行政公益诉讼。例如,有学者认为,借鉴《民事诉讼法》的经验,未来可以考虑通过某些单行法律的制定和修改,赋予消费者权益保护、自然资源和环境保护等领域特定的公益团体行政公益诉讼起诉权。朱新力等认为,结合实践现状,未来我国应当制定关于以社团组织为原告的行政公益诉讼的统一性规定。[66] 二是提出不仅应当允许社会组织提起环境行政公益诉讼,也应当允许公民提起环境行政公益诉讼。例如,张晓玲认为,我国法律应当赋予公益性社会组织或团体代表某一方面公共利益的资格,为了维护这些公共利益,相关组织或团体应该有权运用司法手段;还可以通过检察机关的委托,赋予公民代表公共利益向法院提起行政诉讼的权利。此外,她认为,也可以试行"公益律师"制度,通过一定程序,选拔一批业务精湛、职业道德良好并且富有较强公益心的律师,赋予他们行政公益诉讼原告资格。[67] 曾哲认为,在客观诉讼的基础上完善行政公益诉讼,在很大程度上依赖不同权利主体之间监督权的平衡,通过公民、社会团体以及检察机关等多方力量的共同监督,达到优势互补,因此应当在立法上肯定公民的起诉资格,并赋予其专门的社会团体起诉权。[68] 丁国民认为,单一起诉主体会带来诸如案件线索的发现存在障碍、公众参与环境保护机制不畅、环境行政公益诉讼制度的优势发挥不充分等问题,因而建议将环境行政公益诉讼起诉主体的范围拓展至社会组织及公民个人。[69] 笔者认

---

〔66〕 参见朱新力、黄娟:《以社团组织为原告的行政公益诉讼的制度进路》,载《浙江大学学报(人文社会科学版)》2016 年第 1 期。

〔67〕 参见张晓玲:《行政公益诉讼原告资格探讨》,载《法学评论》2005 年第 6 期。

〔68〕 参见曾哲、梭娅:《环境行政公益诉讼原告主体多元化路径探究》,载《学习与实践》2018 年第 10 期。

〔69〕 参见丁国民、贲丹丹:《环境行政公益诉讼提起主体之拓展》,载《东南学术》2021 年第 6 期。

为,与主观诉讼不同,客观诉讼不涉及起诉主体的自身利益,因而对于起诉资格通常并不需要作特别限制。“行政诉讼应根据其是主观诉讼抑或客观诉讼的定位设计相对应的具体规则。在主观性之下,行政诉讼的原告资格必定狭窄,法院审判须更强调回应原告的诉讼请求;在客观性之下,原告资格要更为宽泛,法院审判也具有更多的客观监督色彩。”〔70〕因此,在未来的环境行政公益诉讼改革中,首先应当允许社会组织提起环境行政公益诉讼。这一方面有助于推动环境行政公益诉讼的发展,另一方面也有助于拓展社会组织的业务范围,推动社会组织在环境公益保护方面的职能转变,充分发挥社会组织的监督作用,化解目前社会组织提起环境公益诉讼的积极性下降之困难。至于是否允许公民个人提起环境行政公益诉讼,则同样属于法政策选择的范畴,未来应当根据拓展了起诉主体范围后环境行政公益诉讼的实践情况,由立法机关决定是否要通过修法引入公民个人作为起诉主体。

其次,应当拓展环境行政公益诉讼的受案范围。针对环境行政公益诉讼的受案范围问题,很多学者认为应当进行拓展。例如,湛中乐认为,从修改后的《行政诉讼法》来看,抽象行政行为也应当属于受案范围。〔71〕王春业认为,“与主要是将具体行政行为作为受案范围的普通行政诉讼不同的是,行政公益诉讼所监督的并非都是具体行政行为,有许多是针对准行政行为、行政事实行为,甚至是抽象行为,只要是侵害国家利益或社会公共利益的行政相关行为,都可以逐步纳入行政公益诉讼范围,而不能拘泥于行为的性质”。〔72〕汪栋认为,“行政公益诉讼的审查范围原则上不依赖于行政行为的具体形式,每一个具有行政权力性质的活动,都应该被包括在内。是以,凡行政机关侵犯公共利益的行政活动皆可纳入行政公益诉讼的受案范围”。〔73〕基于上述观点,应当修改完善行政

〔70〕薛刚凌、杨欣:《论我国行政诉讼构造:“主观诉讼”抑或“客观诉讼”?》,载《行政法学研究》2013 年第 4 期。

〔71〕参见湛中乐:《正确厘清行政公益诉讼四个方面认识》,载《人民检察》2015 年第 14 期。

〔72〕王春业:《独立行政公益诉讼法律规范体系之构建》,载《中外法学》2022 年第 1 期。

〔73〕汪栋:《行政公益诉讼制度的客观化构建——基于司法审查法治秩序形塑功能的分析》,载《理论月刊》2022 年第 1 期。

公益诉讼的受案范围,将其他行政活动特别是抽象行为纳入环境行政公益诉讼的范围之内。这一做法特别有助于社会组织发挥其监督作用,消除其通过提起环境公益诉讼来监督和改善环境管理所遇到的法律障碍,也有助于建构具有中国特色的规范审查机制。

最后,应当完善和拓展环境行政公益诉讼的责任形式。目前,行政公益诉讼以“确认违法”或“确认违法 + 判令履行职责”为主要判决方式,〔74〕确认违法判决较形式主义,履行职责判决较笼统。〔75〕 在这种状况下,即便提起环境行政公益诉讼,也很难保证相关判决可以有效维护环境公共利益。因此,要细化目前的责任形式,使其更加符合公共利益保护的要求。例如,针对判令履行职责,应当进一步明确标准和程序,强化对行政机关的监督制约。有研究指出,针对履职判决的“诉讼请求应当综合考虑诉前程序及先前行政机关的履职程度和时间消耗,掌握生态环境公共利益的受损情况与自我修复情况、具体案件事实、客观因素等,合理确定实体规范所要求的履职标准和时间,以协调生态环境公共利益保护的科学性与紧迫性之间的关系”。〔76〕 笔者认为,这一观点值得参考借鉴。在新行政法理念的指导之下,行政效能原则在行政行为和行政活动中的约束性效力越来越强,“制定法持续不断地向行政机关提出效能要求,代表机关和行政系统内部都在加强对政府效能的监督审查,法院对行政行为合法性的审查判断也在一定情形中应用效率原则”。〔77〕 为了有效维护公共利益,不能完全局限于原有的形式化的履行判决形式,应当进一步细化和完善相关标准,提升对行政机关的量化监督效果。此外,现有的责任形式并不能完全适应公共利益保护的需要。基于此,很多学者提出应当拓展行政公益诉讼的责任形式。例如,王春业提出,《行政诉讼法》规定的绝大多数判决形式并不适合行政公益诉讼,

〔74〕 参见夏云娇、尚将:《环境行政公益诉讼判决方式的检视及其完善》,载《南京工业大学学报》2021 年第 3 期。

〔75〕 参见刘超:《环境行政公益诉讼判决形式的疏失及其完善——从试点期间典型案例切入》,载《浙江工商大学学报》2018 年第 5 期。

〔76〕 田亦尧、徐建宇:《环境行政公益诉讼的诉讼请求精准化研究——基于 540 份裁判文书的实证分析》,载《南京工业大学学报(社会科学版)》2021 年第 5 期。

〔77〕 沈岿:《论行政法上的效能原则》,载《清华法学》2019 年第 4 期。

应当增加不侵害公共利益判决、纠正违法行为判决和履行判决。[78] 笔者认为，基于环境公共事务的多样性和复杂性，未来应当允许各级人民法院在相关案件中探索新的责任履行形式，并最终通过立法予以确认，如此也能够丰富和完善环境行政公益诉讼的制度内容。

(二)环境公益诉讼的规范构建

在明确了环境公益诉讼中各类具体诉讼的基本完善措施之后，进一步的任务是明确这些措施所对应的实定法规范。从总体来看，我国各类环境公益诉讼的产生和发展，虽然都获得了实定法上的授权和支持，但是相关制度的建构具有"实践先行"的特征，在制度发展过程中，大都采取了先由试点进行推进，再由相关法律条文、部门规章和司法解释进行具体规则设计的路径。这一路径虽然有助于及时总结实践经验，精准供给相关规范，但是不可避免地导致环境公益诉讼在法律层面上缺乏系统性规范，相关具体制度也存在错置和冲突。因此，随着环境公益诉讼的逐渐发展，亟待在立法上对相关制度的完善予以充分、准确的回应。这不仅有助于明确环境公益诉讼制度的整体发展方向、厘清各项公益诉讼制度之间的关系，也有助于推动环境公益诉讼制度的规范化和体系化，形成稳定长远的社会预期。

首先，为了推动生态环境损害修复和赔偿制度的发展完善，应当围绕生态环境损害修复和赔偿责任进行有针对性的修法或者制定新法，以进一步明确生态环境损害赔偿诉讼的法律依据特别是实体法基础，区分生态环境损害赔偿诉讼与环境民事公益诉讼的功能定位。总体观之，生态环境损害修复和赔偿制度是一项专门而复杂的公法制度，以《民法典》第 1234 条和第 1235 条为基础并不充分，未来应当对生态环境损害修复和赔偿制度作出系统性法律规定。对此，吕忠梅曾论述道，"建立专门环境责任制度、形成专门诉讼程序，显然不是《民法典》两个条款可以完成的任务，必须在环境法以及诉讼法中做出系统的规定"。[79] 目前，我国已经制定了《生态环境损害赔偿管理规定》，但是该规定的法律层级并不高，未来需要在相关法律和该管理规定的基础上进一步修法或者

---

[78] 参见王春业:《独立行政公益诉讼法律规范体系之构建》，载《中外法学》2022 年第 1 期。

[79] 吕忠梅:《民法典绿色条款的类型化构造及与环境法典的衔接》，载《行政法学研究》2022 年第 2 期。

制定新法。可以考虑在修订《中华人民共和国环境保护法》或者编纂生态环境法典时,在基本制度部分规定生态环境损害修复和赔偿制度,对责任主体、责任承担条件和范围等进行规定;至于承担生态环境损害修复和赔偿责任的具体情形,则可以在环境保护单行法或者生态环境法典分则中作出规定;在此基础上,再通过行政法规、部门规章、司法解释等对生态环境损害修复和赔偿制度进行具体规定,完善操作规则。〔80〕也有学者提出,"就我国当前快速、全面推进环境公益诉讼与生态损害赔偿的现实需要来看,制定一部同时包含这两类制度、兼具实体性与程序性的'环境公益损害救济法',当为首选"。〔81〕相对而言,这一观点显得较激进,但也值得参考借鉴。实际上,在《生态环境损害赔偿管理规定》的基础上制定专门的生态环境损害赔偿管理法或生态环境损害责任法,不仅是可能的,而且有较好的国内基础和可借鉴的国外先例。《十四届全国人大常委会立法规划》明确提出:"积极研究推进环境(生态环境)法典和其他条件成熟领域的法典编纂工作。"从这一要求来看,我国在短期内制定《生态环境法典》的可能性较大。如果制定生态环境法典,可以考虑在该法典中对生态环境损害修复和赔偿制度作出规定。为此,立法机关需要根据中央的政治决断和我国的实际情况选择合适的立法方案。

其次,在程序法上,较稳妥的规范构建方案无疑是在有关环境公益诉讼的既有法律规定和司法解释的基础上进一步整合、完善,但是这就意味着我国的环境公益诉讼制度无法从根本上脱离《民事诉讼法》和《行政诉讼法》的制约,限制了向更宽更广范围和更深层次探索、发展公益诉讼制度的可能性。也许正是考虑了诸如此类的原因,十四届全国人大常委会提出了"制定检察公益诉讼法(公益诉讼法,一并考虑)"的立法方案。实际上,环境公益诉讼被拆成民事公益诉讼和行政公益诉讼,当初是笔者为了表述的需要而创造的学术概念,是针对美国"公民诉讼"制度的具体形态和本质所作的理论探讨,并且特别强调了民事公益诉讼和行政公益诉讼都是公益诉讼,而不是私益诉讼(传统的民事诉讼和行政诉讼)。〔82〕因此,在《民事诉讼法》和《行政诉讼法》之外制定专门的公益诉讼法,使公益诉讼与私益诉讼在立法形式和制度上相区分,在理论上并无障

〔80〕 参见刘长兴:《生态环境修复责任的体系化构造》,载《中国法学》2022年第6期。

〔81〕 巩固:《环境民事公益诉讼性质定位省思》,载《法学研究》2019年第3期。

〔82〕 参见王明远:《环境侵权救济法律制度》,中国法制出版社2001年版,第93页。

碍。在具体路径上，学界已经提出了多种方案。例如，巩固认为，民事公益诉讼与行政公益诉讼在案由、目的、功能及内容等方面有大量重合，把二者放在同一立法中统筹安排，更加方便、高效。[83] 王春业则认为可以制定专门的行政公益诉讼法，作为《行政诉讼法》的特别法，进一步落实《行政诉讼法》第 25 条第 4 款。[84] 这些学术方案不同于立法规划中的方案，却可以为后者提供理论上的有力支撑。

四、结　语

从总体上看，我国环境公益诉讼的发展呈现“实践先行、理论跟进”的样态，这使相关的实践发展和理论方案产生了内在张力。在环境公益诉讼实践已经较为丰富和成熟的情况下，需要基于并超越现有的环境公益诉讼制度和实践，结合相关法学理论、逻辑规律、应然发展方向以及比较法等，实现理论上“正本清源”和制度上“守正创新”，使地方政府提起的生态环境损害赔偿诉讼维持其作为主观公益诉讼和生态环境损害修复和赔偿管理制度之一环的地位、性质与功能，使环境民事公益诉讼和环境行政公益诉讼回归其作为特殊的环境执法手段和客观秩序诉讼的地位、性质与功能，使整个环境公益诉讼制度回归理性和协调统一。

本文作为《论我国环境公益诉讼的发展方向：基于行政权与司法权关系理论的分析》[85]一文的续篇，主要研究目的就在于对我国目前的环境公益诉讼制度和实践进行系统反思，对各类相关诉讼作出更加细致和明确的性质与功能区分，从而为未来相关制度和实践的发展完善提供理论上的参考借鉴，进一步彰显“以环境行政权为主导，以环境民事公益诉讼为补充，强化环境行政公益诉讼”的法政策导向，在法律层面形成环境公益保护的合力。

---

[83] 参见巩固：《环境民事公益诉讼性质定位省思》，载《法学研究》2019 年第 3 期。

[84] 参见王春业：《独立行政公益诉讼法律规范体系之构建》，载《中外法学》2022 年第 1 期。

[85] 参见王明远：《论我国环境公益诉讼的发展方向：基于行政权与司法权关系理论的分析》，载《中国法学》2016 年第 1 期。

Revisiting the Development Direction of China's Environmental Public Interest Litigation: Righting the Wrong, Keeping the Right, and Creating Innovation

Wang Mingyuan　Cao Wei

Abstract: Environmental public interest litigation judicial practice presents ecological environment damage compensation litigation and environmental civil public interest litigation, procuratorial organs become environmental civil public interest litigation absolute main force and environmental administrative public interest litigation is very weak status quo. Ecological environment damage compensation lawsuit in nature belongs to environmental civil public welfare litigation, but in the functional position belongs to the administrative organs as the leading ecological environment damage repair and compensation management system complementary and auxiliary system design; environmental civil public welfare litigation in the functional position is to make up for the lack of administrative law enforcement in the protection of social public welfare and the creation of a special judicial mechanism; environmental administrative public welfare litigation is a special administrative litigation. Special administrative litigation, should be to safeguard the interests of administrative order as the main purpose. The litigation of ecological environment damage compensation lawsuit and environmental civil public welfare litigation should be coordinated, highlighting the dominant role of administrative power in ecological environment damage relief; in the direction of development of environmental civil public welfare litigation, it should highlight the dominant position of the procuratorate, "forcing" the transformation of environmental protection organizations; environmental administrative public welfare litigation should be based on its objective litigation function positioning. For the environmental administrative public interest litigation, according to its objective litigation function, the main body of the prosecution, the scope of the case and the form of responsibility to carry out certain expansion and improvement. In the construction of the normative system, it should be centered on the ecological and environmental damage repair and compensation liability, as well as environmental civil public interest litigation, environmental administrative public interest litigation to carry out targeted amendments to the law or the formulation of a new law, including in the Civil Procedure Law and Administrative Litigation Law in addition to the development of a special law on public interest litigation.

Key words: Ecological environment damage compensation litigation; Environmental civil public welfare litigation; Environmental administrative public welfare litigation; Objective litigation

重申诉讼程序的主体性*

——对程序法与实体法关系的法哲学思考

段厚省**

内容摘要：

近年来，民事诉讼理论研究与实务观念出现了弱化诉讼程序独立性的动向。从认识论和诠释学的角度观察，实体法永远是不完备的，它需要通过诉讼程序的展开来填补空白、化解冲突和充实意义。从现象学以及受现象学影响的法律系统论和法律商谈理论的视角观察，在法律系统的运作中，即使是在实体权利相对完备的情况下，程序法相对于实体法也具有主体性地位。实体权利主要通过为当事人提供行为指引来实现自身，而诉讼的功能则是化解实体权利争议。在具体的个案中，实体事实和实体法律不是被诉讼程序发现的，而是被诉讼程序建构的。所谓实质诉讼法，乃是诉讼程序对自身观察实体事实和实体规范的范围、方法及其效果的规定，具有完全的诉讼程序法的性质而不具有任何实体法的性质。贴近实体法的研究要注意不能因为将观察的重点转向实体法而使程序法失去自身的独立性，实务中重实体轻程序的观念必须受到批判。

关键词：

诉讼程序　主体性　法律系统　法律商谈

近年来，理论和实务中有几个令人略感担忧的动向：一是陈刚教授将民事

---

* 本文系教育部人文社会科学研究一般项目“在线诉讼背景下地域管辖制度的变革研究”（项目编号：23YJA820006）的阶段性成果。

** 复旦大学法学院教授。

诉讼法解构为实质诉讼法与诉讼程序法，并认为后者是实现前者的手段。[1]这种解构存在贬低诉讼程序独立价值的风险。二是一些民事诉讼法学者因担忧研究资源的“贫困化”[2]而转向贴近实体法的研究，这种转向在《民法典》制定过程中尤其是《民法典》制定后有加速趋势。此种研究固然重要，但却有可能引起民事诉讼法仅是实现实体法之工具的误解。三是在司法实务领域，基于各种动机和目的，轻视正当程序乃至轻视诉讼程序的观念又在回潮。以上三个动向若不能得到校正，则会对多年来学界推动建构的程序正义理念造成一定的冲击，因此有必要从学理上澄清程序法与实体法的关系，[3]并强调程序法之于实体法的主体性地位。

综上，本文将按照如下顺序展开：第一节主要对前述3个理论与实务中的动向进行描述，指出其中所潜藏的贬低诉讼程序独立性与主体性的隐忧。第二节则对程序法与实体法的关系进行梳理，提炼出本文所要研究的焦点问题，即在陈刚教授所说的“权利既存”[4]的前提下，程序法与实体法的关系究竟为何？第三节对本文所要运用的研究方法展开论述，为确立本文核心观点打下基础。在这一部分，笔者将以胡塞尔的现象学原理为核心，结合卢曼的法律系统论和哈贝马斯的法律商谈理论，为论证诉讼程序之于诉讼实体的主体性建构出方法论。同时，本节运用前述所确立的方法论来分析程序法与实体法的关系以论证本文的核心观点，也就是在程序法与实体法的关系中，前者具有主体性地位；在个案中，诉讼程序是观察的主体，实体事实和实体规范都是被观察到的客体。最后在第四节对第一节所描述的理论与实务中的三个动向进行结论性评价，并提出忠告与建议。

---

[1] 参见陈刚：《民事实质诉讼法论》，载《法学研究》2018年第6期。

[2] “民事诉讼法学贫困化”的命题由张卫平教授在多年前提出。参见张卫平：《对民事诉讼法学贫困化的思索》，载《清华法学》2014年第2期。

[3] 实体法与程序法关系的相关理论探讨，参见张卫平：《双向审视：民事诉讼制度建构的实体与程序之维》，载《法制与社会发展》2021年第2期；李龙、闫宾：《历史维度中的实体法与程序法》，载《河北法学》2005年第7期；齐树洁、王建源：《民事程序法与实体法关系的省思》，载《法学杂志》1999年第1期。

[4] 此概念为陈刚教授提出，大意是说在现代法观念下，实体权利已经比较完备，无须通过诉讼程序来创设。参见陈刚：《民事实质诉讼法论》，载《法学研究》2018年第6期。

一、三个动向和一个隐忧

(一)三个动向

首先一个动向是陈刚教授将民事诉讼法解构为实质诉讼法与诉讼程序法。早在多年前,陈刚教授就在不同场合提出了诉讼实体法与诉讼程序法二分构造的观点。他主要运用历史的方法,试图提出一个"第三法域"来化解程序法与实体法的关系困扰。他的主要观点是,在民事诉讼法中存在一部分与民事实体法关系密切的内容,如当事人适格、诉讼标的、客观的证明责任分配以及既判力客观范围等。他当时将这一部分内容称作诉讼实体法,而将其余的与民事实体法没有直接联系的诉讼程序,如诉讼构造和审级制度等方面的规定,称作诉讼程序法。[5] 此后,陈刚教授在发表其研究成果时,将诉讼实体法改称为实质诉讼法,[6]并在这一概念下持续深耕,以历史的方法系统梳理了实质诉讼法的法源,将其界定为"第三法域",完成了对实质诉讼法的理论建构。[7] 然而实质诉讼法的概念较之诉讼实体法的概念,对于民事诉讼程序独立价值的负面影响更大。因为,若将陈刚教授所说的诉讼程序法与实质诉讼法的概念对应来看,似乎前者已经沦为纯粹形式意义上的事物,而仅作为后者的外壳存在。事实上,陈刚教授也是这么认为的,他的逻辑是:"在实定法秩序下,若没有民法设定的民事法律关系之既存,则不可能发生民事法律关系之争讼;而没有争讼民事法律关系之实存,也就没有必要对之适用实质诉讼规范进行调整。顺言之,若没有实质诉讼规范之存在,也就没有必要制定对其实施进行程序保障的诉讼程序规范。如是,在民事诉讼领域,诉讼程序规范服务于实质诉讼规范,两者是手段与目的的关系。"[8]基于这样一种认识,陈刚教授甚至声称,他在民事诉讼法的

---

[5] 关于诉讼实体法和诉讼程序法的概念以及规范区分,是笔者多年前在不同场合数次当面聆听陈刚教授讲述后所整理总结出的表述。

[6] 参见陈刚:《民事实质诉讼法论》,载《法学研究》2018 年第 6 期。

[7] 参见陈刚:《实质诉讼法的"脱私入公"过程及其复兴意义——以温特沙伊德〈当代法意识下的罗马私法之诉〉的解读为主线》,载《法律科学(西北政法大学学报)》2020 年第 1 期。

[8] 参见陈刚:《民事诉讼法的实质规范和程序规范》,载《法学杂志》2021 年第 2 期。

课堂上主要讲授实质诉讼法，而对诉讼程序法基本上略而不述。〔9〕 这就意味着在将民事诉讼法进行实质诉讼法和诉讼程序法之区分构造后，陈刚教授实际上已经将他所说的诉讼程序法的独立价值贬低。

其次一个动向是近年来民事诉讼法学界所进行的、贴近实体法的研究。早在多年前，张卫平教授就表达了对民事诉讼法学研究“贫困化”的担忧，〔10〕并在之后连续就《民法典》与民事诉讼法的交叉问题进行研究。〔11〕 李浩教授亦主张，民事诉讼法学研究应与实体法紧密联系。〔12〕 在这样的学术危机意识和贴近实体的程序法学意识背景下，一些民事诉讼法学者开始向程序与实体交叉领域寻找研究课题。前述陈刚教授有关实质诉讼法的研究就是在这种背景下展开的，而其他一些学者也逐渐将研究视野转向程序与实体交叉领域，〔13〕但是并未如陈刚教授那样解构民事诉讼法并建立相对完整的理论体系。这种研究重心上的转向在一定程度上可促进程序法与实体法的协同发展。《民法典》颁布之后，此种学术趋势更明显。但其中所藏之忧是，一些程序法学者可能顾此而失彼，忽略对纯粹程序法本身尚未臻于完善之制度的继续思考。换言之，这种研究趋势给外界的观感似乎是诉讼程序在内部已经达至完善，没有问题可值得研究了。但实际上，诉讼程序内部还有一些问题，甚至是比较根本性的问题，并未真正得到解决。更重要的是，这种贴近实体法的学术研究，是将学术视野聚焦程序法与实体法交叉的区域，强调实体法对诉讼程序法的影响，而忽略对程

〔9〕 2023 年 4 月 12 日，笔者记录陈刚教授在复旦大学法学院进行题为“实质诉讼法的复兴”的讲座时所言。

〔10〕 参见张卫平：《对民事诉讼法学贫困化的思索》，载《清华法学》2014 年第 2 期。

〔11〕 参见张卫平：《民法典的实施与民事诉讼法的协调和对接》，载《中外法学》2020 年第 4 期；张卫平：《民法典的实施与民事审判方式的再调整》，载《政法论坛》2022 年第 1 期；张卫平：《民法典的诉讼分析》，载《云南社会科学》2023 年第 1 期。

〔12〕 参见李浩：《走向与实体法紧密联系的民事诉讼法学研究》，载《法学研究》2012 年第 5 期。

〔13〕 相关研究，参见王德新：《民法典与民事诉讼法的协同构建》，载《河南社会科学》2016 年第 1 期；洪浩：《民法典时代民事诉讼制度发展的几个基本问题》，载《政法论丛》2020 年第 5 期；任重：《民法典的实施与民事诉讼目的之重塑》，载《河北法学》2021 年第 10 期；任重：《民法典与民事诉讼法的协同实施：回眸与展望》，载《当代法学》2023 年第 1 期。

序法自身重要性的关注,给人留下的印象就是程序法自身并不重要,重要的是如何实现实体法。如此就会使程序法的独立价值遭受轻视,有在观念上和实务上使民事诉讼法沦为民事实体法之附庸的风险。其所产生的实践上的后果,就是轻慢程序正义,而放纵司法实践中的程序违法行为,宽容司法改革中的某些程序违法现象。实际上,《民法典》尚在制定过程中时,已经有贴近实体法的研究成果于不经意间模糊了程序法与实体法的边界。甚至其在对程序法中与实体法密切相关之内容进行考察的时候,声称程序正义观念乃是生发于普通法系,不能"在以大陆法系为主要特质的法体系中找到完全的对应关系",从而在一定程度上否定了程序正义的价值。[14]

最后是实务领域重实体轻程序的观念回潮动向。我国原本在历史上就有重实体轻程序的传统观念,[15]此观念迄今未能消除,不仅使正当程序的理念难以真正建立,甚至导致了程序虚无主义。2021 年《民事诉讼法》的修订内容充分表明,司法实务部门对诉讼程序的价值追求已经不是程序公正而是程序效率,至少其首要的价值追求不是程序公正。[16] 可见,重实体轻程序的观念并非仅仅存在于承担大量审判任务的中基层人民法院,实际上从基层人民法院到最高人民法院乃至立法机关都有类似观念,甚至我们从现任最高人民法院首席大法官的言论中也可以感受到。例如,他在谈到司法公正时,认为"首先是实体公正",也就是将实体公正摆在程序公正的前面。即使是对程序公正的强调,他也是说:"老百姓到法院是为了解决问题的,绝不是来'走程序'的。程序合乎规

---

〔14〕 参见韩宝:《民事诉讼法与民法关系省思——兼及民法典的编纂》,载《北方法学》2017 年第 5 期。

〔15〕 参见梁平、陈焘:《论实体法与程序法的关系——兼谈"重实体轻程序"问题》,载《武汉理工大学学报(社会科学版)》2014 年第 6 期。

〔16〕 此种倾向体现在修订草案中确立了争议极大的第一审普通程序独任制和第二审简单案件独任制。相关条文参见 2021 年修订通过后的《民事诉讼法》第 40 条第 2 款第 2 句,即"基层人民法院审理的基本事实清楚、权利义务关系明确的第一审民事案件,可以由审判员一人适用普通程序独任审理",以及第 41 条第 2 款,即"中级人民法院对第一审适用简易程序审结或者不服裁定提起上诉的第二审民事案件,事实清楚、权利义务关系明确的,经双方当事人同意,可以由审判员一人独任审理"。

范,同时能实质解决问题,案结事了才是诉讼目的、才能体现诉讼的价值。"[17]他虽然是针对"程序空转"的现象表达上述观点,但至少这意味着,在首席大法官的观念里,诉讼程序的价值主要就是实现实体法的工具价值。

(二)一个隐忧

以上三个动向,是将程序法置于实现实体法之工具的地位。这种观念是令人担忧的。笔者的担忧主要是:其一,如果将程序法作为实现实体法的工具,意味着当司法者认为通过诉讼程序可以实现实体公正时,则会利用诉讼程序来追求实体公正;当司法者认为无须程序法也能够实现实体公正时,则可能会放弃诉讼程序;当司法者认为违背诉讼程序更能够实现实体公正时,就可能会选择违背诉讼程序。若司法者认为,虽然不符合诉讼程序却能够提高诉讼效率而又不减损实体公正,也倾向容忍不符合诉讼程序的庭审。[18] 如此,诉讼程序就会处于被司法者若弃若离的状态,不能够为当事人提供稳定的程序预期。当事人不知道是否应当遵守诉讼程序,完全是凭猜测来与对方当事人和法官进行博弈,导致裁判失去可预测性,裁判结果的公正性也完全处于偶在状态。

其二,因为立法者不是万能的,实体权利体系本身也不是绝对完善的。如果将程序法仅仅看作实现实体法的工具,那么在某些争议中,如果实体法缺位,法院就可以拒绝裁判,如此就违背了法院不得拒绝裁判的法治原则。[19] 如果我们认为法院不得拒绝裁判,那么作为实现实体法之工具的诉讼程序就不是在实现尚不存在的实体权利。实际上,即使我们假设实体权利体系绝对完备,它也不是以诉讼作为其实现的主要方式的,而是通过实体法律规范的评价功能来为国民提供行为指引并因此获得实现。只有当事人之间就实体权利发生争议

---

〔17〕 参见白龙飞:《抓实公正与效率》,载最高人民法院官网,https://www.court.gov.cn/zixun-xiangqing-393671.html,最后访问日期:2023年11月28日。

〔18〕 例如,上海市高级人民法院副院长、全国审判业务专家黄祥青就认为,在证人不出庭的情况下,可以在录音录像辅助下对证言笔录进行鉴真并采纳,而且他还反对证人当庭作证之证言应予优先采纳的观点。意味着他对于因证人不出庭而剥夺对方当事人质证权的庭审是采容忍态度。参见黄祥青:《推进以审判为中心的刑事诉讼制度改革的若干思考》,载《法律适用》2018年第1期。

〔19〕 参见郭春镇:《感知的程序正义——主观程序正义及其建构》,载《法制与社会发展》2017年第2期。

的时候,才会进入诉讼程序。因此,诉讼程序的首要目的是化解实体权利争议。在实体权利本身都陷入争议的情况下,诉讼程序当然不可能是存在争议的实体权利的实现者,而是实体权利是否存在的审视者和决断者。

综上,如果说实体法学者因为不熟悉程序法原理而将程序法误为实现实体法的工具尚可理解,但程序法学者自己贬低诉讼程序的地位就让人不安了。因为他们是程序法学者,程序法学者自己对程序法之地位的立场如果存在误解,会更容易误导他人,此担忧就是笔者写作本文的动机。本文将通过对程序法与实体法之间关系的梳理和澄清,来论证程序法之于实体法的主体性,进而维护程序正义在法治理念中的核心地位。

二、问题的梳理与凝练

(一)对程序法与实体法之关系史的简单梳理

程序法与实体法的关系原本是一个老问题。根据迄今为止的研究成果,大致可以得出的一个结论是,法律在其早期阶段基本上都处在某种程度的一体状态。在这种状态中,不仅程序法与实体法一体未分,刑事法律和民事法律也没有明确区分,甚至法律规范往往与某些具体的事实形态也没有分开。我们现在所熟知的法律内部不同部门法之间的区分构造,是随着法律的发展逐渐形成的。例如,我国古代法基本上就是诸法合体、刑民不分的状态。清末变法修律后,我国法律发展较多倚重对域外法治发达国家的法律移植,其中所移植的又主要是大陆法系国家的法律,在立法和法学理论上形成了比较明显的大陆法系尤其是德日法系的特征。大陆法系的根源是罗马法,早期罗马法中的程序法与实体法也是处于一体未分的状态,实体权利都是以诉权的名义存在的,也是通过诉讼才能实现。那时候的诉权被认为是“取得自己应得之物”的权利。[20] 其中“应得之物”具有实体意义,“取得”则有程序意义。不仅实体与程序一体未分,规范与事实也是一体未分,诉权总是与某些具体的事实联系在一起,也是这

〔20〕 参见[意]彼得罗 · 彭梵得:《罗马法教科书》,黄风译,中国政法大学出版社 1992 年版,第 85 页。

些事实规定了一个个具体的诉权，如“请求给付小麦之诉”“妻物诉讼”等。[21]在罗马法发展到《德国民法典》制定之前的时期，也就是温得谢德（Windscheid）所处的时代，经由温得谢德的学术探讨，将请求权从诉权中分离而出，实体权利才从诉权中独立开来，诉权就只剩下程序的意义。[22] 这样一来，诉权与请求权的关系为何，就成了一个分歧未解的问题，大陆法系尤其是德国法系关于程序法与实体法之关系的共识也就到此为止了。诉权理论本身的不断变迁，意味着在这个问题上并未达成权威共识。

但从制度史和学说史来看，在请求权从诉权中分离之前，是诉讼生成实体权利，程序法相对实体法具有主体性，甚至说“诉讼法乃实体法发展之母体”[23]也不为过。而在请求权从诉权中分离之后，从初期的诉权理论、诉讼目的理论和诉讼标的理论来看，是将程序法作为实体权利的保护法看待。这种保护法的定位存在歧义，既可以认为程序法相对实体法仍然具有相对独立的主体地位，也可以认为程序法是实现实体法的工具。与此相应地，在诉讼程序价值论上，也形成了二元并存的立场，一方面认为程序法具有实现实体法的工具价值，另一方面认为程序法具有自身独立价值。[24] 当然，程序法的独立价值与工具价值并无冲突，反而可加强工具价值的实现。故而在本质上，双重价值论还是倾向将程序法作为实现实体法的工具看待。随着德、日诉权理论、诉讼目的理论和诉讼标的理论越来越向摆脱实体法牵制的方向发展，程序法与实体法的关系更加扑朔迷离。例如，若承认实体法律的日益实证化和实体权利的日益完善，并坚守立法与司法相分离的国家权力安排，恐怕就得承认程序法是实体权利的保护法，分歧无非在于程序法在实现实体权利的时候，是居于较主动的地位还

〔21〕 参见［意］彼得罗·彭梵得：《罗马法教科书》，黄风译，中国政法大学出版社1992年版，第90页。

〔22〕 参见陈刚：《实质诉讼法的“脱私入公”过程及其复兴意义——以温特沙伊德〈当代法意识下的罗马私法之诉〉的解读为主线》，载《法律科学（西北政法大学学报）》2020年第1期。但是，仍然有一些实体权利与诉权保留为一体而必须经由诉讼才能行使，如撤销之诉和确认之诉。

〔23〕 参见［日］谷口安平：《程序的正义与诉讼》，王亚新、刘荣军译，中国政法大学出版社1996年版，第63~73页。

〔24〕 参见肖建国：《民事诉讼价值论》，中国人民大学出版社2000年版，第97页。

是较被动的地位。若承认诉讼程序是为了化解国民在交往过程中产生的实体权利争议,那么无论争议的实体权利在客观上是否既存,程序法的目的都是化解实体权利争议而不是实现实体权利,在没有既存的实体权利而又需要承认当事人应当享有实体权利时,程序法所生产出的裁判将创造实体权利;若已有既存的实体权利,既存的实体权利则是程序法化解争议的资源和依据。总之,程序法的目的不是实现实体权利,而是化解争议。即使这种争议是有关实体权利的争议,程序法的目的也是化解实体权利争议而不是实现争议的"实体权利"。

以上主要是就大陆法系尤其是德国法系的制度史和学说史展开的论述。若从英美法系的法律史来看,在判例法形成的过程中,程序法当然居于主体地位,因为判例是通过诉讼生成的。尤其是在衡平法领域,法官凭其良知所作出的裁判,具有更明显的创造实体法的性质。在这样的过程中,程序法具有再生产实体法以及进行自我再生产的主体地位。在将实体权利从无到有地生成出来的过程中,程序法当然不是实现实体法的工具,而是生成实体法的主体。以上程序法与实体法的关系,从英美法系民事诉讼的目的以及民事诉讼标的理论也能体现出来,它的民事诉讼目的是化解争议而不仅仅是化解实体权利争议,它的诉讼标的就是争议事实本身而不是系争的实体权利。[25] 基于这样的历史与制度背景,英美法系的程序法在面对实体法时,始终居于主体地位。

在程序法与实体法的关系上,我国民事诉讼法学界实际上在诉权理论、诉讼目的理论、当事人适格理论、诉讼标的理论、证明责任理论和既判力理论的程序性质与实体性质的关系上存在争议。这种法学理论上的争议,应该就是陈刚教授提出并努力论证实质诉讼法的概念,试图建立"第三法域"的原因。换言之,陈刚教授试图通过将前述在性质上存在分歧的若干制度从诉讼程序法中拿出,单立一个既不属于程序法也不属于实体法的第三法域,试图为程序法与实体法之关系争论,予以盖棺定论。

(二)问题的提炼

本文无意沿着陈刚教授所采用的历史方法,对程序法与实体法之间的历史纷扰再行争论。本文所要讨论的是,在当下实体法高度发达,实体权利的体系日趋完善的所谓"权利既存"阶段,程序法与实体法的关系应如何定位?是不是

---

[25] 参见段厚省:《民事诉讼标的论》,中国人民公安大学出版社2004年版,第25~26页。

说,在陈刚教授所说的“权利既存”阶段,程序法就不得不沦为实现实体法的工具;抑或是即使是在“权利既存”阶段,程序法相对实体法仍然具有不容置疑的主体地位?这是对本文所要研究问题的第一层级的定位。也就是本文所要研究的问题不是存在于历史而是存在于当下,将把目光聚焦当下阶段程序法与实体法之间的关系,这是其一。

其二,需要说明的是,本文在将目光聚焦当下后,还须进一步缩小考察的范围。换言之,将问题聚焦在一个假设前提之下,这个假设前提就是实体权利体系足够完善,也就是实体权利体系中不存在任何空白之处、重合之处或者冲突之处,或者说,就是假设对于任何民事争议都有充分的实体法律规范可供裁判援引。之所以要假设这样一个前提,是因为即使在当下实体法律日趋完善的发展阶段,实体法律也仅仅是日臻完善而不是已经达致完善。正如笔者所述,立法者并非万能,实体法律也并非绝对完善。在面对千变万化的生活事件时,实体法律必有不敷使用之处。例如,在出现实体法律所未能预见的新类型社会关系的时候,实体权利体系就会产生空白。在这种情况下,在法院不得拒绝裁判的原则要求下,法院若通过立法目的之内的司法解释也无法形成裁判规范,那么就需要在立法目的之外进行法的续造,此种续造在性质上就是通过诉讼程序来生成实体权利。于此情形,程序法相对实体法而言,必然要处于主体地位。又如,实体权利出现冗余或者冲突的情形,若既有的法律方法不能提供充足的指示,而法院又不能拒绝裁判,也只能通过诉讼程序来生产出一个具有确定性的裁判,这个裁判本身可能也是对法律方法的创新。在这种情况下,程序法因为要为实体结果提供正当性保障,它必然也将处于某种程度的主体性地位。这些道理不言自明,此处不赘。为节约篇幅,本文仅在“实体权利达至完善,不存在空白、重复或者冲突”这一假设前提下,就程序法与实体法的关系展开讨论。因为在这一假设之下,被普遍认为,诉讼程序既无须生成先前未有之实体权利,亦无须对既有实体权利内部所存在的矛盾进行化解,因此已经不必发挥其能动作用,而只须将妥当的实体法律适用于妥当的实体事实即可。此种情况下诉讼程序所具有的就是工具价值。然而本文的研究将证明,即使在实体权利既存并且假设既存的实体权利十分完善的情况下,诉讼程序之于实体权利,也具有主体性地位。如果这一命题成立,那么就可以说,在所有情况下,诉讼程序之于实体权利都具有主体地位。笔者将这一命题进一步阐述如下:在国民具有成熟的法治观念、国家拥有完善的法律体系、社会处于发达的法治状态下,实体权利是通过其能够为国民提供稳定的行为预期而得到实现,并非通过诉讼实现。诉讼是为了化解国民之间的实体权利争议,在这个争议化解过程中,实体权利争议以及其所涉及的实体规范和实体权利,乃是诉讼程序的观察对象。在这一观察与被观察的结构中,实体事实与实体权利都是被观察的客体,诉讼程序是观察的主体。以下笔者将分“方法论的选择”和“理论框架的搭建”两步,来对这一命题进行证成。

三、理论框架的建构

(一)方法论的选择

关于程序法与实体法的关系问题,若是用教义学方法,则只能聚焦个别问题,无法从宏观上理清是非。又,传统的研究方法多是历史的方法以及比较的方法,但历史的方法易面临当下实践的诘问,比较的方法易面临本土化的诘问。且在程序法与实体法的关系上,早有学者进行过历史的考察和比较的考察,这里也没有重复研究的必要,故本文也不采该二方法。此外,就本文所选择的主题的宏观性与抽象性来看,近年法学界流行的实证的研究方法,则存在样本真实性与充分性上的困难,而且如何在样本与结论之间建立因果联系以及如何将事实领域的因果联系转化为价值判断,也有较大困难。

基于以上考虑,本文是采法哲学的方法来建构理论框架。一方面,法哲学视野较宏阔,利于我们走出程序法和实体法的细枝末节,在一定距离外观察程序法与实体法的整体关系;另一方面,哲学的思考较思辨精微,利于我们深入本质层面来观察程序法与实体法的关系。本文将以胡塞尔的现象学理论为核心,结合受胡塞尔现象学影响的两位学者卢曼和哈贝马斯的理论也就是法律系统论和交往行为理论,来建构分析程序法与实体法之关系的理论框架。

1. 胡塞尔的现象学原理

胡塞尔的现象学是在对传统主客二元哲学认识论进行反思的基础上展开的。在主客二元的哲学认识论下,人们困扰于作为认识对象的客体的客观性如何得到保证的问题。为走出这种困境,胡塞尔提出用还原论的方法将实体(客体)悬置,仅以实体呈现于我们意识中的“现象”作为哲学认识论所考察的对象。据此,他所得出的结论是,无论作为观察对象的实体是否具有客观性,我们的意识活动总是真实发生的,实体呈现在我们的意识中的“现象”总是不可否认的。

在这个不可否认的“现象”基础上,我们展开研究所得出的结论就可以确保是真的。[26]

基于这样的前提,胡塞尔对认识主体的意识结构展开研究,建构了体系完整的现象学理论,其中对建构本文理论框架具有重要意义的观点还有:(1)意识的超越性原理。这一原理是说我们在观察某物的时候,我们所给予某物的意识内容,一定比该物给予我们的信息要多。究其原因,是因为我们总是运用我们头脑中已经具有的经验知识来帮助我们完成认识过程。(2)意识的背景之晕与时间之流原理。意识的背景之晕是说我们在观察某物的时候,总是将它放在某个背景中进行观察的,背景所提供的信息帮助我们将某物判断为某物。意识的时间之流是说我们所有的理解和领会活动,都是在时间中进行的,我们在先的知识(也就是胡塞尔所说的“滞留”),帮助我们完成当下的认识并指向未来的认识活动(也就是胡塞尔所说的“前摄”);反言之,我们对过去和当下的认识也受到未来的制约。(3)意识的主体间性原理。为保证单个意识主体所意识到的“现象”具有普遍性,胡塞尔提出了“主体间性”的概念,认为可以通过移情的方法,将他人的意识活动体验为自己的意识活动,来实现主体之间在认识上的共通性。[27] 胡塞尔的理论对人文社科领域的研究影响颇大,受他影响并通过批判、发展他的理论来观察和分析法律问题的学者就包括卢曼和哈贝马斯,他们的理论对于建构本文的理论框架也有重要的启发意义。

2. 卢曼的法律系统论

卢曼在批判胡塞尔主体间性原理的同时提出了自己的思路,也就是以物理学领域甚至生物学领域的系统理论以及生物学家马图拉纳的自创生理论。其将系统看作如生命组织一样的组织体,将胡塞尔现象学理论中作为个体的认识

---

〔26〕 参见[德]埃德蒙德·胡塞尔:《胡塞尔选集》,倪梁康选编,上海三联书店 1997 年版,第 54~63、432~448 页。

〔27〕 胡塞尔的以上观点,分布在一系列论文中,这些论文被收在前注所列出的由倪梁康选编的《胡塞尔选集》。有兴趣的读者可以进一步阅读,包括该书第一编、第四编到第七编、第十编等。另外,想快速概览胡塞尔现象学思想的读者也可以阅读丹麦学者丹·扎哈维所著《胡塞尔现象学》,李忠伟译,商务印书馆 2022 年版。包括第一章第二节、第三章第一节、第三节、第四节等,本文所总结的胡塞尔现象学的主要观点,分布在以上各节中。

主体置换为系统,将现象学中的意识置换为系统的意义,[28]又将现象学中的意向行为置换为系统的观察活动;将现象学所遭遇的不同主体之间意识的差异性置换为系统在自身运作中所遭遇的偶在性;将现象学中作为个体的认识主体对主体间性的追求置换为系统在面对偶在性时所进行的正当与不正当的二值区分和选择。[29] 在完成这种概念置换后,卢曼建构了他的社会系统理论。由于法律系统被看作一个统一的、具有自创生能力的组织体,那么在法律系统内部就不存在不同主体之间认识上的差异性问题,因为系统的意识被定义为统一的系统的"意义"。当系统内部产生分歧的时候,由法院根据法律规则在合法与非法二值中选择其一进行裁判。[30] 司法裁判的过程因此具有法律系统自我观察和自我指涉的性质——它根据法律系统自己确立的规则来对法律系统内部的分歧进行观察与裁判。

3. 哈贝马斯的法律商谈理论

哈贝马斯从语言哲学的视角,将胡塞尔的"主体间性"概念置换为主体之间的共识概念。并且,其以主体之间具有高度实践性的言语交往理论,也就是以达成理解和共识为目的的沟通与论辩的理论,置换了胡塞尔的移情理论,从而建构出了他自己的交往行为理论。[31] 哈贝马斯将胡塞尔所说的日常生活世界划分为客观的自然世界、主观的内心世界和主体之间相互交往的社会世界。并以言说的可领会性、陈述的真实性、表达的真诚性和言语行为的合法性(正当性)来分别要求生活世界和他所划分的3个具体世界的言语交往。他认为,如

〔28〕 参见后盾:《如何实现主体间性?——哈贝马斯与卢曼社会理论的分歧》,载《社会科学家》2017年第9期。

〔29〕 此部分内容是笔者对卢曼法律系统论与胡塞尔现象学理论进行比较所得出的结论,限于篇幅,这里不能详细展开。感兴趣的读者可以对比卢曼的《社会的法律》(郑伊倩译,人民出版社2009年版)与前注所列倪梁康选编的《胡塞尔选集》中的相关内容,进行验证。

〔30〕 参见前注卢曼的《社会的法律》,第四章"规则化和程序化"。

〔31〕 实际上,哈贝马斯在不知不觉中还运用了胡塞尔的现象学还原理论——当哈贝马斯主张真理共识论的时候,他已经是站在了现象学立场,也就是悬置了实体,聚焦现象。因为共识本身已经不再是客观真理意义上的"实体",而是现象学意义上的"现象"。

果言语交往能够满足以上4个有效性要件，那么理解与共识就有可能达成。[32] 在交往行为理论的基础上，哈贝马斯提出了法律商谈理论。[33] 他认为，法律规范的事实性与有效性之间存在张力，这种张力体现在司法裁判中就是判决的确定性与合理可接受性之间的张力。[34] 这种张力的本源是语言的抽象性与言说具体性之间的紧张关系。解决的办法也是为司法裁判中的言语交往即诉讼行为设定前述4个言语行为有效性要求，以促进司法裁判领域理解与共识的达成，并使裁判在理解与共识的基础上作出，使具有强制确定力的裁判同时也具有合理可接受性。[35]

（二）理论框架的搭建

结合以上胡塞尔、卢曼和哈贝马斯的理论，本文就程序法与实体法之关系的立场，建构理论框架如下：

1. 在法律系统的运作中，诉讼程序是观察的主体，实体事实和实体规范是被观察的客体。按照卢曼的法律系统论，实体法和程序法都是法律系统的有机构成部分，司法裁判是法律系统运作的核心样态，司法裁判在本质上是法律系统内部的观察活动。在这种观察的结构中，诉讼程序作为观察的主体存在，而实体事实和实体规范则是作为被观察的客体存在。因此，从法律系统论出发，程序法作为规范诉讼活动的法律规范，在面对实体法的时候就具有主体性地位。这种主体性地位意味着，诉讼程序的运作并不受实体规范的约束；相反，实体事实和实体规范是否能够进入诉讼程序的观察视野，以及其呈现于诉讼程序中的“现象”为何，都决定于诉讼程序对它进行观察的方式和角度。这意味着，

---

〔32〕 参见张庆熊：《交往行为与语言游戏：论哈贝马斯对维特根斯坦语言哲学的接纳与批评》，载《马克思主义与现实》2008年第4期；[德]尤尔根·哈贝马斯：《交往行为理论》（第1卷），曹卫东译，上海人民出版社2018年版，第65、352～353页；[美]莱斯利·A.豪：《哈贝马斯》，陈志刚等译，中华书局2014年版，第31～33页。

〔33〕 参见高鸿钧：《走向交往理性的政治哲学和法学理论（下）——哈贝马斯的民主法治思想及对中国的借鉴意义》，载《政法论坛》2008年第6期。

〔34〕 参见孙桂林：《哈贝马斯的法律商谈理论及其中国化的意义》，载《法学杂志》2010年第3期。

〔35〕 参见[德]尤尔根·哈贝马斯：《在事实与规范之间——关于法律和民主法治国的商谈理论》，童世骏译，生活·读书·新知三联书店2003年版，第1～12、273～295页。

实体法实际上无法限制诉讼程序的观察视野,而诉讼程序却可以自主决定如何观察实体法(即使是实体法中涉及证明责任分配的规范,也不能限制诉讼程序在运作上的自主性,关于这一点,本文将在后面进一步阐明)。例如,诉讼程序法中规定的普通共同诉讼,以及实践中探索的示范诉讼等,法官在作出相关决策时,虽会考虑系争实体法律关系之间的相关性,但其根本目的乃在于纷争一次性解决以提高诉讼效率和降低诉讼成本,而不受实体法律关系的约束。

2. 在法律系统的运作中,实体事实和实体规范是诉讼程序建构出来的。法律系统在内部进行自我观察所得到的"现象",也就是作为裁判基础的事实结论和作为裁判依据的具体规范的意义,具有现象学上的"超越性"——其在内容上大于争议事实本身和抽象的实体法律规范所能够提供给诉讼程序的信息。例如,就实体事实而言,当事人所能够提供给诉讼程序的仅仅是碎片化的证据资料,是法官遵照诉讼程序的规定,运用其所具有的在先的经验知识也就是诠释学中所说的"前见",[36]建构出实体事实的"现象"并将其作为裁判的基础。就实体规范而言,在制定法传统下,实体规范不过是以抽象的文字符号所进行的条文表达,它的意义是通过司法裁判来不断获得充实的。[37] 司法裁判对于实体规范意义的解读和充实,是遵照诉讼程序展开的。在判例法传统下,先例中裁判规则的提炼更是通过诉讼程序中的论辩活动来完成。

就此而言,作为裁判基础的实体事实和作为裁判依据的法律规范的意义,都是通过诉讼程序建构出来的。因此,诉讼程序并不是在被动地实现实体法的规定,而是在建构实体法的意义内涵甚至创设实体规范,这种创设正是法律系统自我再生产的成果。换言之,法律系统的自我再生产是通过诉讼程序的展开而得到实现的。更进一步分析后我们还会发现,诉讼程序在建构实体事实和实体规范时,是将实体事实和实体规范放在它们各自所处的背景之晕和时间之流中展开的。

从背景来看,诉讼程序所得到的有关实体事实的"现象",是在实体法律背景下拣选过的要件事实;而通过诉讼程序所寻找到的法律规范,也是在实体事

[36] "前见"是诠释学中的概念,是指在认识主体之意识中已经在先存在的立场、观点和经验知识等。参见[德]汉斯-格奥尔格·伽达默尔:《诠释学Ⅰ:真理与方法》,洪汉鼎译,商务印书馆2007年版,第368页。

[37] 参见许身健:《论司法裁判社会效果缺失之成因》,载《求索》2022年第2期。

实背景下拣选过的实体规范。实体事实和实体法律规范互为背景,法官在背景与前景之间所进行的诠释学意义上的循环运动,[38]正是遵照诉讼程序所展开的。从时间之流来看,通过诉讼程序所进行的法律适用,其本身也是对实体法律的回溯性重构、前瞻性续造和持续性充实。在制定法传统下,法官在具体个案中对实体法律规范所进行的每一次解读,都会在实体法律规范既有的意义基础上展开。在此种情况下,实体法律规范既有的意义具有胡塞尔现象学中"滞留"的性质。法官在对法律规范既有的意义进行审视的基础上,决定是否要发展出新的意义,这种审视和解读具有对法律规范的意义进行重构的性质。而这种持续重构所累积的实体法律规范的意义成果,体现为对法律规范之意义的持续充实。这种意义成果不仅适用于当下的实体事实,也指向未来的法律交往,对未来将要发生的法律交往发挥规范作用。此外,当法官以结果为导向来引导自己的裁判活动时,其对"结果"也就是裁判在未来可能发生的法律效果、社会效果乃至政治效果的考量,实际上就是按照胡塞尔现象学中"前摄"的原理展开,这种展开又是在诉讼程序中进行的。综上分析,诉讼程序既然是在建构实体事实和实体规范,那么它在实体事实和实体规范面前,当然具有主体性地位。

3. 诉讼程序对实体事实和实体规范的建构,是通过交往行为来完成的。诉讼程序对于实体事实和实体规范进行建构的成果也就是裁判结果。若要消除其在确定性与合理可接受性之间的张力,须在理想言谈情境下,在通过充分的沟通与论辩所达成的理解与共识的基础上做出才可。[39]这就是诉讼程序为所有程序参与主体提供充分的选择权并提供充分表达意见的机会的目的所在,也是诉讼程序对程序参与人设定充分、具体、真实的陈述义务乃至设定诉讼诚信义务的目的所在。以法律系统论的视角来观察,哈贝马斯的法律商谈理论实际

[38] 诠释学意义的循环也是诠释学领域的概念,原先起源于文本解释,是指诠释者在组成文本的语词与文本的意义筹划之间往复循环,通过文本的语词筹划文本的意义,又通过已经筹划的文本的意义反过来理解文本的语词。之后,诠释学循环的含义不断扩充,一般是指诠释者在相互关联的事物之间往复循环,以达到对相互关联的事物的各自理解。参见[德]汉斯-格奥尔格·伽达默尔:《诠释学Ⅰ:整理与方法》,洪汉鼎译,商务印书馆2007年版,第363~364页。

[39] 参见李龙:《论协商民主——从哈贝马斯的"商谈论"说起》,载《中国法学》2007年第1期。

上是对作为一个整体的系统的“自我意识结构”所进行的内在的合理建构。[40] 没有这一合理构造的“意识结构”,系统对于实体事实和实体规范无法形成具有“主体间性”或者“共识性”的“意识内容”,而诉讼活动正是在这种“意识结构”之下的“意向性”活动。通过充分的论辩来达成对实体事实和实体规范的共识,进一步体现了诉讼程序对实体事实和实体规范的建构性,即诉讼程序据此达成的共识性成果,在本质上是实体事实和实体规范呈现在法律系统之“意识”中的“现象”,而并非实体事实和实体规范之“实体”。

4. 即使在“权利既存”的法治发展阶段,诉讼程序也不是被动地实现实体权利的工具,而是以主体性姿态化解实体权利争议的程序机制。根据以上分析,假设真有实体法律已经达至完善的法治阶段,所有的实体权利都处于“既存”状态,程序法也并不是被动地实现实体法的工具,而是以主体性姿态化解实体权利争议的程序机制。之所以卢曼的法律系统论也被称作结构功能主义理论,其原因在于卢曼将社会划分为不同的系统,不同的系统具有不同的功能,法律系统的功能乃在于稳定国民行为期望。[41] 实际上,在绝大部分情况下,实体法是通过其评价功能来引领国民的社会交往行为,从而获得自身的实现。只有当事人在有关实体权利的认知上出现争议时,他们才会启动诉讼程序。启动诉讼程序的目的从表面上看是当事人为了维护自身的实体权利,但从更本质的层面观察乃是为了化解围绕着实体权利所产生的争议。

为此,诉讼程序需要观察系争实体权利是否存在,并根据自己的观察作出判决。判决的结果可能是实体权利存在,也可能是实体权利不存在。但无论如何,诉讼程序是根据自己的观察作出判断,这一观察机制不可能是实体法规定的,而只能是程序法自己规定自己。在此种情况下,实体法不过是程序法化解实体权利争议所援引的依据。程序法在化解实体权利争议的时候,可能实现了实体权利,也可能否定了实体权利,但无论如何,这都是诉讼程序自己作出的决定。即使这种决定与“既存”的实体权利不一致,我们也不能依据“既存”的实体权利否定判决的效力。诉讼程序有自己的决定机制,这一机制是按照交往行为的理念建构的,而不是按照实体法的逻辑建构的。实体规范与实体事实一

---

〔40〕 参见邱戈:《交往如何可能? ——基于哈贝马斯、胡塞尔和列维纳斯的思考》,载《浙江大学学报(人文社会科学版)》2020 年第 5 期。

〔41〕 参见[德]卢曼:《社会的法律》,郑伊倩译,人民出版社 2009 年版,第 67 页。

样，只是通过包括当事人双方以及法官在内的程序主体提供给诉讼程序，作为诉讼程序生产其裁判的“原材料”而存在。当然，由于法律系统是以合法/非法为符码运作的二值系统，所以它只能以法律规范作为生产裁判的根据，而不能直接根据法律之外的其他规范来生产裁判。

四、对当前理论与实务动向的回应

（一）对实质诉讼法的回应

根据前文的分析，当诉讼程序作为法律系统内之二阶观察的主体，观察实体事实和实体法律规范的时候，它当然具有主体性地位，反倒是实体事实和实体规范乃是作为被观察的客体而存在的。当诉讼程序观察实体事实和实体法律的时候，它必须自己决定哪些实体对象将会进入它的观察视野、它将如何观察这些实体对象以及它观察所得出的结果在法律上的效果如何。所谓实质诉讼法，就是诉讼程序法中关于它要观察的实体对象、它的部分观察方式（主要体现在证明责任分配方面）以及观察结果的法律上效果的规定。以下展开论述：

1. 诉的主观要素是程序法自身规定的。程序法自己决定哪些主体能够进入诉讼程序进行论辩与沟通。但是，诉讼程序所要解决的主要是原、被告之间的实体权利争议（附带地也要解决在诉讼过程中所产生的程序性争议）。因此，能够进入诉讼程序的只能是实体权利的争议双方，也就是声称自己享有实体权利或者否定对方享有实体权利的人。进而，要决定主体能否进入诉讼程序，就必须看其是否与系争的实体权利义务存在相应程度的利害关系。这就是对当事人适格的基本要求。而当事人适格的条件，是程序法自己规定的，不是实体法规定的，也不是源于实体法的程序法规定。例如，我国当事人适格的条件是由《民事诉讼法》第122条第1项和第2项规定的，而不是由《民法典》或者其他实体立法来规定的。实体法只能对实体当事人之间的权利义务进行抽象性规定，它不可能预测哪些当事人之间会产生纠纷，以及在产生纠纷后哪些当事人可以成为诉讼主体。因此，哪些人能够进入诉讼以及作为程序主体享有程序法上的权利，承担程序法上的义务，只能由程序法来规定。当《民事诉讼法》第122条规定当事人须是与本案有直接或者间接利害关系的人时，法官在立案和审理案件的时候才会考虑是否援引实体法上的规范以判断当事人是否合格。如果程序法不对当事人适格提出实体上的要求，法官在立案和审理案件的时候就不会援引实体法上的规范来判断当事人是否适格。在这里,实体法的规范仅仅是作为程序法判断当事人适格与否的“参引规范”而存在,并不是程序法规范本身。此外,第三人的适格条件也是由程序法规定的。

2. 诉的客观要素是程序法自己规定的。程序法需要决定当事人之间的何种实体权利争议可以进入诉讼程序,也就是成为它的观察对象,这就是诉讼标的问题。诉讼标的到底为何,是程序法自己规定的,也是在程序法的理论范围内建构其教义学原理的。例如,若程序法规定其为实体法上的请求权,那么诉讼标的就是实体法上的请求权;若程序法规定其为争议的事实本身,那么诉讼标的就是争议事实本身。换言之,程序法在决定它的观察对象时,可以决定观察对象与实体法的关系,但是程序法的规定本身并不受实体法的约束。

也许有人要问,那实体法上所规定的当事人可以向人民法院提起诉讼请求确认某种法律行为无效,或者通过起诉请求撤销某种法律行为,这又如何解释?回答这一问题并不困难,答案就是:这样的规定在性质上具有程序规范的性质,它所规定的是当事人是否有权将该争议提交诉讼程序的问题,而不是或至少不仅是实体法上的权利义务安排。例如,是因为我国《民事诉讼法》在第 122 条第 3 项规定当事人起诉要有“具体的诉讼请求和事实、理由”,我们在确定当事人的诉讼请求时才会将目光转向实体法,并援引实体法的规定来判断当事人的起诉是否有具体的理由。如果我国《民事诉讼法》规定,起诉只需要提交起诉状和缴纳诉讼费,那么我们至少在立案的时候根本就不会考虑具体的实体问题。即使在进入诉讼程序后,作为诉讼程序之观察对象的诉讼标的的范围如何,也是诉讼程序自己决定的,而不是由实体法决定的。又,诉讼程序在决定是否将相对独立又相互关联的诉讼标的合并在一个诉讼程序中进行审理时,也不受实体法的约束。是否合并,端视纠纷是否存在一次性解决的必要。

3. 程序法自己决定证明责任的分配。众所周知,“谁主张,谁举证”是证明责任分配的基本原则,这一原则实际上源于普遍论证原则,也就是提出主张者须为自己的主张承担论证负担。作为一种论证原则,“谁主张,谁举证”当然不可能是实体法上所规定的原则,而只能是程序法上所规定的原则。例如,我国法上的证明责任就由《民事诉讼法》第 67 条第 1 款进行规定(最高人民法院《关于适用〈中华人民共和国民事诉讼法〉的解释》,以下简称《民诉法解释》,在第 90 条第 1 款和第 91 条作了更详细的规定),而不是由《民法典》或者任何其他实体立法来规定。不仅主观证明责任分配是由程序法自己规定,客观证明责任分配也是程序法自己规定的——程序法自己规定，当事实真伪不明的时候，由承担证明责任的一方承担不利后果，这一规定不是附属于实体法规范之后或者潜藏于实体法规范之中的独立规则，而是程序法自身所表达的规范。例如，在我国，这一规则就是由《民诉法解释》第90条第2款规定。我国《民诉法解释》所建构的证明责任分配规则，主要倚重德国学者罗森贝克规范分类说的观点，而罗森贝克规范分类说的理论核心是“不适用规范说”，也就是主张证明责任分配的基本原则是：“不适用特定法律规范则其诉讼请求就不可能得到支持的当事人，承担法律规范的特征在实际发生的事件中已实现的证明责任。”[42]这一规范显然不可能由实体法规范自身来设定，而只能是程序法来规定。因为实体法规范作为被适用的对象，不可能对自己在个案中是否应当被适用作出规定。之所以罗森贝克和他之后的学者普维庭等极力将客观证明责任说成是实体法上预设的风险负担原则，乃是因为在法律已经高度实证化的时代，他们要为这一原则寻求实定法上的依据。为了让法官接受这一原则，即使这种实体法上的依据是牵强的，也比没有实体法上的依据好。

实际上，在神判的时代和法定证据的时代，以及我国采强职权主义的时代，这一规范根本就不存在。因为在该等情形中，根本就不允许真伪不明的状态存在，当然也就不存在所谓的客观证明责任分配规范。只是在自由心证的情形下，因为承认法官心证的主观性，才承认真伪不明的可能性，从而为其设定相应的后果。设定这种后果的首要目的是帮助法官走出裁判僵局，而不是进行实体权利义务的分配。[43] 换言之，虽然在事实真伪不明的情况下，裁判在客观上进行了实体权利义务的分配，但这种分配的目的是为法官走出裁判僵局提供方案，而不是维护实体法上的既存权利。

相反，基于事实真伪不明的状态所进行的裁判还有可能否定“既存”的实体权利。这种否定意味着诉讼程序不是在实现“既存”的实体权利，而是在“消灭”既存的实体权利，或者创设与“既存”的实体权利相反的实体权利。也许有人会说，实体法上有很多规范内含了证明责任分配的规定，甚至有的实体法规

---

〔42〕 参见[德]罗森贝克：《证明责任论》，庄敬华译，中国法制出版社2002年版，第14页。

〔43〕 参见段厚省：《证明评价影响因素分析》，法律出版社2009年版，第86页。

范直接对证明责任进行了分配,如《民法典》第1230条。[44] 但这种规定的目的只是通过对事实真伪不明的法律后果作出特定安排,来调整当事人之间的实体权利义务关系,从而对不同民事主体在进行民事行为时的注意义务提出差别化要求。此类规范对于诉讼程序中证明责任分配所产生的效力乃是一种反射效力,这种反射效力不是此类规范目的之内的直接的法律效果。

4.程序法自己规定裁判的既判力及其范围。裁判之既判力的主观范围、客观范围以及时间范围,均由程序法自己规定,而不是由实体法规定。当事人之间是因为实体权利争议进入诉讼,诉讼程序所观察的当然是当事人之间的实体争议,其所观察的结果也就是裁判,当然也是对当事人之间实体权利义务的决定。这种决定具有实体法上的效果,但这种实体法上的效果乃是诉讼程序所产生的,而不是既存实体权利的体现。否则与既存实体权利不一致的裁判就不可能产生既判力,也不可能产生实体效果。既判力的范围也是程序法自己规定的。既判力的时间范围当然是诉讼程序法及其教义学原理自己规定的,既判力的主观范围也是程序法自己规定的,而不是实体法规定的。既判力的客观范围更是诉讼程序法自己规定的,它的消极效力和积极效力均源于诉讼法理,并体现于在后案件的诉讼程序中,而不会独立地体现在实体法领域。

以上分析说明,诉讼程序通过观察实体法而在自己的“意识”中形成“现象”,但这种“现象”仅仅是实体法呈现在诉讼程序中的“现象”,而不是实体法本身。这种“现象”更不会成为诉讼程序法的一部分。而且,诉讼程序法更不会因为在自己的“意识”中产生关于实体法的“现象”,而使自己变成了实体法。就像我们在观察一个对象的时候,我们的头脑中会对这个对象产生印象,但这个印象不会成为我们自身的一部分,我们更不会变成我们所观察的对象。程序法中有关其观察实体法的范围、观察方式以及观察结果的规定,仍然是纯粹的程序规范。不能因为这些规范是关于如何观察实体法的规定,而认为其全部或部分具有实体规范性质。

综上所述,所谓的实质诉讼法不过是程序法对自己观察实体法的范围、观察方式和观察结果的规定,其在性质上就是诉讼程序法,既不具有实体法的性质,也不能脱离程序法而成为独立的“第三法域”。实质诉讼法论乃是对程序法

---

[44] 《民法典》第1230条规定:“因污染环境、破坏生态发生纠纷,行为人应当就法律规定的不承担责任或者减轻责任的情形及其行为与损害之间不存在因果关系承担举证责任。”

中这一部分规范的功能和性质的误解。

（二）对贴近实体法的程序法学研究的回应

在假设实体法达至完善的情况下，当事人是因为实体权利义务关系发生争议才进入诉讼的，诉讼程序也是为了解决当事人之间的实体权利争议而展开的。为了使诉讼程序在构造上更加有利于实体争议的化解，从实体法的视角反过来观察程序法并完善程序法是必要的。如果说在法律系统内部，程序法对实体法的观察是二阶观察，那么我们可以将学者从实体法的角度对程序法的观察看作三阶观察。因为这种观察的目的是进一步完善程序法的规定，所以三阶观察是必要的。

就此而言，贴近实体法的程序法学研究也是必要的。通过这种观察，可以使程序法自身持续进行自我完善，也使程序法的教义学原理持续发展。但是，贴近实体法的程序法学研究必须谨记的是，三阶观察的目的是进一步完善程序法和程序法的教义学原理，而不能因此贬低程序法的地位。不能认为程序法仅仅是实现实体权利的工具，更不能轻视程序正义，乃至放弃对程序正义的追求。程序法学者特别需要反思的是，除贴近实体法的研究外，我国民事诉讼法中那些不是用来直接规定其自身观察实体法的范围、观察方式和观察后果的规范，也就是陈刚教授所说的诉讼程序法规范，难道已经臻于完善，而不需要研究了吗？

当我们根据构成理想言谈情境的言语行为的 4 个有效性要件来观察我国的民事诉讼法时就会发现，我国的民事诉讼法中有很多规范达不到言语行为的有效性要求。若我们将言语行为的 4 个有效性要求作为诉讼程序的纯粹正当性标准，那就意味着我国的三大诉讼程序法都还达不到纯粹正当性的要求，都还有很多需要改进的地方。而且在诉讼程序法之本体以外，也还有很多与诉讼程序相关的周边制度机制或者司法政策在减损诉讼程序的纯粹正当性。[45] 这些都需要我们持续研究以推动诉讼程序的完善，推动程序正义的实现。因此，程序法学并未陷入贫困化，在持续推进程序正义乃至推进我国法治建设的目标下，程序法学仍然任重道远。贴近实体法的研究固然必要，不贴近实体法的研究也仍然重要。

〔45〕 参见段厚省：《论诉讼程序的纯粹正当性》，载《西南政法大学学报》2023 年第 2 期。

（三）对重实体轻程序的观念批判

既然在法律系统的运作中，诉讼程序是观察实体法的主体，实体法仅作为程序法的观察对象而存在，那么程序法的重要性已不言而喻。本文第四节的分析也已经对程序法的重要性作了初步展示。这里仍然需要重申的是，即使是在抽象的实体权利体系已经非常完备的情况下，当事人之间仍然会对具体的实体权利义务产生争议，这些争议的解决并非通过对实体事实的"查明"和对实体法律的"寻找"来实现，而是通过诉讼程序自身的正当性来实现——诉讼程序自身的正当性为实体裁判的结果提供了合理可接受性。换言之，当事人是因为对诉讼程序的尊重与信赖，才接受诉讼程序所生产出的裁判结果，无论这个结果是否与"既存权利"相一致。因此，离开诉讼程序而独立存在的"实体正义"，只是一种虚幻的想象，现实的实体正义只能通过诉讼程序生产出来。基于此，重实体轻程序的观念实为谬误，应予纠正。

五、结　语

目前，将程序法与实体法相互结合进行研究已渐成趋势，形成所谓民事一体化的研究路径和跨法学二级学科的研究方法。固然，法学学科分类过于细致在某种程度上会有碍学术发展，将程序法与实体法相互结合的研究是有必要的。但是，相互结合进行研究并不意味着可以对程序法的主体性进行否定。程序法学者或者说侧重程序法学的研究者需谨记诉讼程序的主体性，其所产出的研究成果才会符合认识论的一般原理和法律系统运作的一般原理，也才能够从根本上推进司法公正，并推动我国法治社会建设目标的实现。

Reaffirming the Subjectivity of Contentious Procedure
—A Philosophical Reflection on the Relationship
between Procedural Law and Substantive Law

Duan Housheng

Abstract: In recent years, there has been a tendency to weaken the independence of litigation in the theoretical research and practical concepts of civil litigation. From the perspective of epistemology and hermeneutics, substantive law is always incomplete, it needs to fill the gap, resolve the conflict and enrich the meaning through the development of litigation. From the perspective of phenomenology, legal system theory and legal negotiation theory influenced by phenomenology, procedural law has a subjective status compared to substantive law in the operation of the legal system, even in the case of relatively complete entity rights. Substantive rights are realized mainly by guiding the parties' behavior, and the function of litigation is to settle disputes over substantive rights. In certain cases, substantive facts and substantive laws are not discovered by the litigation, but are constructed by the litigation. The so-called substantive procedural law is the regulation of the scope, method and effect of the procedure for observing the substantive facts and substantive norms. It has the character of procedural law, but not of substantive law. The research close to substantive law should pay attention to the fact that procedural law cannot lose its independence because the focus of observation is turned to substantive law. Therefore, the concept of emphasizing entity over procedure in practice must be criticized.

Key words: Litigation Procedure; Subjectivity; Legal System; Legal Consultation

最低生活保障权的法理演进与我国社会救助法的立法回应*

王　健**

内容摘要：

最低生活保障权是宪法上生存权的具体化，其不仅有生理层面的生存型权利内涵，也包含社会文化层面的发展型权利内涵，因而在权利内容上具有一定的抽象性。然而，随着国家在社会经济中积极角色的凸显，国家给付作用越来越重要，公民享有和实现最低生活保障权的法理基础也越来越深厚。在宪法生存权和人性尊严保障理念要求下，最低生活保障已从抽象性的概念发展为一项具体性的请求权。为充分保障我国贫困公民能在实质上享有主动地从国家获取最低生活保障的权利，我国应采取直接立法确认的方式在社会救助法中明确最低生活保障权。与此同时，我国社会救助法还应在立法理念、发展型最低生活保障和程序保障方面进行相应的调适。

关键词：

最低生活保障权　生存权　人性尊严　程序审查　社会救助法

一、问题的提出

"贫困与进步之间密不可分。最大多数的穷人不在荒凉的国家或者未开化

---

* 本文为国家社会科学基金青年项目"社会救助法中国家与个人责任配置研究"（项目编号:20CFX074）的阶段性成果。

** 中南大学法学院讲师，中南大学人权研究中心助理研究员。

的民族，而在于最富饶、最文明的国度。”[1]改革开放40多年以来，我国经济总量飞速增长的同时，贫困、疾病、失业等威胁公民基本生存的问题也不断涌现。为消解贫困带来的社会问题，我国逐渐建立起托底性的社会保障制度体系，其中社会救助发挥的作用至关重要。自2013年年底开始，我国城乡低保对象逐年递减，至2021年年底，8年间全国城乡低保对象从4030.3万户、7452.2万人减少至2399.9万户、4212.3万人。[2]可见，我国社会救助制度为解决贫困群体的基本生存问题作出了重大贡献。党的二十大报告强调，要着力维护和促进社会公平正义，着力促进全体人民共同富裕，坚决防止两极分化。因此，在推进实现共同富裕的进程中，特别需要把握共同富裕与社会救助的逻辑关系，要通过赋予贫困者权利的方式摒弃福利污名化。

然而，自第八届全国人大常委会将社会救助法列为5年立法规划以来，我国社会救助法已经走了20多年的立法之路，截至目前该法仍未出台。[3]虽然2014年2月国务院颁布的《社会救助暂行办法》（以下简称《暂行办法》）将社会救助提升至具有一定稳定性和赋权性的行政法规制度，为我国贫困公民的基本生活保障编织了较牢固的社会安全网，但是随着《暂行办法》存在的赋权不明确、救助理念消极、救助标准过低、程序保障不足等问题的凸显，《暂行办法》越来越不能满足我国社会救助的现实需要。为此，2020年9月7日民政部、财政部发布《社会救助法（草案征求意见稿）》（以下简称《草案意见稿》），2020年12月22日人大常委会法工委宣布出台社会救助法是未来几年全国人大的重大立法工作。

通常而言，社会救助制度建立在国家对公民基本生存进行积极照顾的理念之上，公民基于身份和自己所处的状况，即可享有最低生活保障权，从而可以请求国家给付积极的生存照顾。然而，我国社会救助的制度设计大多表现为公共

[1] ［英］卡尔·波兰尼：《大转型：我们时代的政治与经济起源》，冯钢、刘阳译，浙江人民出版社2007年版，第90页。

[2] 参见民政部2013～2017年发布的《社会服务发展统计公报》以及2018～2021年发布的《民政事业发展统计公报》，载民政部官网，http://www.mca.gov.cn/article/sj/tjgb/。

[3] 当时的称谓是《中华人民共和国社会救济法》。《社会救助法》立法时间表，参见谢勇才、王茂福：《〈社会救助暂行办法〉实施的局限性及其完善》，载《中州学刊》2016年第3期。

政策,在法的安定性方面比较欠缺,导致受救助者基本权利理论研究薄弱,尤其是在基本权利的请求权层面的论述较为有限。事实上,从生存权的权利理论视角来看,社会救助法中受救助者所享有的最低生活保障权不仅应包括生理层面的生命之保持,也应包括社会文化层面的生活之延续。然而,以最低救助标准为例,我国城镇低保标准仅能满足城镇最低收入户 95% 左右的人均衣食住消费支出,而农村低保标准只能满足 79% 左右的人均衣食住消费支出。[4]

基于此,为保障我国公民能实质上主动地从国家获取最低生活保障,有必要指明最低生活保障权的特殊性,并深入分析最低生活保障权的法理基础及其演进过程,从权利的形成和实现路径中提炼出具有通则性、普遍性的经验,以期对我国社会救助法的出台和完善有所裨益。需要说明的是,本文的论证思路是通过法理演进为最低生活保障权落实到实定法中提供对策建议,因此前半部分侧重分析最低生活保障权的法理形成过程,后半部分则相对集中地论述最低生活保障权在我国的实现路径。

二、最低生活保障权的特殊性

从权利属性来看,最低生活保障权本质上表现为对贫困者进行倾斜性社会扶助,因此属于社会权的范畴。相对自由权而言,社会权泛指弱势群体享有的体现社会正义的经济、社会和文化权利,[5] 是一种积极权利并具有国家依赖性,所以请求权是社会权的典型权利功能。学界普遍认为,社会权的请求权功能可以克服社会权保障中的一些问题,如社会权的非即刻实现性延缓了救助群体的迫切要求以及社会权保障的国家中心责任导致国家机构操控的运行机制自上而下的官僚化问题。[6]

就最低生活保障权而言,其权能也包含请求权,具有主动性,因此属于“个人得主张”的“主观权利”,即个体公民只要在自身能力无法维持最低生活标准

---

〔4〕 谢勇才、丁建定:《从生存型救助到发展型救助:我国社会救助制度的发展困境与完善路径》,载《中国软科学》2015 年第 11 期。

〔5〕 参见吴文芳:《我国社会法理论演进与研究路径之反思》,载《华东政法大学学报》2019 年第 4 期。

〔6〕 参见张震:《环境权的请求权功能:从理论到实践》,载《当代法学》2015 年第 4 期。

时就可以向国家提出获得物质利益以解决自身生存危机的主张和要求。[7] 最低生活保障请求权是实现最低生活保障权的基本手段与方法，它强调的是公民作为权利主体可以主动地向国家请求最低生活保障，而国家作为义务主体应向其积极地承担相应的义务。一旦国家不履行或不充分履行基本的照顾义务，进而导致权利不能实现，公民即可依据最低生活保障请求权向法院行使诉权。笔者认为，虽然最低生活保障权属于社会权的范畴，具有社会权的一般性质，但同时也有着自身的独特性，主要体现在以下两点：

其一，与同属于社会权的社会保险权相比，最低生活保障权的权利源于社会成员的"身份"，而不是来自社会保险缴费"能力"。[8] 这是因为最低生活保障权作为一种生存权保障，"是社会正义的底线与社会安全的最后屏障，如果给予最低生活保障也需要支付一定的对价，那么必然会导致一部分贫困群体得不到国家的救助，从而不能像人一样有尊严地生活"[9]。因此，最低生活保障权具有权利义务单向性的特点，公民基于身份和所处的状况即可要求国家给付，是一种"免费的午餐"。对此，娄宇教授认为，在不以缴费为前提条件的社会救助中，公民的最低生活保障请求权属于公法请求权，在本质上是社会保障行政机关和公民之间构成的与民法债务关系类似的公法债务关系。[10] 相对而言，社会保险给付请求权则需要被保险人事先履行相当的自我缴费，才能与享受给付待遇之间形成对价关系，因此，此种给付请求权实现的是私法上的个体价值，属于私法请求权的范围。

其二，最低生活保障权处在社会权利束的最后一环。这是因为公民个人的最低生存应该首先由自己负责，并以自立维持生计为核心，国家的最低生活保障义务处于最末的位阶。在这个意义上，最低生活保障权被视为对自助的协助，个人应优先以其所得财产维持生计，当这种自助的前提发生偏离而不可能实现（如因突发的重大变故导致丧失收入来源或经济支出急剧增加等状况）并在其他社会保障机制均无法协助自助以度过危机时，这种辅助性、托底性的权

---

〔7〕 参见蔡维音：《最低生存基础之界定——从社会救助与个人综合所得税进行之交互考察》，载《月旦法学杂志》2013 年第 1 期。

〔8〕 胡玉鸿：《"失败者正义"原则与弱者权益保护》，载《中国法学》2014 年第 5 期。

〔9〕 杨思斌：《社会救助权的法律定位及其实现》，载《社会科学辑刊》2008 年第 1 期。

〔10〕 娄宇：《社会保障法请求权体系之架构》，中国政法大学出版社 2017 年版，第 6 页。

利才会发挥作用，以使个人自助重回生活的正常轨道。综观整个社会权的权利体系，虽然个人责任的优先性导致最低生活保障权处在最后一环，但基于其内容的特殊性，最低生活保障权仍有明确且基础的地位，可以说：其保障顺位是最后的，但其权利强度是最强的。

综上，最低生活保障权作为社会权利中一项兜底性、保障位阶靠最末端的权利，具有内在的特殊性，社会救助法必须予以充分的体现和保护，切实保障贫困公民最低生活保障权得以最大程度的实现。最低生活保障权内在的特殊性，不仅是深入理解最低生活保障权法理基础及其演进的前提，也是束缚我国社会救助制度学术争论、政策求解和法律出台的重要原因。因此，明确最低生活保障权内在的特殊性，才能使社会救助的制度设计有的放矢。

三、最低生活保障权的法理基础及其演进

社会救助是社会法中最早形成的制度，其普遍存在于人类社会发展的各个阶段。然而，早期的社会救助带有浓厚的道德性、恩惠性色彩，其性质和范围均没有明确规定，因而具有随意性，被救助者难以从救助者那里获得救助的权利。究其原因，个人自助意味着个人生存之各种条件的实现与满足由自我负责，国家仅扮演消极的“守夜人”角色。随着工业革命的深入，诸如结构性失业、流行疾病、工伤等并非个人责任造成的大量社会问题一一涌现在国家面前，国家的角色开始转变为积极的“掌舵者”，从而开始接管社会性、经济性弱者的基本生存照顾。第二次世界大战后，在宪法人性尊严保障理念的要求下，最低生活保障权的基础理念开始逐渐从生理存活层面的生存型最低生活保障转向社会文化层面的发展型最低生活保障。同时，为充分保障贫困公民最低生活保障权的实现，对最低生活保障标准的程序审查逐渐成为多数国家的选择。

(一)生存权：从纲领性规定到抽象权利再到具体权利的演进

从历史来看，在宪法上直接规定保障生存权的是德国 1919 年颁布的《魏玛宪法》，其第 151 条第 1 款规定，“经济生活秩序必须与公平原则及维持人类生存的目的相适应”。这意味着人民可依据第 151 条“生存的目的”对抗所有危及自身生存的经济活动，穷人的基本生存开始与国家的义务相联系，标志生存权

的全面定型化。[11] 然而,学者一般认为《魏玛宪法》中规定的生存权多被理解为"纲领性规定"。这表明,国家对个人生存照顾只属于道义上的责任,只具有政治规范和政策指引的价值,而不是人的基本权利,其目的仅在于维持社会秩序和保障公共卫生。

随后,在20世纪30年代的德国和20世纪50年代末的日本,理论界开始将生存权解释为抽象性权利。[12] 他们认为,日本《宪法》第25条规定的维持"健康的文化性的最低限度生活"属于法定权利,但这种法定的生存权仍然是抽象的,其额度、范围与种类难以确定,因此只有先通过立法转化为具体性权利才能被实现。也就是说,依据"抽象权利说",日本《宪法》第25条课以了国家通过立法与预算来实现生存权的法律义务,而这种法律义务实施到何种程度的决定,则属于立法机关的裁量。[13] 同时,一旦肯定公民可以依据生存权而直接向国家请求给付,则法院的裁判将成为一种政策决定,从而压迫立法机关的形成空间,有违分权原则和民主原则。可见,这种抽象的生存权虽然赋予了公民权利主体的资格,在约束国家立法、行政等权力上有一定作用,但并不具备法律权利的实际效力,即不具备可请求和可救济的特征。

20世纪60年代后,随着各国对社会保障制度的普及化,出现了大量有关生存权的判例,[14] 加上以大须贺明为主的一些学者的推动,生存权作为一项具体权利逐渐获得学界认可。这种观点认为,生存权不需要经过立法的具体化,其本身就是一种具体的权利,并可以作为检验违宪审查的依据。因为宪法上规定的生存权有明确的权利主体,即经济生存处于"最低限度生活"基准之下的人民;有详细的权利内容,即要求国家保障所有人民能过上确保人应有尊严的"像

[11] 参见徐显明:《生存权论》,载《中国社会科学》1992年第5期。

[12] 橋本公亘『憲法原論』(有斐閣,1959年)238~239頁。

[13] 参见[日]芦部信喜:《宪法》,高桥和之增订,林来梵等译,清华大学出版社2018年版,第215页。

[14] 20世纪70年代初期,美国联邦最高法院就出现了一系列将政府给予的福利认可为新型财产权的著名判例。在这些案例中,美国最高法院明确支持包括社会救助在内的"福利"成为法律上可主张的权利。参见王健:《论社会保险权的财产权属性》,载《学术交流》2019年第9期。

人那样的生活";有实际的承担客体,即三权分立体制下的立法院与司法院。[15]因此,虽然保障生存权的项目、方式与标准并不明确,需要授权相关主管机关予以确定,但仍不影响生存权的主观权利性质。当生存权受到行政机关的侵害或漠视时,公民可以直接起诉行政机关。对此,德国学者克里斯蒂安·施塔克(Christian Starck)也认为,当具备以下3项要件时,可由基本权推出主观权利,亦即给付请求权:基本权的实质确保有其必要性;请求权的标的内容可得确定;必要的财政手段经确保且不侵犯立法者的财政支配权。[16] 因此,基于生存权的保障,公民可以不待立法者具体规范,即可直接向国家主张请求权,以实现最低生活保障权。

(二)人性尊严:从生存型到发展型的最低生活保障请求权

最初,最低生活保障权的核心在于解决个人生理层面的生存型最低生活保障(生理存活的最低条件)。但随着社会经济和文化观念的发展,基于提升和拓展人性尊严的原则,其基础理念开始逐渐转向重视解决个人文化层面的发展型最低生活保障。

第二次世界大战后,德国在反思纳粹罪行的基础上重新制定了德国《基本法》,其开篇就明确了"个人尊严不可侵犯,尊重和保护它是所有国家机构的义务"(第1条),并以之作为整部法律的最高基本原则。[17] 日本《宪法》也规定"所有国民,均作为个人而受到尊重"(第13条),"全体国民均享有维持健康的、具有文化意义的最低限度生活的权利"(第25条第1款)。在司法实践上,1954年德国联邦宪法法院在一个关于公共救济的判例中,[18]从《基本法》规定的人性尊严条款中提取了个人对于提供最低生活保障的主观请求权,并确认这种最低生活保障不仅是物质上的,也是社会—文化意义上的。[19] 同样,2010年

〔15〕 参见[日]大须贺明:《生存权论》,林浩译,法律出版社2001年版,附录部分。

〔16〕 陈爱娥:《自由—平等—博爱——社会国原则与法治国原则的交互作用》,载《台湾大学法学论丛》1997年第2期。

〔17〕 参见吴振宇:《公私协力保障生存权——以社会救助制度为例》,载《法治研究》2011年第9期。

〔18〕 BVerwGE 1, 159 – 163; NJW 1954, 1541; DÖV 1954, 620.

〔19〕 参见[德]乌尔里希·贝克尔:《社会法:体系化、定位与制度化》,王艺非译,载《华东政法大学学报》2019年第4期。

德国联邦宪法法院在备受赞誉的 Hartz IV 判决中，进一步明确了最低生活保障中人性尊严的重要性，他们认为，"最低生存保障作为一项基本权利已经深深根植于人性尊严之中，所有的国家当局对此负有不可推脱的尊重和保障责任"[20]。

可见，人性尊严受到各国宪法的极大重视。随着国家给付义务的增加，基本权利的人性尊严色彩日渐浓厚。这种人性尊严确立在社会共同体之间的"人格"上，无论是国家还是个人，均负有维护社会成员尊严的义务，其实现需要一个相互理解、互惠与分享的社会。[21] 这意味着国家在最大限度地尊重个人的自立性和主体性的同时，也要强调个人与社会的关系，即个人参与和交流的社会价值。因此，在面对社会成员请求最低生活保障时，受人性尊严义务的要求，国家不仅要满足公民生理层面的最低生活保障，也应该通过积极的措施提升公民社会文化层面的最低保障。

事实上，20 世纪 70 年代石油危机后，西方国家的福利财政负担越来越严重。在这样的背景下，越来越多国家的福利政策开始从被动性、消极性的福利给付转向主动性、扶持性的福利给付，其主要目的就是让福利接受者更好地融入有偿就业的社会之中。[22] 因此，为提升个人尊严和降低贫困者对福利的依赖，社会救助的理念与方式逐渐由传统的金钱给付向预防贫困、消除贫困因素、反对社会排斥、提供基本服务以及扩展生存能力等方面发展。[23] 与生存型的最低生存保障相比，发展型的最低生活保障的最大不同之处在于，并未将"健康的、具有文化意义的最低限度生活"固定在一个被动的、拘束性的狭小范围内，而是在帮助贫困者实现自立和社会参与上作出了大量积极有效的探索。这些探索包括：其一，通过有条件的金钱给付以提升人力资本，如将社会救助与教

---

〔20〕 BVerfGE 125, at 175. See Olivier De Schutter, *Welfare State Reform and Social Rights*, 33 Netherlands Quarterly of Human Rights 123 (2015).

〔21〕 参见胡敏洁：《福利权研究》，法律出版社 2008 年版，第 52 页。

〔22〕 See Anja Eleveld, *The Duty to Work without a Wage: A Legal Comparison between Social Assistance Legislation in Germany, the Netherlands and the United Kingdom*, 16 European Journal of Social Security 204(2014).

〔23〕 参见王健：《我国社会救助制度中"共同生活的家庭成员"：问题检视与立法建议》，载《河北法学》2021 年第 12 期。

育、培训、医疗服务等人力资本投资相结合，以阻隔贫困的代际转移;[24] 其二，国家提供就业机会，并采取将工作与获取福利相结合等措施。例如，2004 年日本生活保护制度应有状态的专门委员会对《生活保护法》提出了一份改革报告书，其中重点指明了支援生活穷困者自立、就业，融入地域社会，以及“再挑战”劳动力成为可能等方向。[25]

然而，由于这种发展型的最低生活保障的内涵较抽象，对其作出具体的定义具有较大难度，因此其请求权的基础也就非常薄弱。但不可否认的是，这种发展型的最低生活保障使社会救助的方式逐渐从暂时性和直接性的“输血救助”转向长期性和再生性的“造血救助”，[26] 因而可以更具灵活性地来应对复杂的社会生活，以提高贫困公民的实质自由与发展能力。

(三)程序保障：实现最低生活保障权的发展趋势

最低生活保障权能否充分实现的前提在于对其请求权的具体内容，即最低生活保障标准的认定。由于最低生活保障标准会随着一国的生产力水平以及与之相适应的经济、社会和文化水平的发展而不断发展，并非一个具体数额，因此立法机关在此问题的认定上享有较大自由，司法机关无权干涉。即使立法机关存在肆意认定的行为，司法机关也必须予以尊重。

然而，国外有关最低生活保障的司法判例逐渐认识到，社会上不同人群对衣食住行等基本需求有一定的共通性，因此立法机关作出的认定标准应具有相应的实证基础和透明性才属可行。[27] 换言之，为确定最客观、最符合人性尊严的最低生存标准，立法机关应当以透明合理的程序，并根据公民的事实需求，符合实际地衡量和调查对最低生活保障来说必不可缺的所有支出。一般而言，这些支出应当包括维持生理层面的支出，即食物、衣服、水电费用、家用器具、住房

[24] 参见苑晓美:《发展型社会救助的理念、实践及其启示》，载《中州学刊》2018 年第 5 期。

[25] 参见[日]菊池馨实:《社会保障法制的将来构想》，韩君玲译，商务印书馆 2018 年版，第 180 页。

[26] 参见蒋悟真:《我国社会救助立法理念研究》，北京大学出版社 2015 年版，第 91 页。

[27] 参见张桐锐:《论宪法上之最低生存保障请求权》，载《政大法学评论》2012 年第 3 期。

等,以及维持最低限度地参与社会文化、社会交际与政治生活所必不可缺的各项支出。

日本最高法院在1956年发生的朝日诉讼中认为,最低生活保障标准水平在特定世代的特定社会中,在某种程度上是可以客观地加以决定的。[28] 因此,厚生大臣在设定该标准时,可以对当时的国民收入、国家的财政状况、国民的一般生活水准、城乡生活的差别、低收入者的生活状况及其在全人口中的比例、部分国民的感情及预算分配等事项进行考量,这属于厚生大臣裁量的空间。但是,若无视现实生活条件,超越或滥用裁量权的界限而设定明显过低的标准,将作为违法行为而成为司法审查的对象。[29]

2010年,德国联邦宪法法院在备受赞誉的Hartz IV判决中进一步认为,"揭示一套透明并且合乎实际的测定程序"是必要的。[30] 也就是说,当立法机关在决定最低生活保障标准时,如果并未作出足够合理的说明,法院在尊重立法机关的形成自由的基础上可以自行决定作出该规定的程序违法,从而通过程序保障以实现最低生活保障权。此外,值得注意的是,在Hartz IV判决中,德国联邦宪法法院发展出了一套层级化的程序保障理论,即立法者对最低生活保障中社会文化层面的需求支出,享有较大的形成自由;相反,对有关最低生理层面需求的满足,其形成自由较小。

可见,最低生活保障请求权所请求的具体内容仍须由立法机关自行决定,

---

〔28〕 参见[日]芦部信喜:《宪法》,高桥和之增订,林来梵等译,清华大学出版社2018年版,第215页。

〔29〕 参见韩君玲:《日本最低生活保障法研究》,商务印书馆2007年版,第150~152页。

〔30〕 此案件的事实为:原告为求职者及其妻子、未成年子女3人,其主张依照《社会法典》第2编的规定,以所获得之生活扶助金根本不足以维持生活最低需求,也未顾及未成年子女的额外需求为由,向黑森邦社会法院提起诉讼。法院暂停诉讼程序,请求联邦宪法法院就《社会法典》第2编相关规定的合宪性进行审查。联邦宪法法院认为,有关发给未成年人与儿童之标准给付的规定违宪,主要基于所规定之标准并未作实证调查,有肆意评估作成标准给付金额之嫌疑。参见孙迺翊:《社会给付权利之宪法保障与社会政策之形成空间:以德国联邦宪法法院关于年金财产权保障及最低生存权保障之判为中心》,载《台湾大学法学论丛》2012年第2期。

但是国外的案例判决开始认为不能完全放任其形成自由。在必须尊重立法机关形成自由的前提下,应当强调逻辑一贯性和决策透明性,通过程序审查的方式保障公民基本权利的享有和实现。这种对最低生活保障标准的程序审查使这一标准可以随着社会发展的状况予以动态调整,从而将具有一定抽象性的最低生活保障具体化,逐渐成为国外确保公民享有和实现最低生活保障权的发展趋势。

四、我国社会救助法的立法回应

2020 年后,我国贫困治理的重点也已从生存型的绝对贫困转向了发展型的相对贫困。然而,生存型的绝对贫困的消灭并不意味着我国反贫困任务的完成。恰恰相反,在后脱贫时代,始终有一群无法均沾经济发展利益的相对贫困者散布在这个富裕社会的各个角落,新的能力贫困、权利贫困、制度与结构贫困、文化贫困等相对贫困问题将日益突出。质言之,治理相对贫困的核心问题是关注贫困人口的就业和更高层次的基本生活保障。在此背景下,对最低生活保障权法理演进过程中具有通则性、普遍性的经验进行提炼、考量和借鉴,是完善我国社会救助立法的可行性路径之一。比较法研究可以刺激对本国法律秩序的不断批判,这种批判对本国法的发展所作的贡献比局限在本国之内进行的"教条式的议论"要大得多。[31] 因此,有必要对照检讨我国当前的社会救助法律制度,以更好地推动我国公民在实质上享有最低生活保障权。

(一)我国社会救助法对最低生活保障权的立法确认

从我国《宪法》第 33 条第 3 款"国家尊重和保障人权"、第 38 条"人格尊严不受侵犯"、第 45 条第 1 款"获得物质帮助的权利"和《暂行办法》第 9 条对低于最低生活标准的公民给予最低生活保障的规定来看,可以推论最低生活保障权作为公民生存权的一项子权利已被立法确认。但从《暂行办法》的规定来看,我国当前采取的主要是间接确认的路径,即并不直接在社会救助法中规定公民享有最低生活保障权,而是具体规定国家的给付义务,从而通过法律解释来推论出公民享有给付请求权。例如,《暂行办法》第 33 条、第 34 条规定,对最低生活

〔31〕 [德]茨威格特、克茨:《比较法总论(上)》,潘汉典、米健、高鸿钧等译,中国法制出版社 2017 年版,第 28 页。

保障家庭成员的教育救助,采取减免相关费用、发放助学金、给予生活补助等方式实施。第42条规定,国家对低保家庭中有劳动能力并处于失业状态的成员,通过贷款贴息、社会保险补贴、岗位补贴、培训补贴、费用减免等办法,给予就业救助。然而,在我国当前环境下,对最低生活保障权的间接立法确认能否必然推导出相应的请求权是公法上的一大难题,从而难以保障公民在实质上享有最低生活保障权的请求权基础。

一方面,我国社会救助的理念"是基于经济发展而非基于社会公平,是追求化解个体与群体的风险和稳定而非基于公民的平等权利,是崇尚集体主义、群体至上而非个人自由与尊严",〔32〕这导致我国社会救助制度的工具性和恩惠性特征远高于目的性和赋权性特征。不仅如此,《暂行办法》第10条第1款规定,最低生活保障标准,由省、自治区、直辖市或者设区的市级人民政府按照当地居民生活必需的费用确定、公布,并根据当地经济社会发展水平和物价变动情况适时调整。这样的最低生活保障标准忽略了对人性尊严的保障,保障的内容并未包括受助者在精神文化方面的基本需要。最低生活保障更多的只是被视为国家的恩惠,〔33〕而不是公民的法定权利,最低生活保障权在法律上对应的国家义务并不明确。另一方面,由于最低生活保障权不具备明确的内涵和外延,因此最低生活保障标准由掌握财政权的立法机关根据社会经济条件来决定,这使最低生活保障权的请求权功能缺乏有效根基。在这种给付请求权中,个人要求获得帮助的主观诉请并不必然能得到国家财政上的给付,诉诸司法更是无法得到有效的救济,因为司法不掌握任何财政权。〔34〕换言之,如果国家财政不能负担相应的支出,最低生活保障权的权利属性就会被实质性地削弱。

笔者据此认为,随着我国经济的发展,将来一旦客观条件允许,应尽可能地在社会救助法上采取直接确认公民最低生活保障权的路径,〔35〕即在社会救助

〔32〕 郑功成:《东亚地区社会保障模式论》,载《中国人民大学学报》2012年第2期。

〔33〕 参见刘旭东:《我国社会救助制度的历史演进及其社会意义》,载《社会主义研究》2007年第5期。

〔34〕 参见张翔:《基本权利的规范建构》(增订版),法律出版社2017年版,第85页。

〔35〕 "立法对公法请求权的确认有直接确认和间接确认两种方式",本文对最低生活保障请求权的立法确认即受此启发。参见徐以祥:《行政法上请求权的理论构造》,载《法学研究》2010年第6期。

法中明确规定公民享有向国家请求最低生活保障的权利,国家没有合理的理由不得拒绝。理由在于:

其一,在理论层面上,我国当前的这种间接确认公民最低生活保障权的方式,仍然属于“抽象权利说”的范畴,其只能在一定程度上通过法律解释才可以推导出公民享有最低生活保障权的权利资格,因而不利于公民权利的真正实现。从最低生活保障权的法理演进过程来看,随着“具体权利说”在理论上获得越来越广泛的认可,公民享有从国家获取最低生活保障的可请求权利特性越来越深厚。正如德沃金所言:“以权利为基础的理论关心个人独立,而不是个人行为的服从。”〔36〕最低生活保障权的实现已是“始自权利的要求”,而不再是国家的恩惠或出于道义的帮助。它既不需要谋取,也不是奖赏,而是“根据一些可适用的规范按照某种秩序应赋予权利所有人的权利”〔37〕。因此,直接确认公民享有最低生活保障权才符合权利的逻辑理念。不仅如此,与间接确认相比,直接确认的赋权性是明确的。如果立法机关对诸如最低生活保障标准之认定存在恣意行为时,司法机关则难以在程序上对之形成有效制约。因此,如果在立法上对最低生活保障权予以规定,法院就可以直接引用该权利作为判决依据,〔38〕有利于彻底剔除国家恩惠性和随意性的给付理念,也更能激发公民维护自身生存利益的主动性。

其二,从保障的物质基础看,一方面,目前我国的社会救助财政支出占 GDP 的比例不到 1%,不仅远低于欧洲国家 3% 的平均水平,也低于发展中国家 1.6% 的水平,因此还有很大的提升空间;〔39〕另一方面,我国 GDP 已由改革开放前的 0.36 多万亿元增长到 2021 年的 121.02 万亿元,国家公共财政收入也由改

〔36〕 [美]罗纳德·德沃金:《认真对待权利》,信春鹰、吴玉章译,中国大百科全书出版社 1998 年版,第 228 页。

〔37〕 [美]路易斯·亨金:《权利的时代》,信春鹰等译,知识出版社 1997 年版,第 3 页。

〔38〕 如 2014 年《行政诉讼法》修改后在第 12 条第 10 款将“最低生活保障”明确纳入了行政诉讼的受案范围。

〔39〕 参见关信平:《论现阶段中国社会救助制度目标提升的基础与意义》,载《社会保障评论》2017 年第 4 期。

革开放前的0.11多万亿元增加到2022年的20.37万亿元。[40] 国家逐渐雄厚的财政实力为社会救助法直接确认公民最低生活保障权提供了较坚实的物质基础,使之具有现实性和可行性。

其三,对社会所有公民适用的最低生活保障条款不仅是社会权利的核心,也是基本人权的核心。[41] 因此,作为社会权利核心的最低生活保障权是公民维持自身生存的最后法律途径,是人类固有的、不可侵犯的和不可剥夺的权利,其实现具有天然的正当性,是应予以绝对保障的项目。在编列国家预算时,最低生存保障代表了国家对个人生存的最后防线,应享有相较其他支出当然的优先地位。那种将最低生活保障标准受制于预算及国家财力的观点,实属因果关系的颠倒。"最低限度生活"之水准不应受当时国家财政预算的有无左右;相反,应该以它来主导和支配国家的财政预算。[42] 虽然最低生活保障权的内容具有一定的抽象性,但对其具体的理解已有较深厚的法理和判例基础,并非可由立法机关基于其预算决定权限任意决定的事项。

其四,从德国联邦宪法法院发展出的层级化程序保障理论可获得的经验是,如果在社会救助立法上直接确认文化层面的发展型最低生活保障权尚有难度,至少可以先确认生理层面的最低生活保障权。笔者认为,虽然社会文化层面最低生活保障由于更具模糊性而导致请求权的权利功能不明显,因此在我国当前及今后较长时间仍然需要立法的探索与具体化之后才能实现,但待时机成熟时,其也应当逐渐以直接立法确认的方式规定在社会救助法中。

其五,通过直接立法的方式来确认和实现公民的最低生活保障权的最具争议性的一点在于:公民虽然可以依据直接、强制性的法律规定主张国家机关保障其最低生活,并可向法院请求救济,但是考虑最低生活保障权的诉求较为广泛、抽象,法院基于司法特性与权力分立的考量难以通过法院的判决来赋予当事人一项具体明确的权利。即便法院判决请求权人胜诉,但相关的保障内容与

---

〔40〕 参见《2022年国民经济和社会发展统计公报》,载国家统计局官网,http://www.stats.gov.cn/sj/zxfb/202302/t20230228_1919011.html。

〔41〕 See Susan Kuivalainen, *The Production of Last Resort Support: A Comparison of Social Assistance Schemes in Europe Using the Notion of Welfare Production and the Concept of Social Rights*, 7 European Journal of Social Security 35 (2005).

〔42〕 参见[日]大须贺明:《生存权论》,林浩译,法律出版社2001年版,第97、240页。

方式却尚待国家机关创设与形成,因此也就难以具体化为主观权利。[43] 笔者认为,即使最低生活保障请求权的规范内容并不明确、也不影响该权利的主观权利性质。抽象的最低生活保障权对给付内容、种类和范围等并未明确规定,从而给予立法者较广泛的决定空间,最低生活保障的程度应当由立法者来决定和具体化。但是如果法律和相关社会政策的规定对于公民最低生活的保障连最低的保障程度都没有达到,公民在无法自救的情况下,即使没有法律依据,也可以依据最低生存保障的"原始之给付请求权"性格,[44] 向国家主张最基本的保护。

需要注意的是,被立法直接确认后的最低生活保障权本质上仍属于国家对公民基本生存照顾的经济分享权。赋予公民可诉性的最低生活保障权,不是以制度化的利他、恩惠或人道来构建的最低层次的社会安全网。此种权利的要旨在于不应该放弃在市场经济中失败的公民,任由其被推向社会边缘人的处境,而应通过国家提供最低生活保障以捍卫其基本生活和人性尊严,以降低社会因财富不均导致的阶级差异,促进所有公民的团结共进。然而,考虑国家财政资源的有限性等问题,必须容忍立法机关对公民最低生活保障权的请求内容有较大的调整可能性。质言之,被立法直接确认的最低生活保障权必须承担较重的社会拘束。

(二)我国社会救助法对最低生活保障权的具体回应

从2018年9月10日中国人大网公布的第十三届全国人大常委立法规划来看,社会救助法已被列入条件比较成熟、任期内拟提请审议的第一类规划项目。[45] 2020年9月7日发布的《草案意见稿》第2条明确规定,中华人民共和国公民依照本法享有申请和获得社会救助的权利。可以说,如果这一规定最终获得落实,将是我国社会救助立法质的飞跃,是通过社会救助法以直接立法确认的方式规定最低生活保障权的体现。然而,仅仅确认权利是不够的,社会救助法还应该采取具体措施,使受救助者的生存权和发展权落到实处。通过上文

---

[43] 黄舒芃:《社会权在我国宪法中的保障》,载《中原财经法学》2006年总第16期。

[44] 参见蔡维音:《社会国之法理基础》,台北,正典出版文化有限公司2001年版,第109页。

[45] 参见《十三届全国人大常委会立法规划》,载中国人大网,http://www.npc.gov.cn/npc/xinwen/2018-09/10/content_2061041.htm。

对最低生活保障权法理演进的分析，可以看出我国社会救助立法还应当重点在以下三个方面予以具体回应：

其一，立法理念方面的回应。从最低生活保障权的理论逻辑和国外的司法实践来看，公民不仅有向国家请求给付的权利，更重要的是还享有获得国家有尊严的给付的权利。与恩惠性给付不同的是，在公民对国家的最低生活保障请求关系中，公民处于积极主动的地位。国家建立和完善社会救助制度，向处于最低生活标准的贫困公民提供必要的生活保障，是其应该自觉履行的基本义务和责任。而且，国家的财政预算应受公民的最低生活保障权所支配，而不是相反。面对公民的最低生活保障请求，国家应当对每一个请求者平等地提供相应给付，被救助者无须对国家感恩戴德。[46] 因此，这种国家给付在本质上不宜采用“命令、强制等高权型刚性行政手段，而比较适宜于契约、指导、劝告等平权型柔性行政手段”。[47] 只有这样，才能在根本上消除受救助者由于无偿获取国家给付而受到社会道德减损性评价所导致的挫伤其人格尊严的现象。

其二，发展型最低生活保障方面的回应。目前，我国的社会救助目标仍然定位在生存型最低生活保障，这种定位产生于改革开放之初。当时，我国的贫困主要表现为农村贫困，是一种普遍性的绝对贫困，被称为“一个共同贫困的时代”。[48] 然而，随着我国改革开放的深入，尤其是在当前经济全球化、互联网经济和灵活就业蓬勃发展的时代背景下，“劳动者贫困”阶层——有能力的人的贫困现象——的出现，社会救助制度所面临的任务已经不再是简单满足维持贫困者最基本的生存问题，而是必须考虑贫困者的发展问题。[49] 因此，最低生活保障权应当将生存底线中的社会文化性利益凸显出来，社会救助立法应从单纯的生计维持转向注重被救助者的社会文化发展，积极探索解决非物质性贫困的方法。社会救助立法应通过对救助者附加一定条件，如接受教育、医疗培训、职能

---

〔46〕 参见胡玉鸿：《“失败者正义”原则与弱者权益保护》，载《中国法学》2014年第5期。

〔47〕 喻少如：《论社会救助制度中的行政给付程序》，载《法学评论》2011年第4期。

〔48〕 姚建平：《中美社会救助制度比较》，中国社会出版社2007年版，序言第2页。

〔49〕 参见何平：《我国受救助者主体地位之反思与重塑——从弱势群体到权利主体》，载《东方法学》2012年第6期。

训练等,增强其个人自助的责任和能力,从而成为或重新成为积极的社会经济人。[50] 然而,从总体上看,目前我国社会救助制度的基本理念仍然是一种生存型而非发展型的生活保障,[51] 对社会救助对象认定的条件重点放在家庭收入、户籍状况等消极信息的调查上。《暂行办法》仅在第 43 条、第 45 条对受救助者的强制工作义务进行了简单的原则性规定,可操作性不强,因而是一种被动、单向、消极的"输血型救助"。[52] 与之类似,2020 年 9 月出台的《草案意见稿》第 23 条第 2 款规定了积极工作条款,要求"社会救助对象中有劳动能力和就业条件的,应当积极就业;未就业的,应当接受公共就业服务机构等提供的免费培训、介绍的工作;无正当理由,不得拒绝接受与其健康状况、劳动能力等相适应的工作"。积极工作的构成要件,如工作目的、工作时长、豁免理由、惩罚措施等均未规定。因此,我国社会救助在直接立法确认最低生活保障权的同时,应坚持走发展型的社会救助之路,从"输血"转变成"造血",重视社会弱者的技能培训和就业促进,完善积极工作条款的构成要件,"使具备劳动能力的人尽可能多地实现就业,并最终得以摆脱贫困,融入主流社会,避免他们的疏离化、边缘化"。[53] 毕竟,人不是单纯为了生存而生活。人是有意识的社会动物,不仅要求生存和继续生存,还要寻求生存的意义和价值,把单纯的生存变成丰富的生活。[54] 因此,唯有尊重受救助者的正当权利和社会发展需求,才能在实质上提升受助者的人性尊严和人格自由。

其三,程序保障方面的回应。最符合当今社会文化价值上的最低生活保障水平或许无法仅从法学论述中推导出来,而是需要立法机关综合社会经济中的

---

〔50〕 See Olivier De Schutter, *Welfare State Reform and Social Rights*, 33 Netherlands Quarterly of Human Rights 123 (2015).

〔51〕 参见谢勇才、丁建定:《从生存型救助到发展型救助:我国社会救助制度的发展困境与完善路径》,载《中国软科学》2015 年第 11 期。

〔52〕 参见王健:《我国社会救助制度中强制工作措施的法律问题及立法建议》,载《西北民族大学学报(哲学社会科学版)》2020 年第 2 期。

〔53〕 周沛:《社会福利视野下的发展型社会救助体系及社会福利行政》,载《南京大学学报(哲学 · 人文科学 · 社会科学版)》2012 年第 6 期。

〔54〕 参见姚建宗:《法律与发展研究导论》,吉林大学出版社 1998 年版,第 117 页。

诸多因素才能予以作出。[55] 但曾为美国最低救助标准测定奠定基础的奥珊斯基(Orshansky)曾表示:“如果不能清楚地宣称多少才是足够的话,那么至少应当可以断言在平均意义上如何算是太少。”[56] 因此,在尊重立法机关的形成自由的前提下,至少可以要求所有决定最低生活保障权的请求内容的程序应是透明、可理解的,并有实证基础。最低生活保障请求权作为公法请求权,不像私法请求权主要通过以私人自治为主导的程序设计来实现,其实现需要通过法律预设的程序。在司法实践中法院难以通过程序对立法机关的形成自由予以限制。为此,可以考虑在社会救助立法中直接规定公民的一些程序性权利,例如,在社会救助设定和实施过程中,公民有要求举行听证的权利,以及向主管机关提出咨询、申辩、批评和建议、举报和投诉的权利,以防止立法机关在决定和变更最低生活保障标准时的随意行为。

五、结　　语

通过对最低生活保障权法理演进过程的分析,可以看出,无论是在理论研究中,还是在司法实践中,最低生活保障权实现的法理基础已越来越深厚。结合当前我国社会救助制度的现状,笔者认为,在将来社会救助立法中应采取直接确认的立法模式以保障我国公民能在实质上享有此项权利,并在此基础上对社会救助制度进行相应的配套完善。一方面,由于社会权利与一国的资源密切相关,其实现受限于立法机关和行政机关的形成自由,社会权利的基础相当薄弱,极易受到侵犯;另一方面,无论怎么限缩现代国家的责任,保障公民最低生活的责任均无法推卸。正是在这种情况下,最低生活保障权作为社会权利中一项兜底性、保障位阶在最末端的权利,其权利在国家财政资源的范围内的强度和密度,应在社会救助中以直接立法的方式获得确认。唯其如此,最低生活保障权才能得到国家权力机关的尊重,才能使受救助者真正成为权利的主体。以

〔55〕 参见蔡维音:《最低生存基础之界定——从社会救助与个人综合所得税进行之交互考察》,载《月旦法学杂志》2013 年第 1 期。

〔56〕 See Kenneth Hanson, *Mollie Orshansky's: Strategy to Poverty Measurement as a Relationship between Household Food Expenditures and Economy Food Plan*, Review of Agricultural Economics, Vol. 30:3(2008).

独立、主动的最低生活保障权来推动国家救助责任的落实,是我国社会救助立法走向成熟的必由之路。

Jurisprudential Evolution of the Right to Minimum Living Security and Legislative Response to China's Social Assistance

Wang Jian

Abstract: The right to a minimum living security is a concrete embodiment of the right to life in the Constitution. It not only has the connotation of the right of existence at the physiological level, but also contains the connotation of the right of development at the social and cultural level, thus, the content of the right reveals a certain degree of abstraction. However, with the prominent role of the state in the socio-economic, the role of state benefits has become more and more important, and the legal basis for citizens' enjoyment and realization of the right to a minimum living security has also become deeper and deeper. Under the requirements of the constitutional right to survive and the protection of human dignity, the minimum subsistence guarantee has developed from an abstract concept to a concrete claim. In order to fully guarantee that the poor citizens of our country can actually enjoy the right to obtain the minimum living guarantee from the state, China should adopt the method of direct legislative confirmation to clarify the right to the minimum living guarantee in the social assistance law. At the same time, China's social assistance law should also be adjusted accordingly in terms of legislative concepts, developmental minimum living guarantees and procedural guarantees.

Key words: Minimum living security right; Survival rights; Human dignity; Program review; Social assistance law

重思法定刑配置的根据*

——犯罪学的视角

盛嘉骏**

内容摘要：

通说认为，刑罚制定应考虑报应和一般预防两方面，然而刑罚的一般预防效果如何，需要借用犯罪学进行考察。犯罪学研究表明重刑并没有威慑效应，提升破案率、加强社会预防都比重刑更能减少犯罪，如此，威慑不应作为法定刑配置的根据。犯罪预防应将资源更多投入提升破案率和完善社会政策上，而非加重刑罚。经验性的积极一般预防同样无法正当化，其不应被作为刑罚配置理论理解，而应关注它在刑事司法、法律运行、公共政策中的价值。在报应主义中，康德、黑格尔的刑罚配置理论缺乏可操作性，当代的应得理论为刑罚配置提供了更规范的方法。预防无法构成法定刑配置的正当原则，法定刑配置应根据行为本身的应得设定，实现罪刑均衡的关键在于用规范的方法评估犯罪造成的损害。

关键词：

刑罚的正当化根据　刑罚目的　威慑效应　报应　应得理论

刑罚，尤其刑罚制定，是一个非常重要，但在教义学里又常常被忽视的问题。本文将以犯罪学的视角讨论法定刑配置的根据。刑罚配置讨论的不是为什么要有刑罚，而是一个非常实际的问题，刑罚应设置得多重。就刑罚的正当

---

* 本文是北京师范大学刑事法律科学研究院学术型研究生专项科研基金课题"威慑效应：犯罪学对刑法学的回答"（课题编号：2021CCLS021）的阶段性成果，曾在中国海洋大学2021年秋季法学研究生学术论坛上宣读，感谢王越副教授、胡伟强老师的评议与建议。

** 清华大学法学院博士研究生。

化根据,我国的通说是一种并合论,认为是报应和预防的并合;〔1〕就立法中的刑罚制定这一问题而言,一个常见的观点是主要应考虑报应和一般预防。〔2〕

通说将法定刑配置的根据部分诉诸刑罚的一般预防效果,这就需要得到社会科学的支持。近年来,许多宪法学者推进部门法的宪法化,用比例原则审查法定刑是否突破正当界限,〔3〕然而在讨论罪刑均衡前,首先应厘清刑罚配置的根据,如果预防或报应无法成为刑罚配置的正当根据,那么刑罚配置可能就奠定在错误的基础上。

本文将首先审视刑罚的威慑效应,其次考察刑罚的积极一般预防效果。在这之后,本文也将探讨报应刑应如何配置的问题。对这些问题的回答,都不像通说那样显而易见,本文将汲取刑罚理论和社会科学两方面的成果,力图将刑罚配置奠定在刑罚理论,以及社会科学的基础上,推进刑罚制定的规范化。

一、审视刑罚的威慑效应

预防刑常被批评"把人当成手段",威慑"就好像对着狗举起杖来,人不是按照他的尊严和自由、而是像狗一样受对待"。〔4〕 但是,还不必诉诸这些价值上的批评,犯罪学研究表明刑罚威慑的效果和效率都是成问题的。

(一)刑罚威慑的效果

自 1968 年经济学家加里·贝克尔、社会学家杰克·吉布斯对刑罚威慑效应进行研究以来,〔5〕犯罪学、经济学对刑罚的威慑效应已有大量的研究。重刑

〔1〕 参见张明楷:《刑法学》(第 6 版)(上册),法律出版社 2021 年版,第 671 ~ 673 页;黎宏:《刑法学总论》(第 2 版),法律出版社 2016 年版,第 336 ~ 337 页。

〔2〕 参见张明楷:《刑法学》(第 6 版)(上册),法律出版社 2021 年版,第 672 页。

〔3〕 参见张翔:《刑法体系的合宪性调控——以"李斯特鸿沟"为视角》,载《法学研究》2016 年第 4 期;杜强强:《入户抢劫的死刑设置与住宅自由保护》,载《法治现代化研究》2017 年第 3 期。

〔4〕 [德]黑格尔:《法哲学原理》,邓安庆译,人民出版社 2016 年版,第 180 页。

〔5〕 See Gary S. Becker, *Crime and Punishment: An Economic Approach*, Journal of Political Economy, Vol. 76, No. 2, 1968, p. 169 – 217; Jack P. Gibbs, *Crime, Punishment, and Deterrence*, Southwestern Social Science Quarterly, Vol. 48, No. 4, p. 515 – 530 (1968).

有没有威慑效应是一个事实问题,"我觉得有就有"是不负责任的,应该根据研究得到结论。

威慑生效需满足一些条件,了解这些条件有助于理解威慑的因果机制。刑罚有威慑效应需满足3个条件:[6]

(1)潜在犯罪人需明确知道,或能感知到法律的内容(法律认知要件);

(2)不只知道,潜在犯罪人决策时还会考虑这些因素(理性选择要件);

(3)考虑过后,感知的成本超过感知的收益(盈亏权衡要件)。

这3个条件都关注犯罪人的心理过程。刑罚要能威慑潜在犯罪人,关键不是客观的刑罚有多重,而是潜在犯罪人对刑罚的感知(perception of punishment)有多强烈;如果潜在犯罪人对刑罚的有无、轻重无从感知,那刑罚对其选择的影响也无从谈起。20世纪70年代,犯罪学开始强调威慑的心理基础,[7]威慑理论由此转向感知威慑理论(perceptual deterrence theory)。如果刑罚有威慑效应,将遵循如下因果链条:

客观的刑罚→认知过程→感知的刑罚→理性选择或畏惧→犯罪减少

然而,首先,人的刑罚感知就是不准确的,无法敏锐感知到刑罚的轻重。犯

---

[6] See Paul H. Robinson & John M. Darley, *Does Criminal Law Deter? A Behavioural Science Investigation*, Oxford Journal of Legal Studies, Vol. 24, No. 2, p. 175 (2004).

[7] See Gordon P. Waldo & Theodore G. Chiricos, *Perceived Penal Sanction and Self-Reported Criminality: A Neglected Approach to Deterrence Research*, Social Problems, Vol. 19, No. 4, p. 524 - 525 (1972); Michael R. Geerken & Walter R. Gove, *Deterrence: Some Theoretical Considerations*, Law & Society Review, Vol. 9, No. 3, p. 498 (1975).

罪学对公众刑罚感知的研究表明:其一,人们对刑罚的具体规定知之甚少;[8]其二,就人们的感觉而言,人们感知到的刑罚也和客观的刑罚没有关系,人们往往只是根据自己的正义直觉猜测刑罚有多重。[9] 刑罚配置并不像犯罪化那样是从无到有的质变,而只是量变,行为人并不能敏锐感知刑罚的轻重差异,这阻碍了重刑的威慑效应。

其次,理性选择要件也很难满足。犯罪学研究了犯罪人的特征,他们大多都是冲动、不考虑长远未来、寻求冒险和刺激的。[10] 具体到不同犯罪、犯罪人类型而言,表达性犯罪(expressive crime)不是理性选择,冲动情绪在其中起到了重要作用;工具性犯罪(instrumental crime)可能理性的成分更多,但其中的盗窃、诈骗犯往往是持续型犯罪人,犯罪已经成为他们的生活方式,而职务犯罪人虽然相对理性,但威慑仍面临盈亏权衡阻碍。

最后,使感知的成本超过感知的收益也不容易。人不是完全理性人,人对当下效用更看重,而对未来效用不敏感,一项成本、收益越是遥远,人感受起来就越打折扣,这一现象被经济学称为对未来的贴现(discounting of future)。由于对未来效用不敏感,感知的刑罚严厉性与客观刑期的关系是边际递减的,一项实证研究发现在犯罪人的感知中,5年监禁的严厉性不是1年的5倍,而只有

---

〔8〕 1967年加利福尼亚州众议院刑事诉讼委员会的一项调查曾询问受访者一些犯罪的法定刑最高是多少,结果只有26.5%的人回答正确。See Assembly Committee on Criminal Procedure, *Deterrent Effects of Criminal Sanctions*, Assembly of the State of California, 1968, cited in Robert Apel, *Sanctions, Perceptions, and Crime: Implications for Criminal Deterrence*, Journal of Quantitative Criminology, Vol. 29, No. 1, p. 73 – 74 (2013). 类似的正确率,也在之后的研究中被发现。See Kirk R. Williams, Jack P. Gibbs & Maynard L. Erickson, *Public Knowledge of Statutory Penalties: The Extent and Basis of Accurate Perception*, Pacific Sociological Review, Vol. 23, No. 1, p. 116 (1980).

〔9〕 See Paul H. Robinson & John M. Darley, *Does Criminal Law Deter? A Behavioural Science Investigation*, Oxford Journal of Legal Studies, Vol. 24, No. 2, p. 176 (2004). See also John M. Darley, Kevin M. Carlsmith & Paul H. Robinson, *The Ex Ante Function of the Criminal Law*, Law & Society Review, Vol. 35, No. 1, p. 180 – 181 (2001).

〔10〕 参见[美]迈克尔·戈特弗里德森、[美]特拉维斯·赫希:《犯罪的一般理论》,吴宗宪、苏明月译,中国人民公安大学出版社2009年版,第84～86页。

2.7 倍;10 年监禁的严厉性也不是 5 年的 2 倍,而只有 1.6 倍。[11] 这使加长刑罚的效果打折扣,感知成本的增加幅度有限。感知的预期成本等于感知的成本与感知的刑罚概率的乘积,犯罪学研究还发现只有当刑罚的确定性达到一个阈值后,刑罚才有威慑效应,这一阈值有研究发现是 30%,[12] 也有研究发现在 25% ~40%。[13] 依此数据,当破案率过低时,刑罚也难起到威慑效应。

理性选择理论把人当成是完全理性的,潜在犯罪人对刑罚有准确的了解,会理性计算犯罪的收益、成本、被抓获的概率,然后决定是否犯罪;但早在 1947 年,赫伯特・西蒙就已开启对理性人假设的批判,提出人只有有限理性,只有零零碎碎、不完备的知识;[14] 而在 20 世纪 70 年代后,心理学、行为经济学更是深刻揭示了人的非理性,人在效用评估、概率判断上都和理性人假设有明显的差异。[15] 从刑罚感知的不准确性、犯罪人的人格特质、对未来的"贴现"中,可以看到,犯罪人并非完全理性人。

或许正是由于以上阻碍,实证研究发现重刑没有威慑效应。对于个人犯罪,在国外,特拉维斯・普拉特(Travis C. Pratt)等人的一项荟萃分析(meta-analysis)[16] 分析了 40 项实证研究,结果显示当控制其他变量后,重刑没有威慑

---

[11] See Kent A. McClelland & Geoffrey P. Alpert, *Factor Analysis Applied to Magnitude Estimates of Punishment Seriousness: Patterns of Individual Differences*, Journal of Quantitative Criminology, Vol. 1, No. 3, p. 311 (1985).

[12] See Don W. Brown, *Arrest Rates and Crime Rates: When Does a Tipping Effect Occur?* Social Forces, Vol. 57, No. 2, p. 671 - 682 (1978).

[13] See Mitchell B. Chamlin, *A Longitudinal Analysis of the Arrest - Crime Relationship: A Further Examination of the Tipping Effect*, Justice Quarterly, Vol. 8, No. 2, p. 187 - 199 (1991).

[14] 参见[美]赫伯特・A. 西蒙:《管理行为》(第 4 版),詹正茂译,机械工业出版社 2013 年版,第 90 ~ 93、111 ~ 112 页。

[15] 行为法经济学关于威慑的内容,see Eyal Zamir & Doron Teichman, *Behavioral Law and Economics*, Oxford University Press, p. 443 - 455 (2018)。

[16] 荟萃分析是一种对大量实证研究进行再次的综合分析的定量方法,结论比单项研究、普通文献回顾都更可靠。

效应,同侪效应、自我控制、非正式的惩罚都比刑罚更能影响犯罪。[17] 对于企业犯罪,研究同样发现重刑没有威慑效应,萨莉·辛普森(Sally S. Simpson)等人的一项荟萃分析分析了265项对公司犯罪的实证研究,"证据未能显示刑罚制裁在个人、公司、地理和'其他'层次的分析单位上有一致的威慑效应。效应大小不仅没有显著性,而且效应量也很小。无论是纵向研究还是横截面研究,这一结果都成立"。[18]

在我国的研究中,重刑的威慑效应也难以得到支持。陈硕、章元根据1989~2009年的省级面板数据,发现重刑率和"严打"都没有威慑效应,破案率、城乡收入差距、流动人口比例、初中入学率影响了犯罪率。[19] 吴雨豪根据1981~2016年的犯罪率数据,发现重刑率对故意杀人、强奸行为没有威慑效应,对故意伤害、抢劫、盗窃、诈骗行为甚至有促进作用,而破案率、人口年龄结构变化、农村居民收入增加降低了犯罪率。[20] 吴雨豪根据2007年死刑复核权收回前后的数据,发现死刑执行也没有威慑效应,人口年龄结构、居民可支配收入影响了犯罪率。[21]

(二)刑罚威慑的效率

犯罪学研究不只表明重刑没有威慑效应,更发现与其他手段相比,依靠刑罚的严厉性预防犯罪是低效的。如今,一系列实证研究已有两项发现:

第一项发现是犯罪率对刑罚概率的变化更敏感,刑罚的确定性比严厉性更

---

〔17〕 See Travis C. Pratt et al., *The Empirical Status of Deterrence Theory: A Meta-Analysis*, in Francis T. Cullen, John Paul Wright & Kristie R. Blevins (eds.), *Advances in Criminological Theory*, Vol. 15, Taking Stock: The Status of Criminological Theory, Transaction Publishers, p. 367-395 (2008).

〔18〕 Sally S. Simpson et al., *Corporate Crime Deterrence: A Systematic Review*, Campbell Systematic Reviews, Vol. 10, 2014.

〔19〕 参见陈硕、章元:《治乱无需重典:转型期中国刑事政策效果分析》,载《经济学(季刊)》第13卷第4辑,北京大学出版社2015年版,第1473~1474页。

〔20〕 参见吴雨豪:《刑罚威慑的理论重构与实证检验》,载《国家检察官学院学报》2020年第3期。

〔21〕 参见吴雨豪:《死刑威慑力实证研究——基于死刑复核权收回前后犯罪率的分析》,载《法商研究》2018年第4期。

能威慑犯罪。前述陈硕和章元的研究、吴雨豪的研究都得出了这样的结论，犯罪学家丹尼尔·S. 纳金(Daniel S. Nagin)也指出“在刑罚确定性的各种测量方式下，支持刑罚确定性威慑效应的证据都比支持刑罚严厉性威慑效应的证据都更一致、更有说服力”[22]。在此，贝卡利亚“对于犯罪最强有力的约束力量不是刑罚的严酷性，而是刑罚的必定性”这一观点[23]得到了实证支持。然而，这对理性选择理论提出了疑问：按照理性选择理论，预期刑罚 = 刑罚强度 × 刑罚概率，1 年刑期乘以 20% 的刑罚概率和 2 年刑期乘以 10% 的刑罚概率，预期刑罚都是 0.2 年，威慑效应应该是一样的，那为什么刑罚的确定性比严厉性，“1 × 20%”比“2 × 10%”，更能威慑犯罪？

之所以如此，可能有两方面的原因。首先是对未来的贴现。如前所述，人不是完全理性人，一项成本、收益越是遥远，人感受起来就越打折扣。由于对未来的贴现，感知的刑罚严厉性与客观刑期的关系是边际递减的，这使加长刑罚的效果有限，刑期越长，边际增益越低，因此提升刑罚的严厉性不如提升刑罚的确定性。其次是犯罪的非法律成本。刑罚只是犯罪的法律成本，而在法律成本外，还有众多的非法律成本，提升刑罚严厉性只能影响成本的一部分，提升确定性却可以使整体的预期成本都水涨船高。[24] 不过，这一解释对犯罪人的理性提出了较高要求。

第二项发现是财政支出投入社会福利比投入刑事司法系统更有效率，社会预防比刑事司法预防更能减少犯罪。陈硕的研究，以及陈刚、李树、陈屹立的研

---

〔22〕 Daniel S. Nagin, *Deterrence in the Twenty - First Century*, in Michael Tonry (ed.), *Crime and Justice*, Vol. 42, Crime and Justice in America, 1975 - 2025, The University of Chicago Press, p. 3 (2013).

〔23〕 [意]切萨雷·贝卡利亚：《论犯罪与刑罚》，黄风译，北京大学出版社 2008 年版，第 62 页。

〔24〕 See Alon Harel, *Behavioral Analysis of Criminal Law: A Survey*, in Eyal Zamir & Doron Teichman (eds.), *The Oxford Handbook of Behavioral Economics and the Law*, Oxford University Press, p. 577 (2014).

究都提出了这样的发现。[25] 在此,李斯特“最好的社会政策,就是最好的刑事政策”同样得到了实证的支持。理性选择理论用一种个体化的方式看待犯罪,过于强调能动,而对结构关注不足。“一个多世纪以来,社会科学研究增进、加深了对犯罪的理解,大量证据明确表明犯罪根植于社会、心理原因,而理性选择理论就这么粗暴、毫不客气地把这些复杂性、经验证据都扫到一边,凭着经济学模型,像扶手椅哲学家一样,就坚称犯罪归根到底只是个人选择的结果。”[26]一个全面的犯罪原因理论需解释动机、约束、情境、能力、缺乏替代选择 5 种原因要素,[27]威慑只关注增强外部约束,这让它无力“治本”,无法以社会政策在事前对犯因性因素施加干预。

判断刑法是否是最后的手段,首先要对更多手段有一份想象力,然后才能对比这是不是最好的手段。刑罚不是犯罪预防的全部,在犯罪学中,犯罪预防可以有 4 种策略:发展式预防、社区预防、情境预防和刑事司法预防。[28] 刑罚不是刑事司法预防的全部,在刑罚之外,警务、破案率与破案速度、矫正也都可以减少犯罪。刑事政策是“社会整体据以组织对犯罪现象的反应的方法的总和”[29],既然是“总和”,这就要求一种刑事一体化的视野,在实体法审判之外向前研究刑事诉讼过程、警务和犯罪,向后研究刑罚执行、矫正。刑罚只是犯罪预防策略的一小部分,而谦抑性要求“最后”手段,这是非常苛刻的要求,但凡有其

[25] 参见陈硕:《转型期中国的犯罪治理政策:堵还是疏?》,载《经济学(季刊)》第 11 卷第 2 辑,北京大学出版社 2012 年版,第 755 页;陈刚、李树、陈屹立:《中国犯罪治理的财政支出偏向:选择“大棒”还是“胡萝卜”?》,载《南开经济研究》2010 年第 2 期。

[26] David Garland, *The Culture of Control: Crime and Social Order in Contemporary Society*, The University of Chicago Press, 2001, p. 130.

[27] See Charles R. Tittle, *Control Balance: Toward a General Theory of Deviance*, Westview Press, 1995, p. 28.

[28] See Michael Tonry & David P. Farrington, “Strategic Approaches to Crime Prevention”, in Michael Tonry & David P. Farrington (eds.), *Crime and Justice*, Vol. 19, *Building a Safer Society: Strategic Approaches to Crime Prevention*, The University of Chicago Press, 1995, p. 2.

[29] [法]米海依尔 · 戴尔玛斯 – 马蒂:《刑事政策的主要体系》,卢建平译,法律出版社 2000 年版,第 1 页。

他更好的手段,用刑罚进行预防都是不正当的。

总之,要达到相同的目标,提升破案率、社会预防都是更有效的手段,威慑刑突破了刑法的谦抑性,无法被正当化。

(三)讨论

威慑刑论和责任主义背后是价值观念的冲突,不同人的观念各不相同,达成共识并非轻而易举。但在此,实证科学强调"少一点'我认为',多一点'我发现'"[30],却有助于形成最基本的关于事实问题的共识,也有助于作出更具目的理性的选择,防止事与愿违,对我们珍视的目的、价值造成损害。

首先,研究表明重刑没有威慑效应。认为重刑可以威慑犯罪,这是一种有些简单化的观点。在18世纪时,贝卡利亚、边沁、费尔巴哈强调威慑、人的理性;但在19世纪后半叶,犯罪学就已开启对刑事古典学派的批判,"在意大利,当古典派犯罪学理论发展到顶峰时,另一方面这个国家却存在着过去从未见过的数量极大的犯罪行为的不光彩状况,这确实是一种令人惊异的对比"[31];1947年,赫伯特·西蒙开启对理性人假设的批判,提出有限理性;1968年后,更是有大量对刑罚威慑效应的实证研究;20世纪70年代,犯罪学开始强调威慑的心理基础,转向感知威慑理论,而心理学、行为经济学更是发现人在很大程度上是非理性的,人的效用评估、概率判断都和理性人假设有明显的差异……靡不有初,但后来的各项研究,都表明事情不像理性选择、客观威慑那样简单。

其次,研究还显示提升破案率、加强社会预防,都比提升刑罚严厉性更能减少犯罪。由于对未来的贴现,感知的刑罚严厉性与客观刑期的关系是边际递减的,这使得加长刑罚的增益有限,提升刑罚严厉性不如提升刑罚确定性。由于重刑没有威慑效应,而刑罚又是非常昂贵的手段,"据监狱管理部门测算,国家每年对每名在押犯投入的改造成本在5万元左右,而且在不断提升"[32],因此,将资源投入提升刑罚方面是低效率的资源配置方式,将资源投入社会政策比投入提升刑罚更有效率。由此,不必同威慑刑论进行价值辩论,威慑刑在实证科学内部尚难证成。犯罪预防应将资源更多投入提升破案率、完善社会政策上,

〔30〕 白建军:《少一点"我认为",多一点"我发现"》,载《北京大学学报(哲学社会科学版)》2008年第1期。

〔31〕 [意]恩里科·菲利:《实证派犯罪学》,郭建安译,商务印书馆2016年版,第3页。

〔32〕 黄永维:《中国减刑假释制度的改革与发展》,法律出版社2012年版,第99页。

这可以更有效地减少犯罪。

综上所述,威慑无法构成法定刑配置的正当原则。如果主张某类犯罪构成为例外,提升刑罚严厉性对其有威慑效应,且是必要的手段,应给出足够的证据和理由。

二、积极的一般预防批判

20 世纪 70 年代,一种积极的一般预防理论在德国兴起。与消极的一般预防相对,积极的一般预防不是通过威慑,而是培育公民对法律的忠诚、提升公众对法秩序的信赖,以此预防犯罪,常被认为比威慑更具正当性。

积极一般预防的社会科学根据可以从法社会学关于守法(legal compliance)的研究中得到说明。根据法社会学的研究,守法可能出于 4 种原因:可能因为奖励、惩罚,可能因为同侪压力,可能出于内在动因——道德、法律意识等,也可能只是因为习惯。[33] 基于奖惩、同侪压力的守法都是受外部力量驱动的,属于工具性守法;出于内在动因的守法则是规范性守法,[34] 积极的一般预防理论正是奠基于人规范性地遵守法律的可能性。

积极一般预防理论主张刑罚可以通过 3 种效果实现一般预防:[35] 一是通过刑事司法进行社会教育,培育公民对法律的忠诚[36] 的学习效果;二是使公众看到法律贯彻执行继而产生的信赖效果;三是使公众的法意识因为违法行为得到惩罚感到宽慰,认为和违法者的冲突已了结而产生的满足效果。通过刑罚能产生这些效果,进而预防犯罪,这蕴含了实质性的因果主张,要受社会科学的

[33] 参见[美]劳伦斯·M. 弗里德曼:《碰撞:法律如何影响人的行为》,邱遥堃译,中国民主法制出版社 2021 年版,第 7 ~ 8 页;[美]劳伦斯·M. 弗里德曼:《法律制度——从社会科学角度观察》,李琼英、林欣译,中国政法大学出版社 2004 年版,第 73 ~ 74 页。

[34] 参见[美]汤姆·R. 泰勒:《人们为什么遵守法律》,黄永译,中国法制出版社 2015 年版,第 3 ~ 5 页。

[35] 参见[德]克劳斯·罗克辛:《德国刑法学总论(第一卷):犯罪原理的基础构造》(第 3 版),王世洲译,法律出版社 2005 年版,第 42 ~ 43 页。

[36] 参见[德]格吕恩特·雅科布斯:《责任和预防》,载[德]格吕恩特·雅科布斯:《行为 责任 刑法——机能性描述》,冯军译,中国政法大学出版社 1997 年版,第 20 页。

审视。

(一)学习效果

学习效果主张通过刑事司法进行社会教育,培育公民对法律的忠诚。学习效果并不是简单的“呼吁”,临时的呼吁无法展现规范性守法的力量,规范性守法最强大的力量来源,是一个人在十几、几十年里对道德、社会规则的内化。

然而,作为一种刑罚理论的组成部分,学习效果强调刑事司法的作用,刑罚的“大棒”能否培育对法律的忠诚?儿童期、青春期是人一生中社会化的关键时期,之后人们的守法模式就大体定型,除非经历重大事件,否则都具有稳定性。[37] 社会学、心理学对法律社会化(legal socialization)的研究说明了人是如何习得不同的守法模式的,有助于理解学习效果的机制。

在守法模式的形成过程中,培育儿童、青少年学会遵守法律有两种途径,可以基于共识,也可以通过强制。[38] 然而,惩罚强制虽然可以让人遵守法律,但这只是工具性的,不是规范性守法。教会儿童、青少年规范性守法的不是刑事司法——无论直接参与还是通过媒体间接学习,而是一开始对道德、社会规则的内化。事实上,普通人很少会和刑事司法有接触,“很多人们常以为是法律的功能,其实是通过非法律的制度、机构实现的”[39],法律社会化也多是在非法律场所进行,[40] 人们在家庭教育、学校生活、社区的非正式规则中形成自己的规则意识和守法模式。

在守法模式稳定后,对于已经习惯蔑视法律权威,只因为有刑罚震慑才不犯罪的,调整刑罚配置无法唤起他们对法律的忠诚;对于已经习惯规范性守法的,即使还能唤起更多的忠诚,边际上的增益也微乎其微。对这两类人群,刑罚

---

〔37〕 参见[美]汤姆·R.泰勒、里克·特林克纳:《孩子为什么遵守规则:法律社会化与合法性发展》,雷槟硕译,上海三联书店 2020 年版,第 65 页。

〔38〕 See Rick Trinkner & Tom R. Tyler, *Legal Socialization: Coercion Versus Consent in an Era of Mistrust*, Annual Review of Law and Social Science, Vol. 12, p. 425 – 429 (2016).

〔39〕 Stewart Macaulay, *Law and the Behavioral Sciences: Is There Any There There?* Law & Policy, Vol. 6, No. 2, p. 152 – 153 (1984).

〔40〕 这也是为什么法社会学的研究场所不只是正式的法律机构,也包括法律的“寻常场所”(common place of law),如家庭、学校、社区、企业等。参见[美]帕特里夏·尤伊克、苏珊·S.西尔贝:《日常生活与法律》,陆益龙译,商务印书馆 2015 年版,第 32 ~ 40 页。

能不能起到教育效果尚存疑。

综上所述,尽管公众的规范性守法对预防犯罪非常重要,但刑罚却无助于培育规范性守法,学习效果无法构成刑罚配置的正当根据。

(二)信赖效果

信赖效果(*Vertrauens Effekt*)是"国民通过看见法律得到贯彻执行而产生的效果"[41],也可以译作信任效应。刑法学者对信赖效果的机制论述较少,但社会学、政治学对社会信任、政治信任已有大量研究,犯罪学对信任也有专门的研究,[42]借助这些研究理解信赖效果的机制,信赖效果意为法律能否得到贯彻,会影响人们对规范的信任,进而影响规范性守法的意愿;如果人们感到秩序被违反却没能得到重树,这不只会损害威慑,也会损害人们对规范的信任,进而削弱规范性守法的意愿。

刑罚→公众感知→对规范的信赖强化→规范性守法→犯罪减少

刑罚对公众信任的影响以影响公众的刑罚感知为前提,但如前所述,公众的刑罚感知并不准确。对刑罚感知的研究表明:首先,公众对刑罚的具体规定知之甚少;其次,公众对刑罚的感知也不准确,感知的刑罚并不对应于客观的刑罚,人们往往只是根据自己的正义直觉猜测刑罚有多重。

而在此基础上,研究还发现公众容易低估刑罚的严厉程度。[43] 有研究显

---

[41] [德]克劳斯·罗克辛:《德国刑法学总论(第一卷):犯罪原理的基础构造》(第 3 版),王世洲译,法律出版社 2005 年版,第 43 页。

[42] See Mike Hough & Julian V. Roberts, *Public Opinion, Crime, and Criminal Justice*, in Alison Liebling, Shadd Maruna & Lesley McAra (eds.), The Oxford Handbook of Criminology, 6th ed., Oxford University Press, 2017, p. 250 – 255.

[43] See Assembly Committee on Criminal Procedure, *Deterrent Effects of Criminal Sanctions*, Assembly of the State of California, 1968, cited in Robert Apel, *Sanctions, Perceptions, and Crime: Implications for Criminal Deterrence*, Journal of Quantitative Criminology, Vol. 29, No. 1, p. 73 – 74 (2013); Kirk R. Williams, Jack P. Gibbs & Maynard L. Erickson, *Public Knowledge of Statutory Penalties: The Extent and Basis of Accurate Perception*, Pacific Sociological Review, Vol. 23, No. 1, p. 116 (1980).

示，如果人们亲身参与到司法审判中，接触更多的信息，大多数人就不会认为实际的刑罚偏轻；[44]但在现实中，人们并没有这么多了解，当人们想到犯罪时，想到的往往是严重的暴力犯罪，而当人们想到刑罚时，想到的又经常是媒体报道的有争议的、偏轻的刑罚，[45]因此在现实中，人们常常觉得刑罚对犯罪人"太宽大了"，这种认知偏差被称为宽大偏误（leniency bias）。

由于公众容易低估刑罚的严厉程度，觉得刑罚对犯罪人过于宽大，为提升公众对规范的信任，追求信赖效果就可能导向迎合舆论、提升刑罚严厉性的结果。但即使提升刑罚的严厉性，也可能是无用的。

首先，刑罚感知的不准确性、媒体建构的偏差、宽大偏误都是根深蒂固的，不是调整客观的刑罚就能改变的。调整刑罚配置是"头痛医头，脚痛医脚"，无助于改变公众的刑罚感知，无法提升公众的信任。

其次，心理学研究还表明信任有不对称性，赢得很难，失去却很容易。[46]对公众的警察信任的研究同样发现信任是不对称的，警察的表现令人满意对公众信任度的提升是有限的，而一旦令人不满意，公众的信任就会显著下降。[47]在媒体发达、犯罪可能被媒体过度渲染、宽大偏误认知偏差流传的情况下，刑事司法系统难以将人们对规范的信赖维系在刑罚的严厉度上，一次舆情发酵就可能摧毁长时间的努力，损害人们对规范的信赖。

由此，刑罚配置无助于改变公众的刑罚感知，无法提升公众对规范的信赖

---

〔44〕 See Kate Warner et al., *Public Judgement on Sentencing: Final Results from the Tasmanian Jury Sentencing Study*, Trends & Issues in Crime and Criminal Justice, No. 407, Australian Institute of Criminology, 2011.

〔45〕 See Mike Hough & Julian V. Roberts, *Public Opinion, Crime, and Criminal Justice*, in Alison Liebling, Shadd Maruna & Lesley McAra (eds.), The Oxford Handbook of Criminology, 6th ed., Oxford University Press, 2017, p. 246.

〔46〕 See Paul Slovic, *Perceived Risk, Trust, and Democracy*, Risk Analysis, Vol. 13, No. 6, 1993, p. 677. 信任的不对称性根植于人类心理的消极偏差（negativity bias），在强度相同的情况下，负面事件对人心理状态的影响比正面事件更大。

〔47〕 See Ben Bradford, Jonathan Jackson & Mike Hough, *Trust in Justice*, in Eric M. Uslaner (ed.), Oxford Handbook of Social and Political Trust, Oxford University Press, 2018, p. 646.

度,信赖效果无法构成刑罚配置的正当根据。

其实,如果跳出刑法理论设定的框架,信任确实可以预防犯罪,但这不必通过刑罚。研究表明警察打击犯罪离不开公民的贡献,警察的立案大多数都来自报案,而对警察的信任有助于提升人们的报案意愿,减少犯罪暗数,提升破案率,最终减少犯罪。[48] 这一因果路径比刑罚配置的路径更可靠。对于如何提升我国公众的警察信任,犯罪学已有许多研究。[49]

积极的一般预防完全不只有刑罚一种路径。以法社会学家汤姆·泰勒(Tom R. Tyler)为例,汤姆·R. 泰勒强调家庭、学校对儿童和青少年的社会化,权威机构以恰当的方式对待公民,以此培育规范性守法,无疑是一个积极的一般预防论者,但是,却不是一个积极的一般预防"刑"论者。[50] 刑罚的效果主要是消极的效果,刑罚以外的措施对培育公民的规范性守法更重要。

(三)满足效果

满足效果是公众的法意识因为违法行为得到惩罚而感到宽慰,认为与违法者的冲突已经了结产生的效果。

满足效果面临和信赖效果相似的问题。由于公众倾向低估刑罚的严厉程度,觉得刑罚对犯罪人过于宽大,而满足效果要求抚慰公众的法意识,在刑罚配置上,政策内涵就容易导向提升刑罚的严厉性。这不只是无效的,还蕴藏刑罚民粹主义的危险。在太平洋对岸,美国刑罚 20 世纪 70 年代后的惩罚转向(punitive turn)和大规模监禁,也同样有出于这种刑罚民粹主义[51]的原因——带来严刑峻法的不一定是威慑,也可能是追求某种简单原则的信赖效果和满足

---

[48] See Tom R. Tyler & Yuen J. Huo, *Trust in the Law: Encouraging Public Cooperation with the Police and Courts*, Russell Sage Foundation, 2002, p. 200 – 203.

[49] 例如,许博洋、周由、孙懿贤:《"功能性—表达性模型"与中国警察信任:基于全国样本的多重中介与调节模型分析》,载《山东大学学报(哲学社会科学版)》2022 年第 3 期;Ivan Y. Sun et al., *Police Legitimacy and Citizen Cooperation in China: Testing an Alternative Model*, Asian Journal of Criminology, Vol. 13, No. 4, p. 275 – 291 (2018)。

[50] 参见[美]汤姆·R. 泰勒、里克·特林克纳:《孩子为什么遵守规则:法律社会化与合法性发展》,雷槟硕译,上海三联书店 2020 年版,第四编"结论与最后的思考"。

[51] See David Garland, *The Culture of Control: Crime and Social Order in Contemporary Society*, The University of Chicago Press, 2001, p. 131 – 135.

效果。

与刑罚相对，恢复性司法强调刑事司法中社区的参与，平复犯罪对社区造成的影响，[52]这也可以满足居民的法意识，使他们感到宽慰，认为与违法者的冲突已经了结。因此，刑罚配置还不是推进满足效果的必要的、最后的手段。

（四）小结

经验性的积极一般预防理论蕴含了实质性的因果主张，这就需要能得到社会科学的支持。尽管刑罚的有无可以产生效果，但刑罚配置并不能产生边际上的增益，积极的一般预防刑不具备通向实践的经验基础。事实上，也正是由于经验上证明的困难，经验性的积极一般预防理论在德国式微：

> 主张要么非常接近传统的一般预防理论，要么认为积极一般预防理论必须与消极的一般预防理论结合起来共同作为刑罚的目的，因而这些学者所主张的积极一般预防理论实际上已经丧失了独立性。如今……更多不是在积极地主张一种观点，而主要是对规范主义的积极一般预防理论进行批判。[53]

尽管公众的规范性守法对预防犯罪非常重要，但刑罚中主要是消极的效果，试图以刑罚追求积极预防是使用了错误的手段。积极的一般预防不应被当作一种刑罚配置理论来理解，而应关注它在更广阔的刑事司法活动、法律运行、公共政策领域的价值。

三、报应刑应如何配置

预防无法构成法定刑配置的正当根据，法定刑配置的根据只剩下报应。本文并不是在支持报复，而是认为报应强调报复是对古早报应主义的过时印象，在当代的刑罚理论中，报应主义并不强调报复，沟通理论、不公平优势理论、权

---

〔52〕 See James Dignan, *Understanding Victims and Restorative Justice*, Open University Press, 2005, p. 6.

〔53〕 陈金林：《积极一般预防理论研究》，武汉大学出版社2014年版，第157页。

利弃置论都是当代有影响力的报应主义,[54]这些报应主义都和报复无关。

但是,本文在此关注的不是报应主义的哲学问题,而是报应刑的配置问题。报应说起来简单,但什么是均衡的报应,一个犯罪的报应刑应该是5年还是10年,其实是一个问题。如戈尔丁所言:

> 我们应当用什么标准来度量一种违法行为的错误性呢?我们应当用什么标准来度量一个犯罪的当罚性呢?这些标准度量的是同一种东西吗?如果我们有必要的话应当怎样把他们结合起来?我们应当用什么标准来度量一种刑罚的严厉性,而且这些标准能与度量犯罪严重性的量级相比较呢?对这些问题的回答并非轻而易举。[55]

黑格尔批评同态复仇法"荒诞不经"[56],但其提出的等价报应论,如后文所述,也无法提供可操作的指引。如何防止报应刑的配置背后没有一套规范的方法,而受模糊性统治?

(一)古典报应主义的问题

康德、黑格尔的报应理论都属于古典的报应主义,他们的理论都强调某种对等性,要求刑罚以对等的伤害回应犯罪。

康德的刑罚配置观点在我国被归纳为等量报应论,在康德的理想中,刑罚应以和犯罪的性质相对应的方式回应犯罪人:

> 公共正义以什么为原则、标准决定刑罚的量和种类?唯有对等的原则(principle of equality)……你对别人作的恶,都将施加给你自己。你侮辱他就是侮辱你自己,你偷他的东西就是偷你自己的东西,你打他就是打你自己,你杀死他就是杀死你自己。只有报复的权利(*ius*

---

[54] 参见[英]安东尼·达夫:《刑罚、沟通与社群》,王志远、柳冠名、姜盼盼译,中国政法大学出版社2018年版;Matthew C. Altman (ed.), *The Palgrave Handbook on the Philosophy of Punishment*, Palgrave Macmillan, 2023, chs. 13–14。

[55] [美]戈尔丁:《法律哲学》,齐海滨译,生活·读书·新知三联书店1987年版,第191~192页。

[56] [德]黑格尔:《法哲学原理》,邓安庆译,人民出版社2016年版,第184页。

talionis）……能明确规定刑罚的质和量。[57]

然而监禁刑崛起，意味着这种方案未被采纳，我国有数百个罪名，刑罚却只有几种，“人们原来郑重其事地指望着的多样性刑罚，最后被化简为这种单调的统一的刑罚……对于任何可以想像得到的罪行都用同一种方法来惩罚。人们会看到一个医生用同样的方法来医治所有的疾病”[58]。

黑格尔放弃追求外在性状对等的方案，转而追求刑罚和犯罪内在价值上的对等，这被称作等价报应论。等价报应论的“价值”是什么意思？——不是行为的道德价值、可谴责性，黑格尔从合同、侵权诉讼中不同的物的价值对等谈起，“在黑格尔看来，‘价值’是可以通过某物获得满足之需要的函数，也是人们使不同的需要相互替代以获得满足之意向的函数”[59]。可以看出，黑格尔的“价值”即经济学中的效用（utility），等价报应论的内核实质是古典经济学的基数效用论，相信效用可以被量化，犯罪夺走被害人多少单位的幸福，刑罚就向犯罪人施加多少负效用。黑格尔没有放弃追求绝对的对等，在这意义上，黑格尔和康德的刑罚分配原则都是追求等量的，黑格尔只不过以价值为中介换了种间接的方式而已。

追求外在性状对等的理论“荒诞不经”，那么黑格尔的回应是否成功？以故意伤害罪为例，如何测量被害人在伤害中失去的幸福？多重的刑罚施加的负效用能够与之相等？对于同一事物，不同人的估值可能非常不同，但等价报应论不是精确到个人的理论，其需要标准化，但标准化又是如何进行的？如何防止任意性？人失去了多少单位的效用难以测量，等价报应论暗含的效用还原论、

---

〔57〕 Immanuel Kant, *The Metaphysics of Morals*, Mary Gregor (trans.), Cambridge University Press, 1996, p. 105－106. 但是，康德表达的不是字面意思，在解释如何理解“你偷他的东西就是偷你自己的东西”时，康德的方案就只是剥夺他的财产安全、劳役。See Immanuel Kant, *The Metaphysics of Morals*, Mary Gregor (trans.), Cambridge University Press, 1996, p. 106.

〔58〕 ［法］米歇尔·福柯：《规训与惩罚：监狱的诞生》，刘北成、杨远婴译，生活·读书·新知三联书店2012年版，第131～132页。

〔59〕 ［美］艾伦·伍德：《黑格尔的伦理思想》，黄涛译，知识产权出版社2016年版，第199页。

对完全信息的要求,都使其欠缺刑罚配置的可操作性。

无论黑格尔刑罚理论的其他部分可以有多少当代阐释,证成理由的建构可能多么精细,等价报应论作为一种刑罚配置理论都是失败的。古典的报应主义要求回应以对等的伤害,在无被害人犯罪上也陷入尴尬。如果一种刑罚配置理论不可操作,现实中刑罚配置遵循的就不可能是这种理论,结果是名为等价报应的其他内容,无法防止任意性。

(二)规范性积极一般预防理论的问题

在经验性的积极一般预防理论之外,还存在规范性的积极一般预防理论,这一理论尽管以“预防”为名,但其实是一种报应主义。规范性的积极一般预防理论的支持者以雅各布斯为代表,雅各布斯的积极一般预防观点在前期经验性的一面还更强,后期则越来越接近一种绝对理论。[60] 雅各布斯认为,犯罪是对规范的否定,而刑罚是对犯罪的否定、对规范的确证,在此,刑罚不只是确证规范的手段,而就是这种确证本身。[61] 由此,雅各布斯已经在为刑罚的内在价值辩护,而不是像预防理论那样,认为刑罚只是手段,这让他的理论更接近报应主义。[62]

但是对刑罚配置来说,重要的不是“为什么要有刑罚”(why punish),而是应惩罚得多重(how much),[63]重要的不是它在报应和预防间的位置,而是规范性的积极一般预防理论会如何配置刑罚。就刑罚配置而言,一般威慑给出了将犯罪的损害成本除以刑罚概率,再根据犯罪人的风险偏好调整的方法;古典的报应主义至少提出要回应以对等的伤害;当代英美刑法哲学中的应得理论发展

---

〔60〕 参见[德]克劳斯·罗克辛:《德国刑法学总论(第一卷):犯罪原理的基础构造》(第3版),王世洲译,法律出版社2005年版,第43页。

〔61〕 Vgl. Günther Jakobs, Das Strafrecht zwischen Funktionalismus und „alteuropäischem" Prinzipiendenken, *ZStW* 107 (1995), 843, 844.

〔62〕 普珀也认为,雅各布斯正趋于一种绝对理论,普珀认为这是种系统论进路的循环;许乃曼则认为,雅各布斯实际提出了一种新的报应理论,只不过用社会的规范同一性取代了正义的位置。Vgl. Frank Zieschang, Diskussionsbeiträge der Strafrechtslehrertagung 1995 in Rostock, *ZStW* 107 (1995), 907, 925 f.

〔63〕 See Andrew von Hirsch, *Proportionality in the Philosophy of Punishment: From "Why Punish?" to "How Much?"* Criminal Law Forum, Vol. 1, No. 2, p. 259 - 260 (1990).

出了详细的刑罚配置方法,且已有许多应用,然而,规范性的积极一般预防理论在这方面有多少论述?如何衡量一种犯罪对规范的否定?这样衡量得到的结果和应得理论的结果有多大区别?规范性的积极一般预防理论在证成理由的建构上可能非常精细,但在刑罚配置问题上,还没有给出相应的方法。

(三)应得理论的方案

当代英美刑法哲学中更有影响力的一种报应理论是应得理论(desert theory)。这是一种关注行为可谴责性的理论,认为"刑罚是一种道德信念"[64],"为人们的不当行为谴责他是道德的一部分,这种道德要求人们为自己的行为负责",而"一旦确立了一种谴责性的制度对犯罪做出反应,那就应当以与行为可谴责性一致的方式来安排制裁"。[65]

在刑罚配置上,应得理论不要求回应以对等的伤害,而是区分了两种均衡:一是序数均衡(ordinal proportionality),这是相对的均衡,要求轻罪轻罚,重罪重罚;二是基数均衡(cardinal proportionality),这是绝对的均衡,要求即使顺序得当,刑罚也必须固定在恰当的基数上。[66]

应得理论提出基数均衡不是确定性的(determining),无法正向得出一个刑量,而只是限制性的(limiting),用来反向排除畸轻、畸重的刑罚(如凌迟、炮烙等酷刑)。[67] 应得理论主张基数均衡只是限制性的,序数均衡才是确定性的。[68] 在这一点上,应得理论不同于古典的报应主义,古典的报应主义将基数均衡视为确定性的,刑罚应当是和犯罪对等的,但如前所述,这并不现实,缺乏可操作性。

---

〔64〕 John Kleinig, *Punishment and Desert*, Martinus Nijhoff, 1973, p. 49.

〔65〕 See Andrew von Hirsch, *Past or Future Crimes: Deservedness and Dangerousness in the Sentencing of Criminals*, Rutgers University Press, 1985, p. 36, 50.

〔66〕 See Andrew von Hirsch, *Censure and Sanctions*, Oxford University Press, 1993, p. 18 – 19. 有学者将"proportionality"译作"比例""比例性",这容易与公法的比例原则混淆,需要更多的澄清,报应主义的逻辑并不是比例原则的手段—目的权衡。

〔67〕 See Andrew von Hirsch, *Past or Future Crimes: Deservedness and Dangerousness in the Sentencing of Criminals*, Rutgers University Press, 1985, p. 43 – 44.

〔68〕 See Andrew von Hirsch, *Past or Future Crimes: Deservedness and Dangerousness in the Sentencing of Criminals*, Rutgers University Press, 1985, p. 39.

应得理论的刑罚配置方法是:先得到刑罚阶梯的起点和终点(在满足基数均衡的条件下),将最轻的刑罚赋给最轻微的犯罪,将最严厉的刑罚赋给最重的罪行,然后将其他犯罪按轻重顺序排列在其间。这比古典的报应主义更能解释当代报应刑的实践。

由于基数均衡只是限制性的,刑罚配置的关键在于实现序数均衡。绝大多数犯罪的犯罪化都是由损害原则证成的,可谴责性由两个维度构成:一是损害,二是责任。责任中罪过、目的、动机等因素刑法都已有规定,由此,序数均衡的关键就在于衡量犯罪造成的损害。

1. 衡量人际犯罪的损害

如何衡量损害的大小?由于生命、财产等各种利益间的不可通约性,这是一个非常基础,但又异常困难的问题。仅仅根据利益位阶,"生命利益大于身体利益,生命健康利益大于财产利益",这只是在平均意义上,一旦超出平均范围,就非常粗糙。罗克辛提出了一系列权衡的要点,包括法益位阶、法益损害的程度、损害发生的可能性,[69]这比仅仅依照法益位阶判断精细得多,但也没有给出更细致的指引。

应得理论中,冯·赫希和亚勒堡(Nils Jareborg)借用阿马蒂亚·森"生活水平"的概念,从身体完整性、物质支持、人格、隐私四个方面,考察犯罪将对一标准人中期的生活水平造成多大损害。[70] 他们的方法被阿什沃斯盛赞为是具有开创性的方法,被称为冯·赫希-亚勒堡原则。[71]

冯·赫希和亚勒堡将生活水平分为勉强维生、极少的福祉、足够的福祉、标

---

〔69〕 参见[德]克劳斯·罗克辛:《德国刑法学总论(第一卷):犯罪原理的基础构造》(第 3 版),王世洲译,法律出版社 2005 年版,第 475~480 页。

〔70〕 See Andrew von Hirsch & Nils Jareborg, *Gauging Crime Seriousness: A "Living Standard" Conception of Criminal Harm*, in Andrew von Hirsch & Andrew Ashworth, Proportionate Sentencing: Exploring the Principles, Oxford University Press, 2005, p. 201-207. 该文的第一版, see Andrew von Hirsch & Nils Jareborg, *Gauging Criminal Harm: A Living-Standard Analysis*, Oxford Journal of Legal Studies, Vol. 11, No. 1, 1991, p. 1-38。

〔71〕 See Andrew Ashworth, *Principles of Criminal Law*, 3rd ed., Oxford University Press, 1999, p. 39;[英]安德鲁·阿什沃斯:《量刑与刑事司法》(第 6 版),彭海青、吕泽华译,中国社会科学出版社 2019 年版,第 124 页。

准福祉4层，以此建立损害的严重等级：[72]对一个标准人中期的生活水平，(1)最轻微的损害没有影响或影响微乎其微，(2)中低级的损害影响标准福祉，(3)中高级的损害更波及“足够的”福祉，(4)严重的损害令人剩下的福祉极少，(5)重大损害令人只能勉强维生，直到(6)最重大的损害令生命终结。除了有社会保障制度兜底，不至于死亡，财产损害和身体损害一样可以重大到让人的生活水平跌落到只能勉强维生的程度(倾家荡产)。

冯·赫希－亚勒堡原则的操作分为4步：首先，确定身体完整性、物质支持、人格、隐私哪些利益受到了妨害；其次，分析典型案件中被害人生活水平所受的影响；再次，考虑犯罪人的有责性；最后，和损害发生的概率结合。损害发生的概率，可以用必然、经常、偶尔(occasionally)、难得(seldom)、罕见(rarely)评价，[73]以此和生活水平分析的结果结合，可以得到评价损害危险性的一个矩阵，见表1所示。

表1　评价损害危险性的矩阵

发生的概率	损害严重性					
	1	2	3	4	5	6
罕见	最低	低	低	中低	中等	中等
难得	低	低	中低	中等	中等	中高
偶尔	低	中低	中等	中等	中高	高
经常	中低	中等	中等	中高	高	高
必然	中等	中等	中高	高	高	最高

资料来源：Victoria A. Greenfield & Letizia Paoli, *A Framework to Assess the Harms of Crimes*, British Journal of Criminology, Vol. 53, No. 5, 2013, p. 873。

在此基础上，可以比较人际犯罪的严重性，越是靠近矩阵左上角的，犯罪危

〔72〕 See Andrew von Hirsh & Nils Jareborg, *Gauging Crime Seriousness: A "Living Standard" Conception of Criminal Harm*, in Andrew von Hirsch & Andrew Ashworth, *Proportionate Sentencing: Exploring the Principles*, Oxford University Press, 2005, p. 213.

〔73〕 See Victoria A. Greenfield & Letizia Paoli, *A Framework to Assess the Harms of Crimes*, British Journal of Criminology, Vol. 53, No. 5, p. 873 (2013). 评价损害发生的概率，还可以和结果犯、实质危险犯、抽象危险犯、举动犯的概念结合起来。

险性越低;越是靠近矩阵右下角的,犯罪危险性越高。在生活水平分析的过程中,应得理论同样可以结合用于被害人学的研究。

2. 衡量侵犯集体法益犯罪的损害

侵害集体法益的犯罪比人际犯罪更复杂得多。有力观点认为,所有法益侵害都可以还原为对个人法益的侵害,超个人法益不过是个人法益的集合。但这种观点却无法说明刑罚配置:以污染环境罪为例,在污染环境罪中集体法益受到的侵害还原成个人法益究竟有多严重,还原论无法给出答案。这一观点似乎只是一种本体论上"正确"的宣称,而在实操中缺乏可操作性。那么,我们如何能将侵犯集体法益犯罪的损害衡量、刑罚制定规范化?

维多利亚·格林菲尔德和莱蒂齐娅·保利(Letizia Paoli)《犯罪损害的评估框架》一文借鉴了国家安全学的研究,将冯·赫希-亚勒堡原则扩展到了更普遍的情形中。格林菲尔德、保利的框架在方法论上是二元论的,"考虑到数据可得性和分析复杂性的实际情况,在个人层面得出所有这些损害的结果即使不是不可能,也十分困难"。[74] 格林菲尔德和保利不强求将损害还原到个人,而将受损者分为4类:个人、私主体、政府机构和环境,其中环境包括物理环境和社会环境。国家、社会、市场、企业、环境……每个实体的存在都有它承载的使命、"存在的理由",格林菲尔德、保利用一个实体完成使命的能力(mission capacity)替代被害人的生活水平,以此衡量犯罪造成的损害:[75] 从最轻微的损害对完成使命能力没有影响或影响微乎其微,到重大损害令实体只能维持基本的运转,最重大的损害令实体不复存在。

格林菲尔德-保利框架遵循如下步骤:(1)构建犯罪模式。评估犯罪损害首先应对犯罪的事实层面有所了解,防止陷入主观的想象。这就需要进行犯罪学的研究。(2)识别可能的损害和损害的承受者,个人、私主体、政府机构、环境,在功能完整性、物质利益、声誉、隐私/机密哪些方面受到了损害(其中,环境只有功能完整性维度)。(3)评估损害结果的严重性和损害发生的概率。现实的损害衡量不像"损害量×损害概率"那样简单,格林菲尔德-保利框架不要求

---

[74] See Victoria A. Greenfield & Letizia Paoli, *A Framework to Assess the Harms of Crimes*, British Journal of Criminology, Vol. 53, No. 5, p. 868 (2013).

[75] See Victoria A. Greenfield & Letizia Paoli, *A Framework to Assess the Harms of Crimes*, British Journal of Criminology, Vol. 53, No. 5, p. 872 (2013).

将所有项目量化，而允许同时使用定量和定性资料，包括专家意见，收集多种资料进行三角互证。(4)如前文的矩阵，将损害结果的严重性和损害发生的概率结合。(5)考虑可归责性，哪些损害可归责于行为人。在这过程中，格林菲尔德、保利也使用了衡量损害严重性、损害发生概率等级的量表，以及两者结合的矩阵。

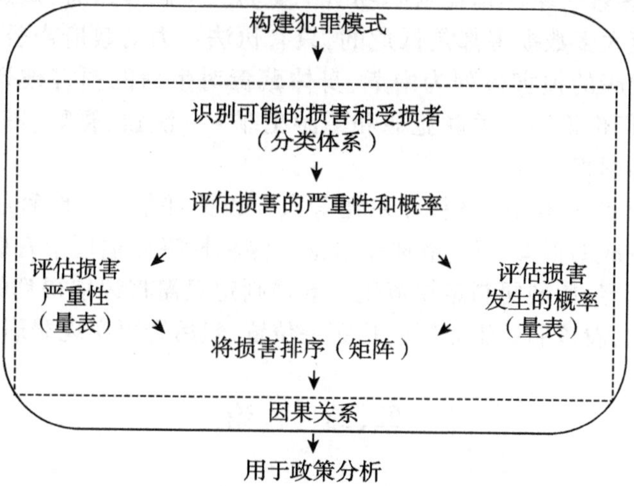

图1 格林菲尔德－保利损害评估框架的程序

资料来源：Victoria A. Greenfield & Letizia Paoli, *A Framework to Assess the Harms of Crimes*, British Journal of Criminology, Vol. 53, No. 5, 2013, p. 867。

从应用实例中，可以看到格林菲尔德－保利损害评估框架的严谨性。以毒品犯罪为例，保利、格林菲尔德等人使用了比利时联邦警察的有组织犯罪数据库、比利时检察官办公室的案件资料、学术文献和内部资料，访谈了18位专家、12名服刑的罪犯，在这些信息的基础上构建了在比利时贩运可卡因的模式，评估了贩运可卡因的损害。[76] 可卡因可能通过海运、空运、陆运进入比利时，其中只有空运、人体藏毒会对个人造成损害，贩运可卡因对个人造成中低到重大的损害很罕见，微小的损害也只是在难得和偶尔之间。可卡因输入可能伴随着

〔76〕 See Letizia Paoli, Victoria A. Greenfield & Andries Zoutendijk, *The Harms of Cocaine Trafficking: Applying a New Framework for Assessment*, Journal of Drug Issues, Vol. 43, No. 4, p. 407－436 (2013).

腐败,私主体的腐败偶尔会对企业的功能完整性和声誉造成微小的损害。腐败对比利时政府功能完整性和声誉的损害是罕见、微乎其微的,但执法不力对政府声誉的损害则经常发生。贩运可卡因给政府物质利益造成中低程度的损害很罕见,造成微小损害的概率也只在罕见到偶尔之间。对环境,零售交易偶尔会对社会环境造成微小的损害,公开交易在比利时是不可容忍的,街头交易也很难得,绝大多数买家都是在封闭场所中交易。从总体来看,贩运可卡因在比利时造成的绝大多数损害都是低危的,只有执法不力对政府声誉的损害、身体藏毒对个人健康的损害被列为中危,身体藏毒对生命的损害被列为中危或高危。此外,他们也识别了关联犯罪和下游犯罪——洗钱、腐败、暴力、贩卖可卡因可能造成的损害。

除毒品犯罪外,保利、格林菲尔德等人还以此评估了大麻种植、拐卖人口、网络犯罪等造成的损害。[77] 格林菲尔德 – 保利损害评估框架有助于避免凭感觉式的刑罚制定,使刑罚制定规范化。刑罚制定只需将评估得到的犯罪损害与已知犯罪对比,看该罪处于犯罪阶梯哪一位置,然后即可实现罪刑均衡。

四、结　　论

“随着刑法知识的转型,国内学术界开始对德日刑法学中的具体教义学规则意兴盎然,对于刑罚理论这一本源问题则日渐意兴阑珊,仅仅在各种形式的

〔77〕 See Letizia Paoli, Tom Decorteb & Loes Kerstena, *Assessing the Harms of Cannabis Cultivation in Belgium*, International Journal of Drug Policy, Vol. 26, No. 3, p. 277 – 289 (2015); Victoria A. Greenfield, Letizia Paoli & Andries Zoutendijk, *The Harms of Human Trafficking: Demonstrating the Applicability and Value of a New Framework for Systematic, Empirical Analysis*, Global Crime, Vol. 17, No. 2, p. 152 – 180 (2016); Letizia Paoli, Jonas Visschers & Cedric Verstraete, *The Impact of Cybercrime on Businesses: A Novel Conceptual Framework and Its Application to Belgium*, Crime, Law, and Social Change, Vol. 70, No. 4, p. 397 – 420 (2018).

综合论之间原地踏步。"[78]本文挑战了认为刑罚制定应兼顾报应和一般预防的并合论观点。

犯罪学研究表明重刑并没有威慑效应,提升破案率、加强社会预防都比重刑更能减少犯罪,如此一来,威慑无法构成法定刑配置的正当原则,我们没法期待刑罚做到它做不到的。犯罪预防应将资源更多投入提升破案率和完善社会政策上,而非加重刑罚。

公众对法律的规范性遵守对犯罪预防是非常重要的,积极的一般预防正是看到了人规范性守法的可能性,然而,用刑罚追求积极预防却是使用了错的手段,还有导向民粹式的惩罚的危险。积极的一般预防完全不必通过刑罚,积极的一般预防不应被当作一种刑罚配置理论来理解,而应关注它在更广阔的刑事司法活动、法律运行、公共政策领域的价值。

在报应刑的配置上,黑格尔的等价报应论是不可操作的,无法防止任意性;当代英美刑法哲学中的应得理论为报应刑的配置提供了更规范的方法。

法定刑配置的根据理论重构了,罪刑均衡也需要重估,预防无法构成法定刑配置的正当原则,法定刑配置应根据行为本身的应得设定。[79] 我国量刑规范化改革正逐步推进,但那"正义的水源"——刑罚制定的规范化,却还未开启。接下来研究的关键在于评估犯罪造成的损害,多种犯罪究竟何者更轻、何者更重,唯有在此基础上,才能实现罪刑均衡。

Rethinking the Distributive Principle of Statutory Punishment: A Criminological Perspective

Sheng Jiajun

Abstract: The prevailing theory is that penal legislation should combine both retribution and general prevention, yet the latter requires criminological examina-

---

〔78〕 马永强:《刑罚理论的新动向:从综合论到沟通论——达夫(R. A. Duff)的沟通理论及中国镜鉴》,载陈兴良主编:《刑事法评论(第 39 卷):刑法规范的二重性论》,北京大学出版社 2016 年版,第 150 ~ 151 页。

〔79〕 如此,审查法定刑配置均衡时原则上也不需要再审查一般预防。比照张翔:《刑法体系的合宪性调控——以"李斯特鸿沟"为视角》,载《法学研究》2016 年第 4 期。

tion. Criminological studies indicate the severity of punishment has no deterrent effect; improving detection rate and social prevention are more effective in preventing crimes. Thus, deterrence can not be justified, and crime prevention should invest more resources to improve detection rates and social policies. Positive general prevention can not be justified either, which should be emphasized more in criminal justice and public policy, rather than understood as a penal distribution theory. Retributivisms of Kant and Hegel are inapplicable to distribute punishment, while contemporary desert theory has provided more guidance. To make the punishment fit the crime, further research still needs to be done to gauge criminal harm.

Key words: Justification of punishment; Purpose of punishment; Deterrent effect; Retribution; Desert theory

“青鹰”专栏

论债权让与限制特约的效力

吕　斌*

内容摘要：

债权的对人权性和财产性是构造债权让与限制特约效力的两个起点。《民法典》第545条第2款后段规定遵循以债权的财产性为起点的构造原理，采用"纯债法效力说"的理论构成；《民法典》第545条第2款前段规定的理论构成则未必明确，宜解释为同样遵循上述构造原理的"新相对效力说"。在"新相对效力说"的理论构成下，债务人对恶意受让人享有两项法定权利：一是清偿权，二是履行拒绝权。基于清偿权，债务人得通过向让与人提供债权所规定之给付或者通过以自己对让与人享有的债权为自动债权，以受限债权为被动债权向让与人主张抵销的方式消灭其债务；基于履行拒绝权，债务人得拒绝向恶意受让人履行债务，但债务人不因其行使履行拒绝权而免负迟延责任。

关键词：

债权让与　日本民法典　债权的对人权性　债权的财产性　限制特约

一、问题的提出

债权，以得自由转让为原则。但过度强调债权的处分自由难免产生与债权实现所呈之利益状态相左的事态，故在某些场合，债权的可让与性需要受到法律的限制。[1] 原《合同法》第79条第2项和《民法典》第545条第1款第2项均将"按照当事人约定不得转让"作为债权让与自由原则的除外情形。为简明计，本文把当事人的上述约定称为"债权让与限制特约"或者简称为"特约"，并

---

* 清华大学法学院博士研究生。

〔1〕 参见韩世远：《合同法总论》，法律出版社2018年版，第601页。

把附有债权让与限制特约的债权称为“受限债权”。

关于债权人违反特约转让受限债权的法律效果,原《合同法》第 79 条并未作出明确规定。在司法实践中,我国大多数法院不区分受让人的主观状态,认为债权人转让受限债权的行为无效或者特约可以阻却受限债权的有效转让。〔2〕通说认为,有必要参考债权法修正前《日本民法典》第 466 条第 2 款的做法,对原《合同法》第 79 条第 2 项规定进行目的性限缩,令债务人不得以特约对抗善意第三人。〔3〕新近学说对通说观点提出了疑问,并将目光转向德国法理论。例如,一种观点认为,由于债权让与限制特约的必要性和绝对无效的法律效果显著不成比例,在解释论上应当尽早废弃内容说和与之相对应的绝对无效模式,〔4〕且宜在解释原《合同法》第 79 条第 2 项时采用债权让与相对无效的模式。〔5〕另一种观点则认为,宜根据当事人不同的约定形式,赋予特约以不同的效力更符合现代多元社会经济发展的要求。〔6〕

《民法典》第 545 条在沿袭原《合同法》第 79 条规定的基础上增设 2 款,专门就债权让与限制特约的效力作出了规定。按照该规定,在金钱债权场合,无论受让人主观状态如何,受让人均能取得受限债权,债务人仅得就其因此所遭

〔2〕 参见江苏省徐州市泉山区人民法院(2020)苏 0311 民初 373 号民事裁定书、广东省广州市中级人民法院(2019)粤 01 民终 1321 号民事判决书、甘肃省高级人民法院(2019)甘民终 140 号民事判决书等。2018 年以前法院裁判的实证研究,参见冯洁语:《论禁止债权让与特约效力的教义学构造》,载《清华法学》2017 年第 4 期,第 120 ~ 122 页。

〔3〕 参见韩世远:《合同法总论》,法律出版社 2018 年版,第 605 页;崔建远:《合同法总论》中卷,清华大学出版社 2016 年版,第 482 页;王利明:《合同法研究》(第二卷),中国人民大学出版社 2015 年版,第 204 页;申建平:《禁止让与条款效力之比较研究》,载《环球法律评论》2008 年第 6 期,第 59 页。

〔4〕 参见庄加园:《〈合同法〉第 79 条(债权让与)评注》,载《法学家》2017 年第 3 期,第 172 页。

〔5〕 参见庄加园:“禁止债权让与约定的效力模式解析——以《德国商法典》第 354a 条的法教义学分析为基础”,载《为民法而斗争——梁慧星先生七秩华诞祝寿文集》编委会编:《为民法而斗争——梁慧星先生七秩华诞祝寿文集》,法律出版社 2014 年版,第 627 ~ 643 页。

〔6〕 参见冯洁语:《论禁止债权让与特约效力的教义学构造》,载《清华法学》2017 年第 4 期,第 124 ~ 140 页。

受的损失请求让与人承担违约损害赔偿责任。在非金钱债权场合,民法典仅规定债务人不得以特约对抗善意第三人,至于在第三人主观上为恶意的场合,特约具体的效力内容为何,则未必明确。黄薇主编的释义书认为,在受让人受让非金钱债权为恶意时,“受让人仍然取得债权,但债务人有权向受让人主张债权禁止转让的抗辩”,至于债务人得向受让人主张何种抗辩,则语焉不详。[7]

为明确我国《民法典》中债权让与限制特约效力的具体内容,本文拟先在文章的第二部分概括性地提出特约效力的构造原理;然后以第二部分提出的构造原理为线索,在文章的第三部分归整债权法修正前后日本学说构造特约效力的论理脉络;[8]接着在参考日本法经验的基础上,在文章的第四部分和第五部分,分别就我国法上特约效力构造起点的应然选择以及非金钱债权场合特约效力的理论构成展开探讨。

二、构造特约效力的两个起点:债权的对人权性与财产性

在现代法律中,债权可以在两种意义上被理解:一是作为对人权的债权,即债权的本体是以特定人(债权人)向特定人(债务人)请求一定给付为内容的权利;二是作为财产权的债权,即债权是债权人通过借助债务人的行为(给付)以达到获取生活利益(财产)为目的的权利。[9] 对人权性和财产性分属债权的主观侧面和客观侧面,是构造债权让与限制特约效力的两个起点。

以债权的对人权性为起点构造债权让与限制特约的效力,意味着以债权与物权之间关系的对置作为特约效力构造作业的初始前提:物权受物权法定原则支配,可让与性则为物权的固有属性,这使当事人无法通过私人协议创造出不具有可让与性的所有权;与此形成对照,合同法领域不存在“债权类型和内容法定”之要求,这使作为债权创设者的债权人和债务人可以通过缔结特约自由地创造不具有可让与性的债权。“如果当事人愿意,他们可以塑造合同权利的属

〔7〕 参见黄薇主编:《中华人民共和国民法典合同编解读(上册)》,中国法制出版社2020年版,第288页。

〔8〕 为避免混淆,下文将日本债权法修正前的《日本民法典》简称为“旧法”,将日本债权法修正后《日本民法典》简称为“新法”。

〔9〕 於保不二雄『債権総論』3頁(有斐閣、新版、1989)参照。

性,并消除将其定性为财产权所通常需要的固有的可让与性。"[10] 作为上述初始前提的直接演绎结果,受限债权为不具有可让与性的债权,债权人无法把受限债权有效地转让给第三人。[11] 本文把上述理论构成称为"绝对无效说"。《德国民法典》第399条第2项关于特约效力的规定即采上述理论构成。按照德国判例和通说的观点,有效的特约能够排除受限债权的可让与性(Veräußerungsfähigkeit)。债权人违反特约转让受限债权的行为无效,且该无效为绝对无效,即使让与人违反特约转让受限债权,受限债权也仍然属于让与人的责任财产,让与人的债权人因此能够有效地扣押该受限债权。[12] 无独有偶,在Linden Gardens Trust Ltd. v Lenesta Sludge Disposals Ltd. 案中,[13] 英国上议院也明确指出,债权让与限制特约具有完全的效力,意图转让合同债权的行为都将无效。

以债权的财产性为起点构造债权让与限制特约的效力则与前述情况恰好相反。此时,债权与物权不再因分属对人权(in personam right)和对物权(in rem right)而水火不容,而是在"同为私有财产权"上求得共性。盖债权的财产化程度可以通过两个标准加以衡量:一是可让与性,二是转让后的排他性(after-transfer exclusiveness)。[14] 在把债权视为一项纯粹的财产权的观点下,前述两项标准应被完全满足:一方面,可让与性作为债权的固有属性在现行法秩序中被确立;另一方面,债务人无法通过主张受限债权已被固定于其与债权人之间而向让与人或者受让人提出抗辩。因为增加债权财产性质的最重要之点在于,完善债权的可让与性和转让后的排他性,如果不能够完全满足标准,则债权依

---

〔10〕 See G. J. Tolhurst & J. W. Carter, *Prohibitions on Assignment: A Choice to Be Made*, 73 Cambridge L. J. 410 (2014).

〔11〕 田島順「譲渡禁止の特約(一)」法学論叢(京都大学)30巻4号556頁(1934)。

〔12〕 Vgl. Rolf Serick, *Eigentumsvorbehalt und Sicherungsübertragung, Band II: Die einfache Sicherungsübertragung-Erster Teil*, Heidelberg: Verlagsgesellschaft Recht und Wirtschaft, 1965, § 24 III 2.

〔13〕 See Linden Gardens Trust Ltd. v Lenesta Sludge Disposals Ltd. [1994] 1 AC 85.

〔14〕 See Teemu Juutilainen, *Law-Based Commodification of Private Debt*, 22 Eur. L. J. 750–751 (2016).

然不能完全失却对人权性。[15] 在这一观点下,债权得作为一种以将来取得财货为目的的法律手段,债权如同动产一般,能够作为商品在市场上自由地流通,并作为资本被积累。[16] 从而,作为上述初始前提的直接演绎结果,受限债权不因特约之有效存在而丧失可让与性,特约仅在当事人之间具有合同法层面上的拘束力,让与人得有效地转让受限债权于第三人。本文称上述理论构成为"纯债法效力说"。

作为对人权的债权观与作为财产权的债权观之间存在内在的矛盾关系:前者以债为法锁的理念为基础,强调债务关系的个性和债权人身份的不可变易性;后者则着眼债为财产的理念,注重债权的可让与性和转让后的排他性。债权的财产化意味着债务关系的个性不断被抽离而趋于标准化或者非人格化,这使特约效力的构造作业不可能同时以债权的对人权性和财产性作为起点。在明确特约效力的具体内容之前,必须从这两个构造起点中作出选择。

但有必要指出的是,两种债权观之间关系的对立并不意味着同一债务关系中债权的对人权性和财产性在事实上构成"全有或全无"的关系,某一债权具有高度的财产性并不意味着该债权完全不具备对人权性,具有高度人身性的债权也未必完全失却其财产性。在此意义上,就同一债权而言,其对人权性和财产性毋宁是此消彼长的关系,这为"绝对无效说"与"纯债法效力说"之修正理论的生成奠定了基础。

为了修正"绝对无效说",立法论上的通常做法是基于特定的理由为绝对无效说所确立之规则创设例外。例如,旧法第 466 条第 2 款在承认债务人得以特约剥夺受限债权之可让与性的基础上,创设"不得对抗善意第三人"之例外规定。此外,《国际商事合同通则》第 9.1.9 条第 2 款、《欧洲合同法原则》第 11:301 条规定亦为适例。在解释论上,则通常采取目的论限缩的方式加重当事人主张特约效力的构成要件或限制特约的效力范围。在德国法上,前者如穆门霍夫(Mummenhoff)提出的学说。该说基于特约有碍债权信用交易的问题意识,主张以担保为目的的债权让与和债权人对债权的扣押在利益状态上有其类似性,从而在受限债权被作为担保标的物并被强制执行的场合,应排除适用《德国

---

〔15〕 参见[日]我妻荣:《债权在近代法中的优越地位》,王书江、张雷译,中国大百科全书出版社 1999 年版,第 22 ~ 23 页。

〔16〕 於保不二雄『債権総論』2 頁(有斐閣、新版、1989)参照。

民法典》第399条第2项的规定。[17] 后者如卡纳里斯(Canaris)提出的“相对无效说”。该说认为,有必要将特约的效力限制在债务人保护的必要限度内,以为受让人提供更广泛的保护。为了达到上述目的,债权人违反特约对受限债权所为之处分,在与债务人以外的其他人的关系中则为无效。[18]

在“纯债法效力说”的理论构成下,特约仅在债务人和让与人之间具有约束力,在让与人违反特约转让受限债权的场合,债务人仅得主张让与人承担违约损害赔偿责任。如果不对纯债法效力说加以修正,那么从理论上讲,债务人不可能通过特约有效地阻止受限债权的转让。[19] 为了确保受限债权的转让不会使债务人处于必须向受让人负责的地位,需要通过法律规定赋予特约额外的效力。除新法第466条第3款外,《欧洲示范民法典草案:欧洲私法的原则、定义和示范规则》第3-5:108条亦为上述修正思路的典型代表。

三、日本法上债权让与限制特约效力的理论构成

在债权法修正前,日本学说就旧法第466条第2款规定下的债权让与限制特约的效力存在诸多见解。除个别学说认为应当以债权的财产性为起点构造特约效力外,[20] 大多数学说均认为,应当把债权的对人权性作为构造特约效力的初始前提。在债权法修正后,以债权的财产性为起点的构造原理在新法第466条第2款和第3款中获得了原则性确认,而以债权的对人权性为起点的构造原理则只有在受限债权为存款债权场合(新法第466条之五)才有被运用的余地。

---

[17] Vgl. Winfried Mummenhoff, *Vertragliches Abtretungsverbot und Sicherungszession im deutschen, österreichischen und us-amerikanischen Recht*, JZ 1979, 425.

[18] Vgl. Claus-Wilhelm Canaris, „*Die Rechtsfolgen rechtsgeschäftlicher Abtretungsverbote*“, in: *Festschrift für Rolf Serick zum* 70. *Geburtstag*, Heiderberg: Verlag Recht und Wirtschaft, 1992, S. 9-12.

[19] See G. J. Tolhurst & J. W. Carter, *Prohibitions on Assignment: A Choice to Be Made*, 73 Cambridge L. J. 417 (2014).

[20] 清原泰司「譲渡禁止特約付き債権譲渡に関する一考察」経済理論285号63-64頁(1998年)参照。

(一)旧法下的通说

在日本债权法修正前,“物权效力说”是日本法上的通说。该说认为,债权让与限制特约具有剥夺受限债权之可让与性的物权效力,债权人违反特约转让受限债权,不仅构成特约义务之违反,而且受限债权之让与也不生效力;但是,在受让人受让受限债权时主观上为善意的场合,受让人得有效地取得受限债权,取得债权人的地位。[21] 如果彻底贯彻“物权效力说”中特约的物权效力,那么在受让人主观上为恶意的场合,受限债权让与之“无效”应属确定、绝对之无效。从而,旧法第466条第1款和第2款之间的关系为并列关系,作为旧法第466条第1款本文规定的适用对象的债权为“具备可让与性的债权”,而作为同条第2款本文规定的适用对象的债权则为“可让与性被剥夺的债权”。

在上述前提下,债务人仅需要证明特约之存在即可,受让人如果要主张其得有效取得受限债权,则须就其善意负举证责任。[22] 但值得注意的是,日本的判例法理和通说观点均认为,债务人应就该特约之存在以及受让人的主观恶意负举证责任。[23] 由此可见,“物权效力说”不同于“绝对无效说”,其毋宁是绝对无效说的修正理论。

(二)传统学说对物权效力说之修正

特约效力限制论是物权效力说的修正理论,其实质价值判断为利益衡量。依该说之观点,既然旧法第466条第1款本文已经规定债权以得自由让与为原则,那么就不应当无条件地尊重债权债务关系中的个性,即使受让人主观上为恶意,也不应当毫无限制地承认特约的物权效力,而应当在比较衡量债务人基于特约所享有之利益和恶意受让人就债权的流通性享有之利益的基础上,决定特约是否具有物权效力。[24]

---

〔21〕 我妻栄『新訂債権総論(民法講義VI)』524頁(岩波書店、1964)参照。

〔22〕 佐々木良行「債権譲渡禁止特約の効力について」法務研究15号93、98頁(2018)。

〔23〕 大判明治38年2月28日民録11輯278頁;大江忠『要件事実民法(4) 債権総論』351頁(第一法規、第4版補訂版、2018)。

〔24〕 米倉明『債権譲渡—禁止特約の第三者効—』18頁・64-103頁(学陽書房、1976);米倉明「債権譲渡禁止特約に関する再検討」法学研究(愛知学院大学)47巻2号54-55頁(2006)参照。

"债权效力说"重视债权的财产性,其以优先确保债权的可让与性更符合现代交易社会的现实需求为实质价值判断。按照"债权效力说"的观点,债权人只是因特约之存在而负有不得转让受限债权的义务而已,债权人违反特约转让受限债权的行为有效;但是,当受让人主观上为恶意时,债务人得向受让人主张恶意抗辩。[25] 从而,旧法第 466 条第 1 款和第 2 款之间的关系得被理解为"原则—例外"关系,债务人须就特约之存在与受让人之恶意负举证责任。[26] 有必要指出的是,尽管债权效力说在对特约效力内容的说明上明显不同于"物权效力说",但两者在最终的结果上并无实质的差异,即使两者在举证责任的分配问题上存在分歧,也仅止步于理论层面。[27]

(三)民法(债权法)修正检讨委员会的立法论

在日本债权法修正程序正式开始之前,民法(债权法)修正检讨委员会发表的《债权法修正的基本方针》就债权让与限制特约的效力重新作出了的规定。

按其规定,受限债权之让与有效,但这一"有效"并不是对任何人来说均属有效,而是对除债务人以外的人来说有效,在与债务人的关系中,受限债权之让与则仍为无效;[28] 债务人原则上得以特约对抗受让人,只有在受让人主观上为善意等场合,债务人才例外地不得主张特约之抗辩。[29] 该试案规定下之特约效力的理论构成与德国法上的相对无效说可作同一评价,[30] 在日本法语境中,可以被评价为物权效力说的修正理论。

(四)新法对物权效力说的否弃

新法第 466 条第 2 款规定,债权让与限制特约无碍债权让与之效力。这一规定使当事人无法通过特约排除受限债权的可让与性,债权人原则上仅负有不

---

〔25〕 前田明達『口述債権総論』400 頁(成文堂、第 3 版、1993)参照。

〔26〕 佐々木良行「債権譲渡禁止特約の効力について」法務研究 15 号 93 頁(2018)参照。

〔27〕 淡路剛久『債権総論』438 頁(有斐阁、2002)参照。

〔28〕 石田剛「債権譲渡」法律時報 81 巻 10 号 32 頁(2009)参照。

〔29〕 池田真朗「債権譲渡禁止特約と譲渡人からの援用の否定—最二小判平 21.3.27 をめぐって—」金融法務事情 1873 号 15 頁(2009)参照。

〔30〕 石田剛「債権譲渡」法律時報 81 巻 10 号 32 頁(2009)参照。

得转让受限债权的合同义务。[31] 准此，新法明确将可让与性作为债权的固有属性，遵循的是以债权的财产性为起点的构造原理，从而与物权效力说及其修正理论存在根本区别。

当事人缔结债权让与限制特约的目的具有多样性，但无论出于何种目的，对于债务人来说，在预先固定债权人方面，均有其利益。[32] 学说上将这一利益称为"债权人固定利益"或者"清偿对象固定利益"。新法第466条第3款承认特约保护债权人固定利益之机能的合理性，例外地赋予其对外效力。按照其规定，当受让人明知或者因重大过失而不知特约之存在时，债务人得拒绝其债务之履行，且得以对让与人之清偿及其他使债务消灭之事由对抗受让人。对于债务人享有的"得拒绝其债务之履行"的权利和"得以对让与人之清偿及其他使债务消灭之事由对抗受让人"的权利，本文从日本学说上的称谓，分别将这两项权利称为"履行拒绝权"和"清偿权"。[33] 由于在受让人主观上为恶意的场合，受限债权之让与仍属有效，让与人转让受限债权后，将不再享有受限债权之债权人的法律地位，为使债务人在受限债权被转让后仍能向让与人为有效之清偿或抵销，新法第466条第3款还向让与人赋予了一项受限债权的法定受领权限。[34] 在让与人受领债务人所提供之给付后，须将其所受领之给付移交给受让人，[35]或者受让人得请求让与人将其移交给自己。[36]

一方面，债务人得通过履行拒绝权之行使免于向恶意受让人履行债务，恶意受让人也无法强制债务人向让与人履行债务；另一方面，让与人无法请求债务人向自己履行债务，因为此时，让与人已然不是债权人，不享有受限债权的收

---

〔31〕 平野裕之『新債権法の論点と解釈』198頁(慶應義塾大学出版会、2019)参照。

〔32〕 主要表现为以下4点：(1)避免事务处理方面的繁杂化；(2)避免错误给付；(3)确保自己向原债权人抵销的权利；(4)避免债权人将债权转移给一些自己不欲与其发生交易关系的第三人(潮見佳男『新債権総論II』389頁(信山社、2017)参照)。

〔33〕 平野裕之『新債権法の論点と解釈』201－202頁(慶應義塾大学出版会、2019)参照。

〔34〕 潮見佳男『新債権総論II』399頁(信山社、2017)参照。

〔35〕 中田裕康『債権総論』632頁(岩波書店、第4版、2020)参照。

〔36〕 白石大「債権譲渡制限特約を譲受人に対抗しうる場合の法律関係」法学教室478号19頁(2020)参照。

取权限,新法第466条第3款也并未向让与人赋予此项权限。如此,将产生恶意受让人和让与人均无法请求债务人履行债务的胶着状态。为消除这一胶着状态,新法第466条第4款规定,在“债务人不履行债务的场合”,恶意受让人得确定相当之期间,对债务人作出向让与人履行的催告;当债务人于上述期间内未向让与人履行债务时,债务人不得再援用新法第466条第3款规定对抗恶意受让人。

值得注意的是,债务人享有的履行拒绝权和清偿权以及让与人享有的法定受领权限的效力渊源并非源于特约,而是来自法律的特别赋予。[37] 在此意义上,新法第466条规定下的特约效力的理论构成可以被评价为纯债法效力说的修正理论。本文将称为“相对效力说”。

四、我国法上特约效力构造起点之选择

特约效力的理论构成必须解决债权的对人权性和财产性这两个构造起点之间的选择问题。《民法典》第545条第2款后段遵循以债权的财产性为起点的构造原理,就特约效力采用纯债法效力说的理论构成;与此形成对照,虽然《民法典》第545条第2款前段明确承认特约的对外效力,但是特约对外效力的来源未必明确,容有进一步澄清的必要。笔者认为,宜将《民法典》第545条第2款前段遵循的构造原理解释为以债权的财产性为起点的构造原理,相应地,特约对外效力的来源宜解释为来自法律规定的特别赋予。理由如下:

第一,符合平等原则的要求。“在以法律为主要法源的法域中,法秩序不仅是外部一致、透明的法律规则的集合,基于权利平等的要求,它们也是价值判断尽可能没有矛盾的内在体系。”[38] 私法规范固有的体系性,决定了法律适用者在规范解释的过程中应尽量避免采用“有价值判断矛盾和目的性方面不一致的解释”。[39] 特约效力的两种构造原理分别对应两种截然不同的价值判断。具

---

〔37〕 平野裕之『債権総論』312-313頁(日本評論社、2017)参照。

〔38〕 [奥]恩斯特·A.克莱默:《法律方法论》,周万里译,法律出版社2019年版,第64页。

〔39〕 参见[奥]恩斯特·A.克莱默:《法律方法论》,周万里译,法律出版社2019年版,第55页。

体而言，以债权的财产性为起点构造特约效力，意味着受限债权初显地（prima facie）具有可让与性，让与人和受让人的利益初显地优先于债务人的利益受到保护。与此形成对照，以债权的对人权性为起点构造特约效力，意味着受限债权初显地不具有可让与性，债务人的利益初显地优先于让与人和受让人的利益受到保护。由于受限债权不可能同时具有可让与性和不可让与性，两种构造原理所对应的价值判断在逻辑上相对立。

在事实构成方面，金钱债权让与和非金钱债权让与之间的差异仅体现在债权所规定之给付的内容上，金钱债权以要求债务人支付相当数量之金钱为内容，非金钱债权则以要求债务人给付一定数量的金钱以外的标的物为内容。在交易功能方面，金钱债权和非金钱债权之间的区别主要体现在融资能力的强弱上，金钱债权比非金钱债权具有更强的融资能力。《民法典》第 545 条第 2 款区分金钱债权场合和非金钱债权场合，就特约效力分别作出不同规定，其意义正是在于此。[40] 但是，在债务人的利益与让与人和受让人的利益之间初显优先关系的决定问题上，非金钱债权让与和金钱债权让与之间存在的差异性因素应属非相关因素，非金钱债权场合特约效力之构成也应当遵循以债权的财产性为起点的构造原理，以使《民法典》第 545 条第 2 款前段和后段规定之间的价值判断保持一致。

第二，与重视债权流通性的现代经济社会背景相吻合。法律不是一个自治的系统，而是社会生活不可分割的一部分。[41] 现代经济社会重视债权的流通性，债权的可让与性被认为是主流经济制度的重要组成部分。对于韦伯（Weber）来说，合同权利的可让与性是先进的、完全商业化的社会交往所要求的法律状态的一部分，为现代资本主义社会所不可或缺。[42] 康芒斯呼应了韦

〔40〕 参见江必新主编：《民法典重点修改及新条文解读（上册） 物权编 · 合同编》，中国法制出版社 2020 年版，第 206 页。

〔41〕 See E. Donald Elliott, *The Evolutionary Tradition in Jurisprudence*, 85 Colum L Rev 40 (1985).

〔42〕 See Max Weber, *Economy and Society: An Outline of Interpretive Sociology*, Vol. Ⅱ, Guenther Roth & Claus Wittich eds., California: University of California Press, 1978, p. 681 – 682.

伯的观点,其认为现代资本主义始于合同权利的转让和流通性。[43] 方斯沃斯亦指出,如果法律状况不允许合同权利的自由转让,那么我们的信用经济将无法存在。[44] 总而言之,以债权的财产性为起点的构造原理更符合现代社会对债权让与之经济社会功能的期待。与此相反,以债权的对人权性为起点的构造原理则与罗马法上的"法锁"观念暗合。[45] 遵循这一构造原理构造特约效力意味着受限债权初显地不具有可让与性,这将与当代市场经济倾向将债权资产化、商品化的发展趋势背道而驰。"早期的古典罗马法被认为是债务商品化的一个零点,因为它对义务的理解是极其个人化的。"[46] 在此意义上,与以债权的财产性为起点的构造原理相比,以债权的对人权性为起点的构造原理在现代经济社会背景下将更难获得社会正当性。

如前文所论,在特约效力的构造原理方面,旧法第466条与新法第466条之间存在根本区别,这意味着从旧法第466条到新法第466条,日本立法者在特约效力问题上的价值立场已然发生了根本性转变。"例外理论之原则化,例外法之原则法化,意味着法律随着社会情势之变化而进化。"[47] 通过考察旧法第466条的立法沿革和新法第466条的修法背景,可以进一步证立前述论断。

从旧法第466条的立法沿革来看,日本的立法者在制定旧法第466条规定时实际上已经充分认识到了世界上多数外国立法例重视债权让与自由原则而

---

〔43〕 See John R. Commons, *Legal Foundations of Capitalism*, New York: The Macmillan Company, 1924, p. 253.

〔44〕 See E. Allan Farnsworth, *Contracts*, 3rd ed., New York: Aspen Law & Bussiness, 1999, p. 704.

〔45〕 在罗马法上,债务关系被认为是高度个人化(highly personal)的,是"通过在两个特定的当事人之间创设而获得其个性(individuality)的法锁(vinculum iuris)。"(See Richard Zimmermann, *The Law of Obligations. -Roman Foundations of the Civilian Tradition*, Oxford: Oxford University Press, 1996, p. 58.)以债权的对人权性为起点的构造原理正是将着眼点放在了当事人创设债权的个性上[於保不二雄『債権総論』304頁(有斐閣、新版、1989)参照]。

〔46〕 Teemu Juutilainen, *Law-Based Commodification of Private Debt*, 22 Eur. L. J. 745 (2016).

〔47〕 石田文次郎「法の発展過程に関する一公式—例外の原則化—」法学論叢(京都大学)33巻1号4頁(1935)。

不承认债权让与限制特约的对外效力的事实，[48]其之所以承认特约的物权效力，主要是基于以下三个方面的考虑：

首先，日本旧有的社会习惯不允许债权的自由转让。债权人将债权证书转让给第三人并让该第三人代为催收债权的做法在当时引发了第三人严苛催收债权的恶性事件，并达到了官民皆知的程度。这使当时的市民社会强烈反感债权人让第三人代债权人催收债权的做法，并由此形成了反资本主义伦理的社会背景。[49]

其次，反对债权得自由让与的"现行法"规定的存在。按照作为当时"现行法"的太政官布告第99号规定，债权人转让债权时，须使债务人重新作成借用证书，这就相当于债权之让与须获得债务人的同意方可生效。[50]

最后，立法者重视债权人身份在债权债务关系中的重要性。在"民法典论争"中，多数意见对旧民法承认债权让与自由的做法表示反对。该意见的支持者认为，如果允许债权自由转让，那么在债权人将其对债务人享有的借款债权转让给高利贷的场合，原本是对温和的债权人（亲朋好友）负担的债务会即刻变成对严苛的债权人（高利贷）负担的债务，弱势债务人将会因债权人的变更而遭蒙不利。[51]

与旧法第466条制定时日本的经济社会背景相比，债权法修正时日本的经济社会背景已然发生了根本性变化，这主要体现在以下三个方面：

其一，在债权法修正时，特约的利用者不再是弱势债务人，而是银行、公共团体等资力雄厚的强势债务人，对于这类债务人来说，特约的机能主要在于保护其债权人固定利益，债权人的身份在债权债务关系中已不再重要，弱势债务人的保护更是无从谈起。

---

〔48〕 池田真朗「債権譲渡禁止特約再考」法学研究（慶應義塾大学）72巻12号〔新田敏教授退職記念号〕229－233頁（1999）参照。

〔49〕 米倉明『債権譲渡—禁止特約の第三者効—』23頁・28頁・34頁・37頁（学陽書房、1976）参照。

〔50〕 米倉明『債権譲渡—禁止特約の第三者効—』23－24頁・28頁・36－37頁（学陽書房、1976）参照。

〔51〕 星野通編著『民法典論争資料集』180頁・241頁（日本評論社、復刻増補版、2013）参照。

其二,债权让与(特别是金钱债权让与)的经济社会功能实现了从“危机应对型交易”向“正常业务型融资交易”的转变。在 19 世纪 70 年代以前,债权让与常见于危机应对型的纠纷处理交易中,企业转让债权往往伴随着其经营状况的恶化。与此形成对照,在 19 世纪 70 年代之后,债权让与作为一种全新的融资交易手段,以债权让与担保(间接金融)和债权流动化(直接金融)的形式,越来越多地被经营状况健全的企业所活用。[52]

其三,随着债权让与的经济社会功能的转变,市民社会逐渐认识到债权让与在金融实务中的重要性,特约的物权效力成为阻碍中小企业等通过债权让与进行融资的要因。[53] 具体而言,特约具有物权效力意味着债权人在尚未获得债务人同意的情况下,可能无法有效地转让债权。基于这一原因,受让人在受让债权时,不仅需要考虑债务人的信用能力,而且还需要考虑让与人的信用能力,其结果是,即使被转让之债权的债务人拥有较高的信用能力,也无法降低融资的风险。

由此可见,重视债权让与的经济功能和轻视债权人身份在债权债务关系中的重要性的社会背景能够为以债权的财产性为起点的构造原理提供社会正当性,与此形成对照,以债权的对人权性为起点的构造原理的社会正当性则需要从轻视甚至抵制债权让与自由且重视弱势债务人利益保护的社会背景中求得。

从制定法的演变过程来看,我国立法者对债权让与自由的态度也如同日本的立法者一样,发生了从消极禁止到积极促进的转变:首先,在原《合同法》正式颁布前,原《民法通则》第 91 条就债权让与采债务人同意主义的立法模式,这一规定的内容与太政官布告第 99 号规定基本相同,体现了我国当时的立法者不允许债权自由转让的基本立场。其次,后来颁布的原《合同法》第 79 条以常见的合同债权为例对债权让与自由原则进行了价值宣示,但为了保护债务人的利益,又在同条第 2 项承认债权让与限制特约的有效性。虽然原《合同法》第 79

[52] 池田真朗「債権譲渡に関する判例法理の展開と債権譲渡取引の変容——危機対応型取引から正常業務型資金調達取引」川井健 = 田尾桃二編『転換期の取引法——取引法判例 10 年の軌跡』297 - 319 頁(商事法務、2004)参照。

[53] 筒井健夫 = 村松秀樹編『一問一答民法(債権関係)改正』161 頁(商事法務,2018 年)参照。

条规定本身并未就特约的具体效力作出明确规定,但从其立法过程来看,[54]我国立法者在制定上述规定时仍十分重视债务人利益的保护,遵循的是以债权的对人权性为起点的构造原理。最后,《民法典》不仅在第545条第1款本文就债权让与自由原则作出了一般性规定,而且为了满足债权人的融资需求,[55]还在同条第2款后段规定中明确否定金钱债权场合特约的对外效力,与新法第466条第3款规定相比,我国立法者在促进金钱债权流通性的政策判断上显然走得更远。

第三,符合经济效率的要求。按规范的科斯定理,法律规则的制定者或者解释者应以能够尽量降低交易和信息成本的方式制定或者解释法律,以促进效率之实现。[56] 在方法论层面上,这意味着经济效率可以作为证成法律解释或法律续造的理由:如果同一条法律规范(或同一个法律概念)有多种解释可能并存时,那么应该采取最能够提升效率的解释;为了促进效率,有时可以或甚至必须扩张或限缩法律规范的适用范围。[57]

在《民法典》正式颁布以前,即有学者在立法论上主张应就金钱债权场合的

---

〔54〕《合同法(试拟稿)》第76条曾明确规定,当事人约定不得让与的债权不得让与(第1款第2项),但是上述约定不得对抗善意第三人(第2款)。《合同法(征求意见稿)》虽然并未作出与债权让与限制特约相关的规定,但是该征求意见稿第55条第2款规定,债权人转让权利增加债务人负担的,应当经过债务人的同意。与《合同法(试拟稿)》第76条规定相比,《合同法(征求意见稿)》第55条第2款规定显然更有利于债务人利益的保护。《合同法(草案)》第81条则规定,债权人可以将合同的权利全部或者部分转让给第三人,但按照当事人约定不得转让的除外。曾有意见指出,应当在《合同法(草案)》第81条第1款规定之后增加第2款规定,即"前款第2项的规定不能对抗善意第三人",但最终并未被原《合同法》第79条所采纳(参见王胜明等编著:《中华人民共和国合同法及其主要草稿介绍》,法律出版社2000年版,第30、130、181页;北京大学法律系民法教研室:《关于统一合同法草案的修改建议》,载《中外法学》1999年第1期,第97页)。

〔55〕参见黄薇主编:《中华人民共和国民法典合同编解读(上册)》,中国法制出版社2020年版,第288页。

〔56〕See Robert Cooter & Thomas Ulen, *Law and Economics*, 6th ed., Boston: Addison-Wesley, 2016, p. 91－92.

〔57〕王鹏翔、张永健:《论经济分析在法学方法之运用》,载《台大法学论丛》2019年第3期,第831页。

特约效力采"纯债法效力说"的理论构成。这一观点的主要理由之一在于,"金钱债权的债务人向特定债权人给付的利益相当微弱,而债权人却对债权的流通能力享有很高的利益。如果金钱债权的禁止让与约定发挥绝对效力,则会导致典型的无效率"。[58] 黄薇主编的释义书亦指出,《民法典》第 545 条第 2 款后段规定之所以不承认特约的对外效力,是因为"金钱债权的转让对债务人所造成的影响较小,而金钱债权的流通性价值在实践中却非常重要,其与融资之间的关系更为密切"。[59] 从经济分析的角度来看,上述理由无非在论证这样一个事实,即不承认金钱债权场合特约的对外效力符合卡尔多·希克斯效率标准。按照卡尔多·希克斯效率标准,即使法律采取的某项措施导致一部分人受益(赢家)而另一部分人受到损失(输家),只要赢家所获得的利益高于输家所受之损失,且赢家有补偿输家的可能(无论赢家是否这样做了),这一法律措施就是有效率的。[60] 在"纯债法效力说"的理论构成下,虽然法律无法为债务人的利益提供足够的保障,但是允许金钱债权转让的社会或经济效用被认为超过了允许债务人禁止债权让与的效用,[61] 且债务人得就其所遭受之损失向让与人主张违约损害赔偿。在此意义上,就金钱债权场合的特约效力采用纯债法效力说的理论构成能够在经济效率方面获得正当性。

有疑问者,如果非金钱债权场合特约效力的构造同样遵循以债权的财产性为起点的构造原理,是否仍然能够获得经济效率方面的正当性?笔者认为,答案是肯定的,且同样可以运用卡尔多·希克斯效率标准进行证明。

按照卡尔多·希克斯效率标准,当且仅当那些在从一种状态(E)转换到另一种状态(E′)的过程中受有利益的人(赢家)能够以其福利的净收益完全补偿那些因此受到损失的人(输家)时,E′对 E 是卡尔多·希克斯效率的。此时,卡

---

[58] 庄加园:《〈合同法〉第 79 条(债权让与)评注》,载《法学家》2017 年第 3 期,第 172 页。

[59] 黄薇主编:《中华人民共和国民法典合同编解读(上册)》,中国法制出版社 2020 年版,第 288 页。

[60] See Richard A. Posner, *Economic Analysis of Law*, 8th ed., Aspen Publishers, 2011, p. 17 – 20.

[61] See Grant Gilmore, *Security Interest in Personal Property*, Vol. Ⅰ, Little, Brown & Company, 1965, p. 212.

尔多·希克斯效率标准同样不要求赢家实际地补偿输家,只要求赢家有补偿输家的可能。[62] 假设在特约效力之构造遵循以债权的对人权性为起点的构造原理的场合,债务人、让与人和受让人三者间的效率状态为 E,在特约效力之构造遵循以债权的财产性为起点的构造原理的场合,债务人、让与人和受让人三者间的效率状态为 E′。

按照《民法典》第 545 条第 2 款前段的规定,在受让人主观上为善意的场合,E 和 E′的效率状态相同,因为无论遵循何种构造原理,特约都仅在债务人和让与人之间具有拘束力;在受让人主观上为恶意的场合,特约具有对外效力,特约效力的理论构成将影响 E 或者 E′的效率状态。从日本法的实践来看,虽然特约效力可能存在多种不同的理论构成,但是这些理论构成之间有一点是共通的,即在承认特约对外效力的场合,债务人的债权人固定利益能够在法律上获得充分的保障,让与人违反特约转让受限债权的行为不会产生负外部性。准此,只要解释不是恣意的,E′通常对 E 是卡尔多·希克斯效率的。因为在以非金钱债权的财产性为起点构造特约效力的场合,受限债权初显地具有可让与性,特约的对外效力来自法律的特别赋予,而这一对外效力也未必会损及受限债权的可让与性,与让与人和受让人的利益相符;相反,在以非金钱债权的对人权性为起点构造特约效力的场合,受限债权初显地不具有可让与性,如果对此加以修正,那么受限债权将确定地丧失可让与性,从而与让与人和受让人的利益相悖。

五、《民法典》第 545 条第 2 款前段规定的理论构成

从立法目的来看,《民法典》第 545 条第 2 款前段之所以承认债权让与限制特约的对外效力,主要是为了保护“债务人不会面对可能更为苛刻的新债权人、交易清算明晰、回避会计财务等事务手续的繁杂、避免因忽略转让通知而向让与人错误履行的风险、确保抵销利益、避免受让人住所地不利的法律和税收制

---

〔62〕 See Jules L. Coleman, *Efficiency*, *Utility*, *and Wealth Maximization*, 8 Hofstra L. Rev. 513 (1980).

度等利益"。[63] 这些利益同样可以被概括评价为预先固定债权人或者固定清偿对象的利益。在此意义上,《民法典》第545条第2款前段的立法目的与新法第466条第3款的立法目的之间具有同质性。既然承认非金钱债权场合特约对外效力的理由在于保护债务人的债权人固定利益,那么得主张特约对外效力的适格主体的范围宜解释为仅包括债务人一人。

依据《民法典》第545条第2款前段规定之反对解释,在非金钱债权场合,债务人得以特约对抗恶意第三人(受让人)。如果把上述规定遵循的构造原理解释为以债权的财产性为起点的构造原理,那么债务人将因上述规定对恶意受让人享有某种法定权利。准此,接下来需要解决的问题便在于,上述规定向债务人赋予之法定权利的权利内容为何。

从一般意义上来讲,权利是一种以个人利益为起点、以他人负担义务为终点的实践推理过程,为了使这一过程合乎理性,在从个人利益出发推导出他人义务的推理过程中,需要满足实践合理性的要求(比例原则)。[64] 这意味着在债务人基于《民法典》第545条第2款前段享有某种法定权利的同时,让与人或者恶意受让人必然因此负担某种义务;债务人基于上述规定所享有之法定权利的实践推理过程本身并非一个任意推理的过程,这一过程应当经得起比例原则的检验。

作为一种方法论意义上的工具性原则,[65] 比例原则不仅能够为法官具体化法规范提供指引,[66] 而且还能够确保权利的实践推理结果符合实质正义的要求。[67] 《民法典》第545条第2款前段预设了赋予债务人某种得对抗恶意受让人之法定权利的目的正当性,即非金钱债权场合债务人的债权人固定利益值

〔63〕 参见黄薇主编:《中华人民共和国民法典合同编解读(上册)》,中国法制出版社2020年版,第285~286页。

〔64〕 参见于柏华:《比例原则的权利内置论》,载《法商研究》2020年第4期。

〔65〕 See Aharon Barak, *Propotionality*, *Constitutional Rights and Their Limitations*, trans., Doron Kalir, Cambridge University Press, 2012, p. 131.

〔66〕 参见[德]拉伦茨:《法学方法论》,陈爱娥译,商务印书馆2003年版,第285~286页。

〔67〕 参见郑晓剑:《比例原则在民法上的适用及展开》,载《中国法学》2016年第2期,第157页。

得保护。在就债务人享有的法定权利展开实践推理的过程中，比例原则要求：法定权利之赋予应当适合于债务人的债权人固定利益之实现（合目的性原则）；在所有对债权人固定利益之实现同样有效的方案中，应当选择最温和、副作用最小的方案，以使债务人享有的法定权利以及让与人或者受让人因此负担的义务被限制在为实现上述目的的最小限度范围内（必要性原则）；法定权利之赋予（手段）与债权人固定利益之实现（目的）之间必须合理、适度、合乎比例（狭义的比例原则）。相对效力说是在确保债务人的债权人固定利益的必要限度范围内构造起来的，[68]与比例原则的要求基本相符。准此，《民法典》第545条第2款前段之解释继受新法第466条除能够借助"法律发现的比较方法"获得正当性外，[69]还会因符合实质正义的要求而被正当化。

但有必要指出的是，基于以下三个方面的原因，在解释《民法典》第545条第2款前段规定的理论构成时，不宜全盘继受"相对效力说"：

第一，关于债务履行期徒过且债务人未履行债务场合债务人陷入履行迟延的原因，我国《民法典》中的规定与新法中的规定存在部分差异。在债务履行期限不明确（以债务未定履行期限为典型）的场合，新法第412条第3款规定，债务人自受到债务履行的催告之时起负迟延责任。其理由在于，对于未定履行期限的债务来说，其履行期限自债务发生之时起到来，从而债权人无论何时均可请求债务人履行债务。[70]新法第466条第3款赋予债务人以对恶意受让人的履行拒绝权，在债务未定履行期限的场合，债务人不因其拒绝债务之履行而陷入履行迟延，这意味着债务人的履行拒绝权得阻断恶意受让人向债务人发出之履行请求发生新法第412条第3款规定之效力。与此形成对照，我国民法典的规定则对债务人较宽容。按照《民法典》第511条第4项的规定，债务人不会因为债权人的履行请求而直接陷入履行迟延，而是至少要从债务人履行债务的合理准备期限届满时起，才负迟延责任。基于这一差异，在继受新法第466条第3款规定的履行拒绝权时，宜进行必要的修正，即在债务履行期限不明确的场

---

〔68〕 内田貴『民法 III　債権総論・担保物権』246 頁（東京大学出版会、第4版、2020）参照。

〔69〕 参见［奥］恩斯特·A. 克莱默：《法律方法论》，周万里译，法律出版社2019年版，第234页。

〔70〕 潮見佳男『新債権総論 I』469 頁（信山社、2017）参照。

合,债务人即使主张履行拒绝权,也会因为"必要的准备时间"徒过而负迟延责任。

第二,《民法典》第545条第2款前段规定不存在继受新法第466条第4款规定的解释空间。新法第466条第4款向恶意受让人赋予了一项催告债务人向让与人履行债务的权利,在"债务人不履行债务的场合",如果债务人在恶意受让人确定的相当期间内未向让与人履行债务,那么债务人将不得再以特约对抗恶意受让人。[71] 但从文义上看,《民法典》第545条第2款前段只规定了债务人得对抗恶意受让人的权利以及让与人或者恶意受让人因此需要负担的义务,并未规定恶意受让人对债务人也享有权利。

第三,即使认为可以通过法律续造的方法,在民法典中确立类似于新法第466条第4款规定的规则,在法的安定性方面也会存在疑问,即日本学说对新法第466条第4款规定的理解存在分歧,如果贸然地继受上述规定,则难免徒增解释上的困扰。具体来说,新法第466条第4款规定主要在以下3个相互关联的问题上存在疑问:

其一,新法第466条第4款并未赋予让与人以受限债权的收取权限,因此在债务未定履行期限的场合,即使让与人请求债务人履行债务,债务人也不因此陷入履行迟延。[72] 尽管如此,在上述场合,恶意受让人仍然可以通过约定的方式将受限债权的收取权限授予让与人,使让与人代替自己回收受限债权。有疑问者,在让与人基于其从恶意受让人处取得之受限债权的收取权限向债务人请求履行债务的场合,债务人得否向让与人主张履行拒绝权,从而免于陷入履行迟延?"肯定说"认为,在恶意受让人的代理人向债务人请求履行债务的场合,债务人可以拒绝向该代理人履行债务,即使恶意受让人的代理人为受限债权的让与人,也应当得出同样的结论。[73] "否定说"则主张,即使恶意受让人将受限债权的收取权限授予让与人并让其代为回收受限债权,债务人的债权人固定利益也能够得到实质性的维护;此次修法的趣旨在于促进中小企业通过债权

---

〔71〕 中田裕康『債権総論』632頁(岩波書店、第4版、2020)参照。

〔72〕 白石大「債権譲渡制限特約を譲受人に対抗しうる場合の法律関係」法学教室478号21頁(2020)参照。

〔73〕 潮見佳男『新債権総論 II』398頁(信山社、2017)参照。

让与(担保)的方式融资,若采肯定说,则有悖上述修法意旨。[74]

其二,新法第466条第4款规定之"债务人不履行债务的场合"应作何理解,学说上亦歧见纷呈。如果将"债务人不履行债务的场合"理解为"债务人陷入履行迟延的场合",那么当受限债权所规定之债务未定履行期限且债务人主张履行拒绝权时,上述规定将失去适用的余地,因为在上述场合,履行拒绝权之行使能够使债务人免于陷入履行迟延。[75] 作为消除上述状态的对策,新法的草拟责任人认为,恶意受让人可以通过约定将受限债权的收取权限授予让与人,令让与人代为向债务人作出履行请求。这同时也意味着,新法的草拟责任人在上文谈到的疑问中持"否定说"之立场。[76] 如果将"债务人不履行债务的场合"理解为"(虽然履行期已经到来但)债务人在事实层面上不履行债务的场合",那么由于上述构成要件并不以债务人陷入履行迟延为必要,在受限债权所规定之债务未定履行期限的场合,即使恶意受让人不将受限债权的收取权限授予让与人,上述规定也仍有适用的余地。[77]

其三,如果将"债务人不履行债务的场合"理解为"(虽然履行期已经到来但)债务人在事实层面上不履行债务的场合",那么新法第466条第4款规定的催告期间经过后,债务人除了无法援用新法第466条第3款规定之抗辩外,是否还会因催告期间之经过而陷入履行迟延的状态?持肯定见解者认为,新法第466条第4款实际上赋予了恶意受让人得请求债务人于其确定的期间内向让与人履行债务的法定请求权(其本质为履行请求权),行使这一法定请求权的法律效果包括使债务人陷入履行迟延。[78] 持否定见解者则认为,恶意受让人行使新法第466条第4款赋予的催告权限的法律效果是使债务人丧失履行拒绝权和清偿权。在上述催告期间经过后,恶意受让人可以直接请求债务人向自己履

〔74〕 鎌田薫ほか『重要論点実務民法(債権関係)改正』110-111頁(商事法務、2019)〔内田貴執筆〕;栗田口太郎「債権譲渡制限特約の未来」池田真朗先生古稀記念論文集『民法と金融法の新時代』151頁(慶応義塾大学出版会、2020)参照。

〔75〕 中田裕康ほか『講義 債権法改正』215頁(商事法務、2017)〔沖野眞已執筆〕参照。

〔76〕 筒井健夫=村松秀樹編『一問一答民法(債権関係)改正』162-163頁(商事法務,2018年)参照。

〔77〕 中田裕康ほか『講義 債権法改正』215頁(商事法務、2017)〔沖野眞已執筆〕参照。

〔78〕 平野裕之『新債権法の論点と解釈』203頁(慶應義塾大学出版会、2019)参照。

行债务,债务人此时必须向恶意受让人履行债务。[79]

综合以上考虑,在受让人主观上为恶意的场合,债务人基于《民法典》第545条第2款前段规定享有的法定权利宜被解释为以下两项权利:

一是清偿权。赋予债务人清偿权的目的是确保债务人能够向受限债权的原债权人(让与人)清偿或者抵销的利益。作为行使清偿权的法律效果,债务人向让与人提供受限债权所规定之给付且让与人受领该给付后,债务人的债务将归于消灭;在债务人以自己对让与人享有之债权为自动债权,以受限债权为被动债权向让与人主张抵销的场合,债务人对受让人所负之债务与让与人对债务人所负之债务在同等数额内消灭。为确保债务人清偿权的有效行使,让与人转让受限债权后,仍保有受限债权的受领权限,此时让与人保有的受领权限并非来自法律规定的赋予,而是来自受限债权本身。自让与人转让受限债权之时起,受限债权的权能在教义学上发生裂分:受让人受让受限债权后,得成为受限债权的债权人,但其并不享有受限债权的受领权限;让与人转让受限债权后,不再是受限债权的债权人,但仍然保有受限债权的受领权限。让与人受领债务人所提供之给付后,须将其所受领之给付移交给受让人或者受让人得请求让与人将其移交给自己。

二是(修正后的)履行拒绝权。在受让人请求债务人向自己履行债务时,债务人得拒绝受让人的履行请求,但债务人不因此免负迟延责任;在受让人请求债务人向让与人履行债务时,债务人不享有拒绝履行的权利,债务人应当向让与人提供受限债权所规定之给付。在债务人未能向让与人提供受限债权所规定之给付或者所提供之给付不符合受限债权之规定时,宜类推适用《民法典》第522条第1款之规定,使债务人向受让人承担相应的违约责任。在受让人以债务人未能向让与人提供受限债权所规定之给付或者所提供之给付不符合受限债权之规定为由向债务人主张违约损害赔偿请求权的场合,由于违约损害赔偿请求权不是受限债权,债务人就上述请求不享有拒绝履行的权利。此外,受让人也可以通过约定的方式将受限债权的收取权限授予让与人,令让与人代替自己回收受限债权。在让与人基于其从受让人处取得之受限债权的收取权限请求债务人向自己提供给付的场合,不宜承认债务人拒绝履行的权利。因为受让人把受限债权的收取权限授予让与人,并不会对债务人的债权人固定利益产生

[79] 中田裕康『債権総論』632頁(岩波書店、第4版、2020)参照。

实质性的影响：一方面，在受让人请求债务人向自己履行债务的场合，无论受限债权所规定之债务的履行期限是否明确，债务人都不会因为履行拒绝权的行使而免负迟延责任；另一方面，受让人请求债务人向让与人提供受限债权所规定之给付的场合，债务人的履行拒绝权无法成立，债务人同样会因其未能向让与人提供受限债权所规定之给付或者所提供之给付不符合受限债权之规定而向受让人承担违约责任。

为与新法第 466 条规定下的相对效力说相区别，本文将这一理论构成称为“新相对效力说”。对于“新相对效力说”，有必要补充说明以下 3 点：

第一，债务人得以自己对让与人享有的债权为自动债权，以受限债权为被动债权向让与人主张抵销。在日本法上，这一抵销形态被称为“三者间抵销”。[80] 根据《民法典》第 568 条第 1 款前段之规定，债务人主张抵销须满足债权的相互性之要求。由于三者间抵销不满足债权的相互性要件，其有效性的承认似存在障碍。尽管如此，在受限债权的受让人主观上为恶意的场合，在现行法中承认债务人主张三者间抵销的有效性并非毫无余地。其规范依据有二：其一，维护债务人得向原债权人主张抵销的利益是《民法典》第 545 条第 2 款前段的立法目的之一，承认债务人主张三者间抵销的有效性能够确保上述立法目的的实现。其二，在债权让与制度的债务人保护体系中，债务人、让与人和受让人三者间抵销的有效性已获得《民法典》第 549 条的明确承认。上述规定之所以承认债务人、让与人和受让人三者间抵销的有效性，是因为债务人可能因债权人转让债权而陷入不利境地。因此，在确保债务人免受债权让与带来之不利影响的目的范围内，《民法典》的上述规定有其正当性。[81] 尽管如此，《民法典》第 549 条也只是为债务人的抵销利益提供了“最低限度的保护”。[82] 例如，在债务人接到债权转让通知时，债务人对让与人享有的债权后于转让的债权到期的场合，债务人不再保有向受让人主张抵销的权利，此时，《民法典》第 549 条第 1 款规定无法完整地确保债务人的抵销利益。而债权让与限制特约的存在意义之一便在于此，即其能够把原本不在《民法典》第 549 条保护范围之内的债务人的

---

〔80〕 平野裕之『債権総論』435 - 437 頁（日本評論社、2017）参照。

〔81〕 参见崔建远：《论中国民法典上的抵销》，载《国家检察官学院学报》2020 年第 4 期。

〔82〕 参见庄加园：《〈合同法〉第 79 条（债权让与）评注》，载《法学家》2017 年第 3 期。

抵销利益纳入债权让与制度的债务人保护体系之中。与《民法典》第 549 条规定相比,在债务人抵销利益的确保方面,《民法典》第 545 条第 2 款前段规定实际上为债务人提供了更高强度的保护。既然为债务人的抵销利益提供最低限度之保护的《民法典》第 549 条规定都明确承认了债务人主张三者间抵销的有效性,那么举轻以明重,为债务人的抵销利益提供更高强度保护的《民法典》第 545 条第 2 款前段规定在承认债务人、让与人和恶意受让人三者间抵销之有效性方面应更加具有正当性。

第二,将让与人享有的受限债权的受领权限解释为来自受限债权本身意义。这主要体现在以下两个方面:一是为了防止恶意受让人以受限债权为自动债权,以债务人对受让人享有的债权为被动债权向债务人主张抵销。债务人若要为有效之清偿,以受偿对象享有受领权限为必要。在一方当事人向另一方当事人主张抵销的场合,亦以自动债权和被动债权兼具受领权限为前提。[83] 在抵销利益的确保方面,债务人除在向原债权人主张抵销方面有其利益外,还在受限债权不被受让人抵销方面享有利益。[84] 如果把让与人保有的受领权限解释为来自受限债权本身,那么受让人将无法就受限债权向债务人主张抵销,因为在债务人同意转让之前,受让人不享有受限债权的受领权限。反之,如果把让与人保有的受领权限解释为法定受领权限,那么债务人的利益将无法获得保障,因为在这种情况下,受让人将保有受限债权的受领权限。

二是为了防止债务人向恶意受让人为清偿后,又以让与人违反特约转让受限债权为由,向让与人请求违约损害赔偿。在"新相对效力说"的理论构成下,债务人的债权人固定利益不仅可以通过行使履行拒绝权和清偿权获得确保,而且还可以通过向让与人主张违约损害赔偿请求权得到维护。在一般情况下,债务人向恶意受让人履行债务的行为可以被评价一种自愿放弃债权人固定利益的行为。在债务人向恶意受让人履行债务后,还允许该债务人向让与人主张违约损害赔偿请求权的做法,显然有允许矛盾行为之嫌。如果把让与人保有的受限债权的受领权限解释为来自受限债权本身,那么债务人在决定向恶意受让人

---

〔83〕 例如,按照《企业破产法》第 40 条及《企业破产法解释(二)》第 41 条的规定,债务人的债权人在破产申请受理前对债务人负有债务的,应当向管理人而不是债务人提出抵销主张。

〔84〕 赫高规「債權譲渡禁止特約と債権法改正」NBL987 号 15 頁(2012)参照。

清偿债务之前,须先行免除让与人基于特约所负之不得转让受限债权的合同义务,否则,即使债务人按照受限债权的规定向恶意受让人履行债务,也不能够发生有效清偿的效力,因为在债务人免除让与人的合同义务之前,恶意受让人并未保有受限债权的受领权限。

第三,在让与人受领债务人所提供之给付后,须将其所受领之给付移交给受让人或者受让人得请求让与人将其移交给自己的法律依据。在"相对效力说"的理论构成下,让与人同样负有上述义务。日本学说认为,在上述场合,让与人和恶意受让人之间成立不当得利返还之债的关系,[85]因为让与人仅享有"受领"债务人所提供之给付的法定权利,而并不享有"保持"上述给付的法定权利。从而,在与恶意受让人的关系中,让与人受领债务人提供之给付而取得之利益将缺少法律上的原因,得成立不当得利。在债务人以自己对让与人享有之债权为自动债权,以受限债权为被动债权主张抵销后,让与人和恶意受让人之间的法律关系也应作相同解释。[86]与此不同,在"新相对效力说"的理论构成下,让与人向恶意受让人所负之移交债务人提供之给付的义务性质则宜区分以下两种情况分别进行讨论:

其一,在让与人和恶意受让人之间明确约定让与人应当将其从债务人处所受领之给付移交给恶意受让人的场合,让与人所负之移交债务人提供之给付的义务性质为合同义务,而非不当得利返还义务。让与人应当按照合同约定把其从债务人处所受领之给付移交给恶意受让人,恶意受让人也可以依照合同约定请求让与人将其移交给自己。在按照让与人和恶意受让人约定的相关条款或者交易习惯能够确定让与人负有上述义务的场合,亦应作同一解释。

其二,在让与人和恶意受让人之间并未明确约定让与人应当将其从债务人处所受领之给付移交给恶意受让人,且按照当事人之间约定的相关条款或者交易习惯不能够确定让与人负有上述义务的场合,让与人所负之移交债务人提供之给付的义务性质为不当得利返还义务,恶意受让人可以向让与人主张不当得利返还请求权。因为债务人向让与人主张清偿或者抵销会使受限债权全部或

---

〔85〕 平野裕之『新債権法の論点と解釈』202 頁(慶應義塾大学出版会、2019)参照。

〔86〕 白石大「債権譲渡制限特約を譲受人に対抗しうる場合の法律関係」法学教室 478 号 19 – 20 頁(2020)参照。

部分消灭,相应地,让与人所保有的受限债权的受领权限也会在受限债权全部或部分消灭的范围内消灭,在此意义上,让与人因债务人向自己清偿或者抵销所受之利益将缺乏法律上的原因,构成不当得利。

值得注意的是,如果认为让与人在保有受限债权的受领权限的同时,并不负有受领债务人所提供之给付的义务,[87]那么让与人和恶意受让人之间还可能成立无因管理之债的关系。[88] 于此场合,让与人应当及时地将其所受领之给付转交给受让人。

A Theory about Contractual Prohibition of Assignment of Claims

Lv Bin

Abstract: The legal construction of contractual restrictions on assignment is founded upon two aspects of claims: their nature as personal rights (in personam) and their property characteristics. The latter part of Article 545(2) of Civil Code of the People's Republic of China, based on the property nature of claims, adopts the pure obligatory effect doctrine, while the theoretical framework of its former part remains unclear. This article argues that the former part should be interpreted as adopting a new relative effect doctrine, which is similarly premised on the nature of claims as property rights. Under this doctrine, the debtor is vested with two statutory rights against a bad faith assignee: the right of settlement and the right to withhold performance. The right of settlement enables the debtor to discharge the obligation in two ways: either by performing directly to the assignor as originally specified in the claim, or through set-off, where the debtor's claims against the assignor serve as active claims and the restricted assigned claim serves as a passive claim. The right to withhold performance enables the debtor to refuse performance to the bad faith assignee; nonetheless, exercising this right does not release the

[87] 关于债权人是否负有受领债务人提供之给付的义务,我国学说上存在争议。具体整理,参见韩世远:《合同法总论》,法律出版社 2018 年版,第 568 ~ 570 页。

[88] 白石大「債権譲渡制限特約を譲受人に対抗しうる場合の法律関係」法学教室 478 号 18 – 19 頁(2020)参照。

debtor from liability for delayed performance.

Key Words: assignment of claims; Japanese Civil Code; in personam nature of claims; proprietary nature of claims ; contractual restrictions on assignment

《人大法律评论》稿约

《人大法律评论》是在中国人民大学法学院支持下，由法学院学生自主创办、独立编辑并公开出版发行的学术出版物，现为中文社会科学引文索引(CSSCI)来源集刊。

《人大法律评论》初创于2000年，现包含“专题研讨”“论文”“评论”等板块，新设有“法哲学专题”“公法专题”“博士论文精华”等特色板块。

欢迎海内外专家学者、优秀学子惠赐稿件，来稿原则上在1万至2万字，特别优秀的稿件，可以不限字数。《人大法律评论》线上投稿系统现已正式启用，网址为：https://rdfl.cbpt.cnki.net/。

来稿请附中、英文标题和摘要(300字之内)、关键词(5个以内)，并于线上投稿系统中填写作者个人简介(包括姓名、单位、职务或职称、地址、联系电话、电子邮箱)。关于注释规范，请参见后附注释体例。

《人大法律评论》实行匿名三审制，编辑部收到稿件起3个月内向作者通报审录结果，每稿必复。

《人大法律评论》崇尚学术自由、严守学术规范。一旦发现作者一稿多投、抄袭或者存在其他严重学术不端行为的，本评论将向其所在单位、主管机关、学术团体及新闻媒体通报情况，并保留追究其法律责任的权利。

为了扩大本评论及作者知识信息交流渠道，除非作者在来稿时声明保留，则视为同意《人大法律评论》拥有以非专有方式向第三人授予已收录作品电子出版权、信息网络传播权和数字化汇编、复制权，以及向《中国社会科学文摘》《高等学校文科学术文摘》和中国人民大学书报资料中心《复印报刊资料》等文摘类刊物推荐转载已收录作品的权利。

《人大法律评论》编辑部

《人大法律评论》注释体例

一、文中注释一律采用脚注，全文连续编号。

二、非直接引用原文的，注释前加“参见”；引用非原始资料时，请注明“转引自”。

三、引用同一文献的，无论两个注释是否相邻，均应列出完整的文献信息，避免使用“同上”“同上书”表述。

四、表格的表号和表题在表身上方，插图的图号和图题在图形下方。图表制作应当使用可在文档中编辑的制图软件，勿使用截图。

五、注释及参考文献范例

（一）著作、教材类

（1）个人专著

[1]《习近平谈治国理政》（第4卷），外文出版社2022年版，第24页。

[2]龚祥瑞：《比较宪法与行政法》，法律出版社1985年版，第255页。

（2）多位作者专著

[1]胡锦光、韩大元：《中国宪法》，法律出版社2018年版，第89页。

（3）主编等其他著作方式作品

[1]佟柔主编：《中国民法》，法律出版社1990年版，第67~75页。

（二）论文类

[1]苏永钦：《私法自治中的国家强制》，载《中外法学》2001年第1期。

[2]王利明：《合同无效制度》，载《人大法律评论》编辑委员会组编：《人大法律评论》2012年卷·第1辑，法律出版社2012年版，第67~91页。

[3]梁君瑜：《行政诉权研究》，武汉大学2017年博士学位论文，第36页。

[4]姜明安：《新时代中国行政法学的转型与使命》，中国法学会行政法学研究会2018年年会论文。

(三)文集类

[1]尹田:《法国合同责任的理论与实践》,载梁慧星主编:《民商法论丛》第3卷,法律出版社1995年版。

(四)译作类

[1][古希腊]亚里士多德:《政治学》,吴寿彭译,商务印书馆1983年版,第54页。

(五)报纸

[1]张志铭:《何谓法律真实?》,载《人民法院报》2002年3月15日,第3版。

(六)古籍类

[1](西汉)司马迁:《史记·商君列传》,中华书局1959年版,第2229页。

[2]《清实录》卷二四五。

(七)辞书类

[1]《新英汉法律词典》,法律出版社1998年版,第24页。

(八)网络资料类

[1]洪明思、钟法:《5位律界"大咖"成为杭州中院首批"律师调解员"》,载杭州网,http://ori.hangzhou.com.cn/ornews/content/2017-11/11/content_6712391.htm。

[2]刘松山:《失信惩戒立法的三大问题》,载微信公众号"中国法律评论"2019年11月19日,http://mp.weixin.qq.com/s/wA3Jj923WNctVATeSKIhCw。

(九)裁判文书类

[1]北京市海淀区人民法院民事判决书,(2018)京0108号民初142号。

(十)案例类(案例中出现的姓名、名称需匿名化处理)

[1]"田某诉北京科技大学案",北京市海淀区人民法院行政判决书,(1998)海行初字第142号。

[2]"荣某某诉王某、永诚财产保险股份有限公司江阴支公司机动车交通事故责任纠纷案",最高人民法院指导案例24号(2014年)。

[3]"陆某某诉南通市发展和改革委员会政府信息公开答复案",载《最高人民法院公报》2015年第11期。

(十一)英文类

[1]L. Fuller, *The Morality of Law*, Yale University Press, 1969, p. 143.

[2]Randolph Quirk et al., *A Comprehensive Grammar of the English Language*, New York, Longman Inc.,1985,p.1140.

[3]Mark Greenburg, *How Facts Make Law*, 10 Legal Theory 157 (2004).

[4]H. L. A. Hart, *Jhering's Heaven of Concepts and Modern Analytical Jurisprudence*, in Eaasys in Jurisprudence and philosophy, Oxford University Press, 1983, p.269 - 270.

(十二)德文类

[1]Claus Roxin, Strafrecht Allgemeiner Teil, band Ⅰ, 4. Aufl.2006, §15 Rn.19.

[2]Benjamin Vogel, Rechtsgüterschutz und Normgeltung, ZStW 129(2017), S.630,632.

(十三)法文类

[1] Marc Chevallier, *L'État de droit*, Montchrestien, 4eéd., Paris, 2003, p.16 - 29.

[2]Marc Poisson, «Le droit de la mer», *RGDIP*, p.15 - 47.

(十四)日文类

[1]喜多了祐『外観優越の法理』(千倉書房,1977年)215頁。

[2]我妻栄=有泉亨『民法総則物権法(法律法体系・コンメンタール篇)』(日本評論社,1950年)31頁。

[3]於保不二雄「付加物及び従物と抵当権」民商法雑誌29巻5号(1954年)1頁以下。